FRIEDRICH BENESCH · APOKALYPSE

Lic. Dr. Friedrich Benesch studierte in Marburg, Halle, Klausenburg Naturwissenschaften, Anthropologie und Theologie. Von 1929 bis 1932 arbeitete er als Assistent am zoologischen Institut in Klausenburg. 1934 bis 1944 war er in Siebenbürgen Pfarrer in der Evangelischen Kirche. Seit 1947 ist er Pfarrer in der Christengemeinschaft, seit 1957 leitet er deren Priesterseminar in Stuttgart.

FRIEDRICH BENESCH

APOKALYPSE

Die Verwandlung der Erde
Eine okkulte Mineralogie

URACHHAUS

ISBN 3 87838 298 7

Gestaltung Peter Keidel, Stuttgart.
Satz und Druck der Offizin Chr. Scheufele, Stuttgart.

INHALT

VORWORT

Zu den großen Rätseln der Weltliteratur gehört jenes Bild, das am Ende der Bibel in wenigen Sätzen in der griechischen Sprache aus dem 1. Jh. des Christentums überliefert ist. Es ist das Bild des »himmlischen Jerusalem« am Ende des letzten Buches des Neuen Testamentes, der »Offenbarung des Johannes«, der Apokalypse. Für das übersinnliche Schauen des Apokalyptikers Johannes löst sich aus dem Hintergrund des Himmels ein umfassendes Bild heraus: die Imagination einer Stadt, frei schwebend und majestätisch leuchtend, langsam in der Bewegung vom Himmel zur Erde herabsteigend. Zu den Bildelementen gehören geometrische Maße und Figuren, himmlische Wesenheiten und Substanzen, selbstleuchtende Erscheinungen, architektonische Strukturen und Schriftzüge an den Bauelementen, die die Namen von Menschen und Menschengruppen bedeuten. Alles ist in ein Licht getaucht, das von dem Wesen der Gottheit selber ausgeht. Zudem erweckt das Ganze den Eindruck ursprünglicher, keimhafter Jungfräulichkeit, der Qualität einer für ihren Gemahl geschmückten »Braut«, denn es hat die Bestimmung für eine Vermählung mit dem das »Lamm« genannten göttlichen Wesen. So wird es von drei Seiten her vom Göttlichen durchleuchtet. Als Tempel durchdringt es sich mit der Gottheit, im Lichte webt es ineinander mit der Gottheit, bestimmt dazu, von der Gottheit in Gestalt einer fortdauernden, höchsten Vermählung befruchtet zu werden. Das Ganze aus Form, Maß, Farbe und Licht ist durchtönt von dem Worte: Komm!

Dies alles erweist sich als vollendete Vereinigung, Harmonie und Totalität, Durchdringung und Durchsichtigkeit, gleichzeitig aber auch als strengste Differenzierung und Ordnung nach Maß, Zahl und Figur. Als »Stadt« ist es erbaut und zu Ende gebaut; zudem ist es pflanzenartig gebildet. Die Bestandteile sind selbständige Teile gewesen, nun aber so zusammengefügt, daß das Ganze darin voll anwesend ist, jedoch jeder Bauteil seine Selbständigkeit hat.
Seine Substanzen zwar sind Licht- und Farbstofflichkeit, aber auch mineralische Stofflichkeit. Was vorher vielleicht etwas ganz anderes gewesen ist, ist hier Mineral geworden und trägt dadurch den Charakter der Keuschheit, Reinheit, des Beständigen und der unzerstörbaren Gediegenheit, wobei die Substanz differenziert dem zu entsprechen scheint, was in unserer mineralischen Welt an deren höchste, edelste und reinste Erscheinung erinnert: Gold – Perlen – Edelsteine – Kristalle – Glas. Licht- und Mineralsubstanz erscheinen wie zwei Seiten der einen, dem Ganzen aller Einzelheiten zugrundeliegenden göttlichen Ursubstanz. In dem Motiv der Vermählung wird sie als die Substanz der göttlichen Liebe offenbar.
Diese wesenhafte Liebe ist es, die in dem leuchtend Gestalteten und Tönenden sich zusammenfügt in das Wort: Komm! In diesem »Komm« lebt ein Gesang, eine Musik, ein Wort, ein Urlaut dieses ganzen, geheimnisvollen Wesens.
In der Schrift der Offenbarung hat dieses Wesen einen Namen, den der Stadt Jerusalem. Es gibt in der Forschung eine ganze Reihe von Ableitungen dieses Namens. Im allgemeinen wird er mit »Stadt des Friedens« übersetzt. Im Anhang ist aus dem biblisch-historischen Handwörterbuch der Artikel über die Etymologie dieses alten Stadtnamens aufgeführt, aus dem man einen Eindruck bekommen kann, wie die Forschung mit der Deutung und Herkunft dieses Namens ringt (s. Anhang Nr. 30).
Das eigentliche Mysterium dieser Stadt-Imagination ist ihr »Stoff«, ihr »Baumaterial«. Die übersinnliche Mineralnatur dieses Baumaterials wird zur zentralen Frage. Der Versuch ihrer Beantwortung ist der Inhalt dieser Schrift.

Vereinfacht lautet die Frage:

1. Sind Mineralstoffe reine Materie, oder sind sie geistiger Natur?
2. Gibt es nur materielle Minerale, die vielleicht auch geistig sind, oder gibt es auch »geistige Minerale« nicht materieller Natur?
3. Wie sind die Minerale, aus denen das himmlische Jerusalem konkret aufgebaut ist, zu verstehen?

Mit diesen drei Fragen steht man vor dem Problem einer »okkulten Mineralogie«. Denn alles rein Geistige kann nur Gegenstand okkulter Erkenntnis, okkulter Forschung und Wissenschaft sein. Okkulte Wissenschaft setzt aber voraus, daß nicht Materie, sondern Geist die eigentliche, ursprüngliche und wesenhafte Wirklichkeit der Welt ist – damit aber auch der mineralischen Welt. Diese fundamentale Erkenntnisfrage unseres modernen Bewußtseins kann in folgender Weise in Teilfragen aufgegliedert werden:

1. Der Primat des Geistes oder des Stoffes, der Materie.
   Entweder ist das Geistige das Ursprüngliche und alles Materielle eine verdichtete Erscheinung des Geistigen, oder es ist die Materie das Ursprüngliche und alles Geistige eine Funktion, ein Sublimat, ein Produkt der Materie.
2. Der Primat des Lebens oder des Todes.
   Entweder ist das Leben das Ursprüngliche und das Tote eine Abscheidung aus dem Lebendigen, oder es ist das Tote, Mechanische das Ursprüngliche und das Leben der kompliziert gewordene Mechanismus des Toten.
3. Der Primat der Gestalt oder des Atoms.
   Entweder ist die Gestalt, die Ganzheit, die Einheit das Ursprüngliche und der Staub, das Atom, das Teilchen, das Quantum zertrümmerte Gestalt, oder es ist das Atom das Ursprüngliche und die Ganzheit nur das Ergebnis der Wechselwirkungen einer Summe von Atomen nach Strukturgesetzen, Wahrscheinlichkeiten.
4. Der Primat des Sinnvollen, Harmonischen oder des Sinnlosen, Zufälligen.

Entweder ist Harmonie, Zusammenhang und Zusammenklang, die sinnvolle Idee, der Weltenplan – auch die prästabilierte Harmonie im Sinne von Leibniz – das Ursprüngliche, oder der sinnlose Zufall steht am Anfang (»Big Bang« der Atomphysik).

5. Der Primat des Wesenhaften oder des Gegenständlichen.
Entweder sind Wesen, Personen, Iche das Ursprüngliche, oder es sind Sachen und Sachverhalte das Ursprüngliche und Wesen Scheingebilde, Illusionen des Selbsterlebens.
6. Der Primat der Naturgesetzmäßigkeiten als der eigentlichen Weltgesetzlichkeit oder der moralischen Weltordnung, die von einer dem ganzen Weltgeschehen zugrundeliegenden und in ihr wirkenden göttlich-geistigen Welt ausgeht und durch die das Naturgesetz Vorsehungscharakter, das heißt »höheren Sinn« bekommt.

Man kann die jeweils erste oder zweite dieser zwölf Möglichkeiten zum Postulat, zur Voraussetzung seines Denkens über die Welt machen. Nimmt man Geist, Leben, Einheit, Sinn, Wesen und Vorsehung als das Ursprüngliche, so wird man in Materie, Tod, Teilchen, Zufall und Sache die Erscheinung des ersten in dem zweiten finden. Man wird in allem Sinnlichen ein Geistiges, Lebendiges, Wesenhaftes in seiner äußeren Offenbarung erkennen; und man wird versuchen, aufgrund dieser Erkenntnis durch den Schleier des Sinnlichen zum Verständnis dieses Wesenhaften aufzusteigen.

Es läßt sich jedoch auch die jeweils zweite Möglichkeit zum Ausgangspunkt nehmen. Man wird dann versuchen herauszubekommen, wie aus Materie Geist, aus Tod Leben, aus Teilchen Ganzheit, aus Zufall Sinn und aus Sache Wesen wird. Der Blick aber auf das Spezifische von Geist, Leben, Ganzheit, Sinn und Wesen wird doch immer verdunkelt sein durch die Voraussetzung, von der man ausgeht. Denn für Materie, Mechanismus, Einzelheit, Zufall und Sache hat der Mensch Organe und Begriffe. Für Geist, Leben, Ganzheit, Sinn und Wesen hat er diese zwar auch, doch sind sie nur keimhaft in ihm veranlagt und müssen erweckt und ausgebildet werden. Er muß für sie etwas tun. Wenn der Mensch sich denkerisch nur auf Stoff, Mechanismus, Teil, Zufall und Sache stützt, wird er als Mensch innerlich unwahr, denn er lebt selber in beidem zugleich, im Stoff und im Geist, in der materiell erscheinenden äußeren Welt einerseits und denkend, fühlend und wollend in der von innen erscheinenden Gedanken- und Seelenwelt andererseits. Da er diese letztere aber selber ist, ist er zunächst ohne Selbsterkenntnis, blind für Geist, Seele und Leben. Gleich dem Auge, das die Welt sieht, sieht er sich selber nicht. Interpretiert der Mensch, indem er sich an die zweite Reihe von Voraussetzungen hält, die andere fort, so lebt er mit einem grundlegenden Veränderungskomplex. Dadurch wird die menschliche Seele in ihrer Tiefe zerrieben; Hohn, Spott und Verachtung, die dann dem Primat des Geistes entgegengebracht werden, sind Ausdruck dieser gewaltsamen Verdrängung in das Unbewußte; Zerrbild des Menschenwesens, das sich nach dem Primat des Geistes sehnt.

Man wird dabei aber immer vor der Schwierigkeit stehen, zu erfassen, daß alles Sinnliche der Welterscheinungen von den Steinen bis zu den Sternen nach zwei entgegengesetzten Seiten in ein nicht mehr Sinnliches übergeht. Denn der Weg vom sinnlichen Feld der Erscheinungen zu dem Gebiet, das die moderne Atomphysik erforscht im Bereiche der Elementarteilchen und der Materiefelder der statischen Gesetze, ist ein ganz anderer Weg als derjenige, der zu den Wirklichkeiten des Lebens führt. Das Leben, die Seele und der bewußte Geist gehen vom Gebiet der sinnlichen Welterscheinungen in ein Übersinnliches über, die Quantenphysik in ein Untersinnliches. In beiden Fällen hat man es mit etwas Geistigem zu tun, das aber von zwei Seiten her das Sinnliche aufbaut. Man wird dann hinter beiden – den unter- und den übersinnlichen Erscheinungen – ein Personhaftes suchen, ein Ideelles, das hinter ihnen wirksam ist. Man wird dieses Personhafte zunächst nicht wahrnehmen können, sondern nur dessen Wirkungen in Form von Effekten von der einen, in Form von Qualitäten und Bildern von der anderen Seite. Man wird von den jeweiligen Gesetzmäßigkeiten und Ideen zum Wesenhaften durchdringen können.

Ein Wesen darf nicht nur als Geist, es muß auch als Stoff erscheinen können; ein Stoff dagegen kann nur Ausdruck eines Wesens sein, nicht selber Wesen. Den Geist als Wesen kann man verstehen, weil man ihm personhaft begegnet. Man weiß im großen ganzen von einem Menschen, wer er ist, wie er wahrnimmt, denkt, fühlt, will und tut, man kann von ihm auch erfahren, warum er etwas tut. Die Materie kann man durchschauen, aber nicht verstehen. Man weiß, wie sie funktioniert, aber nicht, warum. So läßt sich verstehen, warum und wie aus Geist Materie wird, man wird aber nicht verstehen können, wie aus Materie personhaftes Wesen wird, wenn man nicht davon ausgeht, daß der Geist selber darin wirke. Und man kann auch verstehen, warum und wie Materie Geist, Leben, Ganzheit, Sinn und Wesen zu offenbaren vermag.

Darum kann man mit der ersten Voraussetzung, dem Primat des Geistes, zu einer erfüllten, sinnvollen Welterkenntnis kommen. Die zweite Voraussetzung, als Primat behandelt, führt nur zu einem sinnlosen, leeren Erfassen der Außenseite der Welt.

In der Offenbarung des Johannes erscheinen geistige Welten und geistige Wesen in Bildern der Sinnenwelt, auch in solchen des Mineralreiches. Im folgenden ist der Versuch unternommen, diese beiden Seiten der Welterscheinungen ins Gespräch zu bringen.

Nun läßt sich einwenden, die Bilder der Apokalypse seien nur symbolisch gemeint. Das Mineral erscheint dann als Symbol für ein Seelisch-Geistiges. Allein der Apokalyptiker schaut nicht Symbole, sondern Wirklichkeiten, und auch ein Symbol kann nur dann echt sein, wenn in ihm etwas von der Wirklichkeit dessen durchscheint, für das es steht. Es muß real mit dem von ihm Gemeinten innerlich identisch sein, aus dessen Wesenheit und damit aus der gleichen Wirklichkeit entstammen, sonst ist kein Sinn darin. Die Bilder von den Mineralien der Apokalypse sind ebenso Wirklichkeiten wie die Minerale auf der Erde. Beide sind nicht wesenhaft, sondern Erscheinung eines Wesenhaften. Sie sind also in Wahrheit beide apokalyptisch, das Mineral in der Hand und das Bild im Geiste, sie offenbaren sich gegenseitig. Um den gemeinsamen Hintergrund der Erscheinungen zum Ausdruck zu bringen, ist in dieser

Schrift das, was Gegenstand der sinnlichen Erscheinung und naturwissenschaftliche Forschung ist, den Aussagen der Offenbarung des Johannes gegenübergestellt, so daß das eine, verbunden mit dem anderen, zu einer Begegnung mit dem Wesen führen kann. Es handelt sich also, wie gesagt, um eine »okkulte Mineralogie«. Auf ihren Wegen kann versucht werden, die Wiederbegegnung des Menschen mit dem Wesen der Mineralien so zu ermöglichen, daß aus ihnen Wesenheit und Zukunft aufleuchten kann.

Ostern 1981 *Friedrich Benesch*

ERSTER TEIL

DIE OFFENBARUNG DES JOHANNES UND IHRE BILDER

1. Die Fragestellung

In dem letzten Buch des Neuen Testamentes, in der Offenbarung des Johannes, erscheint am Beginn des 5. Kapitels inmitten einer großen Imagination das übersinnliche Bild eines Buches. Dieses ist innen und außen beschrieben (esothen kai opisthen), das heißt, sein Inhalt hat eine verborgen wirkende, »esoterische« Innenseite und eine erscheinende, bewirkte Außenseite. Gleichzeitig ist es mit sieben Siegeln versiegelt. Von einem »starken Engel« geht die Frage aus: »Wer ist fähig (würdig), das Buch zu öffnen und seine Siegel aufzulösen?«

Und ich schaute und sah in der rechten Hand des Thronenden ein Buch mit einer äußeren und einer inneren Schrift mit sieben Siegeln versiegelt. Und ich sah einen Engel von großer Stärke, der mit lauter Stimme verkündigte: Wer ist würdig, das Buch zu öffnen und seine Siegel aufzulösen? Kein Wesen jedoch im Himmel und auf der Erde und unter der Erde vermochte das Buch aufzuschlagen und darin zu lesen. Ich mußte sehr weinen, weil keiner sich als würdig erwies, das Buch aufzuschlagen und darin zu lesen. Da sprach einer der Ältesten zu mir: Weine nicht! Siehe, der Löwe aus dem Stamme Juda hat den Sieg errungen, die Wurzel Davids. Er kann das Buch und seine sieben Siegel auflösen.

Und ich schaute: Da stand inmitten des Thrones und der vier Tiere und in der Mitte der Ältesten ein Lamm, als wäre es bereits geopfert. Es hatte sieben Hörner und sieben Augen. Diese waren die sieben göttlichen Schöpfergeister, denen das ganze Erdreich als Wirkensstätte zugeteilt ist. Das Lamm trat herzu und nahm das Buch aus der rechten Hand des Thronenden. Und als es das Buch nahm, fielen die vier Lebewesen und die vierundzwanzig Ältesten vor dem Lamm nieder.

Jeder hielt eine Harfe und goldene Schalen mit Räucherwerk in der Hand: Das sind die Gebete derer, die dem Geist ergeben sind. Und sie singen das neue Lied:

Du bist würdig, das Buch zu empfangen und seine Siegel aufzulösen, denn du bist geopfert worden und hast vor Gott Genüge getan für Menschen aus allen Stämmen und Sprachen und Völkern und Rassen. Du hast sie für unseren Gott zu Königen und Priestern gemacht. Sie werden Könige über das Erdreich sein.

Und im Schauen hörte ich die Stimme vieler Engel im Kreise um den Thron und um die Lebewesen und die Ältesten; ihre Zahl war zehntausend mal zehntausend und tausend mal tausend. Sie sprachen mit gewaltiger Stimme:

Das Lamm, das geopferte, ist würdig, daß ihm dargebracht werde Macht und Fülle und Weisheit und Stärke des Ichs und Würde der Seele und Licht des Geistes und Kraft des Segens.

Und ich hörte alle erschaffenen Wesen im Himmel und auf der Erde und unter der Erde und auf dem Meere, und alle Wesen, die darin wirksam sind. Sie sprachen:

Dem Thronenden und dem Lamme, ihnen gehört die Kraft des Segens, die Würde der Seele, das Licht des Geistes und die Schöpferkraft durch alle folgenden Äonen.

Und die vier Tiere sprachen: Amen, und die Ältesten fielen anbetend nieder.

(Offb. 5, Vers 1–14)

Dieses Motiv gilt im Grunde für das ganze Buch der Apokalypse; denn ihr Inhalt besteht, abgesehen von den beiden Sätzen (Kap. 1, Verse 9 und 10), in denen Johannes von seiner irdischen Existenz auf Patmos an einem Sonntag (Tag des Herrn) spricht, von Anfang bis Ende aus übersinnlichen Bildern und Worten. Diese Bilder entnehmen zwar ihren Bild-Gehalt und ihre Wort-Gestalt aus dem irdisch Sinnenhaften, haben also eine »Außenseite«, ihre Wirklichkeit aber, die Innenseite, gehört einer rein übersinnlichen, ätherisch-seelisch-geistigen Welt an. Das ist nicht Bild, sondern waltende Wirklichkeit im Bild. Die übersinnlichen Welten erscheinen dem Seher gehüllt in Bildelemente der Sinneswelt. Das hat viele Menschen verführt, die Offenbarung direkt auf die sinnliche Welt zu beziehen, was aber methodisch falsch ist. Man muß vielmehr umgekehrt das seelisch-geistig Wesenhafte der Erscheinungen der Sinneswelt zuerst in ihren Bildern, Erscheinungen, Gebärden selbst aufsuchen, ihre Erscheinungen auf ihr übersinnliches Wesen zurückführen und so durch das übersinnliche Wesen der sinnlichen

Welt den Inhalt der Imaginationen, Inspirationen und Intuitionen der Apokalypse entsiegeln. Die durchgeistigte Sinneswelt entsiegelt die durchbilderte Geisteswelt.

Ein solches Unterfangen wird jedoch immer noch unbefriedigend bleiben, weil in den Bildern der Apokalypse Taten sichtbar werden, die auf Wesenheiten der geistigen Welt zurückgehen. Diese erscheinen zwar auch immer in der Apokalypse, sie können aber in ihrem eigentlichen Dasein nur einer übersinnlichen Forschung und Erkenntnis zugänglich und verständlich sein. So wären wir ohne die Forschungen Rudolf Steiners nicht in der Lage, verständnisvoll in den Bildern der Offenbarung zu lesen. (Vgl. die Ausführungen S. 381 über das Wesen der Anthroposophie R. Steiners). Andererseits ist es notwendig, sich mit den Motiven und Gestaltelementen der Offenbarung selbst vertraut zu machen, um wiederum der Geistesforschung verständnisvoll zu begegnen. Die Offenbarungen sind bis zu einem gewissen Grade optisch-malerische Gemälde, ihr innerer Zusammenhang ist ein musikalischer, symphonischer, der sich in Zahlengeheimnissen zum Ausdruck bringt. Geistig-Räumliches offenbart sich in den Bildern, Geistig-Zeitliches in den Zahlen. So ist die Apokalypse Vergangenheitsoffenbarung, Gegenwartswirken und Zukunftsschau. Kompositorisch erscheint in den Bildern als erstes die Zahl Sieben, die Zahl der Bewegung, des Werdens, der Zeiten und Zeitenkreise. In ihr ist immer ein Beginn, ein Aufstieg oder Abstieg in einer Evolution bis zu einem Höhe- oder Tiefpunkt, und dann ein Abstieg oder Aufstieg bis zu einem Abschluß der Involution. Was in den sieben Sendschreiben der Kapitel 2 und 3 mehr als innerlich Werdendes lebt, kommt in den sieben Siegeln, den sieben Posaunen und den sieben Zornesschalen als weltschaffende, weltverwandelnde, weltvernichtende und welterneuernde Dramatik zur Erscheinung.

2. Die Grundgestalt der Apokalyptik: Die vier Ströme der Offenbarung

Bei der Betrachtung der Bilder fällt auf, daß auf die irdische Situation, die von dem Seher auf Patmos an einem Sonntag berichtet, Übergänge des Bewußtseins des Sehers vom sinnlichen zum übersinnlichen Plan (ich schaute – siehe – ich sah – usw.) folgen. Übersinnliche Welten und Wesen handeln, um wahrnehmbar zu werden (es erscheint – es wurde aufgetan – es eröffnete sich der Himmel). Alle diese Wesen und Bilder einer geistig-seelischen Welt erscheinen zum einen so, daß der Seher von seinen Erinnerungselementen der irdisch-sinnlichen Welt etwas in die geistige Welt hineinträgt, um in ihnen wie in Gefäßen den Wirklichkeitsgehalt des Übersinnlichen aufzufangen; zum anderen so, daß die übersinnliche Welt selbst irdische Bildgestalt annimmt (es war gleich – es war wie), um sich einem Menschen zu offenbaren. Die Vorgänge, die sich als Apokalypse dartun, haben eine Bewegung, eine geistige Stromrichtung, vornehmlich von der übersinnlichen zur Sinneswelt hin. Was von der Sinneswelt herkommt, wird übersinnlich anschaubar; es ist das Übersinnliche des Sinnlichen und wird von der Geistwelt so aufgenommen oder abgewiesen, wie sie selbst auf die sinnliche Welt ausgerichtet ist. Alles ist Bewegung, Quelle, Strom, Fluß, Geschehen, Werden und Vergehen, Mündung. Nur an einer Stelle, nach der Eröffnung des siebenten Siegels durch das Lamm, gibt es eine Art Stillstand (Kap. 8, Vers 1), *ein tiefes Schweigen, eine halbe Zeitenrunde lang.* Die Bilder unterscheiden sich in bezug auf ihre Bewegung nach drei Richtungen. Am stärksten fallen diejenigen ins Auge, welche die Hauptströmungen des apokalyptischen Geschehens darstellen, die gewaltigen Ströme aus der geistigen Welt, von den geistigen Wesen her zur Sinneswelt. Ihr Quellpunkt ist immer übersinnlich, sie haben einen einheitlichen Ursprung und ergießen sich siebenfältig. Von dem Wesen des Menschensohnes gehen die sieben Sendschreiben an die sieben Engel der sieben Gemeinden (Kap. 2 und 3). Von dem versiegelten Buch ergießen sich die strömenden Inhalte der sieben Siegel, die das Lamm der Reihe nach öffnet (Kap. 6–8). Von den sieben Engeln vor dem Altar strömen die Inhalte der sieben Posaunen hervor (Kap. 8–14), und von den sieben Engeln aus dem Tempel (Kap. 15–16) ergießen sich die Ströme aus den sieben goldenen Schalen, voll des »Zornes Gottes«. Dieser vierte Strom durchzieht ganz die zweite Hälfte der Offenbarung, wobei der siebente dieser Ströme der Schalen durchwoben ist von Ereignissen, die aus dem gesamten Strömungsgeschehen der Apokalypse hervorgehen (Kap. 16–20). Ein »Mensch«, ein »Buch«, ein »Altar« und ein »Tempel« sind die vier Ausgangsbilder der siebenfältigen vier Ströme.

In seinem Buch über die Offenbarung des Johannes hat Emil Bock gezeigt, welche Art des übersinnlichen Wahrnehmens bei der Schilderung der vier Ströme zu bedenken ist. Zudem hat er darauf hingewiesen, daß diese vier Ströme aus Bildern hervorgehen, die Quellcharakter haben und ebenfalls große kosmische Imaginationen darstellen. Sie erscheinen wie die Brunnenstuben und Quellgründe der vier Ströme (siehe Anhang Nr. 2).

3. Die Reihen der Quellbilder

Der eigentliche Quell sind Wesen (der Thronende, das Lamm, die Engel, der Menschensohn). Doch wie im Blautopf bei Blaubeuren oder im Quelltopf der Brenz bei Heidenheim oder in den Quelltöpfen des Jordan bei Banias und Dan in Palästina das Wasser von Felsen umgeben ist, so sind diese Wesen von gegenständlichen und baulichen Bilderscheinungen getragen, die selbst eben jenen Quellcharakter haben (ein Thron, ein Altar, ein Tempel, eine Bundeslade, ein Gefäß für den Opferrauch, ein Leuchter, aber auch das Buch, die Siegel, die Posaunen, die Schalen). Ebenso treten geologische, mineralogische und meteorologische Elemente auf (ein Berg, ein Meeresufer, ein Strom, eine Wolke, ein Regenbogen, ein Edelstein, ein Edelmetall, aber auch Sonne, Mond, Sterne, Himmel), und zwar wiederum im einzelnen der Bauten (Tempel),

Gegenstände (Thron, Altar) und Geräte (Rauchfaß, Buch, Posaunen, Schalen) von kosmischen Strukturen durchwirkt. So muß man unterscheiden zwischen Quellbildern und Strombildern.
Die unerschöpfliche Fülle des geistig Lebendigen läßt nicht nur aus den vier genannten Quellbildern einer bildhaften Stufe die vier Ströme unmittelbar erfließen, sie offenbart sich vielmehr auch im Bereich der Quellbilder der wesenhaften Stufe in Erscheinungen von Wesen, die ihrerseits eine siebenfältige Verwandlung erfahren. Drei solcher unterschiedlicher Quellbilderreihen siebenfältiger Wesens-Wandlung lassen sich in der Apokalypse erkennen. Die erste Reihe ist dadurch gekennzeichnet, daß ein bestimmtes Wesen im Vordergrund steht, der eigentliche »Held« des ganzen Dramas, das Christus-Wesen. Sieben große Erscheinungen und Verwandlungen dieses Wesens sind in die Offenbarung eingewoben.

4. Die sieben Bilder des Sohnesgottes

Im ersten Bild dieser Reihe erscheint der Christus-Jesus, der Menschensohn, inmitten der sieben goldenen Leuchter mit den sieben Sternen in der Hand (Kap. 1, Vers 12–16):

Und ich wandte mich um, um den zu sehen, dessen Stimme zu mir sprach. Und als ich mich umwandte, sah ich sieben goldene Leuchter und inmitten der Leuchter eine Gestalt wie die des Menschensohnes:
bekleidet mit einem langwallenden Gewand,
die Brust mit einem goldenen Gürtel umgürtet,
mit weißem Haupt, dessen Haar leuchtete wie weiße Wolle und wie Schnee,
mit Augen, als wären es Feuerflammen,
mit Füßen, als wären sie von Golderz, das im Feuer geglüht ist,
mit einer Stimme gleich dem Rauschen großer Wasserströme,
in seiner rechten Hand hielt er sieben Sterne,
aus seinem Munde ging es hervor wie ein scharfes, zweischneidiges Schwert,
und sein Antlitz leuchtete wie die Sonne in ihrer ganzen Kraft.

Dieses den Apokalyptiker Johannes bis zu einem todesartigen Zustand erschütternde große Geistbild des Menschensohnes ist so etwas wie das umfassende Quellbild des apokalyptischen Schauens. Alles Folgende, das Johannes erlebt, geht aus der Begegnung mit diesem Wesen hervor. So auch die nächsten sechs Erscheinungen, in denen sich dieses Wesen in immer neuen Verwandlungen offenbart. Diese Verwandlungen sind nicht zufällig. Das umfassende göttliche Wesen des Sohnesgottes zeigt in dem Bilde des Menschensohnes im 1. Kapitel das Ergebnis dessen, was der Christus im Jesus auf Erden durch das Mysterium von Golgatha vollbracht hat:

Fürchte dich nicht. Ich bin der Erste und der Letzte und der Lebendige. Ich war tot, dennoch trage ich das Leben der Welt durch alle Äonen. Mein ist der Schlüssel zum Reiche des Todes und der Schatten. (Kap. 1, Vers 17–18)

Die zweite Erscheinung des Sohnesgottes findet sich im 5. Kapitel. Er offenbart sich in einer vollkommen veränderten Gestalt. Es ist das Bild des Lammes vor oder in dem Thronbild des 4. Kapitels, auf seinem Haupte sieben hornartige Strahlen, in seinem Antlitz sieben Augen. Es ist das Wesen, das allein das Buch und die sieben Siegel des Buches öffnen kann (Kap. 6–8). Die Opferkraft und die Offenbarungsvollmacht des Christus-Jesus erscheinen in diesem zweiten Bild.

Und ich schaute: Da stand inmitten des Thrones und der vier Tiere und in der Mitte der Ältesten ein Lamm, als wäre es bereits geopfert. Es hatte sieben Hörner und sieben Augen. Diese waren die sieben göttlichen Schöpfergeister, denen das ganze Erdreich als Wirkensstätte zugeteilt ist. Das Lamm trat herzu und nahm das Buch aus der rechten Hand des Thronenden. (Kap. 5, Vers 6–7)

Die Offenbarungsgewalt des Lammes setzt sich dann noch weiter fort. Aus der Eröffnung des siebenten Siegels geht jener goldene Altar hervor (Kap. 8, Vers 3), zu dem die Gebete der Heiligen von der Erde emporströmen, an dem der »andere« Engel den Kultus zelebriert, der dann zur Erde strömt: *Da rollten Donner, es tönten Stimmen, es zuckten Blitze, und die Erde erbebte* (Kap. 8, Vers 5). Hier erscheinen die sieben Engel, die den Strom der sieben Posaunen eröffnen, das Lamm selber aber bleibt jetzt unsichtbar, gewissermaßen im Hintergrund des Altares, hinter allen Offenbarungen der Kapitel 8 bis 14. Sein sich verwandelndes Wesen schimmert nur leise hindurch in dem Bilde des Knaben, des Sohnes, den das mit der Sonne bekleidete Weib in den Bildern des 12. Kapitels gebiert *(und das Weib gebar ihr Kind: einen Sohn. Er soll der Hirte aller Völker sein mit dem ehernen Stabe,* Kap. 12, Vers 5). Davon wird noch im späteren die Rede sein.

Im Beginn des 14. Kapitels erscheint der Sohnesgott in seiner dritten Gestalt, wieder als das Lamm, nun aber auf einem Berg inmitten der Einhundertvierundvierzigtausend. Er ist jetzt das Mittelpunkt-Wesen einer erlösten Menschheit.

Und ich sah: Siehe, das Lamm auf dem Berge Zion und um es geschart die Hundertvierundvierzigtausend, denen sein Name und der Name seines Vaters auf den Stirnen geschrieben stand. (Kap. 14, Vers 1)

Gleich darauf schimmert dieses Wesen in einer ganz verborgenen Weise als das ewige Evangelium, das durch alle Himmel getragen wird. Der Sohn ist ein göttliches Wesen, und er hat seinen eigenen Wirkensbereich göttlicher Lebenskräfte, Seelengewalt und Geistesvollmacht. Er hat ein Reich. Dieses Reich ist von ihm durchwaltet und von Engeln getragen. Es ist in Wahrheit das »ewige Evangelium«.

Und ich sah einen anderen Engel durch den Zenit des Himmels fliegen. Er trug das Ewige Evangelium, um es denen zu verkünden,die auf der Erde wohnen, allen Völkern und Stämmen und Sprachen und Rassen. Er sprach mit lauter Stimme: Habet Ehrfurcht vor der göttlichen Welt als der Quelle aller Offenbarung. Die Stunde der göttlichen Entscheidung ist da. Betet an den Schöpfer des Himmels und der Erde und des Meeres und aller Wasserquellen.

(Kap. 14, Vers 6–7)

Die vierte Erscheinung des Sohnesgottes ist wiederum die als Menschensohn, auf einer weißen Wolke mit der scharfen Sichel in der Hand. In diesem Bilde offenbart sich das geistige Richteramt des Christus-Jesus. Wieder eine andere Seite seines Wesens:

Und ich sah, siehe, eine weiße Wolke. Und auf der Wolke die Gestalt des Menschensohnes. Auf seinem Haupte trug er eine goldene Krone, und in der Hand hielt er eine scharfe Sichel. Und ein anderer Engel trat aus dem Tempel hervor und rief mit lauter Stimme dem auf der Wolke Kommenden zu: Schlag zu mit deiner Sichel und ernte, denn die Zeit der Ernte ist gekommen. Das Erntefeld der Erde steht reif. Und der auf der Wolke fuhr mit seiner Sichel über die Erde, und die Erde wurde geerntet. (Kap. 14, Vers 14–16)

Die beiden Erscheinungsbilder des Sohnesgottes im 14. Kapitel leiten nun wiederum das ein, was sich dann am Beginn des 15. Kapitels in der Erscheinung der sieben Engel enthüllt, die die sieben Prüfungen des vierten Stromes der Offenbarung entfalten. Der Menschensohn mit der Sichel in der Hand ist das Quellbild der »Ausgießung der Zornesschalen« (Kap. 15, Vers 1). Und während sie verströmen, bleibt wiederum das Gotteswesen mehr im Hintergrund.

Dann aber erlebt der Apokalyptiker die fünfte Erscheinung. In völlig verwandelter Gestalt erscheint der »weiße Reiter«. Es ist der Sohnesgott als Ichwesen, der Gott aller Ichwesen, der Herr der Menschen als Könige und Herren.

Und ich sah, wie der Himmel sich auftat. Siehe, ein weißes Pferd. Und der Reiter, der auf ihm saß, er ist es, der den Glauben und die Erkenntnis wahrmacht. Durch seine Entscheidungen und seinen Kampf entsteht das Sein des Moralischen. Seine Augen sind wie Feuerflammen, auf seinem Haupte leuchtet eine Vielheit von Kronen. Ihm ist ein Name eingeschrieben, den niemand versteht außer ihm selber. Er ist mit einem blutbesprengten Gewand bekleidet, dessen Name heißt: der Logos Gottes. Und die Heere des Himmels folgen ihm auf weißen Pferden, mit reiner weißer Leinwand bekleidet. Aus seinem Munde geht ein scharfes Schwert hervor, mit dem er die Völker trifft. Er ist der Hirte der Völker und trägt den ehernen Stab. Er tritt die Kelter, aus der der Wein des göttlichen Willens als Zorn des Weltgebieters hervorquillt. Auf seinem Gewande und auf seiner Hüfte steht der Name geschrieben: König aller Könige, Herr aller Herren.
(Kap. 19, Vers 11–16)

Die sechste Erscheinung zeigt das Sohneswesen auf einem großen weißen »Stuhl«. Himmel und Erde fliehen und verschwinden vor seinem Antlitz, und alle Toten kommen herzu. Dieses sechste Bild hat kosmische Dimension. Der gegenwärtige Kosmos beginnt sich zu vergeistigen, der Sohnesgott wird zum Auflöser der alten

Welt und zum Mittelpunkt der durch den alten Kosmos hindurchgegangenen Menschheit. Er hat jetzt selbst den Rang eines Thronenden. Und vor ihm öffnen sich alle Schicksale aller Menschen im »Buch des Lebens«, er ist im Auflösen der alten Welt der Herr des Karma.

Und ich sah einen großen weißen Thron, und vor dem Antlitz dessen, der darauf saß, wichen Erde und Himmel zurück und waren innerhalb der Raumeswelt nicht mehr zu finden. Und ich sah die Toten, große und kleine, die vor dem Throne standen, und Bücher wurden aufgeschlagen. Und noch ein anderes Buch wurde aufgeschlagen: das Buch des Lebens. Und es wurden die Schicksale der Toten bestimmt aus dem, was in den Büchern geschrieben stand, je nach ihren Werken.
(Kap. 20, Vers 11–12)

Am Ende der Apokalypse ist der Sohnesgott wieder ganz als »Ich-Jesus« gegenwärtig, als der Bräutigam der Braut, des himmlischen Jerusalem, als der Morgenstern, als der Spender des Mahles. Das letzte, siebente, Quellbild der Reihe der Erscheinungen des Sohnesgottes ist eigentlich kein Bild mehr, es ist ganz Wort geworden. Das einzige Bildhafte ist der »Morgenstern«, aber auch das ist eine Selbstaussage. Immer wieder spricht er jetzt das Wort über sein eigenes Wesen. Es sind das »Worte der Weissagung« (Kap. 22, Vers 10). So zum Beispiel in Vers 12 bis 13: »Siehe, ich komme bald...« und »Ich bin das A und das O...« und dann Vers 16: »Ich, Jesus, ...«

Ich, Jesus, habe meinen Engel zu euch gesandt. Er soll euch in den Gemeinden diese Worte bekräftigen. Ich Bin die Wurzel und der Stamm Davids. Ich Bin der strahlende Morgenstern.

Diese Offenbarungen des Sohnesgottes bilden miteinander die Erscheinungen des Mittelpunktwesens der Apokalypse. Von ihnen gehen immer aufs neue Verwandlungsimpulse aus; in ihnen verwandelt sich dieses Wesen selbst.

5. *Die kosmischen Quellbilder: Die Welt des Vatergottes*

In der zweiten Reihe der Quellbilder der Apokalypse sind stärker kosmische Bildelemente beteiligt. Auch diese Offenbarungsreihe hat sieben Stufen. Das erste, umfassende Bild ist der Inhalt des ganzen vierten Kapitels (Vers 1–11):

Danach konnte ich schauen: Siehe, eine offene Türe im Himmel. Und die erste Stimme, die wie der Schall einer Posaune an mein Ohr gedrungen war, sprach: Steige empor! Ich will dir zeigen, was nach all dem Vorangegangenen in der Zukunft geschehen soll. Und schon war ich ins Geistgebiet emporgehoben. Siehe, ein Thron stand im Himmel, und auf dem Throne saß eine Gestalt. Der Thronende glich in seinem Glanze einem Jaspis und einem Karneol. Um den Thron rundete sich ein Regenbogen, der leuchtete wie ein Smaragd. Im Kreise um den Thron standen vierundzwanzig Throne, und darauf saßen vierundzwanzig Älteste in weißen Gewändern, mit goldenen Kronen auf den Häuptern. Aus dem Throne zuckten Blitze, Stimmen tönten, Donner rollten, und sieben flammende Fackeln brannten vor dem Thron. Das sind die sieben göttlichen Schöpfergeister. Und vor dem Thron etwas wie ein gläsernes Meer, als wäre es aus Kristall gebildet.

Inmitten und im Umkreis des Thrones vier Lebewesen voller Augen vorne und hinten. Das erste Lebewesen glich einem Löwen, das zweite einem jungen Stier, das dritte hatte ein Antlitz wie ein Mensch, und das vierte war wie ein fliegender Adler. Die vier Lebewesen hatten ein jedes sechs Flügel; rundherum und auch im Inneren waren sie voller Augen. Und ohne Unterlaß riefen sie bei Tage und bei Nacht:

> *Heilig, heilig, heilig der Herr, der göttliche Herrscher des Alls, der war und der ist und der kommt.*

Und sooft die Lebewesen darbringen Geisteslicht und Seelenwürde und Dankesopfer dem, der auf dem Throne sitzt und das Leben durch alle Äonen trägt, fallen die vierundzwanzig Ältesten in Anbetung vor dem Thronenden nieder, vor dem, der das Leben der Welt von einem Äon zum anderen trägt, und legen ihre Kronen vor dem Throne nieder und sprechen:

> *Du Herr, unser Gott, bist würdig, daß dir dargebracht werde leuchtende Geistigkeit, würdevolles Seelensein und wirkende Schöpferkraft, denn du hast das All erschaffen. Durch deinen Willen haben alle Dinge Dasein und Gestalt.*

Es wird ein Thron sichtbar, ein Portal, eine Tür, die sich auftut. Ein Thron, gesetzt im Himmel, auf dem Throne ein Wesen, das nicht vergleichbar ist mit menschlichen, tierischen oder pflanzlichen Bildern, sondern »Mineralogie«, »Meteorologie«, »Kosmologie« von sich ausgehen läßt: Thron, Jaspis, Sarder, Regenbogen, Smaragd, Blitz, Donner, Stimmen sind die »irdischen« Bildelemente seiner Erscheinung. Um den Thron leuchten 24 Throne, sieben brennende Fackeln strahlen von ihm aus, und vor ihm erstreckt sich das gläserne Meer wie Eis oder Bergkristall (das griechische Wort bedeutet beides). Auf dem Throne waltet das Wesen ohne Namen, umgeben von den 24 Ältesten auf ihren Thronen, den sieben Engeln Gottes und dem Viergetier (Löwe, Stier, Mensch, Adler), und in der Hand des Thronenden liegt das Buch. In der Mitte dieser Bilder und Wesen offenbart sich dann im fünften Kapitel das Lamm (das 2. Bild der ersten Reihe), das steht, obwohl es wie erwürgt ist. Seine sieben Augen sind die sieben Geister Gottes, die in alle Welt ausgesendet sind.

Es liegt nahe, das Bild des Sehers Johannes zu vergleichen mit der großen Vision des Propheten Hesekiel im Alten Testament. Eine ganze Reihe von Bildmotiven entsprechen einander in beiden Schauungen. Der wesentliche Unterschied liegt darin, daß der Thronende bei Hesekiel (Kap. 1, Vers 26) in menschlicher Gestalt, bei Johannes jedoch im Edelsteinbild erscheint. Dieses Motiv findet sich auch bei Hesekiel, aber nur in dem Bilde des Thrones selbst (»und über dem Himmel, so oben über ihnen, war es gestaltet wie ein Saphir, gleich wie ein Thron«). Johannes spricht bloß vom Thron. Man wird wohl kaum fehlgehen, wenn man auch für die Apokalypse des Johannes eine Saphirimagination für den Thron in Anspruch nimmt. Das zweite, das bei Hesekiel fehlt, ist das Lamm der Apokalypse. Der Thronende ist bei Hesekiel innen und außen Feuer, das nach oben und unten von den Lenden, dem Schoß des Thronenden ausgeht. Bei Johannes ist es das Jaspis-Licht und das Karneol-Feuer. Auch hier läßt sich denken, das Jaspis-Licht leuchte nach oben, das rote Karneol-Feuer nach unten. Schaut man die beiden Bilder zusammen, dann erscheinen in dem Quellbild des Vatergottes das Saphirblau, Jaspisweiß, Karneolrot und das Smaragdgrün, letzteres in dem Regenbogen um den Thron. Das Bild des Neuen Testamentes bringt tiefere Mysterien der Gottheit zur Erscheinung. Der Thronende und seine Vaterwelt, das Tiefste und Höchste des ganzen Weltenwesens, der Quellgrund aller Quellgründe, Erscheinungen, Verwandlungen und Entscheidungen zeigen sich als »Edelstein«. Im »gläsernen Meer« hat das Physisch-Mineralische seinen Ursprung. So nimmt die Welt von dem Thronenden, dem Thron und dem gläsernen Meer aus ihren Weg. Auch dieses Bild zieht in sechs weiteren Verwandlungen durch die Apokalypse. Das siebente Kapitel spricht erneut von dem Thron, dem Thronenden, den Ältesten und den vier Tieren (Vers 11–12):

Und alle Engel standen im Kreise um den Thron und um die Ältesten und um die vier Lebewesen, und sie fielen vor dem Thron auf ihr Angesicht nieder in Anbetung des göttlichen Weltengrundes und sprachen:

> *Amen, das Segenswort, die Offenbarung, die Weisheit, das Dankesopfer, die Seelenwürde, die Weltenkraft und die Geistesstärke, sie gehören unserem Gotte für alle Äonen. Amen.*

In dem zweiten kosmischen Bild handelt es sich um das wahre Verhältnis der Geschöpfe zu dem göttlichen Weltengrund. Es ist das Verhältnis lobpreisender Verehrung und Anbetung.

Durch das Zusammenweben des göttlichen Vaterwesens und seiner Welt mit den anbetenden Geschöpfen erbildet sich das dritte Quellbild. Es entsteht der goldene Altar. Die Vaterwelt ist zur Opferstätte geworden. Zwischen den Geschöpfen und dem Vater wirkt verborgen der Sohn. So wird dies zum Quellgrund der sieben Posaunenströme der Offenbarung. Diese zweite Verwandlung geschieht durch die Mitwirkung des Lammes. Es eröffnet das siebente Siegel. Und was so von den Gebeten der Menschen aufsteigt, vom Altar als Feuer zur Erde fällt, läßt um den Altar herum die Gotteswelt schließlich zum »Tempel« werden (Kap. 8, Vers 1–5):

Und als das Lamm das siebente Siegel öffnete, entstand in der Geisteswelt ein tiefes Schweigen, eine halbe Zeitenrunde lang. Und ich sah die sieben Engel, die vor dem Vatergotte stehen, und ihnen wurden sieben Posaunen gegeben.

Und ein anderer Engel kam und trat mit einem goldenen Rauchgefäß an den Altar. Ihm wurde viel Räucherwerk gereicht, damit er es zu den Gebeten aller Geist-Ergebenen spendete auf dem goldenen Altare angesichts des Thrones. Und aus der Hand des Engels stieg der Weihrauch empor zusammen mit den Gebeten der Geist-Ergebenen vor dem Angesichte der Gottheit. Dann nahm der Engel das Rauchgefäß, füllte es mit dem Feuer des Altares und schüttete es hinunter auf die Erde. Da rollten die Donner, es tönten die Stimmen, es zuckten die Blitze, und die Erde erbebte.

Am Anfang des 11. Kapitels ereignet sich die vierte Verwandlung: Während der Thronende im Hintergrund bleibt, seine Gegenwart nur angedeutet wird, konzentriert sich das Geschehen auf den Altar und den ihn umgebenden Tempel (Kap. 11, Vers 1–2):

Mir wurde ein stabförmiges Rohr gegeben, und dazu hörte ich die Worte: Erhebe dich und nimm das Maß des göttlichen Tempels und des Altars darinnen und derer, die darin anbeten. Die Vorhalle aber außerhalb des Tempels wirf hinaus und rechne sie nunmehr ganz zur Außenwelt. Sie brauchst du nicht zu messen, denn sie wird den heidnischen Völkern zugeteilt. Diese werden die heilige Stadt zweiundvierzig Monate lang zertreten.

Am Ende des 11. Kapitels eröffnet sich das Innerste dieses Tempels, es ist die Bundeslade (Kap. 11, Vers 19):

Und der Tempel Gottes im Himmel wurde aufgetan, und der Altar des Gottesbundes wurde sichtbar im Tempelheiligtum. Und es zuckten Blitze, Stimmen ertönten, Donner rollten, die Erde erbebte, und ein gewaltiger Hagelschlag geschah.

Was in der dritten Verwandlung sich anbahnt, wird zum Inhalt der vierten. Vom Altar ausgehend erscheint der Tempel, dann aber im Tempelinnersten die »Bundeslade«.

Die Bundeslade des israelitischen Tempels in Jerusalem ist von tiefen Geheimnissen umwittert. Ihre Einrichtung geht zurück auf die Einsetzung des alten Kultus durch Moses. Sie wurde durch Jahrhunderte erlebt als die magische Stätte des irdischen Sitzes der Gottheit, als der »Gnadenstuhl«. Sie stand im Allerheiligsten des salomonischen Tempels, von den Flügeln zweier Cherubim behütet. Ihr Inhalt war das Geheimnis der Eingeweihten. Nirgends im ganzen Alten Testament ist das Geheimnis enthüllt. Erst im

Hebräerbrief des Neuen Testamentes im 9. Kapitel erfahren wir das Geheimnis. Dort heißt es (Vers 3–5):

Hinter dem zweiten Vorhang befand sich der Raum, der das »Allerheiligste« genannt wurde. Dort standen das goldene Räuchergerät und die Lade des Bundes, ganz mit Gold bekleidet. Diese enthielt den goldenen Krug mit dem Manna, den Stab Aarons, der gegrünt hatte, und die steinernen Tafeln des Bundes. Über der Lade waren die Cherubim als Hüter der Offenbarung, die Stätte der göttlichen Anwesenheit überschattend.

Was im inneren Tempel sinnlich-übersinnliche Symbole waren, wird in der Offenbarung zum Geistbild. Es ist in den drei Inhaltbildern das Urbild des höheren Menschen im Erdenmenschen, Substanz und Wesenheit also, die noch im Schoße der Gottheit ruhen, aber einmal im Menschen zur Entfaltung kommen werden. Im Sinne der Terminologie der altindischen Esoterik und im Sinne der Geistesforschung Rudolf Steiners sind es das Manas (das Geistselbst), die Buddhi (der Lebensgeist) und das Atma (der Geistesmensch).

In der fünften Verwandlung der kosmischen Quellbilder erscheint wiederum das gläserne Meer. Es ist jedoch nicht mehr rein lichthaft, sondern mit Feuer durchsetzt. Nun beginnt in der gewordenen Welt ein gewaltiger, die Keimzonen der mineralischen Welt ergreifender Feuerprozeß, der vom »Lied des Moses« durchwirkt ist (Kap. 15, Vers 1–3):

Und dem schauenden Blick zeigte sich ein neues großes und erstaunliches Bild im Himmel: Sieben Engel mit den sieben letzten Prüfungen, in denen sich der Ernst des göttlichen Schicksalswillens vollendet.

Und ich sah, und es war wie ein kristallenes Meer, mit Feuer vermischt. Und diejenigen, die das Tier überwunden hatten und die Versuchung seines Bildes und der Zahl seines Namens, sah ich mit den Harfen Gottes an dem kristallenen Meere stehen. Und sie sangen das Lied des Moses, des Gottesknechtes, und das Lied des Lammes:

Groß und bewunderungswürdig sind deine Werke,
o Herr, göttlicher Gebieter des Alls.
Zum Sein des Guten und zur Wahrheit
führen deine Wege, du König aller Völker.

Wer steht nicht in Ehrfurcht vor dir, o Herr?
Wer preist nicht dein Wesen
als den Quell aller Offenbarung?
Du allein bist heilig.
Alle Völker werden kommen, um vor deinem Antlitz anzubeten,
denn nun haben sich deine höheren Ordnungen deutlich geoffenbart.

In diesem fünften kosmischen Quellbild des gläsernen Meeres erscheint ein innerer Zusammenhang zwischen den sieben Engeln mit den Prüfungen und der Verwandlung dieses Meeres selbst. Die letzten Prüfungen der menschlichen Entwicklung stehen in Wechselwirkung mit den Verwandlungen der mineralischen Welt. Auf der einen Seite: göttliche Liebe in den goldenen Schalen – für die Menschheit als läuternder Zorn wirkend; auf der anderen Seite: die mineralische Welt, die im Ursprung das kristallene Meer war, jetzt durchdrungen von den menschlichen Einwirkungen der Verwandlung.* – Durch das Mitwirken des Menschen geht das fünfte kosmische Quellbild in das sechste über. Die Welt wird wieder zum Tempel, in den aber jetzt das im gläsernen Meer Verwandelte eingewoben ist. Das »Lied des Moses und des Lammes« macht aus dem Meer den Bau, der dann zum Quellgrund des vierten apokalyptischen Stromes, der Ausgießung der Zornesschalen, wird (Kap. 15, Vers 5–8):

Danach sah ich, wie im Himmel der Tempel geöffnet wurde, das Tabernakel der göttlichen Selbstbezeugung. Und aus dem Tempel traten die sieben Engel hervor mit den sieben Prüfungen. Mit reiner, leuchtender Leinwand waren sie bekleidet, und um ihre Hüften trugen sie goldene Gürtel. Und eines von den vier Lebewesen gab den sieben Engeln sieben goldene Schalen, voll von den Willensregungen des Gotteswesens, welches das Leben der Welt durch alle Äonen trägt. Und der Tempel füllte sich mit dem Rauch, der von dem Geisteslicht und der Seelenstärke des Gotteswesens ausging. Und keiner konnte in den Tempel eintreten, bis die sieben Prüfungen durch die sieben Engel vollzogen waren.

* In dem dritten Teil dieses Buches wird davon die Rede sein, welche tiefgreifenden Veränderungen die mineralische Welt durch den Menschen erfährt.

Vom 16. Kapitel an beschreibt Johannes, wie sich die sieben Schalen des göttlichen Willens ergießen; der Strom der ersten in die Erde, der zweiten in das Meer, der dritten in die Wasserströme und Wasserquellen, der vierten in die Sonne, der fünften auf den Thron des Tieres, der sechsten auf den großen »Euphrat« und der siebenten in die Luft. Der gesamte irdische und planetarische Kosmos wird vom verwandelnden Feuer dieser sieben Ströme durchsetzt. Ihre alldurchdringende Kraft und Wirkung ist das, was aus dem tiefsten Innern des ersten Quellbildes (Kap. 4) endgültig hervorgeht. Es enthüllt sich aus der siebenten Posaune. Der Thronende des ersten Bildes bekundet seine Anwesenheit in Stimme, Donner und Blitz, er selbst bleibt jedoch im Hintergrund (Kap. 16, Vers 17–18):

Und der siebente goß seine Schale aus in die Atmosphäre. Da ertönte eine mächtige Stimme aus dem Tempel vom Throne her: Es ist geschehen! Und es zuckten die Blitze, es ertönten die Stimmen, Donner rollten, und ein großes Erdbeben erdröhnte, wie es noch keines gegeben hatte, solange Menschen auf der Erde leben; ein so urgewaltiges Erdbeben war es.

In dem letzten, dem siebenten Bild dieser Reihe tritt das erste wieder hervor. Nun aber ist der Himmel erfüllt mit Scharen von Engeln und Menschen, die das große Amen und Hallelujah aussprechen; wie aus ihren Chören her kommen der Thronende, die 24 Ältesten und die vier Tiere (Kap. 19, Vers 3–5):

Und noch einmal sprachen die Stimmen:
Hallelujah! Der Rauch ihres Brandes wird nicht aufhören, emporzusteigen von einem Äon zum anderen.
Da fielen die vierundzwanzig Ältesten und die vier Lebewesen nieder und beteten das hohe Gotteswesen an, das auf dem Throne saß, und sprachen: Amen, hallelujah!
Und vom Throne her sprach eine Stimme:
Lobpreiset den Gott, dem wir dienen, alle, die ihr ihm ergeben seid und euch in Ehrfurcht vor ihm beugt, Kleine und Große!

Das neuerlich Hervorquellende sind nicht mehr Siegel, Posaunen und Schalen, sondern die große Kommunion, die Hochzeit und das Abendmahl des Lammes (Kap. 19, Vers 9 und 17):

Und er sprach zu mir: Schreibe! Selig sind, die zum Hochzeitsmahl des Lammes berufen sind. Und er fuhr fort: Dies sind wahrhaftige Gottesworte.
Und ich sah einen Engel in der Sonne stehen. Der rief mit lauter Stimme allen Vögeln, die durch den Zenit des Himmels flogen, zu: Kommt, sammelt euch zu dem großen Gottesmahle!

So wie in dem ersten großen kosmischen Bild von Kapitel 4 die Reihe der kosmischen Bilder sich infolge der Erscheinung des Lammes durchdringt mit der Reihe der Menschensohn-Offenbarungen, so weben die beiden Reihen in allen sieben kosmischen Bildern ineinander.
Zusammenfassend kann gesagt werden: Die erste Reihe der Quellbilder bringt die Erscheinungen des Sohnes. Sie enthalten in Offenbarungen des Urimpulses die Verwandlungen, die Tode und Auferstehungen des schaffenden Logos.
Die zweite Reihe zeigt die Quellbilder der Substanz der Vaterwelt, des Urgrundes, die tiefste Quellschicht des Weltgeschehens. In ihr wird Mineralisches sichtbar.

6. Die Durchgangsbilder der Mittler-Wesen: Die Träger des Guten und des Bösen

In der dritten Reihe der Quellbilder erscheinen Wesenheiten, die nicht nur den Charakter von Quellgründen und Initiatoren haben, sondern auch Durchgänge eröffnen; Prüfungen, seelische und geistige Kämpfe, Siege, Niederlagen und Neuschöpfungen. Durch diese Wesen geht das apokalyptische Geschehen hindurch, sei es, daß alles aus den eigentlichen Quellgründen der höheren Gebiete des Geistigen von ihnen bewußt aufgenommen und verkündet, also geoffenbart wird, sei es, daß die höheren Kräfte durch sie hindurch in die wirkenden sieben mal vier Ströme übergehen und sie die Posaunen ertönen oder den Inhalt der Schalen ausfließen lassen; es kann jedoch auch das kosmisch-apokalyptische Geschehen in ihnen selbst Verwandlungen bewirken. In dieser Reihe treten die

Vermittler auf, die Träger des Durchgangs, die Mitwirkenden und Mitbildenden. Schon in dem umfassenden Quellbild des 4. und 5. Kapitels erscheint ein solches Wesen in Gestalt des »Engels von großer Stärke« und ruft die Frage nach dem aus, der die Siegel eröffnen kann (Kap. 5, Vers 2).
Auch in dem Bilde des Menschensohnes im 1. Kapitel ist dieses Element in den sieben Engeln, in die sich die sieben Sterne in seiner Hand wandeln, enthalten (Kap. 1, Verse 16 und 20):

In seiner rechten Hand hielt er sieben Sterne,
aus seinem Munde ging es hervor wie ein scharfes, zweischneidiges Schwert,
und sein Antlitz leuchtete wie die Sonne in ihrer ganzen Kraft.
Das Geheimnis der sieben Sterne, die du siehst in meiner rechten Hand, und der sieben goldenen Leuchter ist dieses: Die sieben Sterne sind die Engel der sieben Gemeinden, und die sieben Leuchter sind die sieben Gemeinden selbst.

Dieses Motiv der Durchgänge und Vermittlungen durchzieht also schon als Bestandteil die zwei Reihen der Quellbilder, die wir bis jetzt angeschaut haben. Es entsteht aber auch unmittelbar und stellt sich durch die Apokalypse hindurch wiederum in sieben Erscheinungen dar. Das erste selbständige Bild dieser Art sind die vier Engel zu Beginn des Kapitels 7 und der fünfte, der die Versiegelung der Einhundertvierundvierzigtausend vermittelt (Kap. 7, Verse 1–4):

Danach sah ich vier Engel, die an den vier Ecken des Erdreiches standen. Sie hielten mit ihrer Kraft die vier Winde der Erde zurück; es sollte weder auf der Erde noch auf dem Meere noch über irgendeinem Baum ein Wind wehen. Und ich sah den anderen Engel emporsteigen an der Stelle, wo die Sonne aufgeht. Er besaß das Siegel der Lebensbildekräfte Gottes und rief mit lauter Stimme den vier Engeln, in deren Willkür die Erde und das Meer gegeben war, zu: Richtet keinen Schaden an weder an der Erde noch an dem Meere noch an den Bäumen, bevor wir unser Siegel auf die Stirnen derer gedrückt haben, die unserem Gotte dienen. Und ich hörte die Zahl der Versiegelten: Hundertvierundvierzigtausend aus allen Stämmen der Söhne Israels sollen das Siegel empfangen.

Durch diese Wesen entsteht ein Freiraum, der Erdenraum für die Menschheit, in dem das Geschehen sich nach der einen Seite zu dem

Quellgrund öffnet, wo der Thronende, die Ältesten und die vier Lebewesen auftreten, nach der anderen in den Bereich der versiegelten Zwölfmalzwölftausend mit den Namen der zwölf Stämme. Das Geschehen zieht durch den geistig-irdischen Schauplatz, den diese fünf Engel freihalten, vollständig hindurch. Sie sind rein mitwirkende Vermittler.

Das zweite Bild dieser Reihe bringt das 10. Kapitel. Es ist der »große Engel«, der Genius der ganzen Menschheit. Er zeigt um sich den Regenbogen, mit der Wolke ist er bekleidet und mit feurigen Füßen steht er auf dem Meer und dem Lande. In der Hand hält er das offene Buch, das Johannes der Seher verschlingen muß (Verse 1–11):

Und ich sah einen anderen Engel von großer Stärke; er stieg aus dem Himmel hernieder, in eine Wolke gehüllt. Um sein Haupt erglänzte der Regenbogen, sein Antlitz war wie die Sonne, und seine Füße glichen Feuersäulen. Er hielt ein aufgeschlagenes Büchlein in der Hand. Seinen rechten Fuß setzte er auf das Meer, den linken auf das feste Land. Und er rief mit einer gewaltigen Stimme, die dem Brüllen eines Löwen glich. Seinem Rufen antworteten die sieben Donner mit ihren Stimmen. Und als die sieben Donner sprachen, wollte ich ihre Worte aufschreiben. Da hörte ich eine Stimme aus dem Himmel, die sprach: Versiegele, was die sieben Donner sprechen, schreibe es nicht auf!

Und der Engel, den ich sah, wie er zugleich auf dem Meere und auf dem festen Lande stand, erhob seine rechte Hand zum Himmel und schwor im Namen dessen, der das Leben der Welt durch alle Äonen trägt, der den Himmel erschaffen hat und alle Wesen in ihm, dazu die Erde und alle Wesen auf ihr und das Meer und alle Wesen in ihm: Zeit wird nicht mehr sein, sondern in den Tagen, da der siebente Engel seine Stimme erhebt und seine Posaune erschallen läßt, soll sich das Mysterium der Gottheit erfüllen, wie er es seinen Dienern, den Propheten, verkündigt hat.

Und die Stimme, die ich vom Himmel her vernommen hatte, sprach aufs neue zu mir: Geh hin und nimm aus der Hand des Engels, der auf dem Meer und auf dem Lande steht, das aufgeschlagene Buch! Und ich ging zu dem Engel und sprach zu ihm, er möge mir das Büchlein geben. Und er sprach zu mir: Nimm und iß es, es wird in deinem Bauche bitter sein, wenn es auch in deinem Munde süß ist wie Honig. Und ich nahm das Büchlein aus der Hand des Engels und aß es. Und es schmeckte in meinem Munde süß wie Honig; als ich es aber gegessen hatte, erfüllte es mein Inneres mit bitterem Geschmack. Da wurde zu mir gesprochen: Du sollst von neuem als Prophet hintreten vor die Rassen und Völker und Sprachen und vor viele Könige.

Im 11. Kapitel fügen sich als drittes Bild dieser Reihe die Gestalten der beiden Zeugen hinzu, auch zwei Ölbäume oder zwei Fackeln genannt, welche die Menschenschicksale von Verleumdung, Tod und Auferweckung durchmachen (Verse 1–12):

Mir wurde ein stabförmiges Rohr gegeben, und dazu hörte ich die Worte: Erhebe dich und nimm das Maß des göttlichen Tempels und des Altares darinnen und derer, die darin anbeten. Die Vorhalle aber außerhalb des Tempels wirf hinaus und rechne sie nunmehr ganz zur Außenwelt. Sie brauchst du nicht zu messen, denn sie wird den heidnischen Völkern zugeteilt. Diese werden die heilige Stadt zweiundvierzig Monate lang zertreten.
Und ich will meine beiden Zeugen aufrufen. Sie sollen eintausendzweihundertundsechzig Tage lang das Geistwort verkündigen, mit Trauergewändern bekleidet. Sie sind die zwei Ölbäume und die zwei Leuchter, die vor dem Herrn der Erde stehen. Wenn ihnen jemand etwas zuleide tun will, so werden Feuerflammen aus ihrem Munde hervorschlagen, die ihre Feinde verzehren. Wer ihnen Unheil bereiten will, muß sterben. Diese sind es, die Vollmacht haben, den Himmel zu verschließen, so daß kein Regen fällt in den Tagen ihres prophetischen Wirkens. Und sie haben auch die Vollmacht, das Wasser in Blut zu verwandeln und die Erde mit jeder Art von Plagen zu schlagen, wenn sie es nur wollen. Und wenn ihre Zeugenschaft vollendet ist, wird das Tier, das aus dem Abgrund emporsteigt, gegen sie streiten und den Sieg über sie erringen und sie töten. Ihre Leichname werden auf den Straßen der großen Stadt liegen, die geistig den Namen hat: Sodom und Ägypten. Dort ist auch ihr Herr gekreuzigt worden. Menschen aus allen Rassen und Stämmen und Sprachen und Völkern werden dreieinhalb Tage lang ihre Leichname sehen, und man wird nicht zulassen, daß ihre Leichname in Gräber gelegt werden. Und die Bewohner der Erde werden sich über ihren Tod freuen und frohlocken und sich gegenseitig mit Geschenken überhäufen, denn die beiden Propheten hatten den Bewohnern der Erde das Leben schwergemacht. Und nach dreieinhalb Tagen zog der Lebensgeist aus den göttlichen Welten wieder in sie ein, und sie konnten sich auf ihre Füße stellen. Ein großer Schrecken ergriff alle, die sie so sahen. Und sie hörten, wie eine mächtige Stimme vom Himmel her zu ihnen sprach: Steiget empor! Und sie stiegen im Kräfteströmen des Wolkenseins in die Sphäre des Himmels empor. Auch das mußten ihre Feinde mit anschauen.

Das Bild ist dadurch besonders geheimnisvoll, daß an dieser Stelle der Seher Johannes selbst in die Reihe der Vermittlerwesen aufgenommen wird. Er ist hier nicht nur, wie in dem großen Ganzen der Apokalypse, der Schauende, Verkündende, sondern auch – wie schon im 2. und 3. Kapitel, als er den Auftrag empfängt, an die sieben Engel der sieben Gemeinden zu schreiben – Mitgestalter des apokalyptischen Geschehens, gewissermaßen mit den beiden »Zeugen« gemeinsam. Diese seine Fähigkeit geht offenbar daraus hervor, daß er das Buch des großen Engels verschlingen mußte (Kap. 10, Verse 10–11). So wird er selbst zum Zeugen.

Die Reihe der apokalyptischen Erscheinungen der Mittlerwesen hat immer wieder vorbereitenden Charakter. Als erstes erscheinen fünf Engelwesen, die einen geistigen Bereich auf der Erde freihalten für die Durchgeistigung der Menschheit. Innerhalb dieses Freiraumes, von dem alle Winde zurückgehalten werden, wird in dem zweiten Durchgangsbild der Engel sichtbar, welcher der inspirierende Genius der ganzen Erdenmenschheit ist. Durch ihn erlebt der Apokalyptiker selbst das Beglückende und das »Bittere« seiner Einweihung: Er muß das Buch der Offenbarung »verschlingen«. In dem Willensbereich, der die Schmerzen der tiefsten Tiefen seiner Seele erfahren hat, wird ihm die Kraft der Zukunftsoffenbarung errungen. Der große Menschheitsengel, der ihm das Buch übergeben hat, repräsentiert in seinem Wolkenhaupt, seiner Regenbogenbrust und seinen Feuerfüßen die Dreigliederung der Menschheit. In dem Wolkenhaupt lebt die östliche, in der Regenbogenbrust die mittlere und in den Feuerfüßen die westliche Menschheit.[1]

In den beiden »Zeugen« erlebt der Apokalyptiker als drittes das Urbild der Erdenschicksale aller Menschheitsführer, aller Eingeweihten. Ihre Schicksale gestalten sich immer so, daß sie geopfert werden oder sich selbst zum Opfer darbringen für den wahren Fortgang der Menschheitsentwicklung.

Die Zeugen bereiten durch ihre Schicksale das zentrale vierte Bild dieser Reihe vor. Der Kern des 12. Kapitels erfüllt die Mitte der ganzen Apokalypse: das Weib, mit der Sonne bekleidet, das Knäblein, das sie gebiert, der Drache, der es bedroht, der Erzengel Michael, der den Kampf führt und die Erde, die das Weib schützt (Kap. 12, Verse 1–18):

Und es zeigte sich dem schauenden Blick ein erhaben-großes Bild im Geistgebiet: ein Weib, mit der Sonne bekleidet, den Mond unter ihren Füßen, das Haupt mit der Krone der zwölf Sterne gekrönt. Und sie war schwanger und schrie in den Wehen und Schmerzen des Gebärens.
Und ein zweites Bild erschien im Himmel: Siehe, ein großer, feuerroter Drache mit sieben Häuptern und zehn Hörnern. Auf seinen Häuptern trug er sieben Kronen, und mit seinem Schweife raffte er ein Drittel aller Sterne vom Himmel hinweg und warf sie auf die Erde. Und der Drache stand vor dem Weibe, das im Begriffe war zu gebären, um, wenn sie geboren hätte, ihr Kind zu verschlingen.
Und das Weib gebar ihr Kind: einen Sohn. Er soll der Hirte aller Völker sein mit dem ehernen Stabe. Und das Kind des Weibes wurde entrückt zu Gott und an seinen Thron. Und das Weib floh in die Wüste. Daß sie dorthin gelangen sollte, war im göttlichen Weltenplane vorbestimmt. Dort sollte sie ihr Leben fristen eintausendzweihundertundsechzig Tage lang.
Und es entbrannte ein Streit in der Himmelswelt. Michael und seine Engel kämpften gegen den Drachen. Und der Drache kämpfte inmitten seiner Engel. Aber seine Kraft versagte, und so fand sich für seine Schar im Himmel keine Wirkensstätte mehr. Es ward gestürzt der große Drache, die Schlange vom Urbeginn, die zugleich diabolischer und satanischer Natur ist, der Verführer der ganzen Menschheit. Auf die Erde wurde er gestürzt und alle seine Engel mit ihm.
Und ich hörte eine große Stimme im Himmel:

> *Nun ist begründet das Heil und die Kraft und das Reich unseres Gottes, und die Schöpfermacht seines Christus.*
> *Gestürzt ist der Verkläger unserer Brüder. Er kann sie nun nicht mehr Tag und Nacht verklagen vor dem Angesichte Gottes. Sie haben ihn besiegt durch des Lammes Blut und durch das Weltenwort, für das sie zeugten. Sie haben nicht ihr Eigensein geliebt und nicht den Tod gefürchtet. Darum frohlocket, ihr Himmel und ihr Sphärenwesen! Wehe aber der Erde und dem Meere: Zu euch ist der Widersacher hinabgestiegen, und er lodert in wütendem Zorn, denn er weiß, daß seine Zeit nur kurz bemessen ist.*

Und als der Drache sah, daß er auf die Erde gestürzt worden war, fing er an, das Weib, das den Sohn geboren hatte, zu verfolgen. Da wurden dem Weibe die zwei Flügel des großen Adlers gegeben. Mit ihnen sollte sie in die Wüste fliegen, an den Ort ihrer Bestimmung, wo ihr Leben dreieinhalb Zeiten gefristet werden sollte, fern von dem Angesicht der Schlange. Und die Schlange ließ aus ihrem Rachen hinter dem Weibe her einen Wasserstrom hervorfluten, um es zu vernichten. Da kam aber die Erde dem Weibe zu Hilfe; sie öffnete ihren Mund und trank den Wasserstrom in sich hinein, den der Drache aus seinem Munde hervorschoß. Und der Drache entbrannte vor Zorn gegen das Weib. Er stürmte dahin, um gegen die zu streiten, die von dem Samen des Weibes übriggeblieben waren. Das sind diejenigen, die sich an die göttlichen Weltenziele halten und dem Zeugenschicksal Jesu folgen. Als ich das sah, stand ich auf dem Ufersand des Meeres.

Man kann dieses Bild des 12. Kapitels das Herzstück der Apokalypse nennen. Die Bildgestalt des mit der Sonne bekleideten Weibes ist die Erscheinung der Seele der ganzen Menschheit. Ihr Geheimnis ist, daß sie aus den Quellgründen des Göttlichen etwas empfängt, das sie dann, indem sie es in sich verwandelt, gebären kann. Der aus dem Vatergott in der Opfergestalt des Lammes geborene Sohnesgott wird in die Menschheitsseele versenkt und aus ihr als ein Kindlich-Männliches herausgeboren. Diese Geburt wird von dem Widersacher bedroht, von dem Erzengel Michael beschützt und von der Erde selbst behütet.

Der Angriff des Widersachers hat aber auch für ihn selber Folgen. Er muß die himmlischen Welten verlassen und wird in eine tiefere Dimension der Erdenwelt versetzt. Dadurch vermag er die Drachengestalt nicht länger zu behalten, in der er sein Doppelwesen noch verbergen könnte, er muß sich schließlich im Erdenbereich enthüllen.

So geht folgerichtig aus dem Bilde des 12. Kapitels das fünfte Bild der Reihe der Durchgangswesen im 13. Kapitel hervor. Aus dem noch in sich vermischten Drachen werden die beiden Tiere; das eine steigt aus dem Meer, das andere aus dem Land auf.[2]

Und ich sah ein Tier aus dem Meere emporsteigen. Das hatte zehn Hörner und sieben Häupter und trug auf den Hörnern zehn Kronen, und auf seinen Häuptern standen Namen der Feindschaft gegen den Geist. Das Tier, das ich sah, glich einem Panther, aber es hatte Füße wie ein Bär, und sein Maul war wie das eines Löwen. Und der Drache übertrug ihm seine Kraft und seinen Thron und große Vollmacht. Eines seiner Häupter schien tödlich verwundet zu sein, aber seine Todeswunde wurde geheilt. Die ganze Erdenwelt folgte voll Bewunderung dem

Tiere nach. Alle beteten den Drachen an, weil er dem Tiere eine solche Vollmacht gab. Und sie beteten das Tier an und sprachen: Wer ist dem Tiere gleich, und wer dürfte es wagen, gegen es zu streiten? Und es wurde ihm ein Mund gegeben, mit dem es großtönende Worte und Worte der Feindschaft gegen den Geist aussprechen, dazu eine Vollmacht, aus der heraus es zweiundvierzig Monate lang wirken konnte. Und es tat seinen Mund auf, um seine Verwünschungen gegen die göttliche Welt zu schleudern, gegen den göttlichen Namen und gegen die Sphäre der göttlichen Behausung und gegen alle Wesen, die in den Sphären des Himmels wohnen. Und es wurde ihm die Kraft gegeben, gegen die geist-ergebenen Menschen einen Krieg zu entfesseln und sie zu besiegen. Übermacht wurde ihm gegeben über alle Stämme und Völker und Sprachen und Rassen. Alle Bewohner der Erde werden das Tier anbeten, obwohl sein Name niemals eingeschrieben war in das Buch des Lebens, das dem sich seit der Grundlegung der Welt opfernden Lamm gehört.

Wer Ohren hat, der höre! Wenn einer in Unfreiheit führt, so soll er selber in Unfreiheit gehen; wer das tötende Schwert schwingt, soll selber dem tötenden Schwert verfallen. Was sich hier allein bewährt, ist die ausharrende Kraft und der Glaube derer, die dem Geist ergeben sind.

Und ich sah ein zweites Tier. Das stieg aus der festen Erde empor und hatte zwei Hörner, so daß es ähnlich aussah wie ein Lamm, aber seine Sprache war wie die eines Drachen. Bei allem, wozu das erste Tier Vollmacht hat, wirkt es magisch mit vor dem Angesichte desselben. Es bewirkt, daß die Erde und alle ihre Bewohner das erste Tier anbeten, dessen tödliche Wunde geheilt wurde. Und es vollbringt große magische Taten. Es holt sogar Feuer vom Himmel und läßt es vor den Augen der Menschen auf die Erde herniederfahren. Es führt die Bewohner der Erde irre durch die Wunder, die es vor dem Angesicht des ersten Tieres zu tun vermag. Es bewirkt durch seine Worte, daß die Bewohner der Erde dem Tiere, das die Schwertwunde hatte und doch am Leben blieb, ein Bildnis errichten. Es sorgt auch dafür, daß dem Bilde des Tieres ein Geist eingegossen wird, so daß es sprechen kann. Das tut es, weil es will, daß alle, die das Bild des Tieres nicht anbeten, den Tod finden. Weiterhin bewirkt es, daß alle, Kleine und Große, Reiche und Arme, Freie und Unfreie, sich ein Zeichen auf die rechte Hand oder auf die Stirn prägen. Keiner soll kaufen oder verkaufen können, der nicht den Namen des Tieres oder die Zahl seines Namens als Zeichen und Prägung an sich trägt. Hier spricht die Weisheit selbst. Wer Verstand besitzt, der suche den Sinn, den die Zahl des Tieres hat. Es ist die Zahl des Menschen. Und seine Zahl ist Sechshundertsechsundsechzig.

Auf die volle Enthüllung des Bösen im fünften Bild erfolgt als Antwort eine Art dreifacher Beurteilung dieser Enthüllung durch die geistige Welt. Es ist das Reich des Sohnesgottes, das Ewige Evangelium, das die Entscheidungen durch das Ringen mit dem Bösen nicht nur erleuchtet, sondern auch herbeiführt. Durch die Weltentatsache des Evangeliums, durch das Mysterium von Golgatha ist im Prinzip die Entscheidung gefallen. Es bildet sich jene andere Menschheitsseele vor, die dem Widersacher erliegt und das Gegenbild bedeutet zu der Menschheitsseele, die gewissermaßen das Evangelium in sich aufgenommen hat. Bevor diese vom Bösen erfüllte Menschheitsseele erscheint, wird die große Warnung ausgerufen: »Wer das Tier anbetet und dessen Bild, und wer dessen Zeichen auf Stirn oder Hand annimmt, der soll von dem Weine des göttlichen Zornes trinken« (Kap. 14, Vers 9 und 10).
Das sechste Bild der Reihe spricht von drei Engeln; dem ersten mit dem Ewigen Evangelium, dem zweiten als Vorverkünder der Niederlagen des Bösen, in denen Aufgang und Untergang auseinanderzuströmen beginnen, und dem dritten als dem großen Ermahner und Verkünder der Auferweckung der Toten (Kap. 14, Verse 6–10):

Und ich sah einen anderen Engel durch den Zenit des Himmels fliegen. Er trug das Ewige Evangelium, um es denen zu verkünden, die auf der Erde wohnen, allen Völkern und Stämmen und Sprachen und Rassen. Er sprach mit lauter Stimme: Habt Ehrfurcht vor der göttlichen Welt als der Quelle aller Offenbarung. Die Stunde der göttlichen Entscheidung ist da. Betet an den Schöpfer des Himmels und der Erde und des Meeres und aller Wasserquellen.
Und ein zweiter anderer Engel folgte und sprach: Gefallen, gefallen ist die große Stadt Babylon, die den Wein und die Aufwallung ihrer Unzucht an alle Völker der Welt ausgeteilt hat.
Und ein dritter anderer Engel folgte den beiden vorangehenden und sprach mit lauter Stimme: Wer das Tier anbetet und sein Bild und wer sein Prägemal auf Stirn oder Hand annimmt, der soll von dem Weine der göttlichen Aufwallung trinken, der unvermischt aus dem Kelche seines Zornes dargeboten wird. Die Qualen des Feuers und des Schwefels wird er zu ertragen haben vor dem Angesicht der heiligen Engel und des Lammes.

Die Reihe der Mittlerwesen endet im 17. Kapitel in der Erscheinung des Weibes, das die Seele der Stadt Babylon ist, das Mutter- und Brautwesen für das Böse. Auch sie trägt Gold, Edelsteine und Perlen. Auch in ihr sind menschliche Seelenkräfte verfeinert und veredelt, doch liegt hier ein tiefes Geheimnis aller wahren seelischen Verwandlung. Es gibt im menschlichen Seelenleben den Unterschied von Verfeinerung und echter Verwandlung. Eine wahre Verwandlung geht durch Opfer, durch Tod und Auferstehung. Verfeinerung, in der psychologischen Wissenschaft Sublimation genannt, bleibt in der ursprünglichen Natur des Seelischen enthalten und tritt scheinbar veredelt auf. So trägt auch das Weib der Stadt Babylon Gold, Edelsteine und Perlen (Kap. 17, Verse 1–5):

Da kam einer von den sieben Engeln, welche die sieben Schalen hatten, und sprach zu mir: Komm! Ich will dir das Urteil über die große Hure zeigen, die auf vielen Wasserströmen sitzt, mit der die Könige der Erde Unzucht getrieben haben und von deren unreinem Wein die Bewohner der Erde trunken sind. Und er führte mich auf dem geistigen Plane in eine Wüste. Da sah ich auf einem scharlachroten Tiere ein Weib sitzen. Das Tier war über und über bedeckt mit Namen der Geist-Verwünschung und hatte sieben Köpfe und zehn Hörner. Das Weib war mit pupurroten und scharlachroten Gewändern bekleidet, dazu mit Gold und Edelsteinen und Perlen glänzend geschmückt. Sie hielt in der Hand einen goldenen Kelch voll von Greuelgestalten und unreinen Wesen, die ihrer Unzucht entstammten. Und auf ihrer Stirne stand ein Name geschrieben, ein Mysterium:

Die große Babylon, die Mutter aller Hurerei und aller Greuelgestalten auf Erden.

Die in der dritten Reihe handelnden Mittlerwesen gehen durch den Untergang, der in dem eigenartigen Wortgewebe des 17. und 18. Kapitels beschrieben ist, mit hindurch. In dem Weib, seinen Tieren und deren Scharen und Königen liegen die Wurzeln einer gegenseitigen Entzweiung oder Verbindung, sie sind miteinander verkettet und doch verfeindet, sie fördern oder hemmen sich gegenseitig und treiben sich selbst in den Untergang.

Die Bilder der Apokalypse tragen also verschiedenen Grundcharakter. Sie gehen einmal aus den vier großen Strömen des Geistge-

schehens überhaupt (Sendschreiben, Siegel, Posaunen und Zornesschalen) hervor. Hinzu kommen die Quellbilder für den Ursprung dieser Ströme aus der kosmisch-göttlichen Welt des Vatergottes. Diese werden begleitet und durchdrungen von den Quellbildern des Sohnesgottes (der Menschensohn, das Lamm, der weiße Reiter). Es folgen die Durchgangsbilder für die Taten und Leiden, den Kampf, den Untergang und den Sieg von Geistwesen und Menschenwesen des Guten und des Bösen. Diese Bilder verbinden sich mit den Quellen. Die Ströme des Geistgeschehens fließen durch sie hindurch.
Dann aber mündet die Offenbarung ein in die allmählich sich bildenden Ergebnisse der großen Verwandlungen. Es erscheinen die Menschengruppen in ihrer Verwandlung, Erhöhung und Verklärung einerseits, und die Bilder des endgültigen Untergangs der Welt des Bösen andererseits. So stehen den Quell- und den Durchgangsbildern die Mündungsbilder gegenüber. Während jedoch die Reihen der Quell- und der Durchgangsbilder der Siebenzahl unterliegen, das heißt der Zahl der Zeitenkreise, Zeitenläufe und Werdestufen, gehören die Mündungsbilder der Zwölfzahl an. Sie bilden eine ganz neue Weltordnung, die geistige Vorordnung des Raumes. Auch diese Reihe für sich zu betrachten, ist von grundlegender Bedeutung.

7. Die Reihe der Mündungsbilder der apokalyptischen Offenbarung

Das erste der Bilder wird als Grundmotiv in den sieben Gemeinden sichtbar. Noch sind Zeiten und Orte miteinander verwoben, das Gute und das Böse ist beides noch ungeschieden wirksam. Aber es kündigt sich bereits die Scheidung der Geister an, wie sie die Kapitel 2 und 3 berichten. Die Sendschreiben an die sieben Gemeinden können als erste Stufe gelten, auf der neben den Ursprüngen und Durchgängen schon von Ergebnissen, d.h. von Mündungen, gesprochen wird. Was sich hier vorbereitet, findet in dem zweiten

Bild dieser Reihe einen ersten Abschluß, indem die erste vollständige Menschheit der Zukunft, die hundertvierundvierzigtausend »Versiegelten«, aus den sieben Gemeinden hervorgeht (Kapitel 7):

Danach sah ich vier Engel, die an den vier Ecken des Erdreiches standen. Sie hielten mit ihrer Kraft die vier Winde der Erde zurück; es sollte weder auf der Erde noch auf dem Meere noch über irgendeinem Baum ein Wind wehen. Und ich sah den anderen Engel emporsteigen an der Stelle, wo die Sonne aufgeht. Er besaß das Siegel der Lebensbildekräfte Gottes und rief mit lauter Stimme den vier Engeln, in deren Willkür die Erde und das Meer gegeben war, zu: Richtet keinen Schaden an weder an der Erde noch an dem Meere noch an den Bäumen, bevor wir unser Siegel auf die Stirnen derer gedrückt haben, die unserem Gotte dienen. Und ich hörte die Zahl der Versiegelten: Hundertvierundvierzigtausend aus allen Stämmen der Söhne Israels sollen das Siegel empfangen,

aus dem Stamme Juda zwölftausend Träger des Siegels,
aus dem Stamme Ruben zwölftausend,
aus dem Stamme Gad zwölftausend,
aus dem Stamme Asser zwölftausend,
aus dem Stamme Naphtali zwölftausend,
aus dem Stamme Manasse zwölftausend,
aus dem Stamme Symeon zwölftausend,
aus dem Stamme Levi zwölftausend,
aus dem Stamme Isaschar zwölftausend,
aus dem Stamme Zebulon zwölftausend,
aus dem Stamme Joseph zwölftausend,
aus dem Stamme Benjamin zwölftausend Träger des Siegels.

Danach sah ich: Siehe, eine große Schar, die niemand zählen konnte, aus allen Völkern und Stämmen und Rassen und Sprachen. Sie standen vor dem Throne und dem Lamme, mit weißen Gewändern bekleidet, Palmzweige in den Händen. Und sie riefen mit lauter Stimme: Heil unserem Gotte, dem Thronenden, und dem Lamme! Und alle Engel standen im Kreise um den Thron und um die Ältesten und um die vier Lebewesen, und sie fielen vor dem Thron auf ihr Angesicht nieder in Anbetung des göttlichen Weltengrundes und sprachen:

Amen, das Segenswort, die Offenbarung, die Weisheit, das Dankesopfer, die Seelenwürde, die Weltenkraft und die Geistesstärke, sie gehören unserem Gotte für alle Äonen. Amen.

Und einer der Ältesten antwortete und sprach zu mir: Wer sind diese, die mit weißen Gewändern bekleidet sind? Woher kommen sie? Und ich sprach: Herr, du weißt es. Und er sprach zu mir: Sie sind es, die aus dem großen Leid kommen. Sie haben ihre Gewänder gewaschen und leuchtend weiß gemacht durch das Blut des Lammes. Deshalb können sie vor dem göttlichen Throne stehen und ihm Tag und Nacht in seinem Tempel dienen. Und der Thronende waltet und zeltet über ihnen. Sie werden nicht mehr hungern und nicht mehr dürsten; sie können nicht mehr von der Hitze der Sonne oder einem anderen Feuerbrande überwältigt werden. Denn das Lamm in des Thrones Mitte wird ihr Hirte sein und ihr Führer zu den Quellen, aus denen das Wasser des Lebens quillt. Und der väterliche Weltengrund wird alle Tränen aus ihren Augen wischen.

Emil Bock hat entwickelt[3], daß die Versiegelten, welche die Namen der zwölf Stämme Israels tragen, nicht mehr wie die Menschen der sieben Gemeinden nach Orten und Zeiten, sondern nach dem Bilde der Vollendung des Menschen, nach dem Wesen des Menschensohnes selbst geordnet sind.

Aus den noch mit dem Bösen ringenden sieben Gemeinden in ihren Tugenden und Schwächen erhebt sich das erste Bild einer Menschheit, die über alle Erdenstätten und Erdenzeiten verteilt in der geistigen Welt als neugegliederte Menschenordnung erscheint und deren Mittelpunkt das Christus-Wesen ist. Sein geistiges Reich, seine eigene göttliche Kräftewelt nimmt alle persönlich mit ihm sich verbindenden Menschen in sich auf und bildet das Reich Gottes, das Reich der Himmel auf der Erde.

Folgerichtig tritt im dritten Bild der Mündungsreihe im 9. Kapitel, Verse 1–12, die Menschheit auf, die sich noch nicht dem Göttlichen angeschlossen hat. Auch ihre Glieder sind über alle Erdenorte und Erdenzeiten äußerlich verteilt. Im Geiste erscheinen sie im Bilde der »Heuschrecken«. Sie sind das erste Ergebnis der Verzerrung und Verfälschung des Menschenwesens durch das Böse, das sich vor allem darin äußert, daß der Mensch weitgehend entichtet wird. Der Ichverlust ergibt das Bild der Heuschrecken.

Die eine Seite der Wirkung des Bösen ist also die Entichung des Menschen, die andere die Verstrickung des schwachen Menschenichs in seine niedere, tierische Leidenschaftsnatur, in die seelenlose Nützlichkeitsintelligenz und in den Glauben an die alleinige Wirklichkeit der Materie. In der zweiten Hälfte des dritten Mündungsbildes im 9. Kapitel stellt sich diese Menschheit im Bilde der apokalyptischen Reiterheere dar:

Und der fünfte Engel posaunte: Da sah ich einen Stern, der vom Himmel auf die Erde niedergestürzt war. Ihm wurde der Schlüssel zum Brunnen des Abgrundes gegeben. Und er schloß den Brunnen des Abgrundes auf. Da stieg Rauch aus dem Brunnen empor, als wäre es der Rauch eines mächtigen Ofens, so daß die Sonne verfinstert wurde und dazu die ganze Atmosphäre: durch den Rauch aus dem Brunnen. Und aus dem Rauch gingen Heuschreckenschwärme hervor über die Erde hin. Ihnen war eine ähnliche Macht gegeben, wie sie auf der Erde die Skorpione haben. Aber eine Stimme sprach zu ihnen, sie sollten weder das Gras der Erde noch alles Grünende und alle Bäume beschädigen. Nur gegen die Menschen sollten sie sich wenden, die nicht an ihren Stirnen das Gottessiegel trügen. Jedoch durften sie diese nicht töten, sondern nur fünf Monate lang peinigen. Die Qualen, die sie bereiteten, waren wie der Schmerz, den der Skorpion hervorruft, wenn er den Menschen sticht. In jenen Tagen werden die Menschen sich nach dem Tode sehnen, werden ihn aber nicht finden können. Sie werden den Wunsch haben, zu sterben, aber der Tod wird vor ihnen fliehen. Die Gestalten, in denen die Heuschrecken erscheinen, gleichen denen von Pferden, die für den Krieg gerüstet sind. Auf ihren Köpfen scheinen sie goldene Kronen zu tragen, und ihre Gesichter gleichen den Antlitzen der Menschen. Haare haben sie wie Frauenhaare, und ihre Zähne gleichen denen der Löwen. Panzer tragen sie, als ob sie aus Erz wären, und das Geräusch ihrer Flügel gleicht dem Geratter von Kriegswagen, vor die viele galoppierende Pferde gespannt sind. Schwänze und Stachel haben sie wie die Skorpione, und durch ihre Schwänze haben sie die Macht, fünf Monate lang Unheil über die Menschen zu bringen. Als ihren König haben sie den Engel des Abgrundes an ihrer Spitze, dessen Name auf hebräisch Abbadon und auf griechisch Apollyon heißt.

Der erste Weheruf ist vorbei: Siehe, es werden noch zwei weitere Weherufe folgen.

Und der sechste Engel posaunte. Und ich hörte eine einzelne Stimme; sie ertönte aus den vier Hörnern des goldenen Altares im Angesichte der Gottheit. Sie sprach zu dem sechsten Engel, der die Posaune hatte: Löse die vier Engel, die an dem großen Euphratstrom gefesselt sind. Und die vier Engel wurden ihrer Fesseln ledig; sie waren gerüstet, in dieser Stunde, an diesem Tage, in diesem Monat und Jahr ein Drittel der Menschheit zu töten. Und die Zahl der Reiterheere war zwanzigtausend mal zehntausend. Ich hörte ihre Zahl. So erschienen mir im schauenden Bewußtsein die Pferde und die Reiter in feuerroten, hyazinthfarbigen und schwefelgelben Panzern. Die Häupter der Pferde waren wie Löwenhäupter, und aus ihren Rachen schlug Feuer und Rauch und Schwefeldampf hervor. Durch diese drei Unheils-Gewalten wurde der dritte Teil aller Menschen getötet: durch das Feuer, den Rauch und den Schwefeldampf, die aus den Mäulern der Pferde hervorschlugen. Die große Macht, welche die Pferde ausüben konnten, lag in ihren Mäulern und in ihren Schwänzen. Ihre Schwänze waren wie Schlangen mit stechenden Köpfen; mit denen richteten sie das Unheil an. Die übrigbleibenden Menschen, die diesen Plagen nicht zum Opfer fielen, änderten dennoch ihren Sinn nicht und ließen nicht ab von ihrem Handeln. Sie hörten nicht auf, den Dämonen und den goldenen, silbernen, ehernen, steinernen und hölzernen Idolen zu huldigen, obwohl diese weder zu sehen noch zu hören noch sich zu bewegen vermögen. Sie änderten ihren Sinn nicht und ließen nicht ab von ihrer durch Todeswirkungen bestimmten Lebensart, nämlich weder von Gift noch von Unzucht noch von Habgier.

In dem vierten Bild der Mündungsreihe ist von den Feinden der beiden Zeugen die Rede. Die Eingeweihtenschicksale der »Zeugen« betreffen nicht nur diese selber, sondern auch diejenigen einzelnen oder Menschengruppen, die den Zeugen deren Schicksale bereitet haben. Sie können im Anblick der Zeugenschaft vom Bösen zum Guten, vom Irrtum zur Wahrheit erwachen. Dies ist der Ergebnisgehalt des vierten Mündungsbildes (Kap. 11, Verse 9–14):

Menschen aus allen Rassen und Stämmen und Sprachen und Völkern werden dreieinhalb Tage lang ihre Leichname sehen, und man wird nicht zulassen, daß ihre Leichname in Gräber gelegt werden. Und die Bewohner der Erde werden sich über ihren Tod freuen und frohlocken und sich gegenseitig mit Geschenken überhäufen, denn die beiden Propheten hatten den Bewohnern der Erde das Leben schwergemacht. Und nach dreieinhalb Tagen zog der Lebensgeist aus den göttlichen Welten wieder in sie ein, und sie konnten sich auf ihre Füße stellen. Ein großer Schrecken ergriff alle, die sie so sahen. Und sie hörten, wie eine mächtige Stimme vom Himmel her zu ihnen sprach: Steiget empor! Und sie stiegen im Kräfteströmen des Wolkenseins in die Sphäre des Himmels empor. Auch das mußten ihre Feinde mit anschauen. In jener Stunde erhob sich ein großes Erdbeben, und ein Zehntel der Stadt fiel in Trümmer, und siebentausend Menschenseelen fanden durch das Erdbeben den Tod. Die Übrigbleibenden wurden vom

Schrecken erfaßt und beugten sich vor der lichtvollen Götter-Offenbarung in den Sphären des Himmels.
Der zweite Weheruf ist vorbei, ein dritter naht in Eile.

Der eigentliche Weg zur Abirrung der Seele in die Gewalt des Bösen ist durch die religiösen Fähigkeiten des Menschen gegeben. Denn so, wie das Göttlich-Gute höher steht als der Mensch, so auch das Göttlich-Böse. Auch die Widersacher sind Engel. Gegenüber beiden hierarchischen Welten kann der Mensch sich religiös verhalten: Er kann das Göttlich-Gute und das Göttlich-Böse anbeten. Das letztere erst bringt ihn ganz in die Gewalt des Bösen. Dieses Ergebnis wird in der geistigen Welt in dem fünften Mündungsbild enthüllt. So heißt es (Kap. 13, Vers 3–10):

Die ganze Erdenwelt folgte voll Bewunderung dem Tiere nach. Alle beteten den Drachen an, weil er dem Tiere eine solche Vollmacht gab. Und sie beteten das Tier an und sprachen: Wer ist dem Tiere gleich, und wer dürfte es wagen, gegen es zu streiten? Und es wurde ihm ein Mund gegeben, mit dem es großtönende Worte und Worte der Feindschaft gegen den Geist aussprechen, dazu eine Vollmacht, aus der heraus es zweiundvierzig Monate lang wirken konnte. Und es tat seinen Mund auf, um seine Verwünschungen gegen die göttliche Welt zu schleudern, gegen den göttlichen Namen und gegen die Sphäre der göttlichen Behausung und gegen alle Wesen, die in den Sphären des Himmels wohnen. Und es wurde ihm die Kraft gegeben, gegen die geist-ergebenen Menschen einen Krieg zu entfesseln und sie zu besiegen. Übermacht wurde ihm gegeben über alle Stämme und Völker und Sprachen und Rassen. Alle Bewohner der Erde werden das Tier anbeten, obwohl sein Name niemals eingeschrieben war in das Buch des Lebens, das dem sich seit der Grundlegung der Welt opfernden Lamme gehört.
Wer Ohren hat, der höre! Wenn einer in Unfreiheit führt, so soll er selber in Unfreiheit gehen; wer das tötende Schwert schwingt, soll selber dem tötenden Schwert verfallen. Was sich hier allein bewährt, ist die ausharrende Kraft und der Glaube derer, die dem Geist ergeben sind.

Und weiter Vers 14–17:

Es führt die Bewohner der Erde irre durch die Wunder, die es vor dem Angesicht des ersten Tieres zu tun vermag. Es bewirkt durch seine Worte, daß die Bewohner der Erde dem Tiere, das die Schwertwunde hatte und doch am Leben blieb, ein

Bildnis errichten. Es sorgt auch dafür, daß dem Bilde des Tieres ein Geist eingegossen wird, so daß es sprechen kann. Das tut es, weil es will, daß alle, die das Bild des Tieres nicht anbeten, den Tod finden. Weiterhin bewirkt es, daß alle, Kleine und Große, Reiche und Arme, Freie und Unfreie, sich ein Zeichen auf die rechte Hand oder auf die Stirn prägen. Keiner soll kaufen oder verkaufen können, der nicht den Namen des Tieres oder die Zahl seines Namens als Zeichen und Prägung an sich trägt.

Nachdem so die Mündungsbilder des Bösen ihre erste Stufe erreicht haben, wendet sich die Bilderreihe einer Umfassung der Entwicklung des Guten zu. Die Hundertvierundvierzigtausend scharen sich auf dem Berge Zion um das Lamm. Was vorher in ihnen versiegelt war, das wird nun in ihrem Singen und Harfenspielen offenbar. Dieses Bild verbindet sich in dem sechsten Mündungsbild mit dem Bilde der Toten, die in dem Herrn starben (Kap. 14, Verse 2–5 und 12–13):

Und ich hörte aus dem Himmel eine Stimme wie das Rauschen großer Wasserströme und wie das Rollen eines gewaltigen Donners. Die Stimme, die ich hörte, war aber auch wie das Spiel von Harfenspielern, die auf ihren Harfen spielen und die das neue Lied singen vor dem Throne und vor den vier Lebewesen und dem Kreis der Ältesten. Keiner konnte das Lied erlernen außer den Hundertvierundvierzigtausend, die freigeworden waren von der Knechtschaft des Irdischen. Das sind diejenigen, die nicht ihr geistiges Wesen durch das niedere Seelische verunreinigt haben und also jungfräulichen Wesens sind. Sie folgen dem Lamme nach, wohin sein Weg auch führt. Sie sind aus der Menschheit herausgelöst als der Urbeginn einer neuen Menschheit, die dem Vatergotte und dem Lamme angehört. Auf ihren Lippen ist kein Trugwort laut geworden. Ungetrübten Wesens sind sie. Was sich hier allein bewährt, ist die ausharrende Kraft derer, die dem Geiste ergeben sind, die die göttlichen Geistesziele bewahren und den Glauben an Jesus. Und ich hörte vom Himmel her eine Stimme, die sprach: Schreibe! Selig sind die Toten, die von jetzt ab in der Kraft des Christus sterben. Ja, der Geist spricht: Sie sollen Ruhe finden nach ihrer Mühsal. Die wirklichen Früchte ihres Lebens verlieren sie auf ihren Seelenwegen nicht.

Nach diesem ersten Aufleuchten der Zukunft des Guten geht im folgenden das Geschehen wiederum durch das Böse, indem die Scharen der großen Hure Babylon auftreten. Es ist das siebente Bild der Mündungsreihe (Kap. 17, Verse 9–18):

Hier spricht der Verstand, der Weisheit hat.
Die sieben Häupter sind sieben Berge. Auf ihnen sitzt das Weib. Sie sind zugleich sieben Könige. Fünf von ihnen sind gefallen, einer ist da und einer ist noch nicht da. Wenn er kommt, muß er eine kurze Zeit bleiben. Und das Tier, das dagewesen ist und nicht da ist, ist selber der achte König und gehört doch auch zu den sieben; er wird seinen Untergang finden. Die zehn Hörner, die du siehst, sind zehn Könige, die ihre Herrschaft noch nicht angetreten haben, aber sie werden nach dem Tiere eine Stunde lang als Könige ihre Macht ergreifen. Diese alle sind von einer Gesinnung beseelt. Sie stellen ihre Kraft und Vollmacht in den Dienst des Tieres. Und so werden sie gegen das Lamm in den Kampf ziehen, aber das Lamm wird siegreich über sie sein, denn es ist der Herr aller Herren und der König aller Könige. Auf seiner Seite stehen alle Berufenen und Erwählten, alle, die Glauben haben.
Und er sprach zu mir: Die Wasserströme, die du siehst, auf denen die große Hure sitzt, sind die Rassen und die Massen, die Völker und die Sprachen. Und die zehn Hörner, die du siehst, und das Tier: einmal werden sie in Haß gegen die große Hure entbrennen. Sie werden bewirken, daß sie schließlich einsam und nackt dasteht. Sie werden ihr Fleisch verzehren und sie in Flammen aufgehen lassen. Denn der Vatergott hat ihren Herzen einen Willen eingepflanzt, nach dem sie zuletzt doch in seinem Sinne handeln müssen. So dienen sie diesem einen Sinne auch, indem sie ihr Reich in den Dienst des Tieres stellen, bis die Ziele des Gotteswortes erfüllt sein werden. Das Weib, das du siehst, ist die große Stadt, die über alle Könige der Erde herrscht.

Das siebente Bild der Mündungen der Offenbarung läßt die Gestalt des Seelenwesens einer abgeirrten Menschheit zur vollen Entfaltung kommen. Es ist die Geistgestalt einer Königin, eines Weibes, das die Hure Babylon genannt wird. Alle Mächte, die dieses Seelenwesen erbilden, erkraften und erhöhen, wirken gleichzeitig so, daß sie zur Auflösung dieser ihrer eigenen Bildung beitragen müssen. Darin zeigt sich die Paradoxie des Bösen. In dem achten Bild der Mündungsbilder bricht ein erster Untergang dieser Scheinwelt herein (Kap. 18, Verse 9–20).

Die Könige der Erde, die sich in ihre Unzucht und Sinnensucht haben hineinziehen lassen, werden über sie weinen und klagen, wenn sie den Rauch des Feuers aufsteigen sehen, in welchem sie verbrennt. Sie werden aber nur von ferne zuschauen, weil sie sich vor ihren Qualen fürchten. Sie werden sprechen: Wehe, wehe, du große Stadt, Babylon, du mächtige Stadt, in einer einzigen Stunde hat sich dein Schicksal erfüllt. Und die Kaufleute der Erde weinen und trauern über sie, denn nun kauft niemand mehr ihre Waren: Gold, Silber, Edelsteine und Perlen, Tuche aus Byssus und Purpur, aus Seide und Scharlach, edle Hölzer und Gefäße aus Elfenbein, kostbarem Holz, Eisen und Marmor; dazu Zimt, Pfeffer, Räucherwerk, Myrrhe und Weihrauchharz und Wein und Öl, Mehl und Korn, Rinder, Schafe, Pferde und Wagen, dazu die Leiber und Seelen von Menschen.

Die süße Frucht des Lebens, dem sich deine begierdevolle Seele hingab, ist dir entschwunden; aller Reichtum und aller Glanz ist für dich untergegangen, und niemals wirst du etwas davon zurückgewinnen können. Die Kaufleute, die damit handelten und durch sie reich geworden sind, werden von ferne dastehen; denn sie fürchten sich vor ihrer Peinigung. Sie werden weinen und trauern und sprechen: Wehe, wehe, du große Stadt, die du bekleidest warst mit Byssus, Purpur und Scharlach und glänzend geschmückt mit Gold, Edelsteinen und Perlen; in einer Stunde ist solcher Reichtum verwüstet worden!

Und alle Schiffslenker und alles Schiffsvolk, alle Seeleute und die sonst etwas mit dem Meere zu tun haben, standen von ferne, und als sie den Rauch des Feuers sahen, in welchem sie verbrannte, sprachen sie: Wer konnte sich mit dir vergleichen, du große Stadt! Sie streuten Erde auf ihre Häupter und riefen unter Weinen und Klagen: Wehe, wehe, du große Stadt! Von deinen Kostbarkeiten sind alle reich geworden, deren Schiffe das Meer befahren. In einer Stunde bist du in eine Wüste verwandelt worden. Frohlocke nun über sie, du Himmel mit allen Heiligen, Aposteln und Propheten! Euer Urteil über sie hat Gott selbst an ihr vollstreckt.

Gegenüber diesem ersten schmerzvollen Untergang erscheinen im neunten Bild die Scharen, die nach dem Untergang der großen Babylon das Amen und das Hallelujah anstimmen (Kap. 19, Verse 1–10):

Danach hörte ich eine mächtige Stimme wie von einer großen Schar im Himmel: Hallelujah! Das Heil und die Offenbarung und die Weltenkraft gehört dem Gotte, dem wir dienen. Zur Wahrheit und zum Sein des Guten führen seine Entscheidungen. Er hat das Urteil gefällt über die große Hure, die mit ihrer Unzucht alles Erdensein verdorben hat. Gesühnt hat er das von ihrer Hand vergossene Blut seiner Diener.

Und noch einmal sprachen die Stimmen:

Hallelujah! Der Rauch ihres Brandes wird nicht aufhören, emporzusteigen von einem Äon zum andern.

Da fielen die vierundzwanzig Ältesten und die vier Lebewesen nieder und beteten das hohe Gotteswesen an, das auf dem Throne saß, und sprachen: Ja, Amen, hallelujah!

Und vom Throne her sprach eine Stimme:

Lobpreiset dem Gott, dem wir dienen, alle, die ihr ihm ergeben seid und euch in Ehrfurcht vor ihm beugt, Kleine und Große!

Und ich hörte eine Stimme wie von einer großen Schar und wie das Rauschen vieler Wasserströme und wie das Dröhnen gewaltiger Donner:

Hallelujah! König ist der Herr unser Gott, der Gebieter des Alls. Laßt uns fröhlich sein und jubeln und seine Offenbarung preisen: Die Hochzeit des Lammes beginnt; sein Weib hat sich bereitet. Ihr wurde gegeben, sich mit einem Gewand von leuchtend reinem Byssus zu bekleiden. Das weiße Gewand ist das Wesen der gerechten Tatenfolgen derer, die dem Geist ergeben sind!

Und er sprach zu mir: Schreibe! Selig sind, die zum Hochzeitsmahl des Lammes berufen sind. Und er fuhr fort: Dies sind wahrhaftige Gottesworte. Und ich fiel zu seinen Füßen nieder, um ihn anzubeten. Und er sprach zu mir: Das sollst du nicht tun. Ich bin dein Mitknecht und der deiner Brüder, die sich an das Zeugenschicksal Jesu halten. Dem Vatergotte gelte deine Anbetung. Das Zeugenschicksal Jesu ist der Geist der Prophetie.

Die Menschen-Seelen dieses Bildes, die Seelen des großen Lobgesanges, sind zur Hochzeit und zum Abendmahl des Lammes berufen (Kap. 19, Verse 8, 9 und 19). Darin kündigt sich an, was im letzten Mündungsbild volle Wirklichkeit sein wird. Denn diesem Aufgang der Menschheit der Zukunft wird der zweite Untergang als zehntes Mündungsbild eingewoben (Kap. 19, Verse 17–21). Der erste Untergang ist mehr ein seelisches Geschehen, die seelische Auflösung der von dem Bösen bewirkten Scheingebilde. Daraus folgt der zweite Untergang als Ersterben im Leiblichen in bezug auf die Menschen und durch ein tiefes Abstürzen der Mächte des Bösen in einen Weltbereich, der nicht mehr der des Irdischen ist, sondern einer unterirdischen Welt angehört.

Und ich sah einen Engel in der Sonne stehen. Der rief mit lauter Stimme allen Vögeln, die durch den Zenit des Himmels flogen, zu: Kommt, sammelt euch zu

dem großen Gottesmahle. Eure Speise seien die Leiber der Könige und die Leiber der Kriegsherren, die Leiber der Mächtigen und die Leiber der Pferde und ihrer Reiter, die Leiber aller Freien und Unfreien, aller Kleinen und aller Großen.
Und ich sah das Tier und die Könige des Erdkreises und ihre Heere versammelt zum Kampfe gegen den Reiter und sein Heer. Und das Tier wurde ergriffen und mit ihm der falsche Prophet, der in seiner Gegenwart durch Wundertaten die Menschen verführt hatte, nämlich diejenigen, die das Zeichen des Tieres an sich trugen und sein Bildnis anbeteten. Beide wurden lebendig in den Feuersumpf gestürzt, aus dem die Schwefelflammen lodern. Die übrigen fanden den Tod durch das Schwert, das aus dem Munde des Reiters hervorging. Und alle Vögel sättigten sich an ihren Leichnamen.

Auf diesen Untergang folgt der dritte und letzte. Er erscheint in dem elften der Mündungsbilder im 20. Kapitel (Verse 1–3 und 7–10) nicht eigentlich als der des Bösen und seiner Menschheit, sondern als eine endgültige Scheidung und Entscheidung, eine Trennung der beiden Entwicklungsströme. Die satanische Macht selber und ebenso die diabolische werden gefesselt und in einen tieferen Weltbereich gestürzt, aus dem sie sich zwar erheben können, in den sie dann aber auch wieder versinken müssen. Die Menschheit des Bösen gliedert sich in kleinere und größere ichlose Gruppenseelen (Gog und Magog). So mündet das Böse in diesem seinem letzten Untergangsbild in eine in sich geschlossene eigene Welt, von der das Gute abgelöst ist (Kap. 20, Verse 1–3 und 7–10):

Und ich sah einen Engel aus dem Himmel herniedersteigen. Der hatte den Schlüssel zum Abgrund und eine mächtige Kette in seiner Hand. Und er ergriff den Drachen, die Schlange des Urbeginnes, die vereinigte diabolische und satanische Macht, und schlug ihn auf tausend Jahre in Fesseln und stürzte ihn in den Abgrund, den er über ihm verschloß und versiegelte, damit er fortan die Erdenmenschen nicht irreleite, bis die tausend Jahre vollendet wären. Danach soll er für eine kurze Zeit von seinen Fesseln ledig sein.
Und wenn die tausend Jahre vollendet sind, wird die satanische Macht aus ihrem Kerker frei, und sie wird hervortreten als Verführer der Völker an allen vier Ecken der Erde. Sie wird die Menschheit in Gog und Magog zusammenrotten und insgesamt in Kriege verwickeln; ihre Zahl wird sein wie der Sand am Meere.
Und sie zogen herauf über den ganzen Erdkreis und umzingelten und belagerten die Festung der Heiligen und die geliebte Stadt. Dann aber fuhr Feuer aus dem

Himmel herab und verzehrte sie. Und die diabolische Macht, die sie verführte, wurde in den Sumpf aus Feuer und Schwefel geworfen, wohinein bereits auch das Tier und der falsche Prophet gestürzt worden waren, Qual erleidend Tag und Nacht durch alle Äonen.

Damit ist die Voraussetzung geschaffen für das zwölfte Bild, für das Erscheinen der Scharen aller Toten (Kap. 20, Verse 11–15):

Und ich sah einen großen weißen Thron, und vor dem Antlitz dessen, der darauf saß, wichen Erde und Himmel zurück und waren innerhalb der Raumeswelt nicht mehr zu finden. Und ich sah die Toten, große und kleine, die vor dem Throne standen, und Bücher wurden aufgeschlagen. Und noch ein anderes Buch wurde aufgeschlagen: das Buch des Lebens. Und es wurden die Schicksale der Toten bestimmt aus dem, was in den Büchern geschrieben stand, je nach ihren Werken. Und das Meer gab seine Toten her, und das Reich des Todes und der Schatten gab auch seine Toten her. Und es wurde eines jeden Schicksal bestimmt je nach seinen Werken. Und das Reich des Todes und der Schatten wurde gleichfalls in die feuerschwelenden sumpfigen Tiefen gestürzt. Das ist der zweite Tod, der Feuersumpf. Und jeder, dessen Name nicht im Buch des Lebens stand, wurde auch in den Feuersumpf geworfen.

Hier wird die Scheidung und Entscheidung der Apokalypse vollendet. In diesem zwölften Bild der Reihe mündet das Werden der ganzen Menschheit und aller einzelnen Menschenseelen in eine Welt des Guten. Das Böse aber wird in einen tieferen Seinszustand versetzt, als es ihn vorher hatte.

8. Das Endbild der Offenbarung: Die zukünftige Welt

Mit der von der Menschheit abgetrennten und in eine tiefere kosmische Daseinsschicht gestürzten Welt des Bösen einerseits und der Bildung der erlösten Menschheit andererseits könnte das apokalyptische Geschehen sein Ziel erreicht haben. Das ist aber nicht der Fall. Denn die alte Welt, der Kosmos, wird von dieser Menschheit nicht abgetrennt. Sie ist selber mit der Menschheit und der Gottheit durch alles Geschehen hindurchgegangen und hindurchverwandelt. So erscheint das große Wunder einer neuen, zukünftigen Welt, eines neuen Himmels und einer neuen Erde, zusammen mit einer neuen Menschheit, aber nun nicht mehr in Naturbildern, sondern im Bilde einer Stadt, eines Baues. Dennoch ist die alte Natur die Substanz dieses Baues, insofern sie als verwandelte mineralische Welt seine Bildinhalte abgibt. Diese mineralisch-menschlich-göttliche Zukunftswelt ist ein Wunder. Bereits geworden, ist sie dennoch ganz werdende Bewegung und senkt sich aus dem Himmel hernieder, heraus, in ihrer Bestimmung zu Hochzeit und Mahl. Sie ist eine Braut. Ihre Bildelemente offenbaren die Durchdringung von Natur (Mineralreich und Pflanzenreich), Menschheit und Gottheit zu einem Wesen, das es in dieser Weise in der untergegangenen Welt nicht gegeben hat. In unserer jetzigen Welt ist diese Durchdringung von Welt, Mensch und Gottheit zwar am Werk, aber verborgen. Sie wirkt im geheimen an jener Zukunft, die sich im letzten Bild der Apokalypse enthüllt. An ihr haben die Götter und die Menschen gebildet, sie haben sich in sie hineingebildet und die mineralische Materiewelt der alten Natur von den Steinen bis zu den Sternen hin verwandelt. Dieses Bild ist der Inhalt der Kapitel 21 und 22 (siehe auch Anhang Nr. 30).

Und ich sah einen neuen Himmel und eine neue Erde. Der alte Himmel und die alte Erde waren vergangen, und auch das Meer war nicht mehr. Und weiter sah ich die heilige Stadt, das Neue Jerusalem. Aus dem Himmel senkte sie sich herab, aus dem Bereiche der Gottheit selbst. In ihrer Wohlgestalt glich sie einer Braut, zur Vermählung geschmückt. Und ich hörte vom Throne her eine mächtige Stimme sprechen:

> *Siehe, die Tempelhütte Gottes unter den Menschen. Er wird in ihrer Mitte wohnen, und sie werden sein Volk sein. Die Gottheit selbst wird bei ihnen sein und alle Tränen aus ihren Augen wischen. Es wird keinen Tod mehr geben und kein Leid und keinen Klageruf und keine schwere Last; denn die alte Welt ist vergangen.*

Und der Thronende sprach: Siehe, ich mache alles neu! Und er sprach: Schreibe! Dies sind Worte des Glaubens und der Erkenntnis. Und er sprach zu mir:

Es ist geschehen. Ich bin das Alpha und das Omega, der Urbeginn und auch das Weltenziel. Dem Dürstenden will ich aus der Quelle das Wasser des Lebens spenden, ohne eine Bedingung zu stellen. Wer die Prüfung besteht, soll dies alles besitzen. Ich werde sein Gott und er wird mein Sohn sein. Den furchtsamen Seelen jedoch, denen, die keinen Glauben haben, die das Menschenbild entstellen, die um sich herum den Tod ausbreiten, unreine Seelenwege gehen, dunkle Magie anwenden und den dämonischen Mächten dienen, sowie allen, die das wahre Sein verfälschen – ihnen tut sich der feurige Sumpf des Abgrundes auf, aus dem die Schwefelflammen lodern. Das ist der zweite Tod.

(Kap. 21, Verse 1–8)

Die Ursprungssubstanz dieser neuen Schöpfung ist göttlich-mineralischer Natur. Sie erschien als göttliche Aura im Quellbild des vierten (Vers 3) und fünften Kapitels als Jaspis, Karneol und Smaragd (Kap. 21, Vers 10):

Und er entrückte mich im Geistgebiet auf einen großen und hohen Berg und zeigte mir die heilige Stadt, Jerusalem, die sich aus dem Himmel herniedersenkt, aus dem Bereich der Gottheit selbst.

Das zweite Element bildet das Licht dieser Stadt oder auch ihr Leuchten. Es ist gleich dem alleredelsten Stein, dem kristallisierten Jaspis (Kap. 21, Vers 11):

Sie erstrahlte im Licht der Gottes-Offenbarung. Ihre Leuchtkraft glich der eines kostbarsten Edelsteines, sie war wie die eines kristallhellen Jaspis.

Der Überblick ergibt folgende Bauelemente der himmlischen Stadt:

1. Die Gottessubstanz
2. Die Gottesoffenbarung
3. Die eigene Leuchtkraft der Stadt
4. Die Mauer
5. Das Gold des Ganzen
6. Das Gold der Straßen der Stadt
7. Die zwölf Grundsteine
8. Die zwölf Edelsteine
9. Die zwölf Perlentore

10. Der Kristallwasserstrom
11. Der Lebensbaum
12. Die Blätter und Früchte des Baumes.

Drei dieser Bauelemente werden Jaspis genannt: die Leuchtkraft, die Mauer und der erste der zwölf Edelsteine. Nimmt man den Jaspis des Thronenden im 4. Kapitel der Apokalypse hinzu, dann stößt man auf eines der großen Rätsel, das die Offenbarung enthält. Davon wird im folgenden noch ausführlich die Rede sein müssen.

Und er entrückte mich im Geistgebiet auf einen großen und hohen Berg und zeigte mir die heilige Stadt, Jerusalem, die sich aus dem Himmel herniedersenkt, aus dem Bereich der Gottheit selbst. Sie erstrahlte im Licht der Gottes-Offenbarung. Ihre Leuchtkraft glich der eines kostbarsten Edelsteines, sie war wie die eines kristallhellen Jaspis.
Die Stadt hatte eine große und hohe Mauer und zwölf Tore. Und auf den Toren standen zwölf Engel, und Namen waren darauf geschrieben: die Namen der zwölf Stämme der Söhne Israels. Nach Osten gingen drei Tore, nach Norden drei Tore, nach Süden drei Tore und nach Westen drei Tore. Und die Mauer der Stadt ruhte auf zwölf Fundamenten, und darauf standen die zwölf Namen der zwölf Apostel des Lammes.
Der mit mir sprach, hatte ein goldenes Meßrohr, um die Stadt und ihre Tore und ihre Mauer auszumessen. Als ein Vierkant liegt die Stadt da; ihre Länge und ihre Breite sind einander gleich. Und er maß die Stadt mit dem Rohre und fand, daß ihre Länge zwölftausend Stadien betrug. Ihre Länge und ihre Breite und ihre Höhe sind einander gleich. Und er nahm das Maß der Mauer: hundertvierundvierzig Ellen. Das ist das Maß des Menschen und zugleich das des Engels.
Die Mauer war aus Jaspis gebaut, die Stadt selbst aus lauterem Gold, das einem durchsichtigen Kristalle glich. Die Fundamente der Stadtmauer waren mit Edelsteinen jeder Art geschmückt:

das erste Fundament mit Jaspis,
das zweite mit Saphir,
das dritte mit Chalzedon,
das vierte mit Smaragd,
das fünfte mit Sardonyx,
das sechste mit Karneol,
das siebente mit Chrysolith,
das achte mit Beryll,
das neunte mit Topas,
das zehnte mit Chrysopras,
das elfte mit Hyazinth,
das zwölfte mit Amethyst.

Und die zwölf Tore waren zwölf Perlen; jedes einzelne Tor war aus einer einzigen Perle gebildet. Und die Straße der Stadt bestand aus lauterem Gold, das einem durchsichtigen Kristalle glich.
Einen Tempel sah ich in der Stadt nicht. Der Herr, der göttliche Weltgebieter, ist selber ihr Tempel, zusammen mit dem Lamm. Die Stadt bedarf auch nicht der Sonne oder des Mondes, um erleuchtet zu werden. Das Licht der Gottesoffenbarung erleuchtet sie, und ihre Leuchte ist das Lamm. Und in ihrem Licht werden die Völker wandeln, und die Könige der Erde tragen ihren Glanz in sie hinein. Die Tore der Stadt werden an keinem Tage verschlossen, denn es gibt dort keine Nacht. Alle Geistesschätze und Seelenwerte der Völker wird man in diese Stadt tragen. Aber nichts Ungeweihtes dringt in sie ein, nichts, was das Menschenbild durch Greuel entstellt und das wahre Sein durch Trug verfälscht. Nur der findet Einlaß, dessen Name im Buche des Lebens steht, das dem Lamme gehört.
Und er zeigte mir einen Strom: das Wasser des Lebens, von leuchtender Klarheit, gleich einem Kristall. Er entsprang aus dem Throne Gottes und des Lammes. Mitten auf den Straßen der Stadt und hüben und drüben am Strom der Baum des Lebens, zwölffach Früchte tragend, so daß er jeden Monat seine Früchte gab. Und die Blätter des Baumes dienten den Völkern als heilende Arznei. Jeder Fluch verliert durch sie seine Kraft. Und der Thron Gottes und des Lammes wird in der Stadt stehen, und seine Getreuen werden den heiligen Dienst vor ihm verrichten. Sie werden sein Antlitz schauen, und sein Name wird auf ihren Stirnen leuchten. Keine Nacht wird mehr sein, sie bedürfen keines Lampenlichtes und auch nicht des Lichtes der Sonne; denn der Herr, Gott selbst, wird über ihnen leuchten. Und sie werden Könige sein durch alle Äonen.

(Kap. 21, Verse 10–27, Kap. 22, Verse 1–5).

Das Eigenartige dieser Beschreibung liegt in dem fortwährenden Übergang von Bildelementen der mineralischen Welt in solche des Lebens und der Wesen. Das große Quellbild des 4. und 5. Kapitels hat sich verwandelt, und auch die Menschheit ist in die Bauelemente der heiligen Stadt ganz und gar hineinverwoben. Aus Glanz und Licht, Mauer und Maß, aus Form und Gestalt, aus Gold, Grundstein, Edelstein, Perle und Kristallstrom geht fortwährend Lebendiges hervor. Es ist in gewissem Sinne identisch mit den Wesen, die diese Geiststofflichkeit in sich und an sich haben: dem Thronenden, dem Lamm, den Stämmen, den Völkern und Königen und den Aposteln. Erde, Weltall und Menschheit durchdrin-

gen sich in einem ganz neuen Zustand. Das Tierkreissystem ist in die Zwölfheiten der Grundsteine, Edelsteine und Perlen übergegangen, die Sonne mit ihren Planeten hat sich in das Gold verwandelt, aus dem gläsernen Meer (Kap. 4, Vers 6 und Kap. 15, Vers 2) ist der Kristallstrom geworden, an dessen Ufern Holz wächst. Das Geistige des Goldes, das Astralisch-Seelische der Zwölfheiten, das Kristallwasser des Ätherischen und die mineralischen Bilder als solche wurden in den Keimzustand eines neuen Kosmos verwandelt. Alles Physisch-Sinnliche unserer jetzigen Welt wurde vergeistigt, es ist geistig-physisch geworden, Glanz, Licht, Farbe, Maß, Zahl und Form.
Zwölfheiten durchwirken den Bau. Es sind das die zwölf Bauelemente, die zwölf Grundsteine, die zwölf Edelsteine, die zwölf Engel, die zwölf Apostel, die zwölf Stämme der Menschheit, die zwölf Perlentore und die zwölffache Frucht. Dazu kommt das Maß der Stadt mit 12000 Stadien und das Maß der Mauer mit zwölf mal zwölf Ellen. In diesem Zahlengeheimnis spricht sich der Übergang von der Siebenheit der Zeitenströme in die Zwölfheiten des geistigen Raumes der Dauer, der zukünftigen Welt, aus.
Geht man von diesem letzten erhabenen Mündungsbild wieder zurück zu den zwölf vorangegangenen Mündungsbildern, dann bemerkt man erst, daß in jenen die mineralischen Bildinhalte noch nicht auftreten. Dort stehen die Menschen und die geistigen Wesen im Vordergrund. In den sieben Gemeinden ist Gutes und Böses noch durchdrungen, im Bilde der Hundertvierundvierzigtausend ein erstes Ergebnis des Guten, und in den folgenden Bildern immer wieder abwechselnd Entfaltung, Reifung und Entscheidung des Guten und Bösen. Im himmlischen Jerusalem werden diese Wesen (Menschen und Geistwesen) ganz durchleuchtet und durchdrungen vom Element des Mineralischen. Das himmlische Jerusalem ist nicht nur eine neue Welt, sondern diese neue Welt ist eine neue Menschheit, und die neue Menschheit ist die neue Welt. Die alte Menschheit ist Mineral, Edelstein, Perle, Gold und Kristall geworden, und die Völker, Apostel und Könige sind in diesen Glanz einverwoben. Die große Einheit erscheint als eine »Braut«, d.h. ein

jungfräulicher Zustand, der bereitet ist für eine Hochzeit, für eine höhere Befruchtung und für ein Mahl, eine höhere Vereinigung. Die Sterne sind Steine, die Steine Menschen, die Menschen Steine und Sterne geworden.

Die deutsche Literatur kennt eine Entsprechung für die Bilder solcher Einheit in dem Konzept, das Novalis zur Vollendung seines Romans »Heinrich von Ofterdingen« vorbereitet hatte. Durch Tiecks Berichte über die Fortsetzungspläne des Novalis ist es uns überliefert. Es heißt:

Die Vermählung der Jahrszeiten

Tief in Gedanken stand der neue Monarch. Er gedachte
Jetzt des nächtlichen Traums, und der Erzählungen auch,
Als er zuerst von der himmlischen Blume gehört und getroffen
Still von der Weissagung, mächtige Liebe gefühlt.
Noch dünkt ihm, er höre die tiefeindringende Stimme,
Eben verließe der Gast erst den geselligen Kreis
Flüchtige Schimmer des Mondes erhellten die klappernden Fenster
Und in des Jünglings Brust tobe verzehrende Glut.
Edda, sagte der König, was ist des liebenden Herzens
Innigster Wunsch? was ist ihm der unsäglichste Schmerz?
Sag es, wir wollen ihm helfen, die Macht ist unser, und herrlich
Werde die Zeit, nun du wieder den Himmel beglückst. –
Wären die Zeiten nicht so ungesellig, verbände
Zukunft mit Gegenwart und mit Vergangenheit sich,
Schlösse Frühling sich an Herbst, und Sommer an Winter,
Wäre zu spielendem Ernst Jugend mit Alter gepaart:
Dann mein süßer Gemahl, versiegte die Quelle der Schmerzen,
Aller Empfindungen Wunsch wäre dem Herzen gewährt.
Also die Königin; freudig umschlang sie der schöne Geliebte:
Ausgesprochen hast du wahrlich ein himmlisches Wort,
Was schon längst auf den Lippen der tiefer Fühlenden schwebte
Aber den deinigen erst rein und gedeihlich entklang.
Führe man schnell den Wagen herbei, wir holen sie selber,
Erstlich die Zeiten des Jahrs, dann auch des Menschengeschlechts.

Zur Fortführung dieses Gedicht-Fragments zeichnete Novalis auf:

»Erst zur Sonne, holen den Tag. Dann zur Nacht. Dann nach Norden. Winter. nach Süden. Sommer. Osten – ‹Herbst› Frühling. Westen. Herbst. Dann zur Jugend. zum Alter Zur Vergangenheit Zur Zukunft.«

In dieser sehr märchenartigen Skizze des Novalis lebt das gleiche apokalyptische Element, das in dem Bilde des himmlischen Jerusalem erscheint. Novalis zeigt, wie der neue Monarch den Entschluß faßt, die »ungeselligen Zeiten« zu einer höheren Ganzheit zu vermählen. Zukunft, Gegenwart und Vergangenheit, Tag und Nacht, die Jahreszeiten, die Altersstufen und die geschichtlichen Evolutionsstufen der Menschheit sollen zu einem Raum höherer Gegenwart vermählt werden. Was in dem Entwurf des Novalis noch Absicht ist, Impuls, ist in der Offenbarung des Johannes geschehen. Dasselbe apokalyptische Erlebnis findet sich bei Richard Wagner, wenn Parsifal in das Gralsgebiet eintritt. Es mündet in den Satz: »...zum Raume wird hier die Zeit«.

Zusammenfassend kann gesagt werden: Die Bilder der Offenbarung des Johannes sind durch und durch Geschehen. In den sieben Erscheinungen des Menschensohnes vollziehen sich die Impulsierung, die Auslösung und Umwandlung. Es ist die Welt des Sohnes, des Logos. Aber alles, was er bewirkt durch Leben und Sterben, durch Opfer und Offenbarung, hat seinen Ursprung in den großen kosmischen Quellbildern. In ihnen leben die Vaterwelt, der Thronende, die Ältesten, die vier Tiere, das gläserne Meer. Aber auch dieser Bereich verwandelt sich, auch in der Vaterwelt ist Wandlung (Thron, Altar, Tempel, Bundeslade, Siegel, Posaunen und Schalen). Dann setzt sich in der Reihe der Mittlergestalten, durch sie hindurch und in ihnen selbst, das Geschehen fort, bis es in den Mündungsbildern die Ergebnisse zeitigt, im Bösen wie im Guten, im Untergang wie im Aufgang. Dabei kann auffallen, daß gerade in der Reihe der Quellbilder vom 4. bis zum 19. Kapitel wiederholt Urgebilde und Ursubstanzen mineralischer Natur auftreten: der Thron (Saphir), der Thronende (Jaspis und Sarder), der Regenbogen mit Smaragd, das gläserne Meer mit Bergkristall und immer wieder Gold und Edelsteine. – Die tiefsten Quellgründe, aus denen das Bild des himmlischen Jerusalem hervorgeht, sind verhüllt, es wird damit auf einen Bereich der geistigen Welt hingedeutet, der in der Gestalt des Thronenden (Kapitel 4 und 5) und in der Weltenmusik des großen Amen und Hallelujah (Kapitel 19) durchleuchtet und durchklingt. Bedeutungsvoll erscheint hier, daß der Bildgehalt mineralischer Natur ist. In seinem Vortragszyklus »Der Mensch im Lichte von Okkultismus, Theosophie und Philosophie« (s. Literaturverzeichnis) deutet Rudolf Steiner diesen Bereich an. Er spricht dort vom unoffenbaren Licht, vom unaussprechlichen Wort und vom Bewußtsein ohne Inhalt. In diesen Bereich des Innersten der göttlichen Trinität hinein werden einst der jetzige Kosmos, die gesamte Sinneswelt, aber auch die geistigen Offenbarungen der Apokalypse als Licht, Wort und Bewußtsein verschwinden. In seinem Werk »Die Geheimwissenschaft im Umriß« (s. Literaturverzeichnis) spricht Rudolf Steiner von den »Pralaya-Zuständen« der Weltentwicklung. Dort wird beschrieben, wie die Weltentwicklung in zwei Zuständen schwingt: In dem geistig-göttlichen Wesen erquellen die Impulse und Pläne für ein Weltall. Dann entströmen den höheren Hierarchien die Welten und die von ihnen abstammenden Geschöpfe. Wenn ein solcher Zyklus seine Entwicklung durchgemacht hat und die Kräfte der Schöpfergeister verströmt sind, wird ein Kosmos wieder aufgelöst, vergeistigt und in das Innere der Wesen zurückgenommen. Das ist das »Pralaya«. Im Inneren der himmlischen Wesen erbildet sich dann das Ergebnis des vergangenen kosmischen Zustandes so, daß es gleichzeitig der Keimzustand der nächsten kosmischen Entwicklungsstufe wird. Unsere jetzige Stufe nennt Rudolf Steiner in der »Geheimwissenschaft im Umriß« die Stufe der »Erde«. Die nächste Stufe, die in der geistigen Welt vorausgeschaut werden kann, nennt er den »Jupiterzustand« der Weltentwicklung. In der Offenbarung des Johannes ist dieser Prozeß des Weltenwerdens unmittelbar in Imaginationen, Inspirationen und Intuitionen enthüllt. Und das »himmlische Jerusalem« ist der Endzustand der jetzigen und der Keimzustand einer zukünftigen Weltentwicklung.

Diese großen Stufen hüllen sich in Imaginationen, die der mineralischen Welt entstammen. Wenn der Apokalyptiker dazu fähig ist, Erinnerungsinhalte dessen, was er in der Sinnenwelt gesehen und mit irdischen Worten bezeichnet hat, in sein übersinnliches Schauen hineinzunehmen, d. h. sie als Seelensubstanz und Gedankenbewußtsein der geistigen Welt zur Verfügung zu stellen, wenn andererseits die geistige Welt selbst mit ihren Wesen, indem sie sich offenbaren will, ihr eigenes Wesen in Bilder aus der Sinnenwelt einhüllen kann, um einem Menschen im irdischen Bewußtsein zu erscheinen, dann müssen zwischen den irdischen Bildern und Tatsachen und den geistigen Wesen und deren Taten nicht nur Beziehungen des Gleichnisses, der Vergleichbarkeit, sondern tiefster Wesensverwandtschaft, ja solche einer Art Identität vorliegen. Für die Bilder, die in Menschengestalt erscheinen (der Menschensohn, die Engel, die Ältesten, das Weib), ist das eher verständlich. Götter hüllen sich in Menschenbilder, denn auch im Sinne des Alten Testamentes ist der Mensch ein Bild der Gottheit. So hat auch die gesamte griechische Kultur ihre Götter in idealisierten Menschengestalten dargestellt. Schwerer hat es das Verständnis bei den tierischen Bildgestalten (die drei Tiere – Adler, Löwe, Stier –, der Drache, das Böse als Tier, Tiere); aber auch dort ist, da es sich um gesteigerte Seelengewalten handelt, noch immer ein gewisses Gefühlsverständnis möglich. Die ägyptische Kultur hat ja wie selbstverständlich ihre Götter in tierischen Bildgestalten versinnlicht. Auch pflanzliche Attribute können immer noch göttliche Dimensionen von Lebensprozessen darstellen. Aber wie ein Stein die imaginierte Hülle für die höchste Gottheit und für das umfassendste kosmische Zukunftsbild von Gottheit, Kosmos und Menschheit darstellen kann, ist doch ein Rätsel. Es ist im Grunde das Geheimnis des Mineralreiches, der geschaffenen Natur, der sinnlich-stofflich erscheinenden Welt.

ZWEITER TEIL

DAS GEISTIGE WESEN DES MINERALREICHES

1. Das Mineralreich und der Vatergott der Apokalypse: eine Frage

Der Inhalt des Bildes im 4. Kapitel der Offenbarung ruft eine Frage hervor: Was ist die Voraussetzung dafür, daß in den Imaginationen der Apokalypse Bildelemente des Mineralreiches, insbesondere der Edelsteine erscheinen? Liegt die Begründung dafür auch im Wesen dieses Naturreiches selber?

Der Thronende erscheint in mineralischen Bildern. Das ist nicht selbstverständlich. Die christlichen Künstler, besonders die Maler, haben das höchste göttliche Wesen, Gott den Vater, immer in Menschengestalt abzubilden versucht. Es gibt großartige Vaterbilder; man denke an Raphaels Vision des Hesekiel, an Michelangelos Deckengemälde in der Sixtinischen Kapelle oder auch an manches Vaterbild von William Blake. In dem traditionellen Credo der Christenheit heißt es: »Ich glaube an Gott den Vater, den Allmächtigen, Schöpfer des Himmels und der Erde.« In der Fassung des Credo, wie es in der Christengemeinschaft lebt, kommt über den Vater-Begriff hinaus ein weiterer grundlegender hinzu. Es heißt: »Ein allmächtiges, geistig-physisches Gotteswesen ist der Daseinsgrund der Himmel und der Erde, das väterlich seinen Geschöpfen vorangeht.« Dieses Wort Daseinsgrund tritt in den kultischen Ritualen der Christengemeinschaft immer wieder auf (»Vatergrund«, »göttlicher Weltengrund«, »väterlicher Urgrund«). Es wird also dem höchsten Gotteswesen Sein, Substanz und das Hindurchgehen durch alles Dasein so zugesprochen, daß er gleichzeitig der ruhende Urgrund alles Werdens ist. Von da aus beginnt man zu ahnen, daß dem Apokalyptiker dieses Wesen nicht in väterlicher Menschengestalt übersinnlich erscheint, sondern als ein auf einem Throne Sitzendes (Seiendes, Thronendes), und dieses Wesen gleichend – oder gleichsam anzuschauen – dem Stein Jaspis und Sarder, dazu eine Iris (Regenbogen), umkreisend den Stuhl und den Sitzenden, gleichsam anzuschauen wie der Smaragdin. Griechisch heißt das: homoios horazei. Es ist eine Edelsteindreiheit da (Jaspis, Sarder, Smaragd), ein Mittelpunkt gleich Jaspis, eine Hülle gleich Sarder und ein Umkreis gleich Smaragd. So sieht der Daseinsgrund übersinnlich aus, wie Edelsteine aussehen. Derart muß man eigentlich das Wort homoios horazei übersetzen. Der Vatergott *ist* also nicht Jaspis, Sarder und Smaragd, er ist auch nicht *gleich* Jaspis, Sarder und Smaragd, sondern er erscheint übersinnlich imaginativ so, wie sinnlich Jaspis, Sarder und Smaragd erscheinen. Daraus geht hervor, daß die sinnliche Erscheinung dieser Edelsteine etwas in sich trägt, das mit der geistigen Erscheinung der Gottheit als Grundwesen mindestens eine innere Verwandtschaft, wenn nicht eine Identität hat.

2. Die edelsten Erscheinungen des Mineralreiches als Gemütserlebnis

Äußerlich ist das Mineralreich, von ganz wenigen Ausnahmen abgesehen (Wasser, Quecksilber und Luft), fester Körper, Stoff in Kristallform. Chemische Elemente und chemische Verbindungen von Elementen sind die Stoffe, Kristalle die Formen dieses Reiches. Auf der Erde existieren nur etwa 2500 bis 3000 einzelne Mineralien und unter ihnen einige Dutzend, die »Edelsteine« genannt werden, ein Begriff, der das Ergebnis bestimmter, mehr gefühlsmäßiger Regungen ist, die beim Anblick solcher Mineralien die Seele ergreifen. Staunen erwächst über die Möglichkeit, daß ein Stein so klar, rein, durchformt, farbig, leuchtend, strahlend – so herrlich schön sein kann. Das Staunen geht über in Ehrfurcht, die Ehrfurcht in Begeisterung, die Begeisterung in das

Gefühl eines Wertvollen, Seltenen, einer Kostbarkeit (es ist nicht der Geldwert gemeint). Dieses Erleben erweckt das Erkenntnisbedürfnis gegenüber einem scheinbar so ganz und nur materiellen Wesen, das in seiner sinnlichen Erscheinung dennoch so rätselhaft, geheimnisvoll, wunderartig wirkt. Der Stein rührt durch seinen Anblick im unbefangenen Menschen ein tiefes Ahnen, ein höheres Fragen an, das mit den Mitteln des gewöhnlichen, naturwissenschaftlich geschulten Bewußtseins keine Antwort findet. Denn weder das Wissen um Kristallform, chemische Zusammensetzung, Kristallgitter, geochemische Entstehung, Vergesellschaftung und Vorkommen, noch das Wissen um den materiellen Wert als Kaufobjekt kann darüber Auskunft geben, was dem staunenden Beschauer das Gemüt erfüllt. Zwar zeigt bereits das gewöhnliche Mineral, ein Stück Felsen, irgendein Stein, im Grunde dieselben Eigenschaften: vollkommen in sich abgeschlossen, ruhend, impulslos, begierdelos –, zu sein, was es ist oder geworden ist, keusch, rein, ganz es selbst und doch nicht als festes, flüssiges oder gasförmiges Etwas möglich ohne das Dasein des Ganzen der Erde, des Planetensystems, des Weltalls. Jedoch in den klargeformten, durchsichtigen, leuchtenden, schillernden, funkelnden, harten farbigen Halbedelsteinen und Edelsteinen enthüllt sich am meisten, was ein Mineral überhaupt enthüllen kann, und verbirgt sich alles, was es verbergen muß. Vielleicht macht dieses offenbarende Verbergen das Wesen »Edelstein« aus.

Was für die Edelsteine gilt, trifft im Grunde auch für den Bereich der mineralischen Welt zu, den wir die »Edelmetalle« nennen. Wie Diamant, Rubin und Saphir, so wirken auch Gold und Silber in ihrer Weise auf das Gemüt: geheimnisvoll, kostbar, gediegen und unangreifbar. Die Metalle bilden sowohl gediegen wie auch in ihren Erzen ein besonderes Gebiet im Mineralreich. Sie kristallisieren zwar auch wie alle Minerale, allein sie zeichnen sich durch eine Reihe besonderer Eigenschaften aus. Es ist ihre Fähigkeit, schmiedbar zu sein, d.h. sich verändern zu können, ohne zu zerbrechen und ohne ihr stoffliches Wesen zu verlieren. Der Edelstein bleibt hart, Kristall, oder er zersplittert. Das Gold weicht fließend

der Gewalt, bewahrt aber unzerstörbar seinen edlen Charakter. Das Metall ist eine andere Seite des reinen Seins des Minerals, die uns im Edelmetall besonders klar begegnet.
Schließlich gibt es noch eine dritte Gruppe von Stoffen im mineralischen Zustand, es sind die Mineralien organischen Ursprungs: Kalk, Kohle (auch als Anthrazit und Graphit), gewisse Kiesel, der Bernstein und das Erdöl. Die Anlage entstammt fast ausnahmslos der schalenbildenden und skelettbildenden Tätigkeit niederer Tiere (Einzeller, Schwämme, Korallen, Muscheln, Schnecken). Selbst die schönsten Kalkspatkristalle sind keine Edelsteine. Aber auch dieser Bereich der organogenen Mineralien kennt drei Wesen, die man als edel bezeichnet: die Koralle, die Perle und den Bernstein. Wie man von Edelsteinen und Edelmetallen spricht, könnte man von Edelskeletten oder Edelschalen sprechen. Auch hier gilt: Was die unedlen Vertreter verbergen, tragen die edlen als offenbarendes Zeichen zur Schau.

3. Die okkulte Tradition

Viele Menschen greifen bei der Bemühung um Verständnis des Edelsteinwesens zur Tradition. Sie ist uralt und bezieht sich auf Ursprung, Charakter, seelisch-geistige Eigenschaften, Qualitäten, Kräfte und Wirkungen, die den Edelsteinen zugesprochen werden. Das moderne wissenschaftliche Bewußtsein spricht von Anthropomorphismus (Übertragung subjektiver Menschlichkeiten), von Aberglauben, Wahn und Irrtum. Dabei sind die Zusprechungen teilweise genau und durch die Jahrhunderte, ja Jahrtausende konsequent aufrechterhalten. Andererseits sind sie kompliziert, oft ungenau und widerspruchsvoll, so daß es unmöglich scheint, sie rational zu durchdringen.
Das unmittelbare Erleben des Gemütes am Phänomen, die naturwissenschaftliche materialistisch-mechanische Forschung und die okkulte Tradition stehen hier beziehungslos nebeneinander oder sogar in schärfstem, kritischem Widerspruch gegeneinander.

Die Tradition sieht in dem Edelstein einen Träger mystischer, geistig-seelischer Tugenden. Er hat eine unsichtbare Seele, magische Kräfte, die sich auf den Träger – einen Menschen, ein Gewand, Gerät, einen Schmuck – übertragen können. Er hat einen Geist, eine Individualität, die mit den einzelnen Exemplaren verbunden ist; er ist Vermittler schützender, heilsamer, aber auch schädigender Kräfte. Er hat ein Leben, das auch medizinisch verwendet werden kann; er ist äußeres Sinnbild oder Zeichen und hat Mittlerkraft. Er ist verbunden mit einem der zwölf Tierkreiszeichen oder einem der sieben Planeten, hat somit eine kosmische Zugehörigkeit und einen kosmischen Ursprung, der ihn zum Träger geistiger Welten und Wesen macht. Mystisch – magisch – mythologisch – religiös – kultisch – symbolisch – repräsentativ – kosmisch – astrologisch – Amulett – Talisman – Medikament: eine ganze Welt esoterischer Tradition umgibt auch heute noch die Welt der Edelsteine.

In den religiösen Urkunden des Alten und Neuen Testamentes spielen die Edelsteine eine wichtige Rolle. Zwölf von ihnen werden an zentraler Stelle, in dem Brustschild des Hohenpriesters Aaron, eingelassen, wobei Anordnung und Benennung dem Mose aus unmittelbar göttlicher Eingebung von der Jahve-Gottheit selbst übermittelt werden, also aus übersinnlicher Erfahrung stammen (2. Buch Mose, Kap. 28). Im Neuen Testament erscheinen zwölf andere Edelsteine dem Apokalyptiker Johannes bei der übersinnlichen Geistesschau eines neuen Himmels und einer neuen Erde, nachdem der jetzige Kosmos untergegangen sein wird. Er erblickt sie innerhalb der Imagination einer Stadt, »des himmlischen Jerusalem«. In ihnen sind Sonne, Sterne, Erde und Menschheit zu einem Gebilde der Zukunft geistorganisch zusammengeflossen. Die geistigen Bauelemente sind die zwölf »Grundsteine«, mit »Edelsteinen« in Seelenfarben und Geistkräften moralischer Qualitäten »geschmückt«, mit Namen gekennzeichnet sowie mit den Namen der Stämme des Volkes Israel »beschrieben«. Das griechische Wort hierzu heißt kekosmaemenoi, geschmückt, man sollte sagen »gekosmost«, wenn es ein solches Wort gäbe (Offenbarung Johannes, Kap. 21, Verse 19–20). Die mit diesen »Edelsteinbildern« geschmückten 12 Grundsteine tragen gleichzeitig eingeschrieben die »zwölf Namen der zwölf Apostel des Lammes« (Offenbarung Johannes, Kap. 21, Vers 14).

4. Das Mineralreich und die naturwissenschaftliche Forschung

Bleiben wir zunächst bei der reinen Erscheinung der mineralischen Welt, wie sie dem Zugriff der modernen Naturwissenschaft zugänglich ist, unabhängig von Tradition, Okkultismus und Astrologie. Interessant ist, daß der analytische Zugriff der Forschung immer weiter wegführt vom Phänomen, zu einer Struktur, die nicht mehr sinnlich ist. Sie endet bei den Ionen der chemischen Elemente und bei der Geometrie der Kristallgitter. Wenn man zur Erscheinung zurückkehrt, so hat man Phänomene, Stoffe mit bestimmten Qualitäten und Formen, polyedrische Figuren: den Kristall. Kann man alles am Mineral auf die mathematisierbare Ebene der quantenmechanischen Gesetzmäßigkeiten der Ionen und Elementarpartikel und der Punktgeometrie des Kristallgitters zurückführen als die alleinige Wirklichkeit, oder ist dies nicht eher eine Reduktion durch Methode und Forschung auf den Teil der Wirklichkeit, der allein dem messenden Zugriff und der Rechenmethode zugänglich ist? Was bedeutet es, wenn man alles, was den menschlichen Sinnen als Qualitäten, Eigenschaften und Verhaltensweisen unmittelbar begegnet, auslöscht bzw. auf die atomistischen Strukturen reduziert und diese als die alleinige und vollständige, objektiv vorhandene Wirklichkeit interpretiert, dagegen alles andere, das als Phänomen da ist, als die Wirkung dieses Objektiven auf die Sinne des Menschen – und damit als etwas »Subjektives« aus dem »Objektiven« – erklärt bzw. ableitet? Ist das Erlebnis des Gewichtes von einem Stück Gold als Erfahrung weniger objektiv als die Gravitation? Ist das Rot des Rubins weniger wirklich als die elektromagnetische Welle? Ist der Kristall als einheitliche Figur, als Kontinuum, weniger wirklich als das Diskontinuum der Elementarzellen oder als die Symmetriegesetze der Kristallform?

An dieser Stelle erhebt sich für die Interpretation der Forschungsergebnisse der Naturwissenschaft sowohl am Ganzen der Natur wie auch insbesondere am Mineralreich die grundsätzliche Erkenntnisfrage, die in dem Vorwort über den Primat des Geistes oder der Materie gestellt wurde: Genügt es vor einem wahrhaft kritischen Bewußtsein, den Weg aus der Fülle des Sinnenfälligen der unmittelbaren Erfahrung des Menschen in das Untersinnlich-Atomistische als den allein legitimen, wissenschaftlichen zu postulieren, der allein die Wirklichkeit erfaßt, und alles andere Sinnenfällige als Wirkung auf den Menschen abzuleiten?

J. Weninger sagt in seinem Aufsatz »Zur Einführung der Atomhypothese und ihrer Verifikation« – ausgehend von der Frage, wie und wann der Atombegriff im Unterricht einzuführen sei – bezüglich der Vorstellungen, die mit dem Problem der chemischen Elemente und deren Verbindungen einhergehen:[4]

Eine Hypothese muß ... nicht nur mit den Denknotwendigkeiten in Einklang stehen, sondern auch die Phänomene zutreffend beschreiben und erklären. Trotz dieser Forderung bleiben wir nach der Einführung des Elementbegriffes bis heute bei der Aussage stehen, daß die Elemente in den »Verbindungen« unverändert erhalten bleiben. Bei den heutigen methodologischen Ansprüchen an eine Hypothese ist diese Behauptung schlechtweg falsch. Im Silbernitrat ist der Stoff Silber nicht unverändert enthalten, auch wenn zweifellos irgend etwas erhalten geblieben ist: Das Silber kann sowohl der Stoffart wie der Stoffmenge nach aus dem Silbernitrat wieder erhalten werden.

Der Grundgedanke der Erhaltung wurde von den griechischen Naturphilosophen durchaus richtig erfaßt. Da die Nichterkennbarkeit des Silbers im Silbernitrat nicht auf einer Sinnestäuschung beruht, muß die Elementhypothese durch leistungsfähige Annahmen ersetzt werden. Dazu genügt es aber nicht, zu sagen, daß nicht die einfachen Stoffe erhalten bleiben, sondern die kleinsten Teilchen, aus denen diese Stoffe bestehen und die Atome genannt werden. Nach der naiven Auffassung ergeben sich die Eigenschaften der (elementaren) Stoffe dadurch, daß durch die Anhäufung der nicht sichtbaren kleinsten Teilchen zu sichtbaren Stoffportionen die Eigenschaften der Teilchen sichtbar werden. In der genannten Form »erklärt« daher die Atomhypothese nicht mehr aus der Elementhypothese. Denn es bleibt die Frage offen, warum man in einem Silberstück die Silberatome (oder mindestens ihre Eigenschaften) »sieht«, in einem Silbernitratstück aber nicht. Mit dieser Frage wird die erste entscheidende Ergänzung der bisherigen Aussage schon bereitgestellt: Die kleinsten, nicht sichtbaren Teilchen eines Stoffes haben nicht die Eigenschaften sichtbarer Stoffportionen. Silberatome haben nicht die Silberfarbe eines Silberstückes, Schwefelatome sind nicht gelb, Quecksilberatome sind nicht flüssig. Das klingt trivial, ist aber Schülern durchaus nicht von vornherein klar.

. . .

Mit der vorstehend angeführten Annahme tritt eine weitere, grundlegend wichtige Frage auf: Woher haben dann die Stoffe ihre Eigenschaften? Darauf kann nur eine Antwort gefunden werden (und sie wird auch gefunden): Die Eigenschaften der Stoffe müssen beim Zusammentreten der Atome zu Stoffportionen entstehen, hängen also nicht nur von der Art der Atome ab, sondern werden offenbar auch von der Anordnung und gegenseitigen Bindung bestimmt.

. . .

Es sollte ausdrücklich und mehrfach erarbeitet werden, daß auch aus den Eigenschaften elementarer Stoffe keine Schlüsse auf die Eigenschaften ihrer Atome gezogen werden dürfen.

Für die Welt der stofflichen Erscheinungen lassen sich drei Hypothesen finden:

1. Die Elementhypothese:
   Es gibt Stoffe, die chemische Elemente sind; sie können sich miteinander nach bestimmten Gesetzen verbinden. Die Verbindung hat völlig andere Eigenschaften, als die Elemente sie haben; Gewicht und Atome bleiben bei der Verbindung erhalten, die Eigenschaften verschwinden bzw. erscheinen ganz neu.

2. Die Atomhypothese:
   Die Atome eines Stoffes (das, was erhalten bleibt) haben ganz andere, nicht sinnliche Eigenschaften als der Stoff als Erscheinung, sowohl bei Elementen als auch bei Verbindungen. Die Atomhypothese, streng genommen, läßt die Frage nach den Eigenschaften sowohl der Elemente als auch der Verbindungen unbeantwortet (ein Silberatom hat keine Silbereigenschaften, s.o.).

3. Die Anordnungs- und Bindungshypothese:
   Die räumliche Anordnung der Atome und die Art, wie sie gemäß den Eigenschaften der Atome, also nicht der sinnlichen Qualitäten, chemisch gebunden sind, bringen die Qualitäten zur Erscheinung, wenn eine genügend große Zahl von Atomen zusammengetreten ist zu einer sichtbaren Stoffportion. Sie bekommen aufgrund ihrer gegenseitigen Anordnung und Bindung spezifisches Gewicht, Härte, Kristallform, Glanz, Durchsichtigkeit, Aggregatzustände, Farbe, Geruch, Geschmack usw.

Gegenüber der Anordnungshypothese erheben sich die vorher gestellten Fragen nach dem Ursprung der Qualitäten, der Phänomene erst recht. Ist also das Wesentliche der Atomtheorie darin zu sehen, daß auch die Anordnungen der Atome und die Arten ihrer chemischen Bindungen aus den Struktureigenschaften der Atome selbst hervorgehen und nicht mit den phänomenalen, sinnlich erscheinenden Qualitäten identisch sind, so wird in Wahrheit auch in der Bindungshypothese nur die Erklärung von einem Gebiet in das andere Gebiet desselben Bereiches der untersinnlichen Strukturtatsachen verschoben. So bleibt es auch hier in voller Schärfe bei der Frage: Woher haben die Stoffe ihre Eigenschaften?
Nun kann man aber auch ganz anders denken. Man kann das, was den Sinnen am Mineral, was am Edelstein erscheint, als Ausdruck von etwas sehen, das nur halb von der strukturellen, submikroskopisch-atomistischen Seite her in Effektform auf die Sinne wirkt. Von einer anderen Seite zeigt die Wirklichkeit in ihrer qualitativen und figural-gestaltlichen Erscheinung etwas, das aller messenden Analyse unzugänglich ist, ja gerade durch diese Analyse von vornherein eliminiert wird. (Daß durch Messung die Wirklichkeit verändert wird, ist heute wissenschaftliches Ergebnis der Atomphysik im untersinnlichen Bereich.) Die Fragestellung im Sinne des anderen Ansatzes muß also lauten: Kommt das, was im Phänomen erscheint, nur als Effekt des atomistischen, untersinnlichen Bereiches hervor – da doch dieser Bereich fast nichts von dem zeigt, was

Phänomen ist –, oder gibt es einen anderen, gleichfalls nicht sinnlichen Bereich, von dem her gerade das in Erscheinung tritt, was Phänomen wird. Erscheint im Sinnlichen nur, was vom Untersinnlichen, mechanisch-atomistisch Strukturellen herkommt, oder auch das, was vom Übersinnlichen, Wesenhaften in die Phänomene hereinspielt? Dann wären auch mineralische Stoffe nicht nur »Materie«, sondern Substanzen, das heißt im Sinne platonisch-aristotelischer Philosophie: stoffliche Erscheinung mit wesenhaftem Anteil. Kristalle sind dann nicht nur abstrakte Gitterstrukturen, sondern räumlich erscheinende Ideen, d.h. Gedanken; ihre sinnliche Erscheinung ist nicht nur Effekt untersinnlicher Strukturen, sondern auch Erscheinung eines übersinnlich wesenhaft Gedanklich-Ideellen.

Jeder Stoff offenbart sich in charakteristischen Eigenschaften: spezifisches Gewicht, Härte, Glanz, Durchsichtigkeit, Spaltbarkeit auf der einen, Farbe, Duft und Geschmack auf der anderen Seite. Über dieses Qualitative hinaus werden bestimmte Verhaltensweisen der Stoffe wahrnehmbar: Verhältnis zur Wärme, zur Elektrizität, zum Magnetismus; Löslichkeit, Schmelzpunkt und Siedepunkt zeigen das Verhalten von etwas Wesenhaftem mit bestimmten Eigenschaften. Verhaltensweisen und Eigenschaften sind es, die an einem Stoff den menschlichen Sinnen zugänglich sind.

5. Das Mineral als Wesenheit

Goethe hat in jahrelangen Bemühungen um seine Farbenlehre folgenden Satz formuliert:

Denn eigentlich unternehmen wir umsonst, das Wesen eines Dinges auszudrükken. Wirkungen werden wir gewahr, und eine vollständige Geschichte dieser Wirkungen umfaßte wohl allenfalls das Wesen jenes Dinges. Vergebens bemühen wir uns, den Charakter eines Menschen zu schildern; man stelle dagegen seine Handlungen, seine Taten zusammen, und ein Bild des Charakters wird uns entgegentreten.

In diesem Satz ist ein methodisches Grundprinzip ausgesprochen, sowohl in dem Unterschied von Wesen und Erscheinung als auch darüber hinaus in der Richtung, daß ein Ding, so zum Beispiel ein Mineral, in seinen Eigenschaften und Verhaltensweisen ein Wesen offenbart, das ganz und gar nicht stofflich-materieller Natur ist. So stellt sich die Aufgabe, die sinnenfälligen Eigenschaften und Verhaltensweisen auch der toten, mineralischen Welt so zu verstehen, daß in ihnen etwas zu Ende gekommen ist, das seinem Ursprung nach ebenso seelisch-geistiger Natur ist und einem Leben entstammt wie die im Sinnenbereich erscheinenden Lebens-, Seelen- und Geistäußerungen von Pflanze, Tier und Mensch. In Gewicht, Härte, Durchsichtigkeit und chemischem Verhalten zeigen sich Qualitäten willensartiger Natur; in Farbe, Geruch und Geschmack solche seelenartiger, gefühlsartiger Natur. Es ist für jeden Menschen unmittelbar nachvollziehbar, daß allein in den herrlichen Farben der Edelsteine zur Ruhe gekommene, still leuchtende seelische Stimmungen sich zeigen. Und auch das dritte ist erlebbar, die für das Mineral so charakteristische Kristallform. Man kann nicht eigentlich von offener, belebter Gestalt wie bei Pflanze, Tier und Mensch sprechen; das Mineral ist rein geometrische Figur, polyedrischer Körper, geordnet durch tief begründete Symmetrien, die mathematisch-geometrisch, d.h. rein geistig-gedanklich erfaßt werden müssen. In der Stofflichkeit hat das Mineral seinen Leib, in den stofflichen Verhaltensweisen und Entstehungsprozessen sein zur Ruhe gebrachtes Leben, das in das rein mineralische Sein und Dasein hereingebrochen ist; in Farbe und anderen Eigenschaften zeigt das Mineral Charakter, man kann auch sagen: Seele, jedoch auch da in Vollkommenheit, Abgeschlossenheit und Ruhe. Vollkommenheit der Seele aber heißt Tugend. Im Kristall schließlich erscheint etwas von der Idee, von der Geistigkeit des Minerals in Körpergestalt als individualisierter Raum, der wiederum selber Idee ist und wieder selbst in vollkommen geordnetem, beruhigtem, anspruchslosem reinem geistig-leiblichem Sein und Dasein. Am Ende von Goethes Faust finden wir den Satz: »Alles Vergängliche ist nur ein Gleichnis.« Das Mineral als Stoff und Kristall ist das sinnenfällige Gleichnis seiner selbst in Leib, Leben, Seele und Geist. Dadurch gerade unterscheidet es sich von den drei anderen Naturbereichen. Denn im Pflanzenreich ist das Leben im Stoff selber tätig, erscheint verkörpert. Im Tierreich ist die Seele nicht nur stoffliches Verhalten, sondern im Stoff selber verkörpert, den Stoff beseelend. Im Menschenreich wohnt das Ich, der Geist, ganz dem Sinnlich-Stofflichen ein und trägt so Selbstbewußtsein und Geistbewußtsein im sinnlichen Bereich. Die Leiblichkeit der Pflanze ist belebter Stoff, des Tieres beseelter Stoff, des Menschen durchgeistigter Stoff. Das Mineral hat seinen Leib auf dem sinnlich-materiellen Plan der Welt. Es ist reiner Stoff und reine Kristallform. Sein *Leben* aber, seine *Seele* und sein *Geist* sind, wenn auch nicht in ihm verkörpert, so doch mit ihm verbunden und in den Gebieten der übersinnlichen Welt aurisch um jedes Mineral herum vorhanden.

Im Sinne der geisteswissenschaftlichen Forschungsergebnisse Rudolf Steiners finden sich die Lebenskräfte des Minerals übersinnlich in der astralischen Welt des Kosmos. Die Seelenkräfte des Minerals leben in der niederen Geistwelt, und die individuellen Geistwesen der Minerale lassen sich erst in der höheren Geistwelt übersinnlich finden. Sie sind aber alle im sichtbaren Leib des Minerals in der Sinneswelt im Kristall abgedrückt. Da sie nicht im Stoffe tätig sind, erscheinen sie in dieser endgültigen, eigenartig vollkommenen, abgeschlossenen, reinen Weise des Daseins. Keuschheit, Selbstlosigkeit, in sich abgeschlossene äußere und innere Geordnetheit, unbeugsame Festigkeit und Zuverlässigkeit sind sinnenfällig erlebbare Tugenden auf der niedersten Stufe des rein Stofflichen, in höchster Vollkommenheit im Bilde enthalten. So kann z. B. Angelus Silesius in seinem cherubinischen Wandersmann sprechen:

Rein wie das feinste Gold, steif wie ein Felsenstein,
ganz lauter wie Kristall soll dein Gemüte sein.

Das Mineral wird zum Bilde höchster Menschlichkeit.

Darum also ist das Mineral so geheimnisvoll. Doch ist es nicht nur

Bild und Abbild, sondern auch selber Wirklichkeit. Auf der niedersten Stufe der Seinsweise der Natur zeigt und verbürgt es die Wirklichkeit höchster Qualitäten, ja höchster Ideale als stillgewordener Abdruck übersinnlicher Wesen und ihrer Eigenschaften. Man kann sich im äußerlich erlebenden Anblick von Edelsteinen durchaus erheben zum inneren Anblick der höchsten menschlichen Ideale. Immer neu erwacht im Menschen die Frage: Sind unsere Ideale bloß Phantasien, Sublimationen und Hypostasen, oder sind sie irgendwo Wirklichkeiten? Unsere menschlichen Ideale bilden für uns zu verwirklichende Ziele, sie sind jedoch schon Wirklichkeiten bei den höheren göttlichen Wesen, den Hierarchien, in den göttlich-geistigen Welten. Was bei uns Menschen als Sehnsucht, Streben, Ziel erscheint, ist bei den göttlichen Wesen moralische Wirklichkeit. Hier liegt der Abgrund innerhalb der Reiche der Natur. In Mensch, Tier und Pflanze sind Geist, Seele und Leben in sichtbarer Verwandlung tätig; es wirken die Schöpferwesen mittelbar durch Geist, Seele und Leben der Geschöpfe hindurch, mit diesen Geschöpfen mit. Im Mineral haben sie unmittelbar gewirkt und in seiner Erscheinung den reinsten Ausdruck aus sich entlassen und den Abdruck ihres Wesens eingeprägt. Das Wesen der Minerale – insbesondere der Edelsteine – ist das am tiefsten abgestiegene Werk der höchsten göttlichen Wesen in seiner unverfälschten Erscheinung, weil die Minerale von sich aus nichts hinzufügen, was bei Pflanze, Tier und Mensch der Fall ist. Dadurch hat das Mineral etwas Unnahbares, Majestätisches, Dauerhaftes.

So beginnt man zu verstehen, warum Mineralimaginationen das übersinnliche Bild für das Höchste und Tiefste, das väterliche göttliche Wesen, sein können und warum sie für das Zukünftige, das Zielbild im apokalyptischen Schauen, auftreten. Damit ist aber auch die idealische Seite des edlen Minerals verständlich. Es zeigt in gewissen Erscheinungsweisen die zur Tugend werden wollenden Möglichkeiten der menschlichen Seele. Die entsprechenden Edelsteinbilder der Offenbarung Johanni tragen den imaginativanschaubaren Gehalt dessen, was durch alle Kämpfe, Niederlagen, Siege, Verwandlungen, Tode, Auferstehungen und Vergeistigungen am Ende des Weltendramas durch das weltverwandelnde Opferwirken des Menschensohnes entstehen wird.

6. Die Entstehung des Mineralreiches

Die Frage nach dem Wesen des Mineralreiches hängt auch mit jener nach seiner Entstehung zusammen. Man wird auch dieser Frage erst nahekommen, wenn man aufhört, in den Mineralien nichts anderes als einen bloß materiellen geochemischen Prozeß der Erdgeschichte zu sehen, in dem sie als kristallisiertes Endprodukt der Phasen der thermischen Abkühlung und Erstarrung, gasförmiger und später magmatischer, d.h. glühend-flüssiger Schmelzen und darin aufgelöster Gase und Flüssigkeiten durch sinkende Temperaturen abgeschieden worden sind. Die großen Stufen, an die dabei gedacht wird, sollen nach einem vorangegangenen Urzustand der Elemente und einiger weniger chemischer Verbindungen im Gaszustand durch fortlaufende Abkühlung in die »liquid-magmatische«, die »pegmatitisch-pneumatolythische« und schließlich in die »hydrothermale« Phase übergegangen sein. Physikalische und chemische Vorgänge, die heute in Laboratorien erzeugt werden können, bedürfen hoher Temperaturen und Druckgradienten, wie sie für die Vergangenheit postuliert und extrapoliert werden. In völlig lebloser Materie kann sich das Gedachte nur bei sehr hohen Temperaturen und Drücken oder bei ungeheuren Ausdehnungen abgespielt haben.

Wer sieht, wie in den Organismen von Pflanzen, Tieren und Menschen die kompliziertesten chemischen Prozesse bei normalen mittleren Druck- und Temperaturzuständen verlaufen, fühlt sich dazu aufgefordert, auch eine ganz andere Denkmöglichkeit für die Geochemie und Geophysik in Anschlag zu bringen. Man muß nur die Voraussetzung, daß ursprünglich alles tot gewesen und das Leben durch Komplikationsprozesse entstanden sei, in die andere Voraussetzung umdenken: daß ursprünglich alles lebendig, d.h. auch die spätere mineralische Welt der Erde in früheren Zuständen von Lebenskräften durchzogen war, wie es heute bei den Organismen der Fall ist. Man muß dann anstelle der ionisierten Gase und Schmelzen kolloidale Urzustände sehen, in denen Elemente und Verbindungen in feinsten Dispersionen, in dichteren und dünneren Medien lebendig zusammengewirkt haben. Der kolloidale Zustand besteht darin, daß in einem eigentlichen Gel Gesetzmäßigkeiten herrschen, wo im Grunde die Gesetzmäßigkeiten der Aggregatzustände noch nicht auftreten können. Es handelt sich um einen unberechenbaren mittleren Zustand des Materiellen, der zwischen Lösung und Verfestigung, zwischen Belebung und Entvitalisierung labil und sensibel hin und her schwingen kann und sowohl für die Einwirkungen untersinnlicher Kräfte (Elektrizität, Magnetismus, Kernkräfte) als auch für das Einwirken übersinnlicher Kräfte (Belebung und Gestaltung, Durchseelung und Durchgeistigung) zugänglich ist.

Der Blick auf den kolloidalen Zustand der Materie führt erst recht zu der Frage nach dem Wesen des Lebendigen im Gegensatz zum Toten, des Organischen im Unterschied zum Anorganischen. Es kann auch heute beobachtet werden, daß Lebendiges ausschließlich aus Lebendigem hervorgeht und Totes immer nur aus Lebendigem herausfallen kann. Nirgends kann beobachtet werden, daß aus Totem Lebendiges entsteht; wohl aber, daß Totes in Lebendiges aufgenommen und belebt werden kann. Das wird es aber nur durch das Lebendige selbst. Dies sind nur scheinbar Binsenwahrheiten; tatsächlich stehen wir hier vor Urwahrheiten. Das Primat des Lebens gegenüber dem Tode drückt sich in ihnen aus. – Was ist Leben in Wirklichkeit?

Dem Erfahren und Erforschen ist die Überfülle von Lebenserscheinungen greifbar zugänglich. Die Forschung der biologischen Wissenschaften – von der Verhaltensforschung bis zur Biochemie – versucht, das Geheimnis des Lebens zu enträtseln mit den Mitteln physikalischer Methoden. Nun ist aber die Physik ausschließlich die Wissenschaft vom Anorganischen, Toten. Wenn man an die Erscheinungen des Lebendigen mit den Methoden für das Tote, Mechanische herangeht und auch das Verhalten des Seelischen und die Erscheinungen des Lebendigen (Wachstum, Fortpflanzung usw.) als Mechanismen ansieht, denen Strukturen zugrunde liegen, dann muß man sich darüber klar sein, daß man hier schon rein methodisch eine Abstraktion vollführt, d. h. schon im Ansatz das Leben ausklammert. Darum müssen alle diese Wege vom Lebendigen zum Toten führen.

Leben kann nur von Leben erlebt und erforscht werden. Um das Leben als solches zu erfassen, benötigt man Methoden und Organe, die selber Leben sind. Diese Methoden brauchen ebenso eine Schulung, wie die für das Tote, Mechanisch-Atomistische die ihre brauchen. Ansätze für eine solche Wissenschaft vom Leben sind schon früher entwickelt worden. Goethe ist, nach einer Formulierung Rudolf Steiners in seinen Einleitungen zu dessen naturwissenschaftlichen Schriften, der Kopernikus und Kepler der Organik. Von Goethe ausgehend hat Rudolf Steiner die Wissenschaft vom Leben aufgrund übersinnlicher Forschungen erweitert. Was bei Goethe die schöpferische Idee des Typus ist, wird bei Rudolf Steiner zu einem umfassenden Weltenbereich des Lebendigen, zu einer ätherischen Welt des Kosmos mit ihren übersinnlichen Substanzen, Kräften, Prozessen und Gesetzmäßigkeiten. Schüler Rudolf Steiners bemühen sich in Forschung und Praxis, zum Beispiel auf den Gebieten der Medizin, Pädagogik, Kunst, Landwirtschaft usw., die Wissenschaft des Ätherischen weiterzubilden.[5] Für Mineralogie, Geologie und Kosmologie gibt es ebenfalls eine Wissenschaft des Lebendigen. Setzt man nämlich grundsätzlich voraus, daß die mineralische Welt, als sie im Zustand kolloidaler Empfindlichkeit sich bewegt hat, ursprünglich von Lebenskräften durchzogen war, dann braucht man nicht mehr die hohen Temperaturen und Druckverhältnisse in die Vergangenheit zu extrapolieren. Was man heute unter gasförmigem Urzustand versteht, könnte man als noch stark durchseeltes, schöpferisches Chaos begreifen, und was heute als »liquid-magmatische« und »pegmatitisch-pneumatolythische« Phase gedacht wird, könnte man ebensogut als kolloidale, pflanzlich-lebendige, wolkenartige Frühzustände verstehen, so daß die fortschreitende Entwicklung nicht nur durch eine rein physische Abkühlung erfolgte, sondern vor allem durch eine fortschreitende Entvitalisierung der Materie, ähnlich wie heute noch aus Kolloiden in den Organismen Kalkschalen, Chitinpanzer, Knochengerüste und Haut- und Hornschwielen sich verfestigen. Sogar den rezenten Vulkanismus der Erde könnte man unter solchen Gesichtspunkten betrachten, sofern man auch Wärmewirkungen in der Materie mindestens teilweise als vitale Lebensprozesse begreifen will[6] (siehe Anhang Nr. 27).

Die Edelsteine, wie überhaupt die ganze mineralische Welt, haben einen anderen Ursprung, als die von der Naturwissenschaft in die Vergangenheit extrapolierten Interpretationen glauben machen. Die Grundidee der Geisteswissenschaft ergibt einen gemeinsamen, übersinnlichen Ursprung des Makrokosmos Weltall und des Mikrokosmos Menschenwesen.[7] Alle Glieder des Weltalls sind zugleich mit allen Wesensgliedern des Menschen aus gemeinsamen, geistigen Ursprüngen entstanden und haben sich über die Stufen des Geistigen, des Seelischen und des Lebendigen, Ätherischen, bis zum Stofflichen so auseinanderentwickelt, daß die Entsprechungen auch heute noch gefunden werden können. Solche Entsprechungen können hier nur kurz angedeutet werden:

Die Sonne im Kosmos entspricht in ihrer belebenden Wirksamkeit dem Herzen und dem im Herzen sich erlebenden Ich des Menschen. Die Erde in ihrer Gesamtgestaltung der Naturreiche entspricht dem menschlichen Haupt und dem darin sich darlebenden Bewußtsein. Die Planeten entsprechen in ihren charakteristischen Konstellationen und Bewegungen den inneren Organen des Menschen. Die Fixsterne und insbesondere der Tierkreis entsprechen den Teilgliedern der menschlichen Gesamtgestalt. Und das Tierreich trägt in spezialisierter Form die Totalität des menschlichen Seelenlebens in sich so wie das Pflanzenreich die Gesamtheit der menschlichen Lebenskräfte in ausgebreiteter Mannigfaltigkeit.

Auch das Mineralreich hat Entsprechungen im Menschen, die einer alten Mysterientradition genau bekannt waren. Es sind das solche zwischen bestimmten Metallen und den entsprechenden

inneren Organen. Warum ist Gold ein Herzmittel, obwohl im Herzen physisch-chemisch keine Spur von Gold vorkommt?
Alle diese Entsprechungen machen darauf aufmerksam, daß genetisch zwischen den Naturwesen und dem Menschen Ursprungszusammenhänge bestehen. Der Makrokosmos hat im Mikrokosmos Mensch sämtliche Entsprechungen. So sind bestimmte Mineralien gleichzeitig mit bestimmten menschlichen Organen oder Organisationen aus einem gemeinsamen geistigen Ursprung entstanden. Auf der mikrokosmischen Bahn der Evolution haben sich die menschlichen Organe entwickelt und – andererseits – auf den Bahnen der makrokosmischen Evolution die Naturwesen. Diese innere Urverwandtschaft von Mineral, Pflanze, Tier mit dem Menschen ist der wahre Grund dafür, daß bestimmte Naturwesen Heilwirkung für bestimmte Erkrankungen des Menschen haben können. Hier ist die kosmische Ratio für eine erweiterte Heilmittelherstellung und Therapie.
Alles in der Welt hat materiellen Leib, hat Leben, Seele und individuelles Geistiges. Man kommt also auf diesen Wegen der Forschung zu einer Welt übersinnlicher individueller Geistwesen. Es ist deutlich, daß darin für die moderne Wissenschaft ungeheuer große Schwierigkeiten liegen, da sie so ganz auf mathematisierbare Strukturen und Wechselwirkungen von Mechanismen eingestellt ist.

7. Die Zukunft des Mineralreiches

Die Grundidee der Verwandtschaft von Welt und Mensch bezieht sich auch auf die Zukunft der Weltentwicklung. Auch hier handelt es sich nicht nur um den materiellen Weltmechanismus der modernen Naturwissenschaft mit einem Entropiegesetz, sondern um das fortwirkende Eingreifen geistiger Wesen einschließlich des Menschen in die Weltentwicklung. Durch ein fortdauerndes Umbilden der vorhandenen, auch der materiellen Welt durch Einwirken von Geistwesen, deren mächtigstes und wirksamstes das Christus-

Wesen ist, wird die Evolution den Abstieg der Welt über den materiellen Zustand in einen zukünftigen Zustand der Wiedervergeistigung und Wiedervermählung der Weltwesen fortführen. Nur von daher ist die Imagination des himmlischen Jerusalem zu verstehen, wo im Bild der zwölf Grundsteine und Edelsteine mit den zwölf Namen der Apostel diese Vermählung geschaut worden ist. Weit getrennte Elemente wie Edelsteine, Mensch und Fixsternwelt erscheinen dem Schauenden in übersinnlich-zukünftiger gemeinsamer Wirklichkeit. Das wäre aber nicht möglich, wenn diese Zukunft nicht schon heute wirksam sein könnte.

8. Das Mineralreich und die Fixsternwelt

Wie es Entsprechungen zwischen Mensch und Naturwesen gibt, so auch solche der Naturwesen untereinander. Wir kennen Entsprechungen zwischen Metallen und Planeten. In alten Traditionen und Mysterien sind diese Zuordnungen völlig gleich. Mit oder aus dem betreffenden Planeten entsteht das betreffende Metall.
Sehr viel komplizierter ist die Zuordnung der Edelsteine zu den Tierkreisbildern und zu den Monaten des Jahreslaufes der Sonne durch den Tierkreis. Da stößt man auf die astrologische Tradition, aber auch auf eine solche der Heilkunst. Immer wieder wird der unaufhebbare Gegensatz zwischen der traditionellen astrologischen Zuordnung der Sonnenstände des Jahres und seiner Monate und den faktischen Stellungen der Sonne im Tierkreis betont. Durch die Verlagerung des Frühlingspunktes im platonischen Jahr fallen die Zuordnungen der Sonnenstellungen zwischen Astrologie und Astronomie auseinander. Astrologisch »steht« die Sonne vom 21.3.–20.4. »im Zeichen Widder«. Astronomisch und faktisch steht aber die Sonne heute vom 12.3.–18.4. vor dem Sternbild der Fische. Sie kommt erst am 19.4. vor den Widder zu stehen. Dabei ist die Abgrenzung der Sternbilder astronomisch gesehen eine reine Konvention der Wissenschaft, die bestimmte kugelgeometrisch-polygonal abgegrenzte Gebiete im Bereich der Eklip-

tik mit den alten mythologischen Namen benennt, ohne diesen Linien und Grenzen irgendeine Realität zuzusprechen. Astronomisch und astrophysikalisch gesehen ist der Tierkreis überhaupt keine Realität, außer daß die Ekliptik sich in ihm abzeichnet, die selbst wiederum nur die optische Projektion der scheinbaren Sonnenbahn auf den Hintergrund des Fixsternhimmels ist. Die ein »Sternbild« konfigurierenden Sterne können sogar verschiedenen Galaxien angehören und, außer dem scheinbaren Nebeneinander für den Anblick von der Erde aus, nicht das geringste miteinander zu tun haben. Um so sinnloser muß dem Astronomen die Zuordnung von irgendwelchen »Einflüssen« für diese Gruppierungen sein. Ganz absurd erscheint die Interpretation der Astrologen: Während die Sonne im März/April tatsächlich vor den Fischen vorbeizieht, stünde sie im »Zeichen« Widder.
Dieser Widersinn löst sich erst dann, wenn die zwölf Raumesrichtungen im Tierkreis nicht im Sinne materialistischer Extrapolation als alleiniger Denkmöglichkeit aufgefaßt werden. Geisteswissenschaftlich gesehen sind die Bilder schriftartig lesbare Zeichen übersinnlicher Geistgebiete, aus denen Wirkungen geistiger Wesen hervorströmen. Diese Wesen haben in dem Nebeneinander der sichtbaren Sterne eine Art Bildzeichen.[8] Es gab eine Zeit, da Tierkreisbild (astronomisch) und Tierkreiszeichen (geistig- astrologisch) in bezug auf die Sonnenstellung zusammenfielen. Damals bewegte sich der Frühlingspunkt der Sonne vor dem Widder. In dieser Zeit wandelte der Jesus Christus über die Erde und geschah das Mysterium auf Golgatha. Mit dem Erdenabstieg des Christus hat sich die Wirksamkeit der Cherubim geteilt. Ein Teil ihres Wirkens ist kosmisch geblieben und äußert sich in dem Fortgang des Frühlingspunktes der Sonne, immer neue Zeitepochen bewirkend (Widderzeitalter, Fischezeitalter usw.) Für dieses Wirken steht die Sonne vom 21. 3.–20. 4. vor den Fischen. Ein anderer Teil des Wirkens der Cherubim hat sich unter Führung des Christus-Wesens mit dem Leben der Erde und der Menschheit ein für allemal verbunden, wodurch eine Art »Geburtshoroskop« für den Christus-Impuls entstanden ist, das seither zusätzlich für die irdischen Ver-

körperungen der Menschenschicksale maßgebend ist. Für diesen auf Durchgeistigung und Durchchristung der Erdenzukunft gerichteten Bereich »steht« die Sonne vom 21.3.–20.4. immer im »Zeichen« Widder. Astronomie und Astrologie können sich gegenseitig ergänzen.

Aus diesen geistigen Hintergründen können die Edelsteinbilder der Apokalypse den Monaten des Jahres und den Tierkreiszeichen zugeordnet werden.

In der Apokalypse des Johannes beginnt die Aufzählung der Edelsteine mit dem Jaspis. Die Zugehörigkeit und Entsprechung der zwölf Edelsteinbilder ist rückläufig, beginnend mit dem Jaspis für die Fische, über Wassermann, Steinbock usw. bis zum Widder. Diese Reihenfolge entspricht nicht dem Jahressonnengang, sondern dem Gang des Frühlingspunktes im platonischen Jahr. Der am geistigsten wirkende Kräftezusammenhang des Frühlingspunktes bewegt sich in entgegengesetzter Richtung zu dem am stärksten physisch wirkenden Jahressonnengang.

Bei der Darstellung der einzelnen Mineralwesenheiten, die in der Offenbarung des Johannes erscheinen, sollen die naturwissenschaftlichen Forschungsergebnisse kurz berichtet werden.[9] Der Zusammenhang der Edelsteine mit den Monaten, Tierkreiszeichen und Festen kann nur verstanden werden, wenn die Zuordnung nicht nur vom Objekt, sondern auch von dem geistigen Hintergrund, d.h. dem Ursprung und dem Ziel her, angeschaut wird. In den alten Mysterien sind diese Zusammenhänge bekannt gewesen. Die Geisteswissenschaft Rudolf Steiners eröffnet dem heutigen Bewußtsein neue weiterführende Erkenntnisse. Der gemeinsame Grund für Edelsteine, Mensch und Sternenwelt ist die geistige Wirksamkeit der Hierarchie der Cherubim (Geister der Harmonie), deren Schöpferimpulse durch niedrigere Geistwesen differenziert als materieller Kosmos erscheinen. Nach Rudolf Steiner differenzieren sie schaffend die zwölf Hauptgestalten des *Tier-* und *Pflanzen*reiches. Sie bilden in der menschlichen Organisation die Gestaltteile des Leibes, die zwölf Sinne und die zwölf Konstitutionstypen menschlicher Charaktere. Diese Zwölfheit ist in den

Jüngern vertreten, die der Christus-Jesus um sich versammelt hat. Das tiefste Wesen solcher Zwölfheiten zeigt sich aber erst, wenn man zu den seelisch-geistigen Tugenden und Grundkräften der Geistwesen selbst aufsteigt. In Form von »Wahrspruchworten« hat Rudolf Steiner die zwölf »Stimmungen«, in Vorträgen zur Eurythmie die Totalität der Verhaltensweisen des ganzen Menschen in Gestalt von eurythmischen Gebärden und in Anweisungen zur esoterischen Schulung und Selbsterziehung die zwölf Tugenden entfaltet.[10] In diesen Bereichen ist man den geistigen Wesenheiten selber am nächsten, denn sie sind in Wahrheit das, was in uns Menschen als unsere höchsten Ideale aufleuchtet. Die Mineralien aber erscheinen als die letzten Schöpfungen dieser Weltwesen und die Edelsteine innerhalb des Mineralreiches als diejenigen, in denen die Schöpferwesen am reinsten abgebildet und zugleich »mineralisch verkörpert« sind. Die Schwierigkeiten, welche die Tradition mit den Zuteilungen von bestimmten Edelsteinen zum Tierkreis hat, beruhen darauf, daß es nicht nur *eine* Zwölfheit von Edelsteinen gibt, da die sieben Planeten und deren geistige Wirkungen jede der zwölf Tierkreiswirkungen modifizieren. Man kann also die Vermutung haben, daß sieben Edelsteinzwölfheiten vorhanden sind. Das schließt nicht aus, daß einzelne Edelsteine durch die Vielheit ihrer Eigenschaften in mehreren Zwölfheiten auftreten können. Diese Wesen wären dann aus dem Zusammenwirken mehrerer Schöpferkräfte hervorgetreten. Doch kann hier auf diese Frage nicht näher eingegangen werden.

Die Zwölfheit, welche die Apokalypse nennt, ist das Bild einer Zukunftsschau. Man kann die Vermutung haben, daß in dieser Zwölfheit die Zukunftswirkungen das eigentlich Bildende sind. Man wird sie daher den vorhin als Möglichkeit angegebenen sieben Zwölfheiten als eine achte, »die apokalyptische Zwölfheit der Edelsteine«, gegenüberstellen. Das bedeutet auch hier nicht, daß diese Steine nicht ebenfalls in den anderen sieben Zwölfheiten vorkommen könnten. Sie sind diejenigen, die neben den Eigenschaften, die sie aus der Vergangenheit mitbringen, keimhaft auch die zukünftigen mit sich verbinden. Dabei ist auffallend, daß die

Hälfte dieser apokalyptischen Steine der Quarz-Gruppe angehört und Edelsteine wie Rubin, Diamant, Granat, Turmalin – aber auch der Bergkristall – nicht vorkommen.
Die zwölf Geistwesen des Tierkreises erscheinen dem übersinnlich Schauenden in tierähnlichen Imaginationen. Das ist auch in der Apokalypse in bezug auf die vier vornehmsten Geistwesen so (z. B. Kap. 4, Verse 6–8). In der Zukunftsimagination der heiligen Stadt dagegen sind die Tierkreiswesen als zwölf Grundsteine und zwölf Edelsteine anschaubar, die zusätzlich mit den Namen der zwölf Stämme des Zukunftsvolkes und der zwölf Apostel durchschrieben sind. Darin offenbart sich dem übersinnlichen Schauen ein Zusammenwirken von hierarchischen Wesen, mineralischem Kosmos, Menschheitsgruppen und einzelnen Menschen. Das ist der Zukunftsaspekt. So wie die zwölf Edelsteine der himmlischen Stadt den zwölf Tierkreiszeichen zugeordnet sind, so die übrigen mineralischen Bildelemente anderen Bereichen des Kosmos: Das Wasser ist dem Ätherischen zugeordnet, der Kristall dem Lichtwesen des Kosmos, das Gold dem Sonnenwesen.
Wie ist nun der Zusammenhang mit dem Menschen zu denken? Das gemeinsame Band zwischen Mensch und Edelstein ist ja zunächst die reine Sinnlichkeit. Zwölf Sinne verbinden den Menschen mit der Welt und machen ihm ein bestimmtes, spezifisches Daseinsgebiet zugänglich. Der in der betreffenden Sinnesorganisation aus- und einströmende Menschenwille durchdringt sich mit einem bestimmten Gebiet des die Welt konstituierenden »Weltenwillens« – das eigentlich heißt Sinneswahrnehmung.[11] In der sinnlichen Wahrnehmung der Mineralien, der Edelsteine insbesondere, begegnet der Mensch den Offenbarungen des reinen, »rieselnden« Weltenwillens der Throne. Der Weltenwille der ersten Hierarchie, der Throne (Geister des Willens), der Cherubim (Geister der Harmonie) und der Seraphim (Geister der Liebe), wird im geistigen Tierkreis von den vier führenden Cherubim in Stier, Löwe, Adler und Wassermann wirksam. Jeder dieser vier ist von zwei benachbarten begleitet. Diese Wesen sind die eigentliche Wirklichkeit, die schaffenden Götter der Tierkreisbereiche. So wie

der Mensch in der Entfaltung bestimmter Ideale und Tugenden von innen her geistig-seelisch den Zusammenhang mit diesen Wesen findet, so kann er andererseits im sinnlichen Anschauen zu der Offenbarung derselben Wesen in der mineralischen Welt kommen. Darin zeigt sich, daß die Schöpfertätigkeit der Geistwesen entweder ganz nach außen zielt und in Mineral, Pflanze und Tier ihre Offenbarung hat oder ganz nach innen, wo diese Wirksamkeit schließlich als Moralität im Menschen errungen werden kann. In der mineralischen Materie wird dem Menschen das Ende, in den Tugenden der Anfang der Schöpfertätigkeit der Cherubim zugänglich (s. Anhang Nr. 25).
Walther Cloos hat das Hervorgehen der Edelsteine aus einer lebendigen Urerde und deren Vorstufen dargestellt.[12] Die Edelsteine wie auch die anderen Mineralien sind nicht nur das Ergebnis der Abkühlung magmatischer Glutmassen, sondern vor allem das einer umfassenden Entvitalisierung früherer Pflanzenmineralien, aus denen einerseits die Mineralien, andererseits Pflanzen und niedere Tiere hervorgegangen sind. Er hat weiter gezeigt, wie sich einzelne Edelsteine hervorheben, so der Bergkristall durch seine Allverbreitung und zehn Kombinationsgesetze der Kristallbildung, der Diamant durch seine Extreme gewisser Qualitäten, zum Beispiel der Härte, der Turmalin durch seine extreme Pflanzenhaftigkeit und der Granat durch seine mannigfaltigen Grundformen, die bei völlig gleicher Kristallform trotz verschiedener chemischer Zusammensetzung fast alle in Edelsteinqualität auftreten.
Das Verständnis für das geistige Wesen des Mineralischen ist die Voraussetzung für ein Verständnis der mineralischen Bilder der Offenbarung. Wie wird aus dem jetzigen mineralischen Kosmos die zukünftige Welt des großen Endbildes der Apokalypse?

DRITTER TEIL

DIE ERBAUUNG DES HIMMLISCHEN JERUSALEM DURCH DAS MINERALREICH HINDURCH

Hymne

Wenige wissen
Das Geheimnis der Liebe,
Fühlen Unersättlichkeit
Und ewigen Durst.
Des Abendmahls
Göttliche Bedeutung
Ist den irdischen Sinnen Rätsel;
Aber wer jemals
Von heißen, geliebten Lippen
Atem des Lebens sog,
Wem heilige Glut
In zitternde Wellen das Herz schmolz,
Wem das Auge aufging,
Daß er des Himmels
Unergründliche Tiefe maß,
Wird essen von seinem Leibe
Und trinken von seinem Blute
Ewiglich.
Wer hat des irdischen Leibes
Hohen Sinn erraten?
Wer kann sagen,
Daß er das Blut versteht?
Einst ist alles Leib,
Ein Leib,
In himmlischem Blute
Schwimmt das selige Paar. –

O! daß das Weltmeer
Schon errötete,
Und in duftiges Fleisch
Aufquölle der Fels!
Nie endet das süße Mahl,
Nie sättigt die Liebe sich.
Nicht innig, nicht eigen genug
Kann sie haben den Geliebten.
Von immer zärteren Lippen
Verwandelt wird das Genossene
Inniglicher und näher.
Heißere Wollust
Durchbebt die Seele.
Durstiger und hungriger
Wird das Herz:
Und so währet der Liebe Genuß
Von Ewigkeit zu Ewigkeit.
Hätten die Nüchternen
Einmal gekostet,
Alles verließen sie,
Und setzten sich zu uns
An den Tisch der Sehnsucht,
Der nie leer wird.
Sie erkennten der Liebe
Unendliche Fülle,
Und priesen die Nahrung
Von Leib und Blut.

Novalis

»Erde, ist es nicht dies, was du willst: Unsichtbar in uns erstehen?«

Rilke, 9. Duineser Elegie

»Gib mir den Anblick deines Seins, o Welt.« Christian Morgenstern

1. Die Fragestellung

Im vorangegangenen ist der skizzenhafte Versuch unternommen worden, das Wesen des Mineralreiches nach folgenden Gesichtspunkten anzuschauen:

1. Das Mineral als sinnlich-stofflich-figurale Kristallerscheinung eines Gesamtwesens, das außerhalb seiner Leiblichkeit ein zu ihm gehörendes Leben, ein Seelenwesen und ein Geistwesen ist.
2. Das Mineral als Ergebnis der Erdentwicklung, hervorgegangen aus früheren Zuständen, in denen es noch mit Leben, Seele und Geistwesen verbunden und durchdrungen, aber noch nicht zur Kristallität abgestiegen war. Je mehr das eintrat, um so mehr entvitalisierte sich das Mineralreich.
3. Die Beziehungen des Minerals zu den in den Sternenwelten lebenden Hierarchien, die gerade durch seine höheren Wesensglieder gegeben sind.
4. Die Beziehungen der Minerale zum Menschen im Sinne einer gemeinsamen Abstammung aus jenen geistigen Welten und damit auch einer Zusammengehörigkeit bestimmter Organe des menschlichen Leibes zu bestimmten Mineralien.
5. Der Vollkommenheitscharakter der mineralischen Welt, insbesondere der edlen Steine und Metalle.
6. Die aus diesem Gesamtwesen hervorgehende Möglichkeit besonders der edlen Mineralien, das höchste göttliche Wesen einerseits und das letzte Ziel der Weltentwicklung von Mensch und Erde andererseits, ja auch des Weltenalls, in geistig übersinnlichen Imaginationen zu offenbaren.

Offengeblieben ist noch eine letzte Frage: Inwieweit ist die ganze geistige Entwicklung der Welt nicht nur ein kosmologischer, ein göttlich-geistig-christologischer, ein anthropologischer, sondern auch ein mineralogischer Prozeß? Wie beteiligt sich das Mineralreich an der Weltenzukunft? Im Anschauen des geistigen Wesens der Minerale im Zusammenhang mit der Offenbarung des Johannes kann man sagen: Durch das Verständnis für die mineralische

Welt wird es möglich, zu begreifen, warum die Mineralien geeignet sind, Bildelemente und Medien der Offenbarung der geistigen Welt zu sein. Die mineralische Welt ist nicht nur *Bild* für die geistige Offenbarung, sondern selber Bestandteil der Weltentwicklung. Deshalb muß auf irgendeine Weise durch das Christus-Wirken, durch den Menschen hindurch etwas von dieser mineralischen Welt selbst Ursprung, Baustoff und Ziel für eine neue Welt sein können. Ja noch mehr: es müßte dieser mineralischen Welt auch vom Menschen etwas eingewoben werden, das ihr diese Zukunft ermöglicht, und es müßte von dieser mineralischen Welt selbst etwas in den Menschen eingewoben werden, das ihm zu seiner Weltenzukunft verhilft. Wie können ein so Innerliches wie das geistige, seelische und moralische Leben des Menschen und ein so Äußerliches wie die Stoffe und Charaktere von Mineralien miteinander zusammenwirken? Wie kann eine Wechselwirkung zu einer gegenseitigen Verwandlung werden, so daß diese Verwandlung zur Keimung, Durchdringung, Vermählung, ja zur Identifikation und Kommunion mit einem zukünftigen Weltendasein führt?
Wieder kann man sehen, daß ohne Rudolf Steiners Erforschung der geistigen Welt und der geistigen Seite von Natur und Mensch solche Fragen Fragen bleiben müßten. Durch seine Forschung eröffnet sich die Möglichkeit, daß das, was jetzt schon im Hinblick auf die zukünftige Weltentwicklung im verborgenen geschieht, enthüllt und begreifbar wird. Diese zukünftige Entwicklung bereitet sich einerseits im Inneren und Äußeren des Menschen auf der Erde vor, andererseits im Inneren und Äußeren des Minerals und schließlich im Inneren und Äußeren des Menschen, die entstehen, wenn der Mensch durch den Tod gegangen ist. Die Offenbarung des Johannes ist in bezug auf diese drei Gesichtspunkte ganz unbefangen. Sie spricht von einem realen Weltgeschehen in Bildern, die das Ursprungs- und Mündungsgebiet umfassen. Von Jaspis, Sarder, Smaragd, Kristall und Gold bis zu Jaspis, Edelstein, Gold, Kristall und Perle vollziehen sich Entwicklungen; die Anstöße und Umwandlungen geschehen durch den Menschensohn und gehen durch den Menschen hindurch. Die moralische

und die natürliche Weltordnung kommen in dichteste Beziehung zueinander, ja zur Identität.

2. Die mineralische Epoche der Menschheitsentwicklung: Die Arbeit an der Erde

Die Naturreiche, auch das Mineralreich, sind zunächst eine Gabe der Schöpfergötter. Sie sind dem Menschen gegeben als seine umhüllende und tragende Umwelt. Auf der anderen Seite entwachsen ihnen seine Sinneswahrnehmung, sein Atem und seine Nahrung. Als tragenden Erdengrund, als sinnliche Wahrnehmung, als Nahrungssubstanz und als segnenden Sternenhimmel erlebt der Urmensch die Natur. Er erlebt vor allem ihre Innenseite, ihr Leben, ihre Seele und ihren Geist.

Ganz gleich wie man nun diese Urzustände der Entwicklung des Erdenmenschen ansieht, ob darwinistisch als aus tierischen Vorfahren aufgestiegen, ob geisteswissenschaftlich als aus übersinnlichen Vorfahren zur Materie abgestiegen[13], irgend einmal erfolgte in der Entwicklung ein Schritt zu einem ganz Neuen: Die mineralische Welt wird für den Menschen Werkzeug und Werkstoff. Holz, Horn und Knochen, vor allem aber die Feuersteine (Flint, Obsidian, Nephrit, Hornfels, Jaspis usw.) sind das erste Werkzeug für den Menschen. Gleichzeitig wird das Mineral auch Stoff für das Kunstwerk und schließlich für den Kultus. Dazu kommen in der jüngeren Steinzeit der Ton und die Faser und schließlich in der Stein-Kupfer-Zeit das Metall. Mit der Entstehung der Ackerbau- und Viehzuchtkulturen, d. h. des Pflanzertums und Bauerntums, wird das Mineral gleichzeitig Gegenstand von Architektur, Plastik und Malerei. Das bereitete sich vor in den Malereien und Plastiken der Altsteinzeit (Höhlenmalerei), wo besonders bearbeitete Teile der mineralischen Welt in den künstlerischen Prozeß aufgenommen waren. Die erste große Einbeziehung der mineralischen Welt in Kunst und Religion erscheint weltweit verbreitet über die ganze Erde in den monumentalen »Bauwerken« der Megalith-Kulturen.

Seither ist der Stein ebenso Bestandteil der künstlerischen Produktion wie das Holz. Das Mineral wird verarbeitet, und diese Verarbeitung ist immer zweckbestimmt und entwickelt sich zugleich mit der wachsenden Rationalität des Menschen. Wiederum ist es unwichtig, ob man das alles darwinistisch erklärt oder als Ergebnis der aus den ältesten Mysterienstätten der Menschheit hervorgegangenen Kulturimpulse der Eingeweihten.

Für eine ältere Menschheit war nach Ergebnissen der Geisteswissenschaft die gesamte mineralische Welt ursprünglich nicht voll im Bewußtsein. Der Mensch lebte zwar auf ihr und *mit* ihr, aber er nahm sie noch nicht »mineralisch« – sinnlich – wahr[14], weil er in ganz frühen Zeiten kein individuelles Ich-Bewußtsein hatte. Der Gegensatz von Ich und Ding war noch nicht entwickelt. Der Mensch lebte kindlich und hellsichtig mit dem Leben der Natur; das Tote, das rein Mineralische blieb im Unterbewußtsein.

Je mehr der Mensch ein individuelles, ein Selbstbewußtsein entwickelte, desto mehr setzte er sich von der Welt ab; man kann auch sagen, je mehr er sich von der Welt absetzte und die Welt zum Ding wurde, desto mehr entstand das Selbstbewußtsein. Jetzt taucht für den Menschen das Ding, das Gegenständliche, das Unlebendige, das Mineral auf. In den ganz frühen Mysterien mußte der Mensch zur Sinneswahrnehmung erzogen werden. Die Höhlenmalereien der Altsteinzeit und Mittelsteinzeit waren solche Erziehungsmittel zur Wahrnehmung des Sinnlichen und der tierischen Welt. Die Wahrnehmung der Tiere, die Jagd der Tiere und schließlich die Erzeugung der Steinwerkzeuge bildeten das Erziehungsmittel für die volle Anschauung der mineralischen Welt (siehe Anhang 3).

Der Mensch mußte also durch Erziehung bis zur mineralischen Sinneswahrnehmung gebracht werden. Das Mineral als Umwelt erschien erst in dem Maße, wie das alte Hellsehen der Sinneswahrnehmung aufgeopfert wurde. Dieser Prozeß ist erst in den letzten Epochen der Menschheitsgeschichte zur vollen Entfaltung, aber damit auch zur Einseitigkeit gekommen, beginnend etwa mit der griechischen Naturphilosophie. Die gesamte moderne Naturwissenschaft durchdringt in ihrer Erkenntnisart das Mineralreich bis in die untersinnlichen Bereiche der Quantenphysik und physikalischen Chemie und bis in die Erforschung der biochemischen Vorgänge in der Leiblichkeit von Pflanze, Tier und Mensch. Der Mensch versteht heute das Mineralreich durch und durch, zwar nicht wesenhaft, aber naturgesetzlich-rational, bis in dessen untersinnliche Tiefen. Damit ist das Mineralreich seinem Willenszugriff offen. Was heute eine Atombombe, ein Atommeiler, ein Laserstrahl, ein Computer, ein Weltraumfahrzeug an Erkenntnis und Kenntnis voraussetzen, was in einem großen Teilchenbeschleuniger, einer modernen Fabrik, einer Flugmaschine, was in den Waffensystemen technische Wirklichkeit ist – all das ist von menschlicher Intelligenz durchdrungener, geformter und strukturierter mineralischer Stoff und physikalisches Kräftesystem. Diese Entwicklung ist noch nicht abgeschlossen. Der Mensch wird die Welt der mineralischen Stoffe und Kräfte immer weiter und weiter erkennen und beherrschen.[15] Nach Rudolf Steiner ist die Aufgabe des gegenwärtigen Menschenschicksals der Eintritt der Menschheit in die mineralische Epoche.[16] Durch die menschliche Intelligenz wird jedes Mineral, jedes Werkstück, jeder Maschinenteil, jeder chemische Stoff der Natur entrissen, rationell bearbeitet und verändert. So wird das Material durch diese Arbeit mit dem Ausfluß menschlicher Intelligenz und menschlichen Willens durchdrungen. Dadurch empfängt die mineralische Welt eine Prägung und wird bis in das letzte Atom etwas anderes, als sie vorher im reinen Naturzustand war. Jahrtausend für Jahrtausend wird die mineralische Natur in Werkzeugen, Maschinen, Bauten und Kunstwerken jeder Art aurisch umgeprägt. Sie wird ihrem natürlichen Zusammenhang entrissen und in gewissem Sinne zerstört, aber gerade durch diese teilweise Zerstörung empfänglich für die Einwirkung der Menschenkräfte (Intelligenz und Arbeit), die ihr erhalten bleiben. Die mineralische Natur empfängt den okkulten Impuls künftiger Vergeistigung. Sie entstammt der Schöpfung, das ist das Ergebnis ihrer Vergangenheit; sie wird vom Menschen bearbeitet und äußerlich untergehen, das ist ihr Durch-

gang. Sie wird innerlich mit einer Substanz menschlicher Einwirkung durchdrungen, das ist ihre Zukunft (siehe Anhang 4).
Die »königliche Kunst« – um einen freimaurerischen Begriff zu verwenden – erstreckt sich heute nicht nur auf Werkzeuge, Bauwerke, Kunstwerke und Handwerke, sondern vor allem auf Maschinen. Das rein quantitative Ausmaß der mobilisierten Stoffe und Kräfte durch den Menschen hat heute bereits das Ausmaß einer geologischen Formation. Nicht nur im Bereich von Mineral, Pflanze und Tier, sondern auch im Bereich der organisierbaren sozialen Zusammenhänge der Menschen wirkt menschliche Intelligenz in globalem Ausmaß. Großstaaten (Amerika, Rußland, China) und überstaatliche Weltorganisationen (Weltwirtschaft, Weltverkehr, Nachrichtenwesen) sind Durchdringungen der sinnlich-materiell-mineralischen Bereiche.
In einem Vortrag vom 23. 12. 1904 in Berlin über die Aufgabe der Geheimgesellschaften in der Welt spricht Rudolf Steiner gleichfalls von diesen Tatbeständen.[17]

Wir leben jetzt in derjenigen Entwicklungsepoche, die wir auch die mineralische nennen können; und unsere Aufgabe dabei ist, diese ganze mineralische Welt durch und durch mit unserem eigenen Geist zu durchsetzen. Fassen Sie das einmal genauer: Sie bauen ein Haus. Sie nehmen die Bausteine von irgendeinem Steinbruch. Sie hauen sie so zu, daß sie in das Haus hineinpassen, usw. Was verbinden Sie mit dem rohen Stoff, den Sie aus dem Mineralreich herausnehmen? Sie verbinden den rohen Stoff mit dem menschlichen Geist. Wenn Sie eine Maschine bauen, so haben Sie Ihren Geist in die Maschine hineingelegt; die einzelne Maschine geht zwar zugrunde, sie wird zu Staub, sie wird zermalmt sein, keine Spur wird mehr davon vorhanden sein. Aber das, was sie geleistet hat, geht nicht spurlos vorüber, sondern geht bis in die Atome hinein. Jedes Atom trägt eine Spur Ihres Geistes und wird diese Spur forttragen. Es ist nicht gleichgültig, ob ein Atom einmal in einer Maschine darinnen gewesen ist oder nicht. Dadurch, daß ein Atom in der Maschine darinnen gewesen ist, ist das Atom verändert worden, und diese Veränderung, die Sie dem Atom beigebracht haben, geht ihm nie wieder verloren.

3. Das Innenleben des Menschen und die Zukunft der Erde

Die Umwandlung des Minerals durch Intelligenz und Arbeit hat nicht nur für dieses selbst, sondern auch für den Menschen Bedeutung. So heißt es bei Rudolf Steiner weiter:[18]

Das andere ist, daß dadurch, daß Sie das Atom verändert haben, daß Sie Ihren Geist mit der mineralischen Welt verbunden haben, dadurch dem allgemeinen Bewußtsein ein bleibender Stempel aufgedrückt worden ist; gerade so viel wird von uns hinübergenommen in die andere Welt.

Damit ist ein Motiv angeschlagen, auf das Rudolf Steiner immer wieder zurückgekommen ist. So z. B. in einem Vortrag vom 21. 10. 1921 in Dornach, in dem Zyklus »Anthroposophie als Kosmosophie«.[19] Er bespricht dort zunächst in einem Kapitel Menschenkunde, was für den Menschen in dem irdischen Bewußtsein innerlich und was für dieses Bewußtsein äußerlich ist. Als seelische Innenwelt erscheinen unsere Gedanken, die wir selber denken, unsere Vorstellungen und Erinnerungen und unsere Gefühle, Emotionen und Stimmungen. An der Grenze dieses Inneren nach außen liegen unsere Sinneswahrnehmungen, die innen wie außen gleichermaßen berühren. Ihre Inhalte aber sind schon außer uns. Was dem Menschen nun ganz äußerlich ist, das ist sein Willensleben. Es wird zwar impulsiert aus den unbewußten Tiefen des eigenen Wesens und mit Hilfe von Vorstellungen und Motivationen in Bewegung gesetzt, wird aber erst als Wahrnehmung der durchgeführten Handlung bewußt. Der Ursprung ist innen unbewußt und die Betätigung genauso äußerlich wie alle anderen Wahrnehmungen. Der Mensch muß die Bewegung seiner Hand von außen anschauen, wenn er ihr begegnen will. Hier liegt auch der Grund, warum das Allergeringste, das wir wollend tun, sowohl die Stoffe unseres eigenen Leibes als auch die Stoffe und Kräfte der Außenwelt verändert (siehe Anhang 3).

In dem zweiten Teil dieses Vortrags geht Rudolf Steiner dazu über, von dem nachtodlichen Bereich zu sprechen, der dem gewöhnlichen Bewußtsein nicht zugänglich ist. Das für unser Thema

Wesentliche dabei ist, daß von der menschlichen Innenseite dessen die Rede ist, dessen Außenseite die Arbeit am Mineralreich zum Inhalt hat. Durch menschliche Intelligenz und Willen wird dem Mineral etwas aufgeprägt, das es am tiefsten verändert und dadurch zukunftsfähig werden läßt. Andererseits geschieht für die gleiche Zukunft auch etwas mit dem in Tätigkeit und Arbeit sich manifestierenden Willen, der dem Menschen für sein Bewußtsein seelisch-äußerlich ist, obwohl er von ihm selber ausgeht. Drittens handelt es sich darum, daß auch die Gedanken und Gefühle als Innenwelt des Menschen nicht immer bei ihm bleiben. Das wird aber nur verständlich, indem übersinnlich angeschaut wird, wie der Mensch nach dem Tode fortlebt.

Seele und Geist des Menschen verändern sich nach dem Tode; das vorher äußerliche Willensleben wird jetzt der Inhalt seiner Seele. Alle Impulse, Taten und Handlungen sind jetzt er selbst. Die wahren inneren Qualitäten all seines Wollens werden ihm bewußt und dadurch innerlich. Was er dagegen gedacht und gefühlt hat auf Erden, was er erlebt und erlitten hat, sein Inneres, löst sich nach dem Tode von ihm los und wird sein Äußeres, seine Umwelt. Dieses Geschehen hat eine deutliche Beziehung zur Erde.

Der Mensch erfährt durch den Tod eine Umstülpung seiner seelischen Verhältnisse. Er schaut fortwährend zur Erde hin und erlebt, wie sein irdisches Innenleben die Erde mit Inhalten und Kräften umgibt, die ihm in wolken- und sternenartigen geistigen Gebilden erscheinen. Die Aura der Erde wird durch diese Inhalte und Kräfte durch den Toten bereichert. »Das Äußere wird Inneres, das Innere wird Äußeres«, sagt Rudolf Steiner (siehe Anhang 4 und 5). Diese von dem Toten der Erdenwelt übergebene Substanz tritt zusätzlich zu dem hinzu, was der Mensch der mineralischen Welt auf Erden durch Arbeit und Intelligenz hinzugefügt hat. Beides wirkt ineinander und bildet eine weitere Voraussetzung für die Zukunft der Erde (siehe Anhang 5). Wie konkret diese Ereignisse sind, wie alle Inhalte und Kräfte, die heute durch den Menschen in die Zukunftswelt übergehen, erst einmal »Geologie« sein werden, wird besonders deutlich an dem folgenden Beispiel:[20]

Nicht wahr, wie wir heute, sagen wir, durch die Geologie hineingraben in die untere Schichte der Erde und zuweilen diese oder jene Schichten aufgraben, die sich vor sehr, sehr langen Zeiten gebildet haben, so wird man in der Zukunft, im Jupiterdasein, einmal erforschen können die einzelnen Schichten, die sich da ergeben haben. Man wird dann also auch allerlei Schichten finden aus den übereinandergeschichteten menschlichen Gefühlen und Gedanken. Man wird zum Beispiel einmal als Jupitergeologe da eine Schichte nach der anderen weggraben und nun, wie der Erdengeologe sagt: Da ist das Rotliegende, das sind die Tertiärschichten – so wird der Jupitergeologe einmal sagen: Ah ja, das ist eine Schichte, die weist uns zurück in eine Zeit, 20. Jahrhundert wurde es von der Erdenzeit genannt, Anfang des 20. Jahrhunderts, das ist die Schichte, die gebildet ist durch all die Schieber, die im 20. Jahrhundert ihre Gefühle und Gedanken fast über die ganze Erde hin entwickelt haben. – Wie wir also jetzt von Silur sprechen, so wird man in der Zukunft sprechen können von der »Schieberschicht«. Natürlich wird man auch von anderen Schichten sprechen können. Aber das sind durchaus Realitäten.

So fällt unser Blick auf einen Zusammenhang zwischen Anthropologie und Kosmologie, der allein imstande ist, uns die »Grund-Idee« der ganzen Apokalypse verständlich zu machen, die ja darin besteht, daß der jetzige Kosmos vergeht und der Keim eines neuen Kosmos »mineralischer Natur« unter Einbeziehung dessen entsteht, was durch den Menschen mit der mineralischen Welt geschieht (s. Anhang Nr. 6 A).

Wie tief der Zusammenhang von Menschengeist und Materie begründet ist, zeigt sich schließlich in dem Zusammenhang von Elektrizität und menschlichem Denken (s. Anhang 6 B). Je mehr dieser Zusammenhang erkannt wird, desto mehr wird verständlich werden, wie der Mensch auf das Atom in Zukunft noch tiefer wird einwirken können. Die Brücke zeigt sich schon heute in der Tatsache, daß das atomistische Geschehen nur noch rein mathematisch faßbar wird – ja, daß die Atome eigentlich Mathematik sind.

4. Das Mineral und die menschliche Leiblichkeit

Ein weiterer Gesichtspunkt ergibt sich, wenn der Blick auf die Menschenkunde fällt, die Rudolf Steiner schon sehr früh entwikkelt hat.[21] Dort wird dargestellt, daß die Leiblichkeit des Menschen nicht nur eine mineralisch erscheinende, stofflich-materielle ist, daß vielmehr diese Stoffe am Leben erhalten werden durch eine zweite, die ätherische Leiblichkeit, auf die gelegentlich der Besprechung des Ursprungs vom Mineralreich im zweiten Teil dieses Buches bereits hingewiesen wurde. Dieser Ätherleib des Menschen ist seinerseits durchdrungen von dem Organismus der seelischen Kräfte, der Instinkte, Triebe, Begierden, Emotionen und natürlichen Empfindungen und Gefühle, die in ihrer Gesamtheit von Rudolf Steiner als Astralleib bezeichnet werden. Erst innerhalb dieser drei leiblichen Hüllen lebt und webt der eigentliche, individuelle Mensch als geistige Person, als selbstbewußtes Ich. Dieses Ich erscheint innerlich im denkenden Bewußtsein. Im wollenden Bewegen, Tun und Handeln ist es äußerlich, in der mineralischen Welt lebend, indem es sich selber fortwährend in diese Welt hineinträgt und aus ihr wiederum durch die Sinne deren Erscheinungen in sich aufnimmt.

Zum grundlegenden Verständnis gehört, daß dieses »Äußerliche« schon dort beginnt, wo das Ich sich in den eigenen ätherischen und physischen Leib bei der Verkörperung hineinbegibt. Das Menschen-Ich als geistiges Wesen arbeitet sich in die Hüllen hinein, um auf diesem Wege in dem mineralischen Leibe zu erscheinen. Die Bearbeitung der mineralischen Welt beginnt beim Menschen also bereits innerhalb seiner eigenen Leiblichkeit, der mineralische Stoff ist bereits im irdischen Dasein vermenschlicht. So bildet sich die Vorstufe für weitere Verwandlungen.

Dieser tief verborgene und dennoch sehr reale Prozeß des Weltgeschehens geht, vom Ich her gesehen, von innen nach außen. In diesem ergreift der menschliche Geist die mineralische Welt von innen und prägt ihr nach außen seine Arbeit auf. Auf dem Wege über die menschliche Intelligenz und die menschliche Arbeit geht

dieser Prozeß dann auch in die außermenschliche mineralische Welt über und verändert dieselbe bis zum letzten Atom. Jedoch viel intimer noch als durch die Arbeit ergreift der Mensch die mineralische Welt innerhalb seiner eigenen Leiblichkeit. Dieser menschliche Leib ist nach sieben grundlegenden Systemen aufgebaut[22], einerseits dem der Sinnesorgane, der Drüsenorgane, der Verdauungsorganisation mit deren Drüsen (Leber, Nieren) und andererseits der Nerven, der Muskeln und der Knochen. Zwischen diesen beiden Dreiheiten lebt in der Mitte das Kreislaufsystem von Blut und Lymphe.
Indem der Mensch auf der einen Seite wahrnimmt, verdaut und absondert, lebt er in der Physiologie der dauernd sich verändernden vergänglichen Prozesse. Hier herrscht der Wechsel der Leibessubstanz. In dem Nervensystem dagegen, das durchlichtet ist von den Gedanken, Vorstellungen, Erinnerungsbildern und Gefühlen des Seelenlebens, hat der Mensch eine für die Dauer des Lebens bleibende leibliche Unterlage. Das Muskelsystem ist durchglüht von den Bewegungsimpulsen des Willens, die es als Tonus durchklingen. Im Knochensystem als dem am meisten mineralisierten Gebiet des physischen Leibes, das dem Menschen die Fähigkeit sich aufzurichten »garantiert«, findet das Menschen-Ich einen festen irdischen Halt. Indem der Mensch in diesen letzten drei Organsystemen wirkt und sie bearbeitet, werden sie durch und durch von menschlicher Geistigkeit verwandelt. Das hat zunächst Bedeutung für das Erdenleben. Nerven, Muskeln, Knochen und auch die Haut werden immer mehr individuell geprägt. Das Antlitz älterer Menschen dokumentiert diesen Eingriff der Person in das Mineralreich. Sogar der phosphorsaure Kalk und der kohlensaure Kalk des Knochensystems, also weitgehend mineralische Stoffe, sind hier ganz »menschlich« geworden.
Diese Phänomene können uns eine erste Ahnung vermitteln von der Veranlagung einer zukünftigen Welt durch den menschlichen Leib hindurch, in die das Mineral einbezogen ist. Denn die mineralischen Stoffe dieser drei Organsysteme haben nicht nur, wie die äußere mineralische Welt, eine Durchgeistigung vom Menschen

her durch Arbeit erfahren, sie haben vielmehr menschliche Gestalt bekommen. Indem der Mensch denkt, gewinnt er durch Intuitionen Begriffe und Ideen, die sich am Nervensystem spiegeln und bewußt werden. Indem sich der Mensch bewegt, impulsiert er die Muskulatur mit Willensentschlüssen, die wie Inspirationen in die Kräfte des Willens einschießen. Indem der Mensch sich auf sein Knochensystem stützt, geschieht dies mit Hilfe eines geronnenen Bildes einer Realimagination. Mit dem verwesenden oder verbrennenden Leichnam des Menschen geht mineralische Stofflichkeit, die Vermenschlichung und dadurch eine neue Vergeistigung erfahren hat, aus dem Bereich des vergänglichen irdischen Daseins in die geistige Welt des Nachtodlichen über.

Geht man noch einmal von dem Ausgangspunkt dieses ganzen Kapitels aus, von der Frage nach dem Wege des Mineralischen in der Schöpfung bis zur Weltenzukunft des himmlischen Jerusalem, dann kann man von hier aus in der geistigen Forschung den Ansatz für den Zukunftsbau der Welt an einem weiteren Punkt erfassen, dem des menschlichen Leibes.

In dem ersten Teil dieses Buches ist beschrieben, wie das Mineralreich für den Apokalyptiker in übersinnlichen Wahrnehmungen erscheint. Erfahrungen, Erlebnisse, Leiden und Leistungen, Fähigkeiten und Tugenden sind Gestalt und Stoff einer zukünftigen Welt in Edelsteingestalt. Der Anfang dieser vollendeten Zukunft liegt schon heute in dem, was der Mensch aus der mineralischen Welt in seinen Leib aufnimmt, aber nach dem Tode wieder der Welt übergibt. In dem Vortragszyklus »Die Welt der Sinne und die Welt des Geistes«[23] hat Rudolf Steiner beschrieben, was der geschulte Hellseher am lebendigen irdischen Leib und am Leichnam nach dem Tode wahrnimmt: Im Erdenleben ist das Knochensystem materiell gewordene Imagination, das Muskelsystem materiell gewordene Inspiration, das Nervensystem materiell gewordene Intuition. Nach dem Tode strahlen diese drei Organsysteme ihre aufgenommenen und verwandelten mineralischen Bestandteile in Form von geistigen Substanzen in die Aura der Erde hinein. Dadurch wird etwas von den materiellen Prozessen der Erde wiederum als zukünftige Kraft- und Stoffwirkung dem Erdenkosmos übertragen und »hinüber zum Jupiterdasein« gerettet (siehe Anhang 7).

Hier ist genau bezeichnet, inwiefern das Mineralische unseres Leibes Baustein wird für die Zukunft. Es kann »Edelstein« werden, wenn das, was der Mensch aus den drei Organsystemen an Imagination, Inspiration und Intuition mitnimmt, für die Zukunft tauglich ist, wenn es moralisch in Ordnung ist, Edelsteincharakter bekommen hat. Es heißt bei Rudolf Steiner, daß der Kosmos nur Wahres, Gutes und Schönes entgegennimmt, anderes dagegen abweist (siehe Anhang 8).

Man kann also sagen, nur Edelsteinartiges ist für den Zukunftsbau geeignet, nur das wird himmlisches Jerusalem.

Hinzu kommt, daß alles, was die zahllosen einzelnen Menschen in langen, langen Zeiten zum Bau der Zukunft beitragen, zuletzt eine Einheit und eine Ganzheit wird. Auch darauf hat Rudolf Steiner hingewiesen. In dem Zyklus »Anthroposophie als Kosmosophie«[24] spricht er von dem Zusammenwirken des Individuellen zu einem Menschheitlichen (siehe Anhang 9).

So kann zusammenfassend gesagt werden: Auf zwei Wegen wird vom Menschen die Zukunft des Kosmos in der mineralischen Welt mitbegründet, einmal aufgrund der mineralischen Materie, die durch die menschliche Leiblichkeit hindurch- und in die Substanz und Gestalt der Zukunft übergegangen sein wird; andererseits durch das, was vom Menschen in der Bearbeitung der mineralischen Welt auf diese übergegangen ist und sie dadurch auch zum Bestandteil der Zukunft machen kann.

Rudolf Steiner hat diese letztere Tatsache in einem anderen Vortragszyklus mit der Wechselwirkung zwischen der menschlichen Seelenentwicklung und dem Erdinneren, der mineralischen Welt, in Zusammenhang gebracht.[25] In dem ersten Teil des letzten Vortrags spricht er über Selbsterkenntnis, Selbsterziehung und Schulung für alle Zukunft. In dem zweiten Teil enthüllt er die Zonen des Erdinneren und deren Kräftewirkung und zeigt die Wechselwirkung menschlicher Tugenden und Untugenden mit den inneren, irdischen Schichten bis zum Erdkern hin. Es wird dort besonders deutlich, wie tief dieser Zusammenhang zwischen Mensch und mineralischer Welt ist. Er sagt (S. 143):

Immer noch bewirkt eine Ansammlung böser Leidenschaften und Kräfte Erdbeben und Vulkanausbrüche.

Abschließend führt er dann aus:

So hängt der Wille des Menschen mit dem, was auf der Erde vorgeht, zusammen. Der Mensch verwandelt mit sich zugleich seinen Wohnplatz. Mit seiner eigenen Vergeistigung vergeistigt er die Erde. Er wird dereinst, auf einem nächsten Planeten, diese Erde durch seine eigene Schaffenskraft veredelt haben. In jedem Augenblick, wo wir denken und fühlen, arbeiten wir mit an dem großen Gebäude der Erde. Die Führer der Menschheit schauen hinein in solche Zusammenhänge und suchen der Menschheit solche Kräfte zuzuführen, welche im Sinne der Entwickelung wirken (siehe auch Anhang Nr. 10).

5. *Kultisches Handeln*

Die Umwandlung, Durchmenschlichung und Durchgeistigung der mineralischen Welt erfolgt, wie wir sahen, zunächst in zweierlei Weise. Einmal ist es der Durchgang der Mineralien durch den Menschenleib, durch seine Leiblichkeit, sein Seelenleben und sein geistiges Leben. Der andere Weg ist die Bearbeitung der mineralischen Welt durch alle Art von Behandlung, sowohl durch die menschliche Intelligenz als auch durch den menschlichen Willen als Arbeitskraft. Es ist das Gebiet, das im freimaurerischen Sinne »Bauen« heißt. Alle Technologie in Handwerk, Technik, Industrie und Kunstwerkschaffen gehört hierher. Der dritte Weg besteht in der Vorbereitung des menschlichen Inneren als Baustein der Zukunft (vgl. S. 103). Nun gibt es aber noch einen ganz anderen, weiteren Weg der Umwandlung des Mineralischen in die Zukunft: Es ist der religiöse, insbesondere der durch kultische Handlungen. Dies ist das Gebiet der Magie, des Eingreifens in die mineralische Welt durch das göttlich gegebene Kultuswort. Seit

Urzeiten vollzieht die Menschheit Kulte, in denen mineralische Stoffe von Bedeutung sind. Jedes »kultische Weihen« ist dem zuzuordnen. Dieses Gebiet liegt natürlich völlig außerhalb technisch-materialistisch-naturwissenschaftlicher Forschung, ist aber übersinnlicher Forschung exakt zugänglich. Die im Kultus verwendeten Geräte, Gewänder und Substanzen sowohl mineralischer Herkunft (Gold, Wasser, Salz, Asche) als auch pflanzlichen Ursprungs (Weihrauch, Öl, Brot, Wein) werden durch das wirkende Kultuswort so verwandelt, daß mit ihnen und durch sie geistig-seelische Kräfte und übersinnliche Wirklichkeiten der Götter und schließlich der höchsten Gottheit selbst sich zunächst außerhalb des Menschen verbinden und sie dadurch den Prozessen zukünftiger Weltenbildung einverleibt werden. In seinem Buch »Mensch und Materie« hat Ernst Lehrs den Begriff »Magie« seiner belasteten, obskuren Inhalte entkleidet und in einem wissenschaftlich brauchbaren Begriff neu interpretiert[26] (s. Anhang 11).
In dem geistig gerechtfertigten kultischen Geschehen gibt es jenen Bereich, in dem am unmittelbarsten etwas von der zukünftigen Welt wirksam wird. Wo echter Kultus ist, ist das himmlische Jerusalem immer schon Gegenwart. Die zukünftige Erde und der zukünftige Himmel sind innerhalb der feiernden Gemeinde sowohl faktisch als auch virtuell schon jetzt aurische Gegenwart. Hier werden diejenigen Keime einer zukünftigen Welt gelegt, mit denen sich nun nicht nur der Mensch, sondern auch die Gottheit unmittelbar verbindet. Im Sinne der Grundauffassungen des Christentums ist es das göttliche Wesen des Christus-Jesus, das seit dem Mysterium von Golgatha in der mineralischen Welt der Erde lebt. Indem im christlichen Kultus mineralische Substanzen mit dem Christus-Impuls und der Christus-Kraft verbunden werden, entsteht in ihnen dasjenige, was bereits jetzt schon die Keimbildungen der Zukunftswelt erzeugt. Sie werden im himmlischen Jerusalem von dem Apokalyptiker so beschrieben, daß sie als neue Welt »die Hütte Gottes unter den Menschen« darstellen.

6. *Vier Fragen aus einer Frage*

Aus dem vorangegangenen wird wohl immer deutlicher, was eigentlich in den Bildern der Offenbarung des Johannes enthüllt ist und die Wirklichkeiten im Weltgeschehen von Kosmos, Erde und Mensch zur Erscheinung bringen kann.
Die ganze materiell erscheinende Welt des Mineralreiches wird im Laufe der Weltentwicklung von der nach außen strömenden Innerlichkeit des Menschen durchdrungen. Sinnliche Wahrnehmung – wissenschaftliche Durchdringung im Erkennen – technologische Bearbeitung und Verarbeitung in der Praxis – leiblich-seelisch-geistige Durchdringung in der Physiologie des Menschenleibes – religiös-kultische Handhabung – diese ganz materiell erscheinende Welt des Mineralreiches wird in zukünftige Prozesse hinübergehoben. Andererseits zieht etwas von diesem Mineralreich in die Innerlichkeit des Menschen herein und wird sein eigener Inhalt und sein eigenes Wesen. Das Mineral wird Mensch, der Mensch wird Welt, auch Mineral. In den sieben großen Quellbildern der Apokalypse und in dem letzten, umfassenden Mündungsbild erscheint deshalb dieses wirkliche Geschehen in Bildern der mineralischen Welt. Es sind das also nicht Symbole seherischer Phantasie, sondern substantielle Wirklichkeiten, die sich in den Bildern offenbaren.
So ergibt sich aus der umfassenden Frage nach der Verwandlung von Mensch und Mineral eine Fortführung in vier Teilfragen:

1. Was ist mit dem Menschen und der Menschheit geschehen, daß im Endbild Kosmos, Mensch und Stadt entstehen? Das ist die Frage nach dem Menschen.
2. Was ist mit dem Glied der Natur geschehen, das heute Mineral ist, den Leib von Erde, Pflanze, Tier und Mensch abgibt und die Stadt mineralisch erscheinen läßt? Das ist die Frage nach dem Mineralreich der Erde.
3. Was ist mit dem Glied der Welt geschehen, das als mineralische Leiblichkeit der Sternenwelt sich dem Menschen heute sinnlich

zur Erscheinung bringt? Es ist die Frage nach dem Makrokosmos.

4. Was ist mit dem Bösen, den Widersachermächten, geschehen, die in den Imaginationen der Offenbarung als wesentlicher Bestandteil des ganzen Prozesses auftreten? Es ist die Frage nach der Bedeutung des Bösen.

7. Der Mensch

Die erste der vier Fragen, die Frage nach dem Menschen, bedarf einer Beantwortung aus einer erweiterten Menschenerkenntnis. Denn der Mensch als Naturwesen ist ein Geschöpf, das heißt, er ist das, was er ist, geworden als Teil am Leib der Schöpfermächte. In einer geistigen Welt, umgeben von geistigen Wesen, haben der Geistkeim des Menschen, das Ich, und dessen Seelenhülle im Schöpfungsurgrund, in der Sprache der Apokalypse ausgedrückt: im Schoße des Thronenden, gelebt. Er ist umhüllt und durchwoben von Jaspis-Licht – schneeweißer göttlicher Innerlichkeit; Karneol-Rot – glühender göttlicher Schöpferliebe; und smaragdgrünem Leben. Siebenfältige göttliche Schöpferkraft hat ihn umgeben. In dem schon erwähnten Vortrag vom 23. 12. 1904 formuliert das Rudolf Steiner so:[27]

Sie alle haben eine Seele, und Sie alle haben einen Geist. Diese Seele und dieser Geist sind einmal zu den höchsten Vollendungsstufen berufen. Aber Sie waren auch schon da, bevor Ihr physischer Körper da war, ja Sie waren da, bevor Sie in der ersten physischen Inkarnation vorhanden waren. In physischer Inkarnation waren Sie in den vorhergehenden Epochen erst in der lemurischen und in der hyperboräischen und polarischen Zeit vorhanden. Vorher aber waren Sie rein seelische Wesen. Als seelisches Wesen aber waren Sie ein Teil der Weltseele; als Geist waren Sie ein Teil des allgemeinen Weltengeistes. Der Weltengeist und die Weltenseele waren um Sie ausgebreitet, so wie jetzt die Natur. So wie jetzt die mineralische Welt, die Pflanzenwelt, die Tierwelt um Sie herum sind, so war um Sie herum ausgebreitet die Seelenwelt und die Geisteswelt. Und was dazumal draußen war, das ist jetzt Ihre Seele: Sie haben das, was zuerst äußerlich war, verinnerlicht. Was heute Ihr Inneres ist, das war einmal draußen ausgebreitet.

Das ist aber jetzt Ihre innere Seele geworden. Und einmal war auch der Geist so ausgebreitet.

Der Mensch als Geschöpf ist an seiner Entstehung mitbeteiligt. Er empfängt sich selbst aus dem lebenden, beseelten und geistigen Anblick der Gottheit; aber er ist dabei auch selber aufnehmendes, nachahmendes, lernendes Subjekt. So sagt Rudolf Steiner:

Sie begreifen, daß das so sein muß. Nehmen Sie ein Kind, das zu lesen und schreiben beginnt. Die Gerätschaften sind zunächst um das Kind ausgebreitet. In ihm ist noch nichts da, doch der Lehrer, die Fibel und alles Sonstige ist da. Nun geht das so fort, bis das, was außen war, in das Kind hineinkommt und das Kind die Fähigkeit zu lesen erlernt.

Mit dem Menschen zugleich entsteht die Welt: mit seinem Seelenreichtum das Tierreich, die Seele des Pflanzenreiches, die Seele der Mineralien; mit seinem Leben aus Wachstums- und Fortpflanzungskräften entsteht das Leben von Tieren, Pflanzen und Mineralien; mit seinen Leibesorganen entsteht die Stofflichkeit der mineralischen Welt, so z. B. entstehen mit den Sinnesorganen des Menschen die Edelsteine.
Danach tritt der Mensch in die zur Sinnlichkeit verdichtete Natur ein. Stufe um Stufe entlassen ihn die Schöpfermächte aus dem Paradies in die Natur. Es beginnen die Erdenverkörperungen der einzelnen Menschenseelen; zwischen Geburt und Tod wird die mineralische Welt mehr und mehr die Umgebung des Menschen, so wie zwischen Tod und Geburt die geistige Welt. Aus jeder Verkörperung nimmt der Mensch Umwandlungen mineralischer Stoffe und Kräfte mit. Er verleibt sie der geistigen Welt ein und verbindet sie mit dem, was die anderen Menschen ebenfalls mitbringen. Darauf hat Rudolf Steiner in dem Vortrag vom 21. 10. 1921 ausführlich hingewiesen. Und in dem oben genannten Vortrag von 1904 sagt er:

Und das, was jetzt um Sie herum ist, ausgebreitet ist, das wird Ihr inneres Leben werden. Das, was heute Mineralreich ist, das saugen Sie auf, und es wird Ihr Inneres werden. Das Pflanzenreich wird Ihr Inneres werden; das saugen Sie auf. Sie erscheinen mit dem, was in der Natur Sie umgibt, als mit Ihrem Inneren.

So spricht Rudolf Steiner aus, daß wir Menschen das werden, was in der Natur um uns herum ausgebreitet ist.

Wir werden es später in uns haben. Wir sind Seelen, stammen von der Weltenseele und haben sie, als sie um uns herum ausgebreitet war, eingesogen. Der Geist ist auch so eingesogen, und die Natur wird von uns von außen eingesaugt werden, um als wirkende Fähigkeit in uns zu bleiben.

Die hier erwähnten Gedanken aus dem Vortrage von 1904 zeigen einen weiteren, fünften Aspekt dessen, was durch die Entwicklung der Menschen auf Erden in die Zukunft einer neuen Welt übergehen wird. Es ist das Erleben der mineralischen Erdenwelt durch die Sinneswahrnehmung des Menschen. Diese mineralische Erdenwelt ist als Schöpfung um den Menschen ausgebreitet. Indem er sie wahrnimmt, saugt er etwas von ihr in sich auf, von den Sternen bis zu den Kristallen. Es wird in ihm aus der Wahrnehmung Empfindung, Erlebnis, Erfahrung, Erinnerung – es wird seine Innenwelt, wird in ihm »wirkende Fähigkeit«. Aus dem vergänglichen Bild, das er denkend durchdringt, wird bleibender Gedanke. Erfasse ich wahrnehmend und erkennend das Wesen eines Bergkristalls, dann erkennt dieses Wesen gewissermaßen sich in mir, und ich erkenne mich in ihm, indem ich meine Verwandtschaft mit diesem Wesen erfasse. Die Wesenserkenntnis der Natur ist im Menschen ein realer Weltprozeß. Durch Wahrnehmung und Erkenntnis wird die Welt im Menschen neu. Sie wird in ihm Mensch, vornehmlich die mineralische Welt, die uns umgibt, die wir bearbeiten und die wir uns arbeitend einverleiben und einbilden. Dadurch tragen in der Apokalypse die Edelsteine menschliche Namen (die Namen der zwölf Stämme und der zwölf Apostel). Dies ist die Folge einer »Involution«: das Einverleiben der Welt in den Menschen. Aus ihr wird dann später »Evolution«: Ausstrahlung des Neugebildeten als »wirkende Fähigkeit« (siehe Anhang 9).
Auf der gegenwärtigen Stufe der Zukunftsentwicklung ist es also das Mineralreich, das in dem Menschen Welt wird, das er einsaugt und verarbeitet. Diese Verwandlung bezieht sich auf alles Mineralisch-Leibliche überhaupt. Indem wir die Natur erkennend durch-

dringen, gewinnen wir Macht über sie. Aus Wissen wird Macht, aus Macht Technik. Wissen und Macht können aber im Guten und im Bösen ausgestaltet werden. Beides vollzieht sich in der Menschheit mit Notwendigkeit und Freiheit. In den zwölf Mündungsbildern der Apokalypse zeigt sich beides (vgl. S. 46).
Man kann in den zwölf Mündungsbildern sehen, wie Stufe um Stufe in Richtung auf das Gute und in die Richtung auf das Böse Entwicklung und Steigerung sich vollziehen, die dann schließlich in Kapitel 19 und 20 zum Untergang des Bösen und am Ende des 20. Kapitels zur Auferstehung aller Toten führen. Daraus geht das himmlische Jerusalem hervor. Und während die mineralische Welt in den 12 Mündungsbildern fehlt, d.h. im menschlichen Untergrund bleibt, ist sie im Schlußbild wieder ganz sichtbar und voll gegenwärtig. Es muß auch in der mineralischen Welt selber etwas an Moralität verborgen sein, das die böse Möglichkeit zwar voll entfaltet, aber auch überwinden kann. Auch zu diesem Motiv äußert sich Rudolf Steiner in dem Vortrag von 1904:

Es ist unmöglich, sich auszudenken, was in einem solchen Falle geschehen kann, wenn die Menschheit dann nicht bis zur Selbstlosigkeit gelangt ist. Nur durch das Erringen der Selbstlosigkeit wird es möglich sein, die Menschheit vom Rande des Verderbens zurückzuhalten. Der Untergang unseres gegenwärtigen Zeitalters wird herbeigeführt werden durch den Mangel an Moralität. Die lemurische Epoche ist durch Feuer zugrunde gegangen, die atlantische durch Wasser; unsere wird zugrunde gehen durch den Krieg Aller gegen Alle, das Böse; die Menschen werden sich selbst im gegenseitigen Kampf vernichten. Und es wird das Trostlose sein – trostloser als andere Untergangsarten –, daß die Menschen selbst die Schuld daran tragen!

Mit diesen wenigen letzten Sätzen ist das absolut Entscheidende berührt. Es ist das Verhalten der Menschen. In dem Credo, das die Christengemeinschaft verwaltet, heißt es so:

Er wird einst zum Weltenfortgang sich vereinen mit denen, die er durch ihr Verhalten dem Tode der Materie entreißen kann.

»Er« ist der Christus-Jesus, der Menschensohn, das Lamm, der Bräutigam. Er trägt die Wirklichkeit der Entwicklung in sich. Er gibt den Menschen den Impuls, der für alles Verhalten entscheidend ist, den Impuls der Selbstlosigkeit. Selbstlosigkeit ist eigentlich das höchste menschliche Ideal. Man kann über ihr Wesen nachdenken und wird finden: Selbstlosigkeit ist nicht möglich ohne ein Selbst, d.h. ein sich selbst setzendes, wollendes, behauptendes und verwirklichendes Ich. Nur ein zum Selbst gewordenes Wesen kann auch selbstlos werden. Ein ich-loses Wesen ist nicht selbstlos, weil es seine Selbstlosigkeit nicht selber bestimmt. Wo aber ist in der Menschheit Selbstlosigkeit Wirklichkeit? Eigentlich nirgends, weil die Voraussetzung für die Selbstlosigkeit zunächst die Selbstbehauptung ist. Wie soll man etwas erkennen und praktizieren, das es in voller Wirklichkeit noch gar nicht gibt? Das ist nur möglich, wenn diese Kraft und Tugend dennoch wirkt und lebt. In der Gestalt des Christus-Jesus ist die Selbstlosigkeit vollste, tiefste, höchste und umfassendste Wirklichkeit. Darum kann eigentlich die Frage nach dem Menschen nur durch den Blick auf Christus beantwortet werden. Durch ihn allein empfangen Mensch, Menschheit und Menschlichkeit den Impuls und die Kraft in Richtung auf die Weltenzukunft. Durch ihn allein werden auch im Menschenleib Seele und Geist so entwickelt, daß sie Edelsteincharakter annehmen können. Er ist im Sinne des Neuen Testaments der Grundstein und der Eckstein des Zukunftsbaues menschlicher Individualität, menschlicher Gemeinschaft und des ganzen Kosmos. Seine Selbstlosigkeit garantiert den Edelsteincharakter der Zukunft des Menschen, der Menschheit und der Welt.

Das alles ist aber nur denkbar, wenn nicht nur der Mensch, sondern auch die Materie des Kosmos einer Vergeistigung fähig ist. Wenn nicht die Entropie am Ende der Weltentwicklung bevorsteht, sondern die Vergeistigung. Das Prinzip derselben ist von Rudolf Steiner schon ganz früh (1909) dargestellt worden. Es sei hier zunächst auf den Anhang Nr. 12 hingewiesen.

8. Das Mineral

Von dem Blick auf die wahre Selbstlosigkeit in Christo fällt auch Licht auf die Frage nach dem Mineralreich. Denn auch im Mineral ist Selbstlosigkeit. Stein, Kristall, Edelstein und Edelmetalle bringen in reiner Form Selbstlosigkeit zur Erscheinung. Sie sind wesenhaft selbstlos, weil sie nichts weiter sein wollen als das, was sie sind. Und so, wie sie sind, stehen sie restlos zur Verfügung. In ihrem reinen Anschauen rufen sie dem Menschen zu: Werde du willentlich seiend, d.h. selbstlos, wie wir es seiend sind.

In dem Strom aller Ströme, im Wasser – im Kristall aller Kristalle, im Bergkristall – im Metall aller Metalle, im Gold – in den Tugenden aller Tugenden, in den zwölf Edelsteinen – und in dem Edelstein aller Edelsteine, im Jaspis und dessen seelisch-geistigen Entsprechungen, in Diamant, Granat, Turmalin und Opal – überall ist Selbstlosigkeit: in den Edelsteinen offenbar, in allen anderen Mineralien mehr oder weniger verborgen. Auch Lehm ist selbstlos, nicht nur Granit, Basalt und Schiefer.

Diese Selbstlosigkeit macht das Mineralreich zukunftsfähig, in die himmlische Stadt in verwandelter Gestalt hinübergetragen zu werden. Sie befähigt es auch, im Menschen so verwandelt zu werden, daß es als Keimkraft diese Zukunft mit ermöglicht. Diese Selbstlosigkeit verbindet die Frage nach dem Menschen mit jener nach dem Edelstein. Durch Selbstlosigkeit wird aus allen einzelnen Seelenkräften Tugend. Alle Ideale werden seelische Wirklichkeit. Triebe, Begierden, Leidenschaften verwandeln sich durch Selbstlosigkeit in moralische Kräfte. Aus den verschiedensten Gruppen der Mineralwesen werden durch die Selbstlosigkeit Edelsteine. Aus Quarz wird Amethyst, Chalzedon, Chrysopras, Heliotrop, Sarder und Sardonyx.

Durch Selbstlosigkeit wird aus allen Lebenskräften des Menschen eine Empfindlichkeit für das Leben der Naturwesen und der Götter und damit ein Zusammenwirken menschlicher Lebenskraft mit den Lebens- und Fortpflanzungskräften z. B. der Pflanzen. In manchen auffallenden Erscheinungen der Wechselwirkung zwischen

Mensch und Pflanze beginnt die Menschheit heute auf den ersten keimhaften Stufen solches zu entdecken, was bereits jetzt das Leben mit dem Mineral über die mineralische Epoche hinausführt. Durch Selbstlosigkeit ändert sich weiterhin auch das sinnliche Leben. Es findet sich im Evangelium das bedeutungsvolle Christus-Wort (Matthäus 6, Verse 22–23):

Das Auge ist der Leuchter deines Leibes. Ist nun dein Auge gleichmäßig klar, so wird dein ganzer Leib durchlichtet sein. Ist aber dein Auge trübe, so wird dein ganzer Leib finster sein. Und wenn schon das Licht in dir zur Finsternis wird, wie finster wird erst die Finsternis selber sein.

Selbstlosigkeit in der Sinneswahrnehmung bewirkt in den zwölf Sinnen des Menschen ein verwandeltes Wahrnehmen für das Äußere und Innere.

Durch Selbstlosigkeit wird schließlich auch das Stofflich-Mineralische des Menschenleibes selber verwandelt. Dieses ist bereits in einzigartiger Weise geschehen durch die Einwohnung des Christus-Wesens in dem Menschen Jesus von Nazareth. Der Gekreuzigte ist durch den Tod gegangen und hat die Auferstehung vollbracht in Form und Stoff, in Gestalt, Leib und Blut des Menschen Jesus. Dieses Geheimnis ist in der Selbstlosigkeit der mineralischen Welt verborgen. Der Jaspis wird Diamant; das ist mineralogisch nicht denkbar, geistig aber durchaus. Die diamantgetragene reine Form des Menschenleibes wird Leuchter. Dadurch aber wird auch das Fleisch des Leibes gewissermaßen mineralisiert, genau in dem Maße, wie er vergeistigt wird. Und dasselbe gilt für das menschliche Blut. In den Mineralien Turmalin und Granat gibt es heute schon im Mineralreich Bilder für diese Verwandlung. So entsteht in der Zukunft in der himmlischen Stadt, in der Mauer und den Grundsteinen ein Maß des Mineralischen, das gleichzeitig ein Maß des Menschen ist, in den zwölf Edelsteinen mineralische Tugend, die gleichzeitig menschliche Tugend ist, und in den zwölf Perlentoren ein nach innen und außen offenes Mineralisches. In diesem Zusammenhang erinnert man sich an einen Satz des mittelalterlichen Mystikers Meister Eckehart:

Ein Stein hat auch Minne und des Steines Minne sucht den Grund.

So kann sich die ganze Zukunftsgestalt des Menschen, der Menschheit und der Welt in der Apokalypse mineralisch ausdrücken.
Was befähigt den Stein, die Substanz des Steins dazu, diese Verwandlungen zu vollziehen, d. h. deren Grundlage, aber auch deren Ideal zu sein? Im Mineral, so wie es als Natur erscheint, sind alle stofflichen Prozesse zu Ende gekommen. Sie sind dem Leben, der Seele und dem Geist entsunken. Die Kraft und das Bestreben, rein Stoff zu sein, hat sich in ihnen erfüllt. Darin ist Vollkommenheit und Vollendung ausgedrückt, zugleich aber ein umfassendes Opfer, denn Leben, Seele und Geist des Minerals sind von ihm getrennt. Man kann sie nur als Abbild in ihm wiederfinden. Besonders im Edelstein und Edelmetall ist das der Fall. Sie sind das reinste, edelste Bild ihrer selbst als Stoff; dasselbe gilt auch für die Kristallgestalt als vollendetste Form reinen räumlichen Daseins. In keinem anderen Naturbereich ist der Raum als Raum, als Figuration einerseits und als Punktgittergerüst andererseits so vollendet wie in den Symmetrien der Kristalle. Damit ist der Kristall nicht nur Bild und Spiegel seiner eigenen speziellen Räumlichkeit, sondern auch Bild und Spiegel des Raumes überhaupt, des Raumes als Idee. Die polyedrische Kristallfigur und die Punktstruktur des Gitters sind beide vollkommen abgeschlossen und dadurch gedanklich durchsichtig. Bei jeder Röntgenanalyse bildet sich diese Schönheit in den Diagrammen in Vollendung ab.
Das Mineral als Edelstein und Edelmetall ist rein, selbstlos, edel, lauter, gediegen, makellos, mit einem Wort: vollkommen. Es ist nicht Sentimentalität, in der Größe dieser Seinsweise etwas Majestätisches, Ehrfurchtgebietendes, Erhabenes zu sehen. Darum kann die höchste Gottheit in mineralischen Bildern erscheinen. Die Sinneswelt ist im Mineral als Sinnliches ein Höchstes und rationalgedanklich ein Durchsichtiges. Was so von der Schöpfung her geworden ist, wird durch den Menschen, seine Erkenntnis, seine Technik und seine Arbeit umgewandelt. Die mineralische Welt wird in den Menschen hereingenommen und in ihm mit ihrer ursprünglichen Innerlichkeit wieder vereinigt, wodurch ihr aber

etwas hinzugefügt wird, das sie ursprünglich noch nicht hatte. In dem oben angeführten Vortrag von 1904 sagt Rudolf Steiner:

Nun werden Sie begreifen, wie das mit dem ersten Beispiel zusammenhängt: Sie bauen die Kirche für andere, nicht für sich selbst. Sie können eine große, schöne und herrliche Welt aufsaugen, wenn Sie sie groß, schön und herrlich erleben. Etwas für das höhere Selbst zu tun, ist nicht selbstisch, weil es nicht bloß für das Selbst ist; dieses höhere Selbst wird ja vereinigt sein mit allen übrigen höheren Selbsten, so daß es gleichzeitig für alle ist. – Das ist es, was die Freimaurer wußten. Wenn der Freimaurer mitbaute, so wußte er von der künftigen Vergeistigung der mineralischen Welt –, Bauen heißt nichts anderes, als die mineralische Welt vergeistigen. Er wußte, daß das Erbaute einstmals der Inhalt seiner Seele sein wird. Das ist das Bedeutsame: Gott hat uns einstmals die Natur gegeben, die uns umgibt als mineralische, pflanzliche und tierische Natur. Diese nehmen wir auf. Wir können ja nichts dafür, daß sie da ist, wir können sie uns nur aneignen. Aber was wir selbst in der Welt verfertigen, das ist das, was unser künftiges Sein darstellen wird.

Die mineralische Welt ist also fähig, vergeistigt zu werden. Der Mensch und die Menschheit der Zukunft werden nicht nur sich selbst zu Bausteinen umgebildet haben, sondern mit sich die mineralische Welt zu Bausteinen eines Baues, dessen Eckstein der Christus ist. Davon ist im Neuen Testament die Rede.

Nun könnte man versucht sein, in Anbetracht der Bilder der Offenbarung und der mineralischen Welt doch nur die Edelsteine, das Edelmetall und höchstens noch das Wasser als zukunftsfähig zu verstehen. In Wirklichkeit bezieht sich aber der Weltprozeß auf das ganze Mineralreich. Denn auch die Edelsteine selber sind gar nicht zu denken ohne das Ganze des Mineralreiches. Sie gehen aus diesem wie Veredelung, wie höchste Steigerungen, wie Blüten aus dem Lebensstamm der Gesamtmineralien hervor. Sie sind wie gefrorene Flammen aus dem Werdefeuer der Erde.[28] Aus dem Granit-Pegmatit-Schiefer-Kontaktprozeß erblühen Beryll, Topas, Korund, Spinell, Cyrkon, Granat, Chrysolith, Turmalin – aber auch gediegen Gold, Silber, Kupfer; aus dem Grünsteinprozeß erblühen Nephrit, Jadeit, Diopsid, Epidot, Vesuvian; aus dem Feldspatprozeß Sonnenstein, Mondstein, Amazonit, Labradorit;

aus dem Erzprozeß Hämatit, Malachit, Lazurit, Chrysokoll, Dioptas, Rhodonit – aber auch Gold, Silber, Kupfer; aus dem Quarzprozeß Bergkristall, Amethyst, Rauchquarz, Zitrin, Rosenquarz; aus den Mandelbildungen der Melaphyre Achate, Chalzedon, Karneol, Sarder, Onyx, aber auch Amethyst; und aus Vulkanprozessen Diamant, aber auch wiederum Jaspis, Chalzedon, Opal, Chrysolith; aus Kontakt- und Regionalmetamorphose zum Beispiel Smaragd. Man kann also von der Mannigfaltigkeit der in bestimmten Prozessen gebildeten Gruppen des Gesamtreiches der mineralischen Welt zu den Edelsteinen kommen, oder umgekehrt von den Edelsteinen zu deren Müttern, aus denen sie stammen. So kann man denken, daß die Edelsteinsubstanz im himmlischen Jerusalem nicht nur den Edelstein selber darstellt, sondern auch alle mit ihm verwandten Mineralien, aus denen er hervorgegangen ist. In Beryll, Topas, Saphir usw. in der himmlischen Stadt ist der ganze Granitstamm, aus dem sie hervorgehen, mit verwandelt. Dasselbe gilt für alle oben genannten Mutterprozesse.

9. Die Erde und der Makrokosmos

Der Blick auf die Gesamtheit des Mineralreiches führt von dem Hineinwirken des Menschen in dasselbe zurück zu dessen ureigener Natur. Dabei ist wichtig zu bemerken, daß neben der offenbaren Natur als dem Charakter der Selbstlosigkeit im reinen materiellen Erdendasein noch eine weitere verborgene, auf die Zukunft gerichtete Natur des Mineralreiches durch geistige Forschung gefunden werden kann.
Gegen Ende seines Erdenlebens hat Rudolf Steiner in Briefen an die Mitglieder der Anthroposophischen Gesellschaft von seinem Krankenlager aus Leitsätze und Aufsätze verfaßt. Unter ihnen findet sich ein kurzer Aufsatz mit dem Titel: »Was ist die Erde in Wirklichkeit im Makrokosmos?«[29] Er spricht zunächst von der Bedeutung des Irdischen für den Menschen, das diesem sein Selbstbewußtsein gibt. Dann stellt er die Frage nach der Bedeu-

tung der Erde für den Makrokosmos, die, obschon sie, gemessen an seiner räumlichen Größe, nur ein Staubkorn zu sein scheint, in Wirklichkeit ein Samenkorn mit einer gewaltigen Keimkraft ist, vergleichbar der Eichel, welche die Keimkraft für einen riesigen Baum in sich birgt. Die Erde mit Mineralien, Pflanzen, Tier und Mensch lebt äußerlich sichtbar in den aufbauenden und abbauenden Prozessen des Jahreslaufes (Frühling, Herbst). In allem aufbauenden Wachsen und Sprossen, z.B. der Pflanzenwelt, erscheint immer ein Überschuß an Keimkraft. Niemals können alle Keime eines Jahres für das tatsächliche Wachstum des folgenden Jahres verwendet werden. Unzählige Pflanzenkeime, die gebildet sind, vergehen äußerlich, ohne Pflanze zu werden. Dem übersinnlichen Bewußtsein ergibt sich, daß dieser Überschuß an Keimkraft von der Pflanzenwelt der Erde in den Sternenkosmos hinausströmt. Aus diesen Keimkräften entsteht »ein neu gestaltetes Bild eines Makrokosmos«. Es bilden die Pflanzen an dem zukünftigen Kosmos, dem himmlischen Jerusalem so, daß dessen Bilder vorbereitet sind (siehe Anhang Nr. 13).
Solche Keimkräfte gehen nicht nur von der Pflanzenwelt aus, sondern auch vom Mineralreich. Das Mineralreich verbraucht fast keine Lebenskräfte im irdischen Dasein. Es ist zwar in früheren Stufen der Entwicklung von diesen Lebenskräften gebildet, dann aber haben sie sich zurückgezogen, und indem das Mineralreich heute langsam zu zerfallen beginnt (die natürliche Radioaktivität ist eine Außenseite dieser Vorgänge), strömt vom Mineralreich Keimkraft in den Sternenkosmos hinaus.
Die übersinnlich ausstrahlenden Keimkräfte des Mineralreiches bestimmen den Strom der Keimkräfte des Pflanzenreiches. In dem obengenannten Aufsatz berührt Rudolf Steiner jenes tiefe Geheimnis, das in der Offenbarung des Johannes im Bilde der himmlischen Stadt sich verbirgt und nur an der Stelle in Erscheinung tritt, an der von dem Holz die Rede ist, das zwölfmal im Jahr Früchte trägt, ohne zu blühen (Apokalypse 22, Vers 2), und dessen Blätter »die Gesundheit der Heiden« sind. Darin zeigt sich, daß im Grunde alle mineralische Substanz und Gestalt mineralisierte Pflanzen-

keimkräfte, d. h. Wachstumskräfte, sind. Denn Holz ist mineralisch gewordene Pflanze.

Die Edelsteine, das Wasser, das Gold der ewigen Stadt sind »Pflanzenminerale«; sie sind seelisch-geistige Tugenden in Mineralgestalt, hervorgegangen aus ätherischem Pflanzenmineral. Das ist wohl das tiefste Geheimnis dieses gewaltigen Bildes. In den Pflanzenkeimkräften einer zukünftigen Welt lebt die Schöpfer- und Wachstumskraft der Gottheit auch im mineralischen Bilde. Dadurch enthält das »Pflanzenmineral« in seiner Geist-Stofflichkeit die Möglichkeit, schließlich durch eine Befruchtung aus dem Wesen des Vaters und des Sohnes heraus, durch eine Hochzeit und ein Mahl, den Keimzustand für jenen zukünftigen Kosmos abzugeben, der in der Geisteswissenschaft als der »Jupiterzustand« der Weltentwicklung bezeichnet wird.[30]

Die zukünftige Welt wird nicht nur eine neue Erde, sondern auch ein neuer Himmel sein. Gewiß sind »die Himmel« ihrem Wesen nach die geistigen Hierarchien, die als Licht erscheinen, wobei das Licht die höchste mineralische Erscheinung ist. Es geht von Sonne und Fixsternen aus und wird von Planeten und Monden gespiegelt. In einem Vortrag vom 21. 10. 1921 spricht Rudolf Steiner davon, daß dem Menschen das, was er auf Erden als das äußere Licht der Sonnen- und Sternenwelt erlebt, nach dem Tode als das gemeinsame Bewußtsein der Hierarchien von der Innenseite her erfahrbar wird (siehe Anhang 5).

10. Das Böse und die mineralische Welt

Wir haben versucht, die Erbauung des himmlischen Jerusalem aus den geisteswissenschaftlichen Hintergründen heraus durch die Anthroposophie Rudolf Steiners zu verstehen – im irdischen Mineralreich und der Sternenwelt, in der Arbeits- und Lebenswelt des Menschen, getragen von dem Christus-Impuls. In den Bildern der Offenbarung entfaltet sich mit dem Guten zugleich das Böse. Beide Ströme münden in den Bildern einer Stadt. Noch vor dem himmlischen Jerusalem erscheint das höllische Babylon, in beide Entwicklungsströme ist das Mineralreich eingewoben. Dabei zeigen die Bilder der Entfaltung des Bösen gegenüber denen des Guten einen grundlegenden Unterschied. Das Böse hat keine Quellbilder. Es erscheint allmählich in der Reihe der Strömungsbilder, um dann in der Reihe der Durchgangsbilder der Vermittlergestalten sich immer mehr zu enthüllen. Es schleicht sich gewissermaßen herein in die Evolution. In den sieben Sendschreiben ist die Wirksamkeit des Bösen noch als Abirrungen der Menschengemeinschaften kundgetan. Erst bei der Eröffnung der sieben Siegel tritt das Böse allmählich hervor. In seinem Buch über die Apokalypse, in dessen viertem Abschnitt Emil Bock die Urbilder, Abbilder und Spiegelbilder, den Offenbarungsgehalt der ersten vier Siegel bespricht, zeigt er, wie die Gedanken Gottes übergehen in die Gedanken der Menschen.[31] Im Bild des weißen Pferdes sind es noch die Gedanken Gottes im Menschen, im Bilde des roten die in die emotional-egoistische Sphäre in der Menschenseele getauchten Gedanken und im Bilde des schwarzen Pferdes die in die Sphäre der materialistischen Nützlichkeiten und Egoismen eingegangenen Gedanken. Durch diese Bilder hindurch erscheint dann das Böse selbst. Denn der Herr der Gedanken, die im Bilde des roten und schwarzen Pferdes erscheinen, ist nicht mehr der Mensch allein, sondern das subjektive und das objektive Böse, die luziferische und die ahrimanische Macht im Sinne der Anthroposophie. Sie zeigen sich aber noch nicht unmittelbar, sondern in einem Widerschein in der menschlichen Erkenntnis.[32] So erscheint mit dem Bilde des vierten, des fahlen Pferdes als dessen Reiter der Tod, der Hades, der vom Menschen losgelöste »wurzellose Intellektualismus«, der sich in der Maschinenwelt als eine gegenständlich gewordene emanzipierte Intelligenz darlebt. Das ist die Folge des Abstieges der Gedankenwelt von der Gottheit durch den Menschen zu den Widersachern (siehe Apokalypse, Kap. 6, Verse 1–8).

Im Anschluß weist Bock auf die weitere Entfaltung der Motive der Intelligenz, von der Maschinenwelt hin zu der Welt pferdeartiger

Dämonen, die beim Ertönen der fünften und sechsten Posaune im 11. Kapitel zur Erscheinung kommen. Diese Heuschrecken sind wie Pferde im Sinne des griechischen Urtextes (Apokalypse, Kap. 9, Vers 7):

So erschienen mir im schauenden Bewußtsein die Pferde und die Reiter in feuerroten, hyazinthfarbigen und schwefelgelben Panzern.

Doch auch hier ist noch immer die tatsächliche Wirkung des Bösen, angefangen beim Menschen, über die maschinelle, objektive Intelligenz bis zu einem dämonischen Gespensterheer, verhüllt. Das Böse selbst erscheint auch noch nicht ganz aus den Offenbarungen der sechsten Posaune, aber es hat schon weltbildend gewirkt. Es wird vorverkündet als »das Tier, das aus dem Abgrund steigt« (Kap. 11, Vers 7), und erscheint in einer »Stadt« namens Sodom und Ägypten. So verdeutlicht sich das Hervortreten des Bösen zunächst im Gedankenerleben der Menschenseele, zeigt sich in der reinen Intelligenz des Menschenbewußtseins, dann auf maschinellem Gebiet und in der Welt der Dämonen, um sich schließlich im Bau einer Stadt zu manifestieren. Aus dem Bereich der Seele, des Denkens und der Arbeitswelt bildet sich durch das Mitwirken des Bösen ein anderer, den es sich aus der mineralischen Welt aneignet. Dies geschieht, indem der Mensch selber die mineralische Welt ergreift und mit sich verbindet. Dazu sagt Bock (S. 86):

Selbstverständlich hat die Apokalypse nicht den Sinn und die Absicht, dem Menschen die Technik auszureden. Es wäre töricht, wenn der Mensch sich der Maschine, die seine Intelligenz konstruiert hat, nicht bedienen wollte. Aber wenn er in der von ihm selbst geschaffenen technischen Umwelt wie in Spiegelbildern lesen lernt, wird er sich sagen müssen: Nur wenn ich der Technik als äußerer Kultur diejenige Stärkung und Kultur des eigenen Inneren hinzufüge, die der Technik die Waage hält, nur wenn ich die mir entgleitende Intelligenz wieder mit meinem gekräftigten Wesensmittelpunkt verbinde, kann ich mir die Technik leisten und dennoch als Mensch weiterleben.

Mit dem Ertönen der siebten Posaune muß sich das Böse selber als Wesenheit enthüllen. Auch diese Selbstenthüllung erfolgt in zwei Stufen: im 12. Kapitel im Bilde des Drachen als einer Art widersinniger Einheit von unvereinbaren Gegensätzen (Reptil und Vogel); in dem zentralen 13. Kapitel der Apokalypse erscheint das Böse endgültig in seiner wahren Gestalt als zwei verschiedene Tiere, das eine aufsteigend aus dem Meer, das andere aus dem Land.[33]

Bei der Frage nach dem Anteil des Bösen an der Umwandlung der mineralischen Welt gerät man an ein Problem, das dem vor unserem modernen menschlichen, auch wissenschaftlichen Bewußtsein am tiefsten verborgenen bzw. verdrängten Bereich angehört. In dem Kapitel über das geistige Wesen des Mineralreiches ist versucht worden, darzulegen, welche Art von Vorstellungen entwikkelt werden können, wenn man auch diesem Reich den Primat des Geistes, des Lebens und der Seele zugrunde legt. Das Erkennen aus der den Menschen umgebenden Natur darf nicht nur in einer Richtung befragt werden, wie es die moderne Physik tut, indem sie mit Methoden und Begriffen forscht, die nur meßbare Effekte indirekt beobachteter Natur finden. Die Gesetzmäßigkeiten sind zwar exakt mathematisierbar, aber schon ihre Strukturen auf hypothetische Modellvorstellungen angewiesen. Dies gilt für die Wärmekinetik, die Elektrizität, den Magnetismus und die Kernkräfte. Atomtheorie, Quantentheorie und Relativitätstheorie führen, gemessen an einer vollständigen Naturerkenntnis, nur in den untersinnlichen Bereich der Natur, den man im Sinne Rudolf Steiners auch den der Unternatur nennen kann. Die entsprechenden Forschungsmethoden folgen zunächst scheinbar dem Primat des Stoffes, der Materie, doch zeigen die Forschungsobjekte im Laufe der Untersuchung immer weniger Materiecharakter und lösen sich letztendlich in Energieprozesse auf, die selber zwar in ihren Effekten halb materiell, ihrer Wesenheit und ihren Gesetzmäßigkeiten nach aber rein geistig-mathematisch sind. Man langt also beim Primat des Geistes an, obwohl man von dem Primat der Materie ausgegangen ist.

Wer hingegen mit der Frage nach dem Geistigen an die Natur herantritt, wird statt zu Elektrizität, Magnetismus und Kernkraft zu Leben, Seele und Geist geführt. Wer aus der Natur die Unternatur herausschält, hat es mehr und mehr mit Kräften und Wesen zu tun, die entweder Abfälle des Lebens oder gar lebensfeindlich, ja absolut zerstörerisch sind und Kräfte darstellen, über die der Mensch keine Gewalt mehr besitzt. Die technologische Geschichte der Menschheit hat sich in dieser Richtung entwickelt. Zunächst ist jedes Werkzeug eine Fortsetzung oder Spezifizierung der menschlichen Gliedmaßen. Dann beginnt mit der Übernahme der Elemente (Feuer, Luft, Wasser) in die menschliche Technologie sich das Werkzeug vom Menschen zu lösen, und indem Naturkräfte in Maschinen angewandt, eingesetzt werden, löst sich auch die Energiequelle von Mensch und Tier los (Dampfmaschine, Windmühle, Wassermühle); sie kommt aber immer noch aus der Natur. Indem aber die Elektrizität entdeckt und verwendet wird, wird die Unternatur zur Energiequelle (Elektromotor usw.). So entsteht außerhalb des Menschen und unterhalb der Natur ein energetisch in sich selbst wirkender Bereich, der zwar aus der Natur entnommen ist, aber in dieser Zusammenstellung der Natur hinzugefügt wird. Sobald man mit Hilfe der Spaltungstechnologie sich ganz an die Unternatur wendet, erhält man Maschinen, die sich der Herrschaft des Menschen entziehen und sich nicht nur aus dem Naturgeschehen herausgelöst haben, sondern diesem selbst, auch dem Mineralreich, zerstörerisch und feindlich gegenüberstehen. Das zeigt deutlich, daß diese Unternatur nur im Zusammenhang mit einem anderen Bereich »Natur« sein kann. Dieser andere Bereich rückt ins Blickfeld, sobald innerhalb der Sinneswelt nicht nach dem Untersinnlichen, sondern nach dem Übersinnlichen gesucht wird. Man kommt dabei vom Mineral- zum Pflanzenreich, zum Tier- und zum Menschenreich, in denen ganz andere Gesetzmäßigkeiten herrschen als in der Unternatur. Leben, Seele und Geist können so gefunden werden. Diese Wege hat Goethe konsequent beschritten, und Rudolf Steiner hat sie, auf Goethe aufbauend, ausgebildet. Führt man beide Bereiche, »Unternatur« und »Übernatur«, zusammen, hat man in Wahrheit die »Natur« vor sich. Man kommt zwar auf beiden Wegen der Forschung zu einem Geistigen, aber der eine führt zu zerstörerischen, der andere zu aufbauenden und heilenden Kräften (siehe hierzu Anhang Nr. 31).

Dadurch daß die Kraftgewalten der kinetischen Wärme, der Elektrizität, des Magnetismus und der Kernkräfte als untersinnliche erscheinen, wird deutlich, daß sie mit dem Bösen zu tun haben. Für das moderne naturwissenschaftlich-technologische Bewußtsein ist zweifellos der Gedanke absurd, daß zur Gesamtkonstitution des Weltalls auch solche Kräfte gehören. Doch haben sie in der Natur ihren konstitutiv berechtigten Platz, weil sie dort durch die Kräfte des Guten ausgeglichen sind. Wenn aber der Mensch auf den Wegen des Abstiegs der Intelligenz diese Kräfte als das allein Wirksame ansieht und sie aus der Natur herauslöst, um mit ihnen zu operieren, bemerkt er nicht, daß er damit in den Bereich der luziferischen und ahrimanischen Gewalten geraten ist, denn er meint, diese untersinnlichen Kräfte seien neutral und würden nur durch falschen Gebrauch oder Mißbrauch gefährlich. Doch sind sie nicht neutral, sondern einseitige Kräfte der Atomisierung. Die innere Seite erscheint als Geist des Widerstandes, des Eigensinns, der Isolierung und Zerstörung. Solange die untersinnlichen Kräfte als Untergrund der gesamten Natur wirken, sind sie gebändigt und dienen der Befestigung der Erscheinung des Übersinnlichen. Ihre Entfesselung wird für den Menschen und die Welt einschließlich des Mineralreichs verderblich. Sie sind vorher zwar nicht neutral, aber dienend. Nachher sind sie böse.

Dieser Gedanke wird weniger absurd, wenn man entdeckt, daß die vier untersinnlichen Kraftwirkungen im Übersinnlichen ihre Entsprechungen haben. Sie sind nur die Matrix, das Substrat, das Widerlager, deren das Übersinnliche bedarf, um sich, d.h. Geist, Seele und Leben, in einem sinnlich wahrnehmbaren Zustand darzuleben. Ohne den Dienst der Gegenmächte kann das Gute sich nicht ganz verleiblichen. Gewiß haben auch Pflanze, Tier und Mensch, insofern sie mineralische Leiblichkeit tragen, an dem Widerlager der Unternatur Anteil, sie halten sich aber dadurch, daß ihre übersinnlichen konstitutionellen Elemente (Leben, Seele und Geist) in ihren mineralischen Bestandteilen mitwirken, oberhalb jener Grenze des Daseins zwischen Natur und Unternatur.

Die Pflanze hält sich im Leben, das Tier in Leben und Seele, der Mensch in Leben, Seele und Geist.

Hier wird das Wesen jener Selbstlosigkeit verständlich, die im Mineralreich erscheint. Das Mineral als Wesen hat sich der Trägerschaft der Kräfte und Mächte der Unternatur anvertraut. Dadurch scheint es auf den ersten Blick – gerade auch für die naturwissenschaftliche Forschung – nichts anderes zu sein als das, was man aus ihm bei entsprechender Behandlung herausholen kann: eben Unternatur, Materie im Sinne der Atomtheorie, Quantentheorie, Relativitätstheorie usw.; es scheint nichts anderes zu sein als Elektrizität, Magnetismus und Kernkraft.

Doch zeigt das Mineral in seiner Kristallform, in Farbe, Glanz und einer Reihe anderer Qualitäten Elemente, die sich beim Abstieg in seine Unternatur verlieren. Das führt die Forschung zu der Überzeugung, daß die Unternatur die ganze Wirklichkeit des Mineralreiches sei und die qualitativen Erscheinungen desselben lediglich Wirkungen auf die menschlichen Sinne seien. Die unmittelbare Anschauung der Phänomenologie widerspricht dieser Auffassung. Die Unternatur ist nicht das Wesen des Minerals, sondern nur eine Gesetzmäßigkeit von Bedingungen und Möglichkeiten, durch die das Mineral seine Übernatur in den Bereich der Leiblichkeit mitnehmen kann. Was es qualitativ zur Erscheinung bringt, ist selbstlos auf die Hilfe der Unternatur angewiesen. Das Mineral ist so selbstlos, das heißt so gut, daß es sich den Bedingungen des Bösen, ohne dabei selbst böse zu werden, ganz anvertrauen kann und gerade dadurch in seiner Reinheit zur Erscheinung kommt.

Damit enthüllt sich das tiefste Wesen der mineralischen Welt: Sie ist die zur Ruhe gekommene Welt des Guten als dessen reinste qualitative Erscheinung im Bereich des Bösen. Sie ist das Bild des Lebens im Bereich des Todes, das Bild der Seele im Bereich des Seelenlosen, das Bild des Geistes im Bereich des Widergeistigen.

Die Kräfte und Wesenheiten des Bösen haben also Anteil am Mineralreich. Ihr Anteil ist aber zunächst ein tragender, dienender, vermittelnder. Sie werden durch das selbstlose Wesen des Mineralischen zur Selbstlosigkeit gezwungen. Beginnt aber der Mensch, in

die mineralische Welt so einzugreifen, daß er ihre Leiblichkeit sprengt, sie so zu bearbeiten und zu verwandeln, daß ihr qualitativer Charakter verschwindet und nur noch ihr Anteil am Untersinnlichen vom Menschen begriffen und benützt wird, dann kann das Böse aus dem Stoff aufsteigen, auf Leben, Seele und Geist der Natur und des Menschen zurückwirken und dieselben verwirren, verdunkeln und verführen. Jetzt erst wird die Macht des Bösen wirksam böse. Sie kann ihrer eigenen Natur gemäß beim Durchgang des Menschen durch die mineralische Welt und beim Durchgang der mineralischen Welt durch den Menschen im Sinne der vorangegangenen Ausführungen den Übergang beider in eine zukünftige Welt verhindern. Die Macht des Bösen versucht, sich selber an die Stelle der Natur zu setzen und den Menschen an diese durch ihn selber herbeigeführte »Scheinnatur« oder »Teilnatur« zu fesseln und so das Mineral an seiner Bestimmung, der Keim eines neuen Kosmos zu werden, zu hindern. Es kann das Mineral durch die in ihm enthaltene Unternatur zersetzt, die mineralische Welt dem Wärmetod ausgeliefert werden, sie kann zu Staub und Schlacke werden. Die moderne Atomphysik kennt solche Aussichten (s. auch Anhang Nr. 31).
Die Offenbarung des Johannes kennt sie auch. Nachdem im 12. und 13. Kapitel das Böse als seelisch-geistige Macht in zweifacher tierischer Gestalt offenbar geworden ist, geht das Bildwirken von der erst noch werdenden »Stadt« Sodom und Ägypten in die zweite »Stadt«, die der großen Babylon, über. Das Böse hat eine Stadt gebaut. Es hat aus der mineralischen Welt mit Hilfe des Menschen deren untersinnlichen, unternatürlichen Anteil herausgerissen, hat die im Menschen böse gewordenen seelischen und geistigen Kräfte damit verbunden und so eine geologische Schicht entwickelt, die gegenüber der Natur etwas ganz Neues bedeutet. Aus der großen Stadt »wurden drei Teile, und die Städte der Heiden fielen. Und Babylons, der Großen, ward gedacht vor Gott« (Apokalypse 16, Vers 19). Der Bau der Stadt ist entstanden, er zerfällt aber von Anfang an durch sich selbst in drei Teile. Die Macht der Unternatur hat auch den Menschen ergriffen. Er ist seelisch-gei-

stig böse geworden und in den Bau des Bösen einbezogen. In einer technisch-mechanistisch-materiellen Werkwelt lebt der Mensch mit seinem leiblichen Dasein, seiner Arbeit, seinem Willen und seinem Bewußtsein, aber auch mit seinen edelsten Idealen. Rücksichtslosestes Nützlichkeitsdenken, materialistischster Mechanismus, raffinierteste Technologie und der ganz auf das äußere Dasein gerichtete Sozialismus und Egoismus haben den Menschen ergriffen. Die Ideale sind zu phrasenhaftem Schmuck und illusionärer Veräußerlichung geworden. Massenmedien, Machtpolitik, wirtschaftlicher Egoismus und Sentimentalität sind die Wirklichkeit des Bewußtseins; Sozialisierung von Kunst, Wissenschaft und Religion, aber auch von Staat und Wirtschaft, folgen. Sie erglänzen wie Edelsteine am Gewand und in der Krone der großen Hure Babylon und ihrer Könige (Apokalypse 17, Verse 3–5):

Und er führte mich auf dem geistigen Plane in eine Wüste. Da sah ich auf einem scharlachroten Tiere ein Weib sitzen. Das Tier war über und über bedeckt mit Namen der Geist-Verwünschungen und hatte sieben Köpfe und zehn Hörner. Das Weib war mit purpurroten und scharlachroten Gewändern bekleidet, dazu mit Gold und Edelsteinen und Perlen glänzend geschmückt. Sie hielt in der Hand einen goldenen Kelch ...

Kapitel 17, Vers 15 heißt es:

Die Wasserströme, die du siehst, auf denen die große Hure sitzt, sind die Rassen und die Massen, die Völker und Sprachen.

Wasser, Gold, Edelsteine, Perlen, Farben – es ist die mineralische Welt, »wörtlich« die gleiche wie im himmlischen Jerusalem.

Wie unterscheiden sich die beiden Städte? In seinem erwähnten Buch (S. 213–214) sagt Bock (siehe auch Anhang Nr. 14):

Wie die mineralische Welt im himmlischen Jerusalem Stadt ist, so ist sie hier in der Stadt Babylon Berg. »Die sieben Häupter und sieben Berge, auf welchen das Weib sitzt, sind sieben Könige« (Kap. 17, Vers 9).

Auch dieses Motiv hat Emil Bock ausführlich besprochen (siehe Anhang Nr. 15).

Die mineralische Welt kann also im Weltprozeß zwei Wege gehen. Der eine führt von ihrer Natur zu ihrer Unternatur. Sie wird zum

»Schein« – im Inneren der Seele des Menschen, zum falschen Edelstein –, und sie wird zum »Berg« in der Arbeit, in aller mechanischen Wissenschaft und Technologie; sie wird zum Träger des Atheismus und Materialismus gerade durch die ihr innewohnende Unternatur.

Der andere Weg führt von der Natur zur Zukunft. Durch Arbeit, durch den Menschen hindurch, durch den Kultus, wird die mineralisch-materielle Welt dazu gebracht, daß die in ihr verfestigte Moralität in diesem Durchgang umgewandelt und in eine zukünftige geistige Form übergeführt wird. In der Unternatur der mineralischen Welt ist das Böse gut. Es ist das Widerlager für die Erscheinung der Übernatur des Mineralreiches; es wird als solches ein Glied der Erde. Durch seine Übernatur ist das Mineral ein Glied der Hierarchien, der Sternenwelt, der Planetengeister, der Fixsternwesen. Die Unternatur (Wärmemechanik, Elektrizität, Magnetismus, Atomkraft) dient der Übernatur zur Erscheinung (Leben, Seele und Geist des Minerals können sinnenfällig erscheinen). Die Übernatur bedient sich der Unternatur, um Lebendiges, Seelisches und Geistiges in einem leiblichen Dasein zu offenbaren.

Die Zukunft hängt vom Menschen ab und davon, wie er dem Impuls des Bösen, das aus der Natur entfesselt erst wirklich böse wird, folgt oder wie er den Impulsen des Christus folgt, indem er das Gute, das Tugendhafte, das Göttliche als mineralische Erscheinung sucht und findet und in allem, was er in und mit der mineralischen Welt tut, seine eigene moralische Natur entfaltet. Dadurch verbindet er stärker und stärker mit der Übernatur des Mineralreiches von den Steinen bis zu den Sternen die Keimkraft für einen zukünftigen Kosmos. Für ein solches Werden ist die Erkenntnis und Unterscheidung des wahren Wesens von Unternatur und Übernatur die notwendige Voraussetzung.

In der Reihe jener Aufsätze, die Rudolf Steiner zugleich mit den Leitsätzen an die Mitglieder der Anthroposophischen Gesellschaft von seinem Krankenlager aus entsendet hat und von denen schon oben im Zusammenhang mit der Keimkraft des Mineralreiches die

Rede war, steht der letzte Aufsatz, der im März 1925, kurz vor Steiners Tod von ihm verfaßt wurde. Er heißt »Von der Natur zur Unternatur« und schildert die Anforderung, die an das moderne Bewußtsein des Menschen gestellt wird. Sie gipfelt in dem Satz: In dem Maße, in dem der Mensch in die Unternatur eindringt, sollte er sich in seinem Bewußtsein zur Übernatur erheben. Naturwissenschaft fordert Geisteswissenschaft – Geisteswissenschaft fordert Naturwissenschaft (siehe Anhang 14 und 16).

11. *Zusammenfassung*

Was heißt also: Erbauung des himmlischen Jerusalem durch das Mineralreich hindurch?
Es heißt:

1. Zusammen mit dem Menschen entsteht das Mineral als Schöpfergabe der Götter.
2. Das Mineral steigt aus dem Bereich der Götter des Ursprungs, aus dem »Übersinnlichen«, ab in den Bereich des Untersinnlichen der Gegengötter. Es wird dadurch sinnlich. Denselben Abstieg vollzieht der Mensch in bezug auf seine Leiblichkeit, wodurch auch sein Bewußtsein auf dem Wege über den Leib an die mineralische Welt angeschlossen wird. Aber die mineralische Welt trägt in sich auch die Möglichkeit der Vergeistigung (siehe Anhang Nr. 18).
3. Der Mensch nimmt in das sinnlich-irdische-mineralische Dasein seinen Geist, seine Seele, sein Leben mit. Er lebt mit allen Gliedern seines Wesens in der mineralischen Welt. Das Mineral verzichtet darauf, es läßt sein Leben, seine Seele und sein geistiges Wesen, indem es sich davon ablöst, im Übersinnlich-Kosmischen zurück und geht nur leiblich in die sinnliche Erdenwelt ein. Es ist existentiell selbstlos.
4. Als sinnlich gewordene Erde gibt das Mineral dem Menschen die Anregung für das Irdische und für das Selbstbewußtsein sei-

nes Ich. Am Gegensatz zum Mineral erlebt der Mensch, daß er ein Ich hat. Das Geistige des Minerals nimmt er nicht mehr wahr.

5. Indem der Mensch das Mineral mit seinem Leib, mit seiner Arbeit, mit seinem Erleben und Erkennen durch sich hindurchgehen läßt, geht er selber mit seinem Bewußtsein und Erleben, seinem Leib, seiner Arbeit und seinem Schaffen und Erkennen durch das Mineralreich hindurch (s. Anhang Nr. 19).
6. Dadurch, daß das geschieht, beginnt die Möglichkeit zweier Wege. Auf dem einen gehen die mineralische Welt und der Mensch durch einen Zustand, der der Keimzustand werden kann für eine zukünftige Welt. Die andere Möglichkeit ist, daß der Mensch dabei in die Gefahr gerät, das unternatürliche Wirken der Widersachermächte als die alleinige Wirklichkeit aufzufassen. Dieses Wirken ist aber nur gut für die Versinnlichung des Übersinnlich-Übernatürlichen. Es wird böse, wenn der Mensch sich von ihm aus dem sinnlichen in den untersinnlichen Bereich hinunterziehen und dadurch fesseln läßt. Das Mineralreich wird dann zum Anlaß des Glaubens an die Materie, des Materialismus mit allen seinen Konsequenzen und kommt selber auch in die Machtbereiche der Widersachermächte, des Bösen (s. Anhang Nr. 20).
7. Vermeidet der Mensch diese Gefahr durch Erkenntnis des Übersinnlichen in allem Sinnlichen, durch Erkenntnis des Wesens der Unternatur und durch Unterscheidung zwischen Übernatur, Natur und Unternatur, gelangt er zur Verbindung mit dem Christus-Wesen. So kann er das Mineral durch sich und seine Arbeit in Technik, Kultur und Kultus in eine Zukunft überführen, die getragen ist von der Keimkraft des Mineralreiches, verbunden ist mit der Keimkraft des Pflanzenreiches und durchdrungen ist von dem kosmischen Zukunftsimpuls des Christus-Wesens. Dadurch wird der Keim des zukünftigen Kosmos, der aus dem Untergang des jetzigen hervorgehen wird, angelegt (s. Anhang Nr. 21).
8. Dieser Keim erscheint dem schauenden Bewußtsein des Apoka-

lyptikers in großen Imaginationen, die, in Bilder des Mineralreiches gehüllt, sich offenbaren. Ihr Erquellen, ihr Sich-Bilden und ihr Sich-Vollenden ist der mineralische Prozeß in der Apokalypse (s. auch Anhang Nr. 31).

In dem nun folgenden vierten Teil der Arbeit soll von den Möglichkeiten gesprochen werden, die die einzelnen Bausteine liefern können. In ihnen kann im einzelnen das Prinzipielle noch einmal angeschaut werden.

VIERTER TEIL

DIE BAUELEMENTE DES HIMMLISCHEN JERUSALEM

Die einzelnen Bauelemente sind in diesem vierten Teil nicht in der Reihenfolge aufgezählt, wie sie in der Beschreibung des apokalyptischen Bildes auftreten. Es wird vielmehr ausgegangen von den das Ganze durchströmenden und durchleuchtenden Elementen des Wassers und des Kristalls, weil sie den gemeinschaftlichen Hintergrund dessen bilden, was dann in den anderen Bauelementen erscheint. Nach diesen Gesichtspunkten ist die Besprechung der Bauelemente aufgebaut. Es ist die folgende:

Das Wasser . Der Kristall . Das Jaspis-Problem . Das Jaspis-Erlebnis in Diamant, Turmalin, Granat und Opal . Die zwölf Edelsteine . Das Gold . Die Perle . Das Holz.

DAS WASSER

Selbstlosigkeit im Empfinden und Tragen des Lebens

1. Wasserbilder im Alten und Neuen Testament. 2. Der Name des Wassers. 3. Das Wasser im Reich der Minerale. 4. Die physikalisch-chemischen Eigenschaften des Wassers. 5. Die Molekularstruktur des Wassers. 6. Das Wasser und das Leben. 7. Die Seele des Wassers. 8. Die Geistigkeit des Wasser-Wesens.

Mahomets Gesang

Seht den Felsenquell,
Freudehell,
Wie ein Sternenblick;
Über Wolken
Nährten seine Jugend
Gute Geister
Zwischen Klippen im Gebüsch.

Jünglingfrisch
Tanzt er aus der Wolke
Auf die Marmorfelsen nieder,
Jauchzet wieder
Nach dem Himmel.

Durch die Gipfelgänge
Jagt er bunten Kieseln nach,
Und mit frühem Führertritt
Reißt er seine Bruderquellen
Mit sich fort.

Drunten werden in dem Tal
Unter seinem Fußtritt Blumen,
Und die Wiese
Lebt von seinem Hauch.

Doch ihn hält kein Schattental,
Keine Blumen,
Die ihm seine Knie umschlingen,
Ihm mit Liebesaugen schmeicheln:
Nach der Ebne dringt sein Lauf
Schlangenwandelnd.

Bäche schmiegen
Sich gesellig an. Nun tritt er
In die Ebne silberprangend,
Und die Ebne prangt mit ihm,
Und die Flüsse von der Ebne
Und die Bäche von den Bergen
Jauchzen ihm und rufen: Bruder!
Bruder, nimm die Brüder mit!
Mit zu deinem alten Vater,
Zu dem ewgen Ozean,
Der mit ausgespannten Armen
Unser wartet,
Die sich, ach! vergebens öffnen,
Seine Sehnenden zu fassen;
Denn uns frißt in öder Wüste
Gierger Sand; die Sonne droben
Saugt an unserm Blut; ein Hügel
Hemmet uns zum Teiche! Bruder,
Nimm die Brüder von der Ebne,
Nimm die Brüder von den Bergen
Mit, zu deinem Vater mit! –

Kommt ihr alle! –
Und nun schwillt er
Herrlicher; ein ganz Geschlechte
Trägt den Fürsten hoch empor!
Und im rollenden Triumphe
Gibt er Ländern Namen, Städte
Werden unter seinem Fuß.

Unaufhaltsam rauscht er weiter,
Läßt der Türme Flammengipfel,
Marmorhäuser, eine Schöpfung
Seiner Fülle, hinter sich.

Zedernhäuser trägt der Atlas
Auf den Riesenschultern; sausend
Wehen über seinem Haupte
Tausend Flaggen durch die Lüfte,
Zeugen seiner Herrlichkeit.

Und so trägt er seine Brüder,
Seine Schätze, seine Kinder
Dem erwartenden Erzeuger
Freudebrausend an das Herz.

Goethe

1. Wasserbilder im Alten und Neuen Testament

Innerhalb der Beschreibungen des himmlischen Jerusalem erscheint in der Apokalypse in den ersten Sätzen des 22. Kapitels das Wasser. Die Bilder der festen Mineralien, der Edelsteine, des Goldes und der Perlen sind vorangegangen. Das Wasser entquillt dem Stuhle des Gottes und des Lammes und durchströmt die Stadt.

Im Alten Testament finden wir bei dem Propheten Hesekiel eine Beschreibung geistiger Welten und Wesen, welche die größte Verwandtschaft mit der Offenbarung des Johannes hat. Zwei große Bilder bestimmen seine Schau. Im 1. Kapitel entwickelt sich eine Art Quellbild, auch dort ist der Thronende gegenwärtig, gleich einem Menschen gestaltet, lichthell, von seinen Lenden nach oben und unten ausstrahlend. Auch ihn umleuchtet ein Regenbogen. Vorangegangen sind die Bilder der vier Cherubim mit dem vierfachen Antlitz: Mensch, Löwe, Stier und Adler. »Unterhalb« der

Cherubim und mit ihnen wirken die vier Räder; oberhalb ihrer Sphäre schwebt der Kristallhimmel. Beginnend mit dem 40. Kapitel erscheint dann bei Hesekiel die große Mündungsvision, der gewaltige Tempel mit seinen zahllosen, immer wieder genau ausgemessenen Vorhallen, Toren, Türen, Hallen und Gängen und dem Allerheiligsten:

Darnach führte er mich wieder an den Eingang des Tempels. Da sah ich Wasser unter der Schwelle des Hauses hervorquellen nach Osten hin; die vordere Seite des Tempels war ja nach Osten gerichtet. Und das Wasser floß unterhalb der südlichen Seitenwand des Tempels hinab, südlich vom Altar. Dann führte er mich durch das Nordtor hinaus und ließ mich außen herumgehen zu dem äußern Tor, das gegen Osten gerichtet ist; da sah ich Wasser aus der südlichen Seitenwand hervorrieseln. Indem nun der Mann, eine Meßrute in der Hand, nach Osten davonging, maß er tausend Ellen und ließ mich dann durch das Wasser gehen, und das Wasser ging mir bis an die Knöchel. Dann maß er noch tausend Ellen und ließ mich durch das Wasser gehen, und das Wasser ging mir bis an die Knie. Und er maß noch tausend Ellen und ließ mich durch das Wasser gehen, und das Wasser ging mir bis an die Hüften. Und er maß abermals tausend Ellen, da war es ein Fluß, durch den ich nicht mehr gehen konnte; denn das Wasser war so hoch gestiegen, daß man hätte hindurchschwimmen müssen, ein Fluß, den man nicht durchschreiten konnte. Und er sprach zu mir: Hast du gesehen, Menschensohn? Dann führte er mich am Ufer des Flusses wieder zurück. Als ich nun auf dem Rückweg war, sah ich am Ufer des Flusses auf beiden Seiten sehr viele Bäume stehen. Da sprach er zu mir: Dieses Wasser fließt hinaus in den östlichen Landstrich, strömt dann hinab in die Steppe und ergießt sich ins [Tote] Meer, in die salzige Flut, und die Flut wird gesund. Und alle lebenden Wesen, alles, was dort wimmelt, wohin immer der Fluß kommt, das wird leben, und die Fische werden sehr zahlreich sein. Wenn dieses Wasser dorthin kommt, wird das Wasser [der Salzflut] gesund. Und es werden Fischer an ihm stehen; von En-Gedi bis En-Eglaim wird man die Fischernetze ausbreiten. Seine Fische werden sehr zahlreich sein, so zahlreich wie die Fische des großen Meeres. Seine Sümpfe und Tümpel aber werden nicht gesund werden; sie dienen der Salzgewinnung. Und an diesem Fluß, auf seinen beiden Ufern, werden allerlei Bäume mit eßbaren Früchten wachsen; ihre Blätter werden nicht verwelken, und ihre Früchte werden nicht alle werden. Je in ihrem Monat werden sie frische Früchte bringen; denn ihr Wasser quillt aus dem Heiligtum hervor. Ihre Früchte werden als Speise dienen und ihre Blätter als Heilmittel.

(Hesekiel, Kap. 47, Vers 1–12)

In der Vision des Hesekiel strömt das Wasser aus dem Tempel, in der Offenbarung des Johannes hingegen unmittelbar von dem Thron der väterlichen Gottheit aus. Dieses Wasserwesen erscheint in der Apokalypse sowohl im Bilde des Strömens als auch in dem des Brunnens oder der Quelle:

... mit weißem Haupt, dessen Haar leuchtete wie weiße Wolle und wie Schnee,
mit Augen, als wären es Feuerflammen,
mit Füßen, als wären sie von Golderz, das im Feuer erglüht ist,
mit einer Stimme, gleich dem Rauschen großer Wasserströme ...
(Kap. 1, Vers 14–15)

Sie werden nicht mehr hungern und nicht mehr dürsten; sie können nicht mehr von der Hitze der Sonne oder einem anderen Feuerbrande überwältigt werden. Denn das Lamm in des Thrones Mitte wird ihr Hirte sein und ihr Führer zu den Quellen, aus denen das Wasser des Lebens quillt. Und der Vatergott wird alle Tränen aus ihren Augen wischen. (Kap. 7, Vers 16–17)

Und der dritte Engel posaunte: Da fiel ein großer Stern vom Himmel, brennend wie eine Fackel. Er traf im Sturze ein Drittel aller Ströme und aller Wasserquellen. Der Name des Sternes ist »Wermut«. Ein Drittel von allen Gewässern wurde in Wermut verwandelt, und viele Menschen starben an dem Wasser, das so bitter geworden war. (Kap. 8, Vers 10–11)

Und die Schlange ließ aus ihrem Rachen hinter dem Weibe her einen Wasserstrom hervorfluten, um es zu vernichten. Da kam aber die Erde dem Weibe zu Hilfe; sie öffnete ihren Mund und trank den Wasserstrom in sich hinein, den der Drache aus seinem Munde hervorschoß. (Kap. 12, Vers 15–16)

Und ich sah: Siehe, das Lamm stand auf dem Berge Zion und um es geschart die Hundertvierundvierzigtausend, denen sein Name und der Name seines Vaters auf den Stirnen geschrieben stand.
Und ich hörte aus dem Himmel eine Stimme wie das Rauschen großer Wasserströme und wie das Rollen eines gewaltigen Donners. Die Stimme, die ich hörte, war aber auch wie das Spiel von Harfenspielern, die auf ihren Harfen spielen.
(Kap. 14, Vers 1–2)

Und ich sah einen anderen Engel durch den Zenit des Himmels fliegen. Er trug das ewige Evangelium, um es denen zu verkünden, die auf der Erde wohnen, allen Völkern und Stämmen und Sprachen und Rassen. Er sprach mit lauter

Stimme: Habet Ehrfurcht vor der göttlichen Welt als der Quelle aller Offenbarung. Die Stunde der von ihr herbeigeführten Entscheidung ist da. Betet an den Schöpfer des Himmels und der Erde und des Meeres und aller Wasserquellen.
(Kap. 14, Vers 6–7)

Und der dritte goß seine Schale aus in alle Ströme und Wasserquellen, und alles verwandelte sich in Blut. (Kap. 16, Vers 4)

Da kam einer von den sieben Engeln, welche die sieben Schalen hatten, und sprach zu mir: Komm! Ich will dir das Urteil über die große Hure zeigen, die auf vielen Wasserströmen sitzt, mit der die Könige der Erde Unzucht getrieben haben und von deren unreinem Wein die Bewohner der Erde trunken sind.
(Kap. 17, Vers 1–2)

Und der Thronende sprach: Siehe, ich mache alles neu! Und er sprach: Schreibe! Dies sind Worte des Glaubens und der Erkenntnis.
Und er sprach zu mir:
Es ist geschehen. Ich bin das Alpha und das Omega, der Urbeginn und auch das Weltenziel. Dem Dürstenden will ich aus der Quelle das Wasser des Lebens spenden. (Kap. 21, Vers 5–6)

Man kann in bezug auf dieses eine Motiv wiederum eine Art Entwicklung und Verwandlung durch die ganze Offenbarung hin verfolgen und sieht, wie das Wasser, das aus dem Urquell des Daseins, dem Thron, hervorgeht und die Zukunftsstadt durchzieht, zu einem umfassenden Lebensströmen wird.

2. Der Name des Wassers

Das Wort unserer Sprache für Wasser hat zwei verschiedene Ausbildungen in den indogermanischen Sprachen gefunden. Die eine Richtung geht in das Strömende der Laute S und T (althochdeutsch wazzar, gotisch wato, englisch water, altfriesisch wetir, altnordisch vatu, schwedisch vatten, hethitisch watar). Die andere Richtung führt mehr zu den Lauten U und D (altindisch udan und udakam, altbulgarisch woda, lateinisch unda). Nur im Altgriechischen wird diese Form noch angehaucht: hydor. Daher wird etymologisch das Wort auf zwei Wurzeln zurückgeführt, erstens auf die Wurzel WED und UD; das bedeutet »quellen«, »schwellen« und »netzen«. Die andere Wurzel ist UGWE, auch WEG und UG; das bedeutet: feucht sein. Im Sanskrit ugschadi, im Lateinischen uvidus. Man sieht also, daß das Bild in die urindogermanischen Wurzellaute hinein einmal mehr als das schwellende, quellende, netzende Tätigsein des Wassers, das andere Mal mehr als sein eigenes Feuchtsein, Wäßrigsein gefaßt ist. Wir sind kaum in der Lage, die Art und Weise, wie in den Ursprachen dies ausgedrückt wurde, nachzufühlen. Vom rein Lautlichen der Sprache her nähert man sich am ehesten dem tiefen Geheimnis des Wasserwesens.

3. Das Wasser im Reich der Minerale

Es gibt in der gesamten mineralischen Welt unter gewöhnlichen Wärmeverhältnissen an der Erdoberfläche überhaupt nur zwei Wesen, die im flüssigen Zustand auftreten. Das eine findet sich in äußerster Seltenheit in Form von winzigen Tröpfchen in der Verwitterungszone von Lagerstätten des Zinnober, Cinnabarit HgS. Es ist das Quecksilber, ein Metall. Das andere bedeckt in gewaltigen Massen die Erde, erfüllt in dichtester und zartester Weise die Luft und strömt als Niederschlag zur Erde, in sie hinein, aus ihr heraus wieder in die Meere: Es ist das Wasser! Man kann sagen, daß das Wasser im Mineralreich eine einzigartige Stellung einnimmt. Es hat eine Urbeziehung zu den auf der Erde vorkommenden Wärmeverhältnissen, denn sein Schmelzpunkt liegt innerhalb der Normaltemperaturen der Luft. Dazu kommt, daß es bei allen normalen Temperaturzuständen auch verdunstet, so daß es fortwährend die drei Aggregatzustände, fest, flüssig und gasförmig, durchlaufen kann. Auf diese Weise kommt das Wasser nie zur Ruhe. Auf der einen Seite ist es der Luft und ihren Bewegungen ausgesetzt, auf der anderen Seite der Schwere und deren bewegender Wirkung. Insofern man genügend lange Zeiträume ins Auge faßt, läßt sich sagen, daß auch alle Gletscher an diesem ununterbrochenen Kreislauf der Bewegung beteiligt sind.

Die Durchschnittstiefe der Ozeane, welche drei Viertel der Erdoberfläche bedecken, beträgt etwa vier bis fünf Kilometer. Würde alles Wasser über die ganze Erde hin gleichmäßig verteilt, so ergäbe dies immer noch eine Wassertiefe von 2500 m über die gesamte Erdoberfläche hin. Diese fortwährende Bewegung des Wassers hat ein inneres Gleichgewicht, denn sie gleicht sich in sich selber aus – so, daß stets eine nahezu konstante Wassermenge im Meer, in der Luft und eine solche als Süßwasser auf der Erde vorhanden ist.

Während die festen Mineralien die Organe der Erde ruhend erbilden, während die luftförmigen Minerale in sich selber kreisen – bewegt sich das flüssige Mineral Wasser in den Aggregatzuständen hin und her, wobei das oben genannte Gleichgewicht aufrechterhalten bleibt. Das Wasser hat einen Haushalt, eine Bilanz. In ihren Schriften haben H. Pleiss und E. Schenk[34] die entsprechenden Zahlen anhand folgender Fragen erarbeitet:

1. Wo »ist« das Wasser? 7,8 % in der Luft, 27,1 % auf der Erde (Flüsse, Seen, Grundwasser), 8,6 % im Flachmeer bis 2000 m, 52,4 % in der Tiefsee (2000–6000 m) und 4,1 % in den Tiefseegräben (6000–11000 m).
2. Wie »fließt« das Wasser zwischen Land und Meer? Es verdunstet jährlich über allen Ozeanen eine Schicht von 106 cm Dicke, das sind 383000 Kubikkilometer. Von dieser Schicht fallen 79 cm wieder auf das Meer zurück, die restlichen 27 cm, das sind 37000 Kubikkilometer, auf das Land. Davon geht ein Drittel in die Flüsse und dann in das Meer zurück, der Rest von zwei Dritteln verdunstet vom Land her in die Luft, und davon wieder fällt die knappe Hälfte auf das Meer, die andere auf das Land.
3. Wie fließt das Wasser überhaupt? Man kann das Ganze auch von den Flüssen her sehen. Alle Flüsse der Erde beinhalten 1700 Kubikkilometer in strömendem Zustand. In den Seen der Erde sind sehr viel gewaltigere Wassermassen gelagert, allein im Bodensee z. B. 50000 Kubikkilometer. Alle Wasser der Konti-

nente (Eismassen, Seen, Flüsse, Grundwasser) betragen rund 33400 Kubikkilometer. In der Luft zirkulieren dauernd 13000 Kubikkilometer als Dampf, Wolken und Niederschlag. Verglichen mit den 1700 Kubikkilometern der Flüsse ist dies gewaltig viel; das Achtfache des Flußwassers schwebt dauernd in der Luft.

Noch wesentlich mehr Wasser befindet sich in den Lebewesen, besonders in den Pflanzen. Es ist etwa dreißigmal mehr als in allen Flüssen. Diese Tatsachen zeigen, daß die Hauptmasse des Wassers außerhalb der Ozeane nicht in den Flüssen, sondern in den Seen, in der Luft und in der Pflanzenwelt dahinströmt. Auch die Ozeane sind vollständig in diesen Haushalt eingegliedert; in ihnen ist die Hauptmasse des Wassers in ständigem Austausch (1350400000 Kubikkilometer). Jeder Ozean in sich und seine Meeresströmungen und alle Ozeane untereinander sind in einem außerordentlich komplizierten Gesamtkreislauf verflochten. (Die wichtigsten warmen und kalten Ströme sind in jedem Atlas eingezeichnet.) Allein der Golfstrom führt bei seinem Austritt aus dem Golf von Mexiko in jeder Sekunde 76 bis 93 Kubikkilometer Wasser in den Atlantischen Ozean. Dort strömt fast das Hundertfache dessen, was alle Flüsse der Erde zusammen pro Sekunde in die Ozeane ergießen. Dieser kurze Überblick zeigt, daß in diesem Haushalt des Wassers als Mineral ein sinnvolles Ganzes waltet, das den physischen Kreisläufen übergeordnet ist, sie dauernd in einem rechten Verhältnis in sich selber, zwischen Luft und Erde, aber auch zur gesamten Sphäre des Lebendigen hält.

4. Die physikalisch-chemischen Eigenschaften des Wassers

Wasser ist geruchlos, geschmacklos, durchsichtig, farblos und nur in größeren Massen zartblau. Die Bläue von Seen und Meeren ist die Spiegelung der Himmelsbläue im Wasser, nicht aber dessen eigene Farbe. Das natürliche Wasser ist aber nie und nirgends rein.

Es enthält immer gelöste oder aufgeschwemmte Bestandteile. Auch als Wolkenwasser in der Luft hat es stets Gase in sich aufgelöst. Auf der Erde übernimmt es Salze und Staubteilchen toter und lebendiger Natur und wird dann trüb und gefärbt. Je mehr Kalk- und Magnesiumsalze es löst, um so härter wird es. Ebenso enthält alles Süßwasser gelöste und gasförmige Mineralien; auch das Niederschlagwasser, Regen, Schnee und Hagel, ist nie ganz rein. Will man reines Wasser haben, muß man es künstlich säubern (destillieren).

Besonders interessant ist eine Tatsache, die das Wasser der Weltmeere charakterisiert: Es zeigt einen merkwürdigen Eigensinn in bezug auf das, was es in sich auflöst und mit sich trägt. Erstens schwankt der Salzgehalt des Meerwassers in ganz engen Grenzen. Im offenen Ozean sind es immer 32 bis 38 Tausendstel, im Mittel 35 Tausendstel. [Nur in extremen Gebieten (Rotes Meer 40 Tausendstel, in der Umgebung schmelzender Gletscher gegen nahezu null Tausendstel) ändert sich das Verhältnis. Es wird aber im offenen Ozean immer wieder hergestellt.]

Zweitens besteht ejn eigenartig konstantes Mengenverhältnis der gelösten Salze untereinander (in kg oder g pro 1000 kg Wasser: NaCl 28,014 kg, MgCl 3,812 kg, $MgSO_4$ 1,725 kg, $CaSO_4$ 1,283 kg, K_2SO_4 816,30 g, $CaCO_3$ 122,06 g, KBr 101,06 g, $SrSO_4$ 28,24 g, H_3BO_3 27,68 g). Die Konstanz dieser Verhältnisse ist eigentlich ein Rätsel.

Mindestens ebenso wichtig ist auch das Dritte: Die obengenannten Salze sind alle richtig gflöst, d. h. ionisiert, und zwar immer so, daß die Kationen (Basen) die Anionen (Säuren) überwiegen. Darum ist Meerwasser nie sauer, sondern immer schwach alkalisch. Neben den Hauptkomponenten dieses stabilen Gleichgewichtes der etwa 12 Elemente (Cl, Na, Mg, S, Ca, K, Br, Sr, B, O, H, N) erscheinen die drei letzteren als in Wasser gelöste Luft, d. h. als Gase, und dazu kommen in Spuren Si, F, Li.[35]

Das Wasser durchläuft in seinem Kreislauf nicht nur die Lithosphäre, die Atmosphäre und die Biosphäre, es durchläuft auch – wie schon angedeutet – selber fortwährend die drei Aggregatzustände als Eis, Wasser und Gasdampf. In der Art, wie es das tut, zeigt sich sein Verhältnis zur Wärme einerseits und zu den Druckverhältnissen, das heißt zur Schwere, andererseits, denen es als Wasserdampf in der Luft ausgesetzt ist. Unter normalem Druck von einer Atmosphäre siedet Wasser bei 100° C und erstarrt zu Eis bei 0° C. Bei jeder Temperatur und jedem Druck hat Wasser selbst einen bestimmten Dampfdruck, d. h. es drückt sich aus dem flüssigen oder festen in den gasförmigen Zustand heraus. Eine Art Gleichgewicht zwischen fest, flüssig und gasförmig liegt bei 0,0099 Grad Celsius, also ganz knapp über dem Gefrierpunkt. Dabei hat es einen Dampfdruck von 4,58 mm, und das Verhältnis von Dampf, Wärme und Eis ändert sich nicht. Es erfährt eine Art Erstarrung der Zustände. Durch Druckerhöhung kann man den Gefrierpunkt je Atmosphäre um 0,007°C senken, so daß bei 2000 Atmosphären das Eis schon bei –20° C schmilzt. Es kann aber auch bis etwa zur selben Negativtemperatur unterkühlt werden, ohne daß es gefriert. In geschlossenen Kesseln bei hohem Druck kann man den Siedepunkt über 100° erhöhen. Die kritische Temperatur liegt bei 374,1° C bei 218,3 Atmosphären Druck. Dann hat Wasser ein spezifisches Gewicht von 0,324 g. Oberhalb dieser Temperatur kann es durch noch so hohen Druck nicht mehr verflüssigt werden.

Eigenartig ist das Verhältnis des Wassers zur sogenannten spezifischen Wärme. Das ist die Wärmemenge, die erforderlich ist, um ein Gramm einer Substanz um ein Grad zu erwärmen. Schon die Menge an Wärme, die nötig ist, um Eis zu schmelzen (Schmelzwärme), ist beträchtlich höher als bei irgendeiner anderen Flüssigkeit. Dasselbe gilt für die Verdampfungswärme beim Verdampfen und beim Sieden. Ebenso verhält sich die spezifische Wärme ganz unnormal. Bis zur Temperatur von 35° C braucht man von Grad zu Grad immer weniger Wärme, von 35° C aufwärts immer mehr und mehr, bis zum Siedepunkt (100°), an dem dann die Verdampfung einsetzt.

Auch die innere Beweglichkeit (Zähigkeit, Viskosität) in ihrem Verhältnis zu Druck und Temperatur ist äußerst eigenartig. Im

Gegensatz zu allen anderen Flüssigkeiten wird das Wasser zunächst bis 35°C mit steigendem Druck immer beweglicher. Eigentlich sollte es, je stärker es zusammengedrückt wird, um so zäher werden. Das Gegenteil ist jedoch der Fall. Erst oberhalb 35°C wird es dann tatsächlich zäher und zäher. Das Wasser trägt also offensichtlich in sich selber eine Art innere Druck- und Wärmemarke. Nicht nur sein Schmelzpunkt bei 0°C und sein Siedepunkt bei 100°C sind solche »inneren Marken«. Auch die Temperaturstelle von 35°C stellt eine solche innere Grenzmarke dar, die nahezu genau bei der Blutwärme der warmblütigen Tiere und des Menschen liegt.

Viele chemischen Verbindungen gleicher Art zeigen oft gleiches Verhalten im Zusammenhang mit der Stellung der sie zusammensetzenden Elemente im periodischen System. So haben Wasserstoffverbindungen steigende Schmelz- und Siedepunkte entsprechend steigendem Atomgewicht. So schmilzt H_2S bei −85°C, H_2Se bei −66°C, H_2Te bei −49°C, Wasser bei 0°C. Und es siedet H_2S bei −60°C, H_2Se bei −41°C und H_2Te bei −2°C. Wasser dagegen siedet erst bei +100°C. Entsprechend seinen verwandten Verbindungen müßte es bei −100°C sieden und bei −150°C gefrieren, wenn man die Reihe von O, S, Se und Te in Betracht zieht. Es gefriert und siedet also viel zu hoch. Das heißt, es ist selbst in einen höheren Wärmebereich aufgestiegen, als es seiner chemischen Natur nach als H_2O sein dürfte.

Als weiteres kommt hinzu, daß Wasser in die Schwere tiefer herabsteigen kann, als es dies seiner kosmischen Natur nach tun sollte. So gibt es in der Natur in geringen Mengen »schweres Wasser«. Dieses hat bei 20°C gegenüber der Dichte gewöhnlichen Wassers von 0,9982 eine Dichte von 1,1059. Das schwere Wasser schmilzt erst bei +3°C und siedet bei 101,42°C. In der Natur finden sich unter 100000 Molekülen gewöhnlichen Wassers 30 bis 200 Moleküle des schweren Wassers.

Zu den außergewöhnlichen physikalischen Eigenschaften des Wassers kommen nun noch eine Reihe chemischer Besonderheiten hinzu:

1. Wasser ist *das* Lösungsmittel schlechthin für alle polar gebauten Stoffe, besonders für Salze. Im Prinzip sind sogar fast alle Mineralien, wenn auch in feinsten Spuren, in dem Mineral Wasser löslich.
2. Wasser ist chemisch außerordentlich reaktionsfreudig. Es dissoziiert leicht in positive H- und negative OH-Ionen. Dabei ist die Konzentration der H-Ionen, d.h. der positiven Molekülteile, das Maß für den Säuregrad der Lösungen.
3. Nicht nur in der Aufnahme aller Stoffe in sich und der Vermittlung ihrer Reaktionen untereinander, auch in der Hingabe an andere Stoffe ist es unerreicht. Es hat die größte Benetzungsfähigkeit (Adhäsion) an anderen Körpern, ohne dabei den Zusammenhang mit sich selbst (Kohäsion) zu verlieren. In dünnsten Filmen und zartesten Kapillarfäden bleibt es mit sich selbst in Zusammenhang. Wo es freie Oberflächen hat, bildet es eine ganz feine Haut in Gestalt seiner Oberflächenspannung, auf der kleine Tiere laufen können, ohne zu versinken (Wasserläufer).
4. Wasser ist das Suspensionsmittel schlechthin. Kleinste Teile fester, flüssiger oder gasförmiger Stoffe trägt es schwebend in gleicher Entfernung der Stoffteilchen voneinander und bildet so die Fülle der Suspensionen (z.B. trübes Wasser durch Stoffteilchen) und der Kolloide.

5. Die Molekularstruktur des Wassers

Wie stellt sich das Wesen Wasser physikalisch-chemisch dar? Im festen Zustand, als Eis, ist Wasser leichter als im flüssigen Zustand (Dichte von Eis bei 0°C = 0,9168 g, Wasser bei 0°C = 0,9991 g. Wasser bei 4°C = 1,000 g). Das ist eine nahezu einmalige Anomalie, denn gewöhnlich wird jeder Stoff bei Abkühlung schwerer, bei Erwärmung leichter mit einem jeweiligen Dichtesprung am Schmelzpunkt und am Siedepunkt. Auf diese Weise ist Eis etwa ein Zehntel leichter als Wasser. Es ragt, wenn es im Wasser schwimmt, mit einem knappen Zehntel heraus. Das liegt daran, daß das Wasser zwischen 0° und 4°C die Moleküle teilweise in kristallartigen Gruppen zusammenhält, wenn auch gelockert, so daß man sagen könnte, Wasser zwischen 0° und 4° sei eine Art flüssiger Teilkristall. Wie ist das zu erklären?

Voll kristallisiert ist Eis hexagonal. Es bildet sechsseitige Tafeln und sechsseitige Prismen in Nadelform. Es hat also sowohl den schuppigen als auch den strahligen Habitus. In freier Atmosphäre und in dünnem Hauch an festen Gegenständen bildet es Skelettkristalle, welche die Grundlage der Schneekristalle, aber auch des Rauhreifs und der Eisblumen abgeben. Bei ruhig gefrierendem Wasser stehen die Eiskristalle immer mit der Hauptachse der Kristallfigur senkrecht zur Wasseroberfläche. Entlang der Kristallbasisfläche sind die Kristallteile des Eises lamellar leicht gegeneinander verschiebbar. Sie rutschen übereinander weg, ohne sich zu trennen, das heißt: Das Eis kann fließen. Eis bricht muschelartig und splittert wie Quarz und Glas. Es ist glasglänzend, farblos und nur in dicken Lagen grünlich oder bläulich. Es kann auch einen derbkristallinen Zustand annehmen und wird dann körnig wie im Hagelgraupel und Firnschnee oder im Eiszapfen.

Wasser ist kein Element im Sinne der Chemie; es ist flüssig. Es stellt die chemische Verbindung zweier Gase dar. Unter Abgabe gewaltiger Wärmeenergien verschwinden die Gase Wasserstoff und Sauerstoff oberhalb einer gewissen Temperatur, und es erscheint Wasser in Dampfform. Eindeutig ist es eine chemische Verbindung von der Formel H_2O. Damit ist aber noch fast nichts ausgesagt über das Einzigartige seiner Eigenschaften, seines Verhaltens und seiner Stellung in der Totalität der mineralischen Welt. Wie zeigt sich die untersinnliche Struktur im atomaren und subatomaren Bereich, d.h. welches untersinnliche Substrat liegt der Erscheinung der übersinnlichen Eigenschaften des Wassers zugrunde?

Die Analysen mit Röntgen- und Neutronenstrahlen haben gezeigt, daß im Eis ein Kristallgitter vorliegt, das dem der Quarzvarietät Tridymit sehr ähnlich ist. Beim Tridymit bilden die Quarzmoleküle tetraedrische Gittereinheiten von Sauerstoff zu Sauerstoff. In der Mitte des Tetraeders sitzt das Silicium. Beim Eis sitzt das Wasserstoffion an den Tetraederecken, der Sauerstoff in der Mitte. Nur sind beim Eis die Wasserstoffionen zu den Sauerstoffpunkten hin verschoben, wodurch eine gewisse Asymmetrie entsteht. Die Tetraeder sind dann untereinander zu hexagonalen und kubischen Komplexen zusammengeschlossen. So ist der Quarz im Tridymit pseudohexagonal (eigentlich sind es zwei trigonale Kristalle), das Eis dihexagonal (zwei hexagonale Kristalle). An dieser Stelle erscheint eine tiefe Verwandtschaft zwischen zwei stofflich so verschiedenen Wesen wie Wasser und Quarz. Die Griechen müssen das geahnt haben. Sie hielten den Bergkristall für Eis, das in hohen Bergen bei sehr großer Kälte oder (wie einige paradoxerweise annahmen) bei sehr großer Hitze so fest gefroren sei, daß es nicht mehr auftaue. Darum hatte der Grieche für Eis und Bergkristall das gleiche Wort. Aus dem Wort kryos = Frost, große Kälte, entstand krystallos für Eis, Bergkristall und Glas. Bei Aufdampfen von Wasser im Vakuum bei $-120°$ entsteht eine Eismodifikation, die kubisch kristallisiert, wiederum eine Parallele zum Quarz und dessen Modifikation als Cristobalit. Auch hier erscheint die gleiche geheimnisvolle Verwandtschaft zwischen Wasser und Bergkristall. Die moderne physikalische Forschung versucht, die Anomalien des Wassers auf seine Molekular-Struktur zurückzuführen. Sie findet im Eiskristall die kovalente Bindung der »Moleküle« in sich und die Wasserstoff-Brückenbindung zwischen den »Molekülen« (siehe Anhang Nr. 22).

Mit der Betrachtung der Kristallformen und der Molekülbildungen ist aber doch nur das untersinnliche Substrat berührt, mit dessen Hilfe das Wasserwesen seine Eigenschaften räumlich-sinnlich ausleben kann.

6. Das Wasser und das Leben

»Wasser ist Leben.« In der neuesten Ausgabe der Brockhaus-Enzyklopädie finden sich die folgenden Sätze:

Für die Lebensfähigkeit und den geregelten Ablauf des Stoffaustausches ist Wasser für alle Organismen überaus wichtig (Wasserhaushalt). Es ist Transportmittel (Blut, Harn, Schweiß) und Lösungsmittel für fast alle Stoffe in der Zelle. Pflanzen bestehen zu über 90 %, höhere Tiere und der menschliche Körper zu 60 bis 70 % aus Wasser. Je höher die Organisationsstufe des Lebewesens, desto weniger variabel ist der Wassergehalt. Das Wasser vermittelt die chemischen und physikalischen Prozesse innerhalb und außerhalb der Zellen, das Strömen und die Diffusion der Gewebe- und Nahrungsflüssigkeiten und den Aufbau des colloidalen Zustandes der Körperbestandteile (Osmose). Es regelt ferner die Temperatur des Körpers, dem es durch Verdunsten an der Oberfläche Wärme entzieht (Schweiß). Die Verdampfungswärme ist sehr hoch. Bedeutsam ist auch die Dipolnatur der Wassermoleküle, z. B. das an Proteine (Eiweiß) gebundene Wasser und das gelöste Wasser. Die täglich von dem erwachsenen Menschen aufgenommene und wieder ausgeschiedene Wassermenge beträgt etwa 2,5–4 Liter.

In einem grundlegenden Aufsatz (Sternkalender 1952, Dornach, S. 64ff.) hat Friedrich Kipp die Frage nach dem Verhältnis von »Wasser und Leben« ganz neu gestellt. Er zeigt die lebendige Stofflichkeit (Eiweiß, Kohlenstoffverbindungen) in ihrem Gegensatz zu anorganischen Stoffen und weist darauf hin, daß für das Verhältnis lebendiger Substanzen zum Wasser diese Gegensätzlichkeit nicht gilt. Er sagt:

Daß das Wasser widerspruchslos vom lebenden Organismus aufgenommen werden kann und in ihm eine so grundlegende Rolle spielt, ist nur deshalb möglich, weil diese Substanz in einer Urbeziehung zum Lebendigen steht (S. 66).

Er stellt in seinen Ausführungen die Auffassung der Naturwissenschaft, die versuchen muß, das Anorganische als das erste und das Lebendige als das durch irgendeine Evolution entstandene zweite zu verstehen (Primat des Anorganischen), der geisteswissenschaftlichen Erkenntnis von dem Primat alles Lebendigen gegenüber (alle tote Materie war früher lebendig, das Anorganische ist aus dem Lebendigen durch Entvitalisierung entstanden). Im gegenwärtigen Dasein muß deshalb das Eintreten des Absterbens durch das Lebendige fortwährend verhindert werden. Die lebenden Naturreiche erhalten sich, durch sich belebt, gegenüber den toten Stoffen. Das ist aber nur dann möglich, wenn diese letzteren selber aus dem Leben stammen und so Substanzeigenschaften haben, die auch im toten Zustand noch ihre Prägung durch ihren Lebensursprung erhalten können. Das gilt für die einzelnen Stoffe in verschieden starkem Maße. Gerade diejenigen Stoffe, die im Leben die wichtigste Rolle spielen (die Elemente Kohlenstoff, Stickstoff, Sauerstoff, Schwefel und Phosphor und vor allem das Wasser) zeigen auch heute durch ein außergewöhnliches Verhalten (Anomalie) gegenüber ihren Verwandten diesen ursprünglichen Lebenszusammenhang.

Die erste Anomalie des Wassers ist die, daß es überhaupt flüssig ist. Die weitaus meisten mineralischen Stoffe sind fest, die wenigsten sind Gase. Der flüssige Zustand des Wassers ist nicht nur die große Ausnahme (neben Quecksilber), sondern bei näherem Zusehen »regelwidrig« im Vergleich mit analogen Stoffen. (Davon war schon in dem Abschnitt über die physikalisch-chemischen Eigenschaften des Wassers die Rede.) Was das bedeutet, ist gar nicht hoch genug einzuschätzen. Denn damit sind Eis und Wasser den Wärmeverhältnissen der Erdoberfläche konform. Es ist das wie eine »prästabilierte Harmonie« (im Sinne von Leibniz) zwischen den irdischen Wärmeverhältnissen und dem Wasserwesen; es gäbe sonst keinen Wasserkreislauf. Nur so allein kann das Wasser dem Leben dienen. Das Wasser muß also auch aus dem Leben stammen.

Die zweite große Anomalie ist ein weiteres Verhältnis zur Wärme. Auch davon war schon die Rede. Die spezifische Wärme des Wassers ist außergewöhnlich hoch. Steine erwärmen sich schnell, sie kühlen auch schnell ab; das Wasser tut beides ganz langsam. Setzt man die spezifische Wärme für Wasser = 1, dann liegen die Zahlen aller bekannten festen und flüssigen Stoffe unterhalb 1 (Glyzerin 0,57; Alkohol 0,57; Ton 0,22; Kalk 0,17; Eisen 0,11; Quecksilber 0,03). An diesen Beispielen zeigt sich, daß organische Stoffe im Durchschnitt eine höhere spezifische Wärme haben als mineralische. Wasser wäre demnach der allerorganischste Stoff. Ohne Wasser wäre das Leben ohne Wärmeschutz.

Die dritte Anomalie des Wassers sind seine Dichteverhältnisse. Jede Flüssigkeit wird bei Abkühlung schwerer, das Wasser auch, aber nur bis 4°C. Wasser von 10° ist schwerer als Wasser von 20°; Wasser von 1° ist leichter als Wasser von 4°. Was zugleich bedeutet: Kaltes Wasser trägt Eis auf seiner Oberfläche. Es schützt sich selber davor, bis in die Tiefe fest zu werden; es bleibt flüssig, lebendig.

Die vierte Anomalie ist die biochemische. Die analogen Verbindungen des Wasserstoffs, von denen oben die Rede war, sind alle starke Gifte (H_2S, H_2Se, H_2Te, HCl, NH_3, PH_3), allein das Wasser ist völlig ungiftig.

Eine fünfte Anomalie: innerhalb aller Verbindungen, die Säuren oder Basen sind, ist das Wasser chemisch völlig neutral. Es nimmt genau die Mitte zwischen Basen und Säuren ein und ist gerade dadurch das unentbehrliche Lösungsmittel für Säuren, Basen und Salze.

Die sechste Besonderheit ist wiederum entscheidend. Das Wasser ist das Lösungsmittel für Kolloide; es ist selber als Wolke auch ein Kolloid (Aerosol). Auch hier gibt es keinen Stoff, der ihm gleichkommt, am ehesten noch die Kieselsäure. Wiederum zeigt sich die geheimnisvolle Verwandtschaft von Wasser und Quarz.

Eine siebente Anomalie ist die starke Kohäsions- und Adhäsionskraft des Wassers in flüssigem Zustand. Das ermöglicht in einzigartiger Weise alle Prozesse der Kapillarität. Auch der dünnste Wasserfaden reißt in einem Haarrohr nicht ab. Das ist für die Leitung des Wassers in den Gefäßpflanzen von entscheidender Bedeutung. So sagt Friedrich Kipp:

> *Wir kommen also zu der Erkenntnis, daß die Natur des Wassers vom Lebendigen her geprägt sein muß. Im Leben hat es seine eigentliche Heimstätte, aber zugleich verhält es sich wie ein Grenzgänger, indem es auch im anorganischen Bereich tätig ist, um dort die äußeren Bedingungen für das Leben herzustellen* (S. 71).

In dem Kapitel über das Wesen des Mineralreiches ist darauf hingewiesen worden, daß das reale Leben im Weltenall ein Reich für sich ist. Es ist das Reich der als Weltenäther wirkenden Stoffe und Kräfte des Übersinnlichen, das Reich der vier Ätherarten der geisteswissenschaftlichen Forschung, das in den drei lebendigen Naturreichen bei Pflanzen, Tieren und Menschen in mineralischen Stoffen verkörpert ist. So wie die untersinnlichen Felder und Kräfte im Bereich der quantenmechanischen Gesetze der Wahrscheinlichkeitsamplituden urständen, so die übersinnlichen Felder des Lebens im Bereich der Gesetze des Ätherischen. Die irdischen Gesetzmäßigkeiten der »Zentralkräfte« und die kosmisch-ätherischen der »Universalkräfte« (Rudolf Steiner) bilden erst miteinander das Gewebe der sinnenfälligen Welt, ihre Wahrnehmbarkeit für die menschlichen Sinne. In der mineralischen Welt ist das Wasser der einzige Stoff, der schon als Mineral Gesetzmäßigkeiten des Lebens im breitesten Maße offenbart und dieselben auch am leichtesten vermitteln kann. Gerade die Anomalien, die es im physikalisch-chemischen Bereich zeigt, sind gewissermaßen die Voraussetzungen für seine Lebensfähigkeit. Diese kommt aber daher, daß das Wasser sowohl für die Gesetzmäßigkeiten der Zentralkräfte als auch für die Universalkräfte offen ist. In einem Aufsatz zeigt Theodor Schwenk diese Seite des Wasserwesens.[36] Er sagt:

Für das Wasser suchen wir vergebens nach einem Erdenort, wo es zu Hause ist.

Mineralische Körper haben bestimmte Erdenorte, Wasser rastet nie. Es ist der Erdenplanet als Ganzes, den es einhüllt und ewig umwandert. Diese seine Zugehörigkeit zur Erde als Ganzes ist sein erstes planetarisch-kosmisches Charakteristikum.
Das zweite: fließendes Wasser bewegt sich nie geradlinig. Es schwingt in rhythmisch geformten hin- und herpendelnden Schwüngen in Bach, Fluß und Strom und dreht sich in seinem Bett in Schraubenbahnen um sich selbst.
Das dritte: es schwemmt und löst alles Feste und enthebt es durch den Auftrieb teilweise oder ganz der Schwere.
Das vierte: es saugt sich selber in Kapillaren im Erdboden, im Gestein, in den Gefäßen der Pflanzen, entgegen der Schwere, in die Höhe.

Das fünfte: im Strömen löst es sich selber in zahllose übereinanderlaufende Lamellen auf, riesige innere Oberflächen bildend, und indem die Lamellen in verschiedenen Geschwindigkeiten übereinanderlaufen, entstehen die Wirbel. Die Umfangsgeschwindigkeiten und Drehbewegungen im Wirbel nehmen nach innen zu, immer umgekehrt zu der Entfernung zum Zentrum. Schwenk sagt:

Im Zentrum des Wirbels müßte die Geschwindigkeit den Wert unendlich erreichen. Der räumliche Zusammenhang zerreißt, weil unendliche Geschwindigkeiten nicht möglich sind. Damit gehen Druckkräfte über in negative Druckkräfte.
...
Ein kleines Partikel, mit einem Pfeil als Zeichen versehen und im Wasser schwimmend, würde trotz der kreisenden Bewegung sich so halten, daß der Pfeil stets nach derselben Stelle im Weltall zeigt.

Und weiter:

Der Wirbel stellt eigentlich ein kleines Planetensystem dar, insofern seine Drehgeschwindigkeiten über dem Radius nach dem zweiten Keplerschen Gesetz der Planetenbewegungen angeordnet sind ...
Der Wasserwirbel ist also in dreifacher Hinsicht sternenorientiert (von Zähigkeitseinflüssen abgesehen):
1. Anordnung der Umfangsgeschwindigkeiten nach den Planetenbewegungen.
2. Sogkräfte beherrschen die Mitte.
3. Orientierung nach dem ganzen Sternenraum.

Auch in einem Rohr dahinfließendes Wasser hebt den Druck auf die Rohrwände auf.

Sogkräfte konzentrieren sich schließlich im Wirbel, und es tritt in diesem Felde gleichsam als anschaubares Gebilde heraus, was bis dahin unsichtbar (im Wasser) gewirkt hat: das Planetensystem als Wirbel (Wasserwirbel) mit einem nach unendlicher Dynamik strebenden Zentrum, und diese Mitte schraubt sich im Wasser als saugender Hohltrichter in die Tiefe. Die Schraubenform kommt wieder zum Vorschein, und sie gehört zum offenbaren Geheimnis des Wassers (Schwenk, S. 68).

Durch Beobachtung am bewegten Wasser wird dessen Stellung zwischen Kosmos und Erde in allen Erscheinungsformen offenbar. Es stellt sich vermittelnd zwischen Luft und Erde, es führt beide zusammen, ohne sich selbst endgültig mit ihnen zu verbinden. So heißt es bei Schwenk abschließend:

Im Wasser tritt uns ein umfassendes planetarisches Wesen entgegen, welches der ganzen Erde angehört mit jeder seiner Taten und Leiden, aber auch nach dem Kosmos weist.

7. Die Seele des Wassers

Aufgabe und Wesen des Wassers hat Theodor Schwenk später in zwei Werken ausführlich dargestellt.[37] In beiden Büchern wird das Vorangegangene noch weiter ausgearbeitet. Bewegung erscheint als das eigentliche Wesen des Wassers, Ruhe als aus Bewegung hervorgegangen. Die Urgestalt des Wassers ist der Tropfen, die Kugel, die Sphäre. Auch die Gesamtheit der Ozeane hat rings um die Erde Kugelform. Aus dieser Urgestalt gehen zwei Bewegungen hervor:

1. die Verdunstung durch die Wärme und
2. die Strömung durch die Schwere.

Zwischen Wärme als Ausdehnung und Schwere als Zusammenziehung bildet der Tropfen, die Sphäre, das Gleichgewicht der Mitte. Das ist die Gestalt. Innerlich löst sich bewegtes Wasser in Oberflächen auf. Zwischen Dampf und Wasser hält der Wasserspiegel das Gleichgewicht der Mitte. Innere und äußere Oberflächen zeigen das Bewegte des Wassers; indem die Flächenlamellen übereinanderlaufen, verbindet sich das Wasser zu Wellen, Wirbeln, Wirbelstraßen und Wirbelringen. Die Tropfen bilden sich zu Dunsttropfen, Wolkentropfen, Regentropfen, Tautropfen. Alle Gestaltung ist Bewegung.
Die zweite fundamentale Charaktereigenschaft des Wassers liegt in seiner Empfindlichkeit. Diese hängt mit der Flächenbildung zusammen; die zahllosen inneren und äußeren Häutchen antworten wie Sinnesmembranen auf die kleinsten Einflüsse der Umgebung. Wasser ist das beeindruckbarste Medium schlechthin.

Schwenk zeigt z. B., wie man durch Begießen von Pflanzen mit geschütteltem Wasser Veränderungen in den Konstellationen der Planeten experimentell nachweisen kann. Aber auch seine Tropfenbildmethode zeigt in weitestem Maße solche Zusammenhänge mit dem Kosmos auf.

Als drittes ist die Tätigkeit des bewegten Wassers gegenüber der Erde zu bemerken. Nicht nur seine Kraft, Minerale zu lösen, sondern auch dieselben zu transportieren, zu verändern und wieder abzusetzen, sowie die Erosionstätigkeit zur Gestaltung der Erdoberfläche offenbaren diesen Charakter. So haben wir einmal das Verhältnis des Wassers zu sich selbst: die Bewegung; dann sein Verhältnis zum planetarischen Kosmos: die Sensibilität; und schließlich sein Verhältnis zur Erde: die Aktivität.

Aus dieser Dreiheit leitet Schwenk die Wirkensweisen des Wassers ab:

1. die Tätigkeit im Stoff als Stoff (Stoffwechsel, Wärmewechsel);
2. polar dazu die tätige Sensibilität als Sinnesorgan;
3. dazwischen, in der Mitte, das Rhythmisieren durch die Bewegung.

Damit ist das Wasser Träger der drei Lebensgebiete: des Stoffwechsels, der Sinnes-Nerven-Funktion und der rhythmischen Funktion. Schwenk zeigt, wie zum Beispiel in den Organen Darm, Ohr und Herz organische Formen auftreten, die in den verschiedenen Bewegungstypen des Wassers analog zu finden sind.

Indem das Wasser zwischen Erde und Kosmos als Vermittler und Träger des Lebens und der Lebensfunktionen erscheint, wird seine Verwandtschaft mit der Ganzheit des Lebendigen deutlich. Nach geisteswissenschaftlicher Forschung zeigt sie sich in ätherischen Stoffen und Kräften, die im Kosmos tätig sind. So sagt Schwenk:

Die Gesetzmäßigkeiten der Ätherwelt spiegeln sich in der Wasserwelt und halten ein formenschaffendes Zwiegespräch (S. 93).

Die genaue Beobachtung der Beschaffenheiten des Wassers erschließt seine Verwandtschaft mit den vier Ätherarten.[38] Gegen-

1 *Aufschäumende Brandungswoge*
(stauen – quellen – schwellen – lamellieren – vertropfen – zerstäuben – durchlüften – durchlichten – verdunsten)

2 Regenbogen

Dynamisches Bild der Sonne im Tropfenschleier

1. Sonneninneres: hellgrau. 2. Innerer Sonnenrand ätherisch-physisch: innerer Regenbogen, violett innen, rot außen. 3. Sonnenrand physisch: dunkelgrau zwischen den beiden Regenbögen. 4. Äußerer Sonnenrand: äußerer Regenbogen, rot innen, violett außen. 5. Weiterer Umkreis der Sonne (Corona): helleres Grau außerhalb des zweiten Bogens

3 *Landschaftsspiegelung im stehenden Gewässer*

Tauperlen auf Halmen

4 *Die untere Hälfte spiegelt den Himmel (heller), die obere die Erde*

5 *Spiegelung einer Löwenzahnblüte*

über dem Wärmeäther ist es mütterlich aufnehmend und bewahrend. Es nimmt langsam und viel Wärme in sich auf, und gibt langsam und viel davon ab.
Gegenüber dem Lichtäther ist es wiederum mütterlich spiegelnd: Selber farblos, läßt es das Licht durch sich hindurch, dieses nur wenig brechend, es spiegelt aber wider und ermöglicht so, daß das Licht sein eigenes Wesen und seinen Inhalt offenbaren kann.
Gegenüber dem chemischen Äther zeigt das Wasser die größte Verwandtschaft: Es läßt sich von ihm so durchdringen, daß es mit ihm geradezu identisch und dabei zum Träger zahlloser chemischer Umwandlungen werden kann.
Gegenüber dem Lebensäther und dessen Wirksamkeiten ist das Wasser hochsensibel. Alles, was das Leben will, stellt das Wasser dienend zur Verfügung.
Mit diesen Charakterisierungen kommen wir zugleich in die Nähe des inneren Wesens des Wassers, seiner Seele. Denn indem es die Gesetzmäßigkeiten der Lebenswelt übernimmt, trägt und vermittelt, nimmt es Weisheit auf, und zwar die gleiche, die der Mensch denkend von der Welt erfassen kann:

Im Wasser fließt die Weisheit des Alls mit (Schwenk, S. 95).

Die seelischen Eigenschaften des Wasserwesens kann man schematisch folgendermaßen aufstellen:

1. Wasser ist Träger des Lebens. Wo Wasser, da Leben; wo kein Wasser, Tod.
2. Es strebt nach Ausgleich, nach Gleichgewicht.
3. Es ist Vermittler der Gegensätze.
4. Es will nichts für sich, gibt sich allem hin, tritt wieder zurück und verzichtet überall.
5. Da es selber rein, lauter, durchsichtig ist, kann es alles reinigen, erfrischen, heilen und erkraften.
6. Es ist offen für Licht, Wärme, Luft.
7. Es ist offen für Harmonien und Ordnungen der Sternenwelt und hält so die Mitte zwischen Erde und Sternenkosmos.

Was ist also die erste seelische Tugend des Wassers? G. W. F. Hegel sagt in seiner Naturphilosophie, 2. Teil:

Das Wasser ist das Element des selbstlosen Gegensatzes, das passive Sein – für anderes ... Das Wasser hat somit sein Dasein als Sein für anderes ... Und darum ist es früh die »Mutter alles Waltenden« genannt worden.

(Mit dem Wort »früh« meint Hegel die griechische Naturphilosophie.) Selbstlosigkeit als Lebensstrom – Lebensstrom als Selbstlosigkeit: darin offenbart das Wasser die höchste menschliche Tugend.

Man kann nun über diesen Punkt noch etwas hinausgehen und auf das Verhältnis des Wassers zum Licht hinschauen. Die vollkommen stille Oberfläche des ruhenden Wassers wird zum Spiegel der lichtgetragenen Bilder der Welt. Wer einmal in der Tiefe eines norwegischen Fjordes bei stiller, klarer Luft eines Herbsttages beobachtet hat, wie das Auge nicht mehr unterscheiden kann zwischen der Landschaft – Berg, Gletscher, Felsen und Baum – und deren Spiegelbild im Wasser, beide gleich deutlich und nahezu gleich hell, der erlebt das Wasser als Träger eines selbstlosen Bewußtseins für die Umwelt. Es spiegelt – wie das menschliche Bewußtsein Vorstellungen und Gedanken – in reiner, unverzerrter Form diese Bilder als Bilder. Wer dann Sonne oder Mond über See oder Meer bei Aufgang oder Untergang beobachtet, kann das von jeder einzelnen Welle gebrochene und doch als Lichtbahn einheitliche Bild der Kräfte wahrnehmen, die von Sonne und Mond ausstrahlen. Das Bildbewußtsein des Wassers geht über in das Kraftbewußtsein. Wer vor dunkler Regenwolkenwand den doppelten Regenbogen gewahr wird, kann sehen, was auf der Sonne geschieht, wenn das übersinnliche Sonneninnere an den Rand kommt und in Photosphäre, Chromosphäre und Korona physische Stofflichkeit hat und Dynamik nach außen betätigt; er sieht im Regenbogen ein Abbild der Sonnentägigkeit. Denn im Inneren des inneren Bogens ist das Sonnenbild dunkel, zwischen dem inneren und äußeren Bogen hell und außerhalb des äußeren Bogens wieder dunkel. Man kann das an den Grautönen der Regenwolke genau sehen. Diese fünf Zonen gehören zusammen und sind ein reales Kraftbild des Sonnenwesens im Tropfenschleier der Regenwolke. Sie gibt in Millionen Tropfen das Kräftespiel des Sonnenwirkens im Weltall wieder. Das Kräftebewußtsein des Wassers geht über in sein Sonnenbewußtsein. – Wer schließlich in den Eiskriställchen der Zirruswolke Halo und Nebensonne wahrnimmt, der sieht im Bilde das geistige Wesen der Sonne selber, das nun wiederum durch das Kristallwasser das Lebensbewußtsein in Wesensbewußtsein überführt. Im Halo offenbart sich nicht nur ein Bild des Sonnenlebens, weil die Sonne sich im Halo nicht spiegelt wie im Regenbogen, sondern selbst im Mittelpunkt der Erscheinung steht. Als licht- und farbenschaffendes Wesen offenbart das kristallierte Wasser die Sonne selbst. (Hof und Gloria sind Zwischenstufen im Nebel- und Wolkendunst.)

In allen Stufen dieser Spiegelungen erweist sich das Wasser als Träger eines kosmischen Bewußtseins.

Diese Reihe offenbarender Bilder des Wasserwesens schließt sich gewissermaßen zusammen in dem allereinfachsten Bild, welches das Wasser von sich selber gestaltet: dem Tautropfen. Erscheint ein solcher Tautropfen in dem Licht der aufgehenden Sonne, dann wird er in seiner Auseinandersetzung mit sich selbst und mit dem Lichte zum einfachsten Abbild des ganzen Kosmos.

8. Die Geistigkeit des Wasser-Wesens

Über Leben, Seele und Bewußtsein hinaus ist das Wasser auch selbst ein geistiges Wesen. Indem es die Kraft hat, alle Stoffe zu durchdringen, indem es sie löst, um sie dem Leben zu öffnen, kann es, selber in das Leben eintauchend, dieses wiederum den Stoffen zuführen. Die alldurchdringende Kraft ist sein eigentliches geistiges Dasein. Selbstlos empfängt es das Belebte und Stoffliche, trägt aber auch Leben und Stoff durch die eigenen Verwandlungen hindurch, und nachdem es sie empfangen und durchgetragen hat, gibt es sie sich selber erneut wieder. Es gebiert sie mütterlich aus sich heraus, ist weltgebärend.

Mit diesen Fähigkeiten kann es auch die ihrem Ursprung entfremdeten Wesenheiten, die sich vielleicht einem Untergang zuneigen, mit dem schöpferischen Urgrund des Lebens der Welt wieder verbinden. Es vermag sie in ihr Urständen im geistigen Dasein wieder zurückzuführen. Dadurch aber gelingt es ihm, sich auch selber als Mineral in diesen seinen geistig-physischen Urgrund zurückzuversetzen. Insbesondere seine eigenen engsten Verwandten, zum Beispiel den Kiesel, den Quarz, kann es in diesen Prozeß hereinnehmen.

Im folgenden wird versucht, für den Quarz, den Kiesel, das Grundwesen zu erarbeiten. Es wird sich zeigen, daß auch dort eine tiefe Selbstlosigkeit herrscht, die aber mehr den Charakter der Urvermittlung aller Wahrnehmungsvorgänge trägt. Der Kiesel ist der Ursinn für alles, was Licht, Wahrnehmung ist, das Wasser dagegen ist in seiner Selbstlosigkeit das Wahrnehmungswesen für alles Leben. So wird verständlich, wenn – worauf noch einmal zurückgekommen werden soll – in dem Strom des himmlischen Jerusalem eine Zukunft als Bildung des Wassers auftritt, in welcher es selber Leben, Kristall und Strom ist. Es heißt da (Kap. 22, Vers 1): »Und er zeigte mir einen Strom: das Wasser des Lebens, gleich einem Kristall [›Kristall‹ heißt Berg, Eis und Bergkristall]. Er strömte hervor von dem Thron des Gottes und von dem Lamm.«

Dieser Strom des Lebens der Welt geht immer vom Vater aus; doch in dem Strom, der durch die himmlische Stadt fließt, ist die Mitwirkung des Sohnes enthalten. Denn Er, der Sohn, das Lamm, empfängt den Strom vom Vater und erfüllt ihn von sich aus mit der Selbstlosigkeit der Vermittlung im Tragen und Ordnen dieses Lebens. Dadurch verbindet der Sohn das Wasser des Lebens mit dem Licht. Ein Dreifaches ist in dem Wasserstrom des himmlischen Jerusalem enthalten: Das Ursubstantielle des Vaters – es ist der zum Strom gewordene Kristall-Kiesel-Prozeß; das Urlebendige des Sohnes – es ist der zur selbstlosesten, reinsten Hingabe

gewordene Wasserprozeß; und das Heilende des Geistes – es ist der zum Lebensspiegel gewordene Bewußtseinsprozeß des Wassers. Der Zukunftsstrom des Wassers des Lebens strömt nicht mehr nur unbewußt wie das Leben der Schöpfung, sondern bewußt wie das Ich. Man vergleiche damit das Christuswort: Wer sich im Glauben mit meiner Kraft erfüllt, von dessen Leibe sollen, wie die Schrift sagt, Ströme vom Wasser des Lebens ausgehen (Joh. 7, 38).
Das Wasser ist die eine Komponente dieses Stromes, die andere ist der Kiesel, der Quarz.

Gesang der Geister über den Wassern

Des Menschen Seele
Gleicht dem Wasser:
Vom Himmel kommt es,
Zum Himmel steigt es,
Und wieder nieder
Zur Erde muß es,
Ewig wechselnd.

Strömt von der hohen,
Steilen Felswand
Der reine Strahl,
Dann stäubt er lieblich
In Wolkenwellen
Zum glatten Fels,
Und leicht empfangen,
Wallt er verschleiernd,
Leisrauschend
Zur Tiefe nieder.

Ragen Klippen
Dem Sturz entgegen,
Schäumt er unmutig
Stufenweise
Zum Abgrund.

Im flachen Bette
Schleicht er das Wiesental hin,
Und in dem glatten See
Weiden ihr Antlitz
Alle Gestirne.

Wind ist der Welle
Lieblicher Buhler;
Wind mischt vom Grund aus
Schäumende Wogen.

Seele des Menschen,
Wie gleichst du dem Wasser!
Schicksal des Menschen,
Wie gleichst du dem Wind!

Goethe

DER KRISTALL

Selbstlosigkeit im Weltvermitteln

1. Der Name. 2. Der Stoff. 3. Der Kristall. 4. Das Spektrum der Erscheinungen.

1. Der Name

Die Namengebungen für den gesamten Bereich derjenigen Mineralien, die als stoffliche Grundlage das reine Kieselsäureanhydrid SiO_2 besitzen, haben etwas Schwebendes. Da ist einmal die Benennung Kiesel. Das Wort geht auf die indogermanische Wurzel GIS und GEIS zurück. Daraus ist durch Lautverschiebung Keis und daraus im Mittelhochdeutschen Kis und neuhochdeutsch Kies geworden. Die ursprüngliche Bedeutung bezieht sich auf etwa den gleichen Sinn wie das Wort Stein, und zwar mehr darauf, was mit dem einzelnen abgerollten Stück gemeint ist. Später bedeutete es dann auch Steine, groben Sand, Schotter, also Kies im heutigen Sinne. Von dieser Wurzel gibt es eine Art Diminutiv: althochdeutsch KISILI, auch KISILINK. Dieses Wort ist später in Kieserling und Kaiserling übergegangen. Es bedeutet Steinchen, dem Kiesel zugehörig; aber auch Hagel, Hagelkorn, Schlossenkorn und Graupelkorn. Der Erlebniszusammenhang von Hagelkorn und Kieselstein ist deutlich; die Germanen erlebten den Zusammenhang von Eis und Kiesel ähnlich wie die Griechen. Die heutige Benennung ist doppeldeutig; sie erfolgt für ein bestimmtes Mineral der Kieselsäuregruppe als derber Kieselstein, auch Hornkiesel und Kieselsinter, andererseits spricht man in chemisch-pharmazeutisch-medizinischen wie auch in landwirtschaftlichen Zusammenhängen einfach von Kiesel, wenn man den chemischen Stoff und dessen Wirkungen meint.

Der zweite Name ist Quarz. Der Ursprung des Wortes ist umstritten. Einmal soll er der althochdeutschen Wurzel URIOS entstammen, was auch Kies bedeutet. Andere Autoren meinen, er entstamme dem böhmischen Bergbau des 14. Jahrhunderts und sei aus dem westslawischen Wort Kwardy entstanden, das bedeutet hart. Er kann aber auch aus dem Harzbergbau des 12. bis 16. Jahrhunderts herkommen und wird dann für den Erzinhalt einer Querkluft benützt: Quererz, Quarz. Schließlich kann er auch von Qiad = Eis stammen, aus dem mittelhochdeutschen Wort Quad = böse, ekelhaft, also böses Erz, Erz ohne Silber. Ebenso wird er abgeleitet von dem althochdeutschen Wort Qarx, das heißt Kobold oder Zwerg. Es wird also im Quarz ein Elementarwesen der Erde gesehen. Heute wird er, wenn auch unscharf, für die Gruppe der Kieselsäuremineralien benützt.

Der dritte Name ist Bergkristall. Das Wort ist griechischen Ursprungs. Kryos bedeutet Frost, große Kälte, und Krystallos bedeutet Gefrorenes. Der Grieche bezeichnet damit zunächst das Eis, dann aber auch ebenso direkt den Bergkristall, weil er ihm gegenüber ein gleiches Erlebnis hat und dieses so interpretiert: Der Bergkristall sei nichts anderes als Eis, das in großer Höhe und langen Zeiten so stark gefroren ist, daß es nicht mehr auftauen kann. Es gibt bei den alten Autoren auch die Auffassung, daß er aus großem Feuer herausgefroren sei. Das Wort Kristall ist dann übergegangen in seiner Bedeutung auf die Gestalt des Mineralreiches in dessen geometrisch bestimmter räumlicher Struktur und Figur und ist schließlich mathematisiert worden. Oft gibt es auch heute noch das Wort »Kristall« sowohl speziell für den Bergkristall als auch allgemein für die Formen des Mineralreiches überhaupt.

2. *Der Stoff*

Chemisch ist Kiesel – Quarz – Bergkristall das Anhydrid einer Säure, der Kieselsäure; anders formuliert: das Oxyd eines halbmetallischen Elementes, des Siliciums, SiO_2. Das Halbmetall Silicium hat im periodischen System die Ordnungszahl 14, Atomgewicht 28,086, Schmelzpunkt 1410°C, Siedepunkt 2630°C (nach Holleman), Dichte 2,32. Es kristallisiert kubisch, aber nicht so wie das Kochsalz, sondern wie der Diamant, d.h. die Ionen sitzen an den acht Eckpunkten des Würfels sowie in der Mitte der sechs Flächen, wobei zwei solcher flächenzentrierter Würfelgitter mit einem Viertel der Kantenlänge gegeneinander verschoben sind und so die Elementarzellen bilden. Die Kristalle sind dunkelgrau, metallisch glänzend. Sie sind unlösbar in Wasser und organischen Säuren. Nur Flußsäure greift sie an. Silicium verbindet sich mit Wasserstoff zu Silanen (SiH_4, Si_2H_6), mit Sauerstoff zu SiO (Monoxyd) und SiO_2 (Dioxyd). Ein Viertel dessen, was uns als Stoff auf der Erde umgibt, ist Silicium (25,8 Gewichtsprozente nach Holleman). Wir gehen auf ihm herum, sind von ihm umgeben, es bildet bis tausende Kilometer Tiefe die mineralische Erde, aber wir bekommen es nie zu sehen. Wenn auch ein Stoff – geistig gesehen – Wille ist und wenn in Quarz und Feldspat, in Glimmer und Hornblende, in Granat und Beryll und Topas, in Granit, Gneis, Basalt, Schiefer, Lehm, Ton und Ackererde überall ein Viertel Silicium ist, dann sieht man, daß es nicht in die Erscheinung treten will. Wir müssen das Silicium gewaltsam aller seiner Hüllen entkleiden, dann erscheint es, ein Halbmetall, tiefschwärzlich-blaugrau, härter als die meisten Metalle, fast so hart wie Korund, gegen Sauerstoff und fast alle Säuren abweisend; andererseits leichter als die meisten Metalle, gegenüber Basen offen und schnell sich mit den Metallen mit Hilfe des Sauerstoffes verbindend zu Tausenden von mineralischen Stoffen, den Silikaten, in die hinein es sofort verschwindet. Zerschlägt man es mit dem Hammer, spritzt es knisternd auseinander. Wenn man es schleifen will, knirscht es. In seinem Buch »Das Du im Stein« (Wien 1943) sagt J. Killian:

Silicium ist hart, aber nicht roh. Es ist verschlossen und abwendig ... aber alles eher als gemein; ... es ist streng und unerbittlich in seinem Gehaben, aber empfindlich und zart in seinem Wesen ... Kein Wunder, daß es sein Inneres geheimhält ... Aber es träumt in der Tiefe und wirkt im verborgenen. In tausend Kri-

stallen ist es der strengste Wille, der Quell ihres Daseins, der Spender und Hüter ihrer Kraft (S. 82–83).

Das Silicium bildet mit dem Sauerstoff und Wasserstoff Säuren, aber auch als Säure ist es nicht beständig. Es ist immer auf dem Wege zum Salz, zum Kristall. Man muß die Säuren künstlich herstellen und am Leben erhalten. So beständig seine Salze sind, so zart und schwach sind die Säuren. Beständig sind aber auch die Aschen, die Oxyde, ebenso die Alkalisalze. Gewaltsam kann man durch Hydrolyse und Kondensation die Polymeren der Säuren bilden (Ortho-Oligo-Polykieselsäure). Die Säuren bilden leicht Kolloide und koagulieren zu festem Gel. Aus solchen Prozessen gehen in der Natur Kieselsinter, Feuerstein und Opal hervor. Die zarte Ortho-Kieselsäure geht dann mit mehrwertigen Metallen in die oben genannten dauerhaften Silikate über, oder sie »verascht« zu Quarz. Das harte, strenge Silicium macht die Kristalle der Mineralwelt hart, streng, spröd und fest. Befestigter Wille und geordnete Geist-Gestalt zeichnen sie aus.

Der andere Stoff ist der Sauerstoff. Er ist der Stoff, aus dem die Erde zur Hälfte besteht, und zwar nicht nur der Luftanteil, sondern auch die feste Erde. In der Luft macht der Sauerstoff nur ein Viertel aus, ähnlich wie das Silicium im festen Mineralreich; in diesem beträgt der Anteil des Sauerstoffs fast die Hälfte, 49,8 Gewichtsprozente (nach Holleman). Sauerstoff und Silicium sind also zusammen mit 60 Gewichtsprozenten an allen Gesteinen der Erde beteiligt. Der Sauerstoff am festen Mineralreich mit 46,6, am Wasser mit 85, an der Luft mit 23 Gewichtsprozenten.

Der Sauerstoff ist ein Nichtmetall. Er hat die Ordnungszahl 8, Schmelzpunkt minus 218,4°, Siedepunkt minus 183,0°. Flüssiger und fester Sauerstoff ist hellblau. Eine Modifikation bildet Ozon. Er ist neben Fluor und Chlor eines der stärksten elektronegativen Elemente und außerordentlich reaktionsfreudig. Er steht in einem gewissen Gegensatz zum Silicium, und so vereinigt er sich auch unter Licht- und Wärmeentwicklung mit zahllosen Elementen und Verbindungen, entweder leise, zäh und stetig (z. B. Verrosten von Eisen) oder gewalttätig, dramatisch (bei Explosionen). Damit ist er der Allverbinder und trägt das Leben in den Stoff und die Belebung in das Leben (Atmung). Er ist es auch, der über die Kieselsäure dem Silicium zur Verbindung mit den Metallen verhilft. Was geben nun jeweils diese beiden Stoffe, Silicium und Sauerstoff, auf, wenn sie sich selber in das Unter- und Übersinnliche zurückziehen, um den Stoff Kiesel erscheinen zu lassen? Das Silicium opfert seine finstere Isolierung, läßt sich durchlichten und wird gesellig und offen. Der Sauerstoff opfert seine Leichtigkeit und wird empfindlich gerade für das, was er bei seinen Verbindungen aus den anderen Stoffen zunächst austreibt, für Licht und Wärme. Als Gas in der Luft läßt er sie beide völlig durch sich hindurch. Indem aber die beiden Stoffe ihr eigenes stoffliches Dasein opfern, entsteht in dem untersinnlichen Substrat des Kristallzustandes der Kieselsäure keine abgeschlossene Molekularstruktur, sondern eine Art Gewebe von Kräften, die in unendlicher Selbstwiederholung durch Anlagerung und Bindung mit sich selbst die Matrix für die Verkörperung des Quarzwesens abgeben. Die Kieselsäure bildet das Materienetz für die Verkörperung ihrer selbst und der meisten anderen Elemente, besonders der Metalle und deren Verbindungen. Es geschieht dadurch, daß das Siliciumion sich 4 Sauerstoffionen umlagert, so daß das kleine Siliciumion den geometrischen Mittelpunkt eines winzigen Tetraeders bildet, in dessen vier Ecken die Sauerstoffionen sitzen, die nun selbst wieder Teil des nächsten Tetraeders sind. Auf diese Weise vollbringt die Kieselsäure im anorganischen Bereich dasselbe wie der Kohlenstoff im organischen Bereich. Sie bildet Inseln, Ketten, Bänder, Blätter, Ringe und Gerüste von SiO_4-Tetraedern im quantenmechanischen Gewebe des Untersinnlichen, an denen sich die übersinnlichen Stoffwesen verkörpern und ihre Qualität sinnlich in Erscheinung bringen können. Praktisch sind die Silikate das Mineralreich und der Kiesel ist deren Grundgerüst.

3. Der Kristall

Mit dem untersinnlichen Gewebe der SiO_4-Tetraeder verbindet sich die Kristallfigur. Sie ergreift deren Gerüst und bringt sie, die ja selber der kubischen Raumordnung angehören, in die trigonale Ordnung. So entsteht eine einheitliche, zusammenhängende, dreiseitige Säule als Kristall, die oben und unten mit dreiseitigen Pyramiden endet. Bei dieser Grundform bleibt es aber nie. Immer übergreift ein hexagonales Bauprinzip diese trigonale Figur, indem sich zwölf solcher Figuren miteinander so durchdringen, daß sie genau eine sechsseitige Säule und zwei dreiseitige Rhomboeder an den beiden Enden entwickeln. Es entsteht eine hohe Symmetrie. Jeder der beiden Kristalle hat in dem anderen drin seine eigenen feinen stofflichen Lamellen, die sich frei und vollkommen durchdringen. Ein ähnliches Bild bekommt man, wenn man zwei Steine gleichzeitig in ruhiges Wasser wirft und beobachten kann, wie sich die beiden Wellenzüge dort, wo sie aufeinandertreffen, frei durchdringen und nach dem Durchgang durcheinander in ihrer ursprünglichen Ordnung weiterlaufen. Es entsteht also eine laminare Parallelverwachsung zweier Kristalle. Auch hier zeigt sich die schon erwähnte tiefe Verwandtschaft von Wasser und Quarz: Der Quarz kristallisiert lamellar, das Wasser bewegt sich lamellar.
So entstehen die Trachten der Bergkristalle. Die häufigsten:

1. das sechsseitige Prisma mit den Indizes $\{10\bar{1}0\}$;
2. zwei dreiseitige Pyramiden, der Hauptrhomboeder, mit den Indizes $\{10\bar{1}1\}$ und der mit etwas kleineren Flächen vertretene Nebenrhomboeder $\{01\bar{1}1\}$;
3. zwei trigonale Bipyramiden, die aber immer allein auftreten und sich dem einen oder anderen der beiden trigonalen Kristalle anschließen. Dadurch entsteht äußerlich eine Asymmetrie, weil die Flächen der Bipyramiden entweder nach links mit den Indizes $\{2\bar{1}\bar{1}1\}$ oder nach rechts mit den Indizes $\{11\bar{2}1\}$, verbindet. So entsteht der Linksquarz und der Rechtsquarz.

4. Schließlich erscheinen meistens noch zwei trigonale Trapezoeder $\{51\bar{6}1\}$ rechts und $\{6\bar{1}\bar{5}1\}$ links).

(Zum Verständnis dieser Angaben siehe Anhang 23).

Im Zusammenhang mit diesen lamellaren Parallelverwachsungen der Grundkonstitution steht nun auch die Mannigfaltigkeit der Zwillingsbildungen, die sehr verbreitet sind. Es gibt drei Hauptgesetze:

1. das Schweizer-Gesetz: Es durchwachsen sich gegenseitig entweder zwei Rechtsquarze oder zwei Linksquarze, wobei der eine Kristall gegen den anderen um 180° entlang der Hauptachse gedreht ist. Man könnte sagen: Das ist jetzt der vollständige Quarzkristall, vollkommen symmetrisch, aus vier Einzelkristallen bestehend, nach der hexagonalen Symmetrie geordnet und mit einer Art abgesetzter Spiraltendenz durchdrungen. Das heißt also, daß die ursprüngliche einfache Kristallform mehrfach überprägt ist.
2. Beim Brasilianer-Gesetz durchwachsen sich lamellar ein Rechtsquarz und ein Linksquarz, so daß sich die imaginäre Drehbewegung ausgleicht. Der vollständige Quarz wird zu vollkommenem Quarz.
3. Beim Japaner-Gesetz legen sich zwei Kristalle so aneinander, daß sie mit ihrem unteren Teil durchdrungen sind, fast senkrecht aufeinander stehen und durch eine Verwachsungsnaht gegeneinander abgegrenzt sind.

Alle drei Gesetze sind weltweit verbreitet. Was oft als ein viertes Gesetz angesehen wird, die Erscheinung der gewundenen Quarze, ist keine Zwillingsbildung, sondern eine Art Übereinanderlaufen der Lamellen mehrerer Individuen, ähnlich wie beim Wasser das Übereinanderlaufen der Lamellenscharen der Wirbelbildung und Spiraltrichterbildung. Auch hier kommt die tiefe Verwandtschaft von Wasser und Bergkristall zum Vorschein. – So entstehen windschiefe, ganz regelmäßig gestufte Aggregate, die nach rechts oder links gewunden sind, je nach Rechts- oder Linksquarzen, aus

denen sie bestehen. Insgesamt gibt es beim Quarz 18 verschiedene Verzwillingungsgesetze.
Die Kristallformen der Quarze sind aber nicht nur durch die Verwachsungen im lamellaren Bau charakterisiert, sondern auch davon abhängig, in welchem Temperaturmilieu der Quarz lebt. Die SiO_4-Tetraeder lagern sich bei verschiedenen Temperaturen um, ohne die Grundordnung der Lamellen zu verlassen. So zeigt das SiO_2 nicht nur die oben erwähnten Grundformen der niederen Temperaturen (Tiefquarz trigonal), sondern sechs verschiedene Haupterscheinungen, die jeweils paarweise ineinander umkehrbar sind an Hand der Temperaturleiter.

1. Der trigonale Tiefquarz geht bei Temperaturen über 573° C in den hexagonalen Hochquarz über, der dann bis 870° stabil ist und bei 1600° schmilzt. Was bei den tieferen Temperaturen Überprägung ist, wird jetzt Struktur. Geht die Temperatur wieder unter 573°, zerfällt gewissermaßen der hexagonale Kristall wiederum in die beiden trigonalen.

2. Neben dem trigonalen Tiefquarz kommt in der Natur der rhombisch kristallisierende Tieftridymit vor; auch dieser geht bei Erwärmung schon bei 120° in den ebenfalls hexagonalen Hochtridymit über. Dieser schmilzt bei 1670°; auch er wird bei Abkühlung wieder trigonal-rhombisch.

3. Die dritte, auch in der Natur nur selten vorkommende Kristallform ist dann der Cristobalit. Er ist tetragonal kristallisiert und geht bei 200° C in den kubischen Hochcristobalit über, demselben Kristallgesetz folgend wie Kochsalz, Diamant und sechs Formen von Eis. Er schmilzt bei 1710°, also am schwersten. Oberhalb 1710° gehen dann alle drei Formen in eine dünnflüssige Schmelze über.

4. Dazu kommen: Keatit (bei 1000 Atm.), Coesit (bei 20000 Atm.), Stishovit (bei 150000 Atm.) sowie Melanophlogit und »faseriges SiO_2«, die aber nicht alle in der Natur gefunden, sondern in Versuchen hergestellt sind.

Diese Lebendigkeit und Empfindlichkeit der Kristallität der Bergkristalle gegenüber der Wärme, die lamellare Konstitution der Durchwachsungskristalle und der Übergang in die hexagonale Form bei höheren Temperaturen, die ja die Form von Eis und Schnee bei niederen Temperaturen ist, zeigen so eine Gemeinsamkeit von Wasser und Quarz, die natürlich chemisch überhaupt nicht begründbar ist.

4. Das Spektrum der Erscheinungen

Beweglich und fließend wie die Kristallität sind auch die Erscheinungsformen der Kieselmineralien. Es sind im wesentlichen vier grundlegend verschiedene Erscheinungsarten des Quarzwesens:

1. die phanero- oder makrokristallinen Quarze;
2. die mikrokristallinen Quarze als Faserquarz und Körnerquarz;
3. die kolloidalen Quarze;
4. die derben Quarze.

Die Quarzsubstanz bildet etwa 18 Gewichtsprozente des Mineralreiches. Sie findet sich in allgemeiner Verbreitung

1. in Drusen und Klufträumen als bis zu zentnerschwere Kristalle oder auch derb, die Kluft erfüllend.
2. In den Gesteinen selbst ist der Quarz Gemengeteil, mehr oder weniger grobkörnig, derb ausgebildet als gemeiner Quarz. Im gebrochenen Gestein kann man ihn an seinem Fettglanz erkennen.
3. Größere Gänge sind auf pneumatolythisch-hydrothermalem Weg mit derbem Gangquarz erfüllt. Dort ist er oft sehr rein.
4. Schließlich findet er sich in Sedimentgesteinen als Sandkorn und als Bindemittel von Sandsteinen und als metamorphosierter Sandstein, als Quarzit.

Die erste Gruppe der rein makrokristallinen Quarze ist die des Bergkristalls. Wasserklar, manchmal durch Einschlüsse getrübt, ist er der Kristall schlechthin. Wenn die Einschlüsse den Lamellen der Kristallbildung entsprechend verlaufen, entsteht der Phantom- oder Geisterquarz. Die Engelstränen im Carraramarmor und die »Marmaroscher Diamanten« aus Siebenbürgen sind kleinere, beidseitig ausgebildete, lebhaft wie Edelsteine glänzende Kristalle. Diese reinen Bergkristalle zeigen nach fünf Seiten Abwandlungen. Durch Wachstumseinseitigkeiten und Wachstumsfehler (verschieden schnelles Wachstum in Richtung bestimmter Flächen oder Kanten) entstehen Fensterquarz, Rahmenquarz, Skelettquarz, Zepterquarz und Babylonquarz. Dies ist die erste Abwandlung.
Zweitens entstehen durch Risse und Einschlüsse von Luft oder Restlösungen, die der Kristall ausgeschieden hat, Trübungen. Drittens finden sich Einschlüsse fester Natur, die der Kristall umwachsen hat. Sie können von Kolloiden, schwebenden Stoffen stammen (Tonmineralien, Eisenoxyde und Hydroxyde), die dann den Quarz undurchsichtig machen (er heißt dann Eisenkiesel); oder es handelt sich eben um Einschlüsse, die Kristalle von anderen Mineralien sind. Sie können von allerfeinsten, unsichtbaren Fasern bis zu sichtbaren, nadelförmigen Kristallen auftreten: Rutil, Turmalin, Aktinolith, Skapolith, Anhydrit, Epidot, Amiant; und andererseits blättrige Einschlüsse: Ilmenit, Hämatit, Brookit, Glimmer, Chlorit und andere.
Diese Einschlüsse ergeben dann je nach Verteilung, Mineralart und Größe die Varietäten folgender Quarze:
Milchquarz (Gas- und Flüssigkeitseinschlüsse und Sprünge); Eisenkiesel (Eisenoxyd); Saphirquarz und Blauquarz (Krokydolith und Turmalin); Avanturinquarz (Glimmer); Prasem (grün durch Strahlstein); Rosenquarz (Rutil, Titanionen, Manganionen); Falkenauge (Asbestfasern); Tigerauge (Asbest- und Limonitfasern). Viertens schließlich können durch Strahlungseinwirkungen im Ionengitter nachträglich Änderungen entstehen, und der Bergkristall wird dadurch farbig: Citrin (gelb), Rauchquarz (schwarzbraun), Morion (ganz dunkel), Amethyst (violett); doch können

6 Schneekristalle
(Tafelkristalle und Skelettkristalle zunehmender Kompliziertheit)

7 Bergkristall
(Kristall in Kristall – Kristall auf Kristall, Raumrichtung völlig frei)

8 Jaspis, derb, rot zoniert
(Afrika)

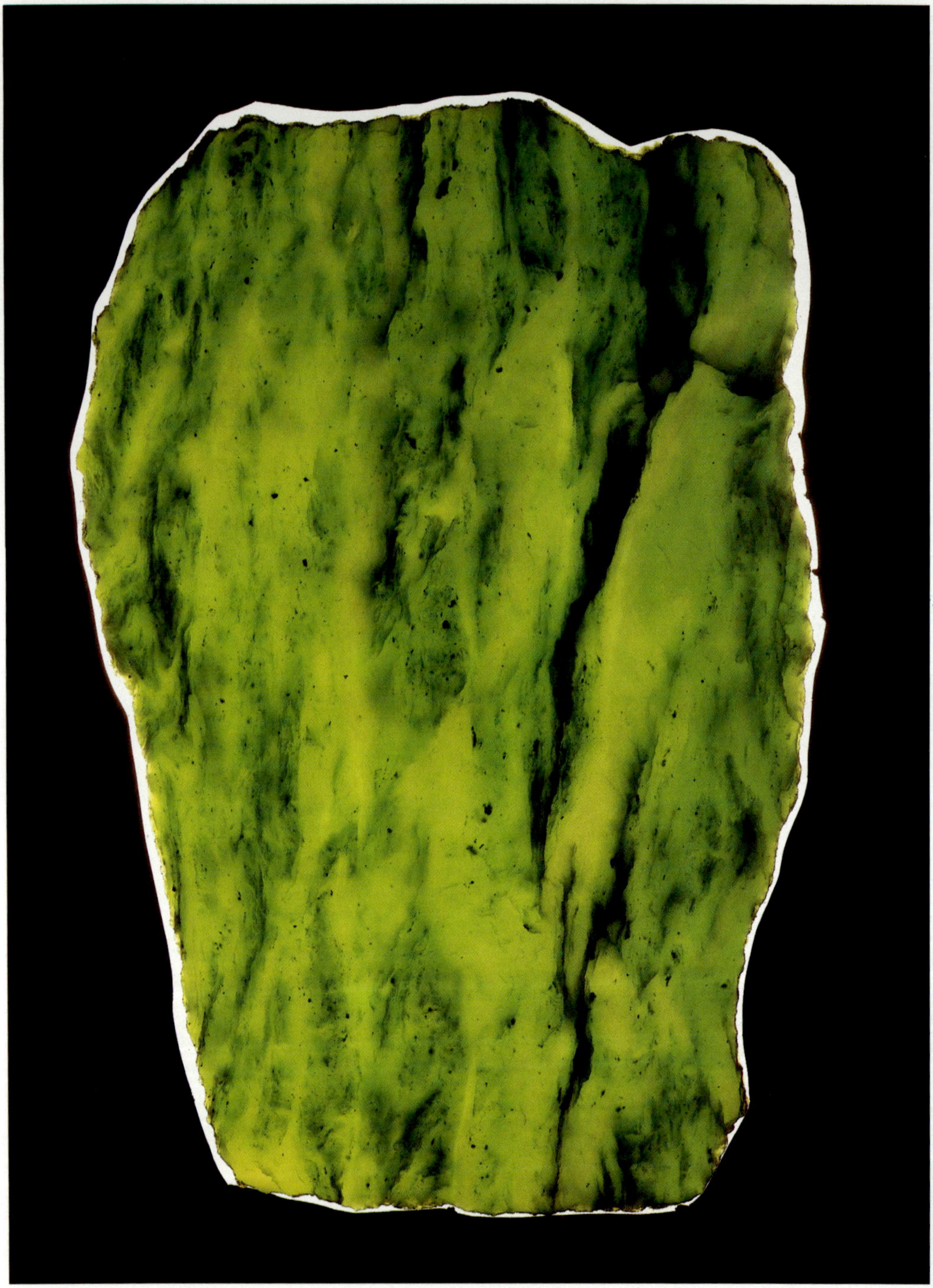

9 Nephrit
(faserig strukturiert; Neuseeland)

auch diese Veränderungen durch zusätzliche Metallionen mit bewirkt werden. Durch Erhitzen auf über 300°C gehen die Farben meistens verloren. – Die fremden Ionen im Kristallgitter sind statt Silicium: Aluminium, Lithium, Natrium und Wasserstoff. Man hat berechnet, daß schon Spuren von 10 bis 150 Aluminiumionen in einer Million Siliciumionen die Farbänderungen herbeiführen. Beim Citrin sind Spuren von Eisenhydroxyd nachgewiesen, in den Amethysten Mangan.

Die fünfte Varietät der Quarze besteht darin, daß sich zwar die SiO_4-Tetraeder bilden, daß sie aber äußerlich sich vollkommen anschmiegen können an die Kristallform anderer Mineralien oder organischer Stoffe, die durch den Kiesel verdrängt sind. Man nennt das Pseudomorphose. Ihre extremsten Formen sind Verkieselungen von Holz, Knochen und Kalkschalen. Die Quarzsubstanz nimmt exakt die Strukturen der Zellen an.

Die zweite große Gruppe der Quarze sind die mikrokristallinen Varietäten. Sie sehen zwar »derb« aus, sind es aber nicht. Sie bestehen zum einen aus ganz feinen mikroskopischen Faserkristallen, wobei die Faserrichtung senkrecht zur Hauptachse der Säulenform der Kristalle steht. Es sind bis zu 800 Fasern auf einen Millimeter in den Lamellen. Das gibt also fast einen tausendstel Millimeter, doch sind die Fasern noch dünner, da zwischen ihnen ebensoviel kolloidale Feinstreifen von Opalquarzen stecken. So entsteht ein minutiöses Gewebe. Es ist die Chalzedon-Gruppe. Manchmal verläuft die Faserung parallel mit der Hauptachse der Kristalle, dann heißt der Chalzedon Quarzin. Manche Chalzedone haben das Cristobalitgitter in den Fasern: der Lussatit. Alle Chalzedone mit ihren farbigen Abarten sind durchsichtig (seltener), durchscheinend (meistens) oder undurchsichtig. Sie sind traubig, krustig, lagig oder knollig. Durch Fremdeinschlüsse werden sie lebhaft farbig: Karneol (rot, durchscheinend), Chrysopras (grün durch Nickel), Moosachat (durchsichtig mit grünen Hornblendedendriten) und die lagigen Chalzedone in den Achaten: Onyx (dunkel rauchbraun, schwarz und weiß gebändert), Sarder (rot, braunrot bis weiß gebändert), oft gleichnamig mit Karneol, Enhydros (Chalzedonmandel mit Flüssigkeitseinschlüssen) und schließlich Jaspis (rotbraun, braun, undurchsichtig). (Zur Genese der Achate siehe auch Anhang Nr. 26.)

Die andere Abart der mikrokristallinen Quarze enthalten nicht nur faserige, sondern auch körnige Kriställchen. Hierher gehören die eigentlichen Jaspisarten, wie Plasma (grün, undurchsichtig); Heliotrop (grün, durchsichtig mit roten Eisenoxydpunkten); viele gelbe, braune, rote und weiße Jaspisarten und der knollige und plattige Feuerstein und Hornstein. Dazu kommen die Jaspiskugeln, die besonders schöne Farben haben.

Die dritte große Gruppe der Quarze sind die Erscheinungen der Quarzite und Gangquarze. Die vierte Gruppe sind eigentlich keine Quarze. Es ist fest gewordene, amorphe, wasserhaltige Kieselsäure, mit traubiger Oberfläche, manchmal knollig, manchmal lagig, oder auch, wie erwähnt, sind es Verkieselungsminerale für Fossilien. Es handelt sich um die Opale (Edelopal, Feueropal, Milchopal, Hyalit) und den Holzopal. Näheres darüber in dem Kapitel über den Opal.

I. Lebensursprung und Lebensbeziehungen:[39] Es ist notwendig, die ganze Fülle der Forschungsergebnisse der Kieselmineralien zu überblicken, wenn man das lebendige Wesen des Quarzes erfassen will. Dabei rückt der Quarz in eine merkwürdige Nähe zum Wasser. Das bezieht sich auf folgende Punkte:

1. Quarz und Eis unterliegen der gleichen Struktur der Kristallgitter im untersinnlichen Bereich. Diese strukturelle Ähnlichkeit zeigt sich experimentell als die SiO_4-Tetraeder beim Quarz, die OH_4-Tetraeder beim Wasser. Während das Eis von Anfang an hexagonal kristallisiert, strebt der Quarz diese geistige Geste immer an. Er erreicht sie nur bei hohen Temperaturen. Es ist immer der lamellare Aufbau, der in der Bewegungsform des Wassers und in der Kristallform des Quarzes erscheint.
2. Wasser ist im höchsten Maße empfindlich für alles Leben. Es erweist sich als der Lebensvermittler schlechthin, das Sinnesor-

gan der Erde, das die Welt der toten Stoffe dem Leben erschließt. Der Kiesel ist sensibel für Licht; im toten Quarz ist das nur indirekt ablesbar. Sowie aber der Kiesel in den Organismen wirksam wird, zeigt sich sofort seine Sensibilität für alles, was mit Wahrnehmung zusammenhängt. Im landwirtschaftlichen Kurs[40] nennt ihn Rudolf Steiner das Licht-Sinnesorgan der Erde für den Kosmos. So wie das Wasser der Sinn für das Leben, so ist der Quarz der Sinn für das Licht und für die Form. Das erhellt aus dem Studium der Geisteswissenschaft von den früheren Erdzuständen. In dem Zyklus »Mysteriengestaltungen«[41] beschreibt Rudolf Steiner den Ursprung der Kieselsäuresubstanz. Sie entstammt der Sonne: Auf den Bahnen von Licht und Wärme sind Urpflanzenwesen, nachdem sich die Sonne von der Erde getrennt hatte, als Ätherwesen zur Erde gekommen und haben den ebenfalls noch ätherischen Urkiesel als Lichtträger und Lichtvermittler mitgebracht, um durch ihn die pflanzliche Urgestalt blatt- und algenartiger Form in dem Eiweiß der Urerde zu verwirklichen. In dem voll lebendigen, sich immer wieder als Kolloid aus dem Sonnenäther verkörpernden und wieder ätherisierenden Vermittler, der die im Licht lebenden Pflanzen an die Eiweißatmosphäre heranträgt, liegt der lebendige Ursprung der Quarzsubstanz. Sich von den Pflanzenbildungen ablösend und mineralisierend wurde dann der Kiesel der hauptsächliche Stoffbestand der Erde, wodurch die Erde selber aufgeschlossen bleiben kann für kosmische Wirksamkeit. Also ist von der Lebensseite her betrachtet der Kiesel der Träger der Sinneswahrnehmungs- und Gestaltwahrnehmungsprozesse.

3. Wie das Wasser ist auch der Kiesel zutiefst selbstlos; wie das Wasser dem Leben, so stellt der Kiesel der mineralischen Stoffeswelt die stoffliche Unterlage zur Verfügung. Er wird Quarz, er wird Silikat. Er bleibt aber auch als Stoff Licht und Form.
4. In diesem Zusammenhang wird bedeutungsvoll, daß diese frühen kosmischen Zustände in den Bildern des Mineralreiches, wie sie in der Offenbarung des Johannes auftreten, anschaubar

sind. In seinem erwähnten Buch über die Apokalypse des Johannes, und zwar in dem dritten Abschnitt »Die Weltschöpfung und das Opfer des Lammes«, hat Emil Bock die Inhalte des großen Quellbildes aus dem 4. Kapitel der Offenbarung ausführlich besprochen (Seite 61–66). Durch das himmlische Bild der geöffneten Türe (Kap. 4, Vers 1) und den Ton der Stimme der Posaune (»steige« – »erhebe dich«) gelangt das schauende Bewußtsein zur Berührung und Begegnung (egenomän en pneumati = ich ereignete mich werdend im Geiste). Es erscheint der Thron (nach der Geistesschau des Alten Testamentes ein Saphir – er ist in der Apokalypse nicht ausdrücklich genannt).

Emil Bock sagt dazu:

Das hochfeierliche, intuitionsdurchtränkte Bild, das sich nun vor der Seele des Sehers auftut, besteht aus mehreren symmetrischen Figuren, die sich in konzentrischen Runden um einen Mittelpunkt herum anordnen. Den Mittelpunkt bildet ein Thron und die Gestalt des »Thronenden«, wie ihn die Apokalypse nennt. In dem Augenblick aber, wo wir uns den, der auf dem Throne sitzt, in menschenähnlicher Gestalt vorzustellen versuchen, verwehrt es uns der Seher: »Der Thronende war anzusehen gleich den Edelsteinen Jaspis und Sarder.« Wir werden angeleitet, uns dieses Wesen ausschließlich als ein sternhaftes Lichtzentrum vorzustellen, von dem zwei farbig verschiedene, blitzende Strahlen ausgehen. Der Jaspis ist ein grünlich schimmernder Edelstein; aber im Altertum galt derjenige Jaspis als der kostbarste, der fast weiß, diamantartig strahlt und dessen reines weißes Licht nur wie von ferne grünlich durchschimmert ist. Der Sarder ist gleich dem Karneol ein Edelstein von blutroter Farbe. Von dem Thron, der den Mittelpunkt der Himmelssphäre bildet, gehen in harmonischem Zusammenklang weiße und rote Lichtstrahlen aus, die die Wesensoffenbarung der Gottheit selber sind. Im Reiche der Urbilder begegnen wir hier der Polarität von Weiß und Rot, die uns überall aus den Märchen und den Sagen und den Symbolen des geschichtlichen Lebens bekannt ist. Ob es das schöne Märchen von Schneeweißchen und Rosenrot ist oder die Sage von Flos und Blancheflore, der roten Rose und der weißen Lilie, oder der Gegensatz der weißen und roten Rose in der englischen Geschichte: immer spricht die Zweiheit von Weiß und Rot zu uns von dem Zusammenklang des Geistigen und des Seelischen. Das Geistige leuchtet in der hellen, weißen Farbe, das Seelische glüht in der Farbe des roten Blutes. Der »Thronende« ist die strahlende Quelle des Urlichtes, das sich wie in Licht und Wärme nach dem Geistigen und dem Seelischen hin differenziert, den Urzusammenklang von Seele und Geist offenbarend.

Bock beschreibt weiterhin den konzentrischen Kreis um den Thron: den Regenbogen, die 24 Ältesten, die sieben Flammen. Dann sagt er:

Um alles dies herum erscheint in rätselhaftem Bilde eine sich rundende Sphäre. Zu den Kreisen und symmetrischen Polygonen fügt sich ein umfassendes Kugelgebilde: »Vor dem Thron war ein gläsernes Meer gleich einem Kristall ...« Die Sphäre eines Meeres, das im Begriff ist zu kristallisieren, umgibt den Thron und seine Kreise.

Im Bilde der Offenbarung ist der Thron umgeben von dem ursprünglichen Tierkreishimmel: dem Viergetier. Die Erscheinung des gläsernen Meeres hat Emil Bock ausführlich besprochen (siehe Anhang Nr. 17). Er erwähnt die Genesis des Alten Testamentes als eine Prophetie der Rückschau und stellt sie der Apokalypse als Prophetie der Vorschau gegenüber. Bevor aber die Apokalypse zu ihrem eigentlichen Zukunftswesen kommt, finden sich auch in ihr Elemente der prophetischen Rückschau. Ein solches Element ist in dem kosmologischen Quellbild des 4. Kapitels als »Bild des gläsernen Meeres« enthalten. In ihm erscheint die mineralische Welt in ihrem ursprünglichen geistigen Zustand. Dem Geiste erstrahlendes, jungfräuliches Stoffwesen als »prima materia« offenbart in der Apokalypse den Ursprung der mineralischen Welt. Es ist der Geburtsaugenblick der Stoffeswelt aus dem wogenden Meer des Geistes heraus. Damit entsteht zugleich auch im Menschen die erste Anlage seiner Fähigkeit, sich selbst gegenüberzustehen. Dies ist gegeben durch die Uranlage des menschlichen Denkens. Mit der keimenden Kristallwelt, dem Keimzustand der gesamten späteren Materiewelt, keimt auch das innere Eigenwesen des Menschen: der Beginn seines Selbstbewußtseins und seines Gedankenlebens. Im Zusammenhang damit erinnert Bock an das Märchen von Novalis in »Heinrich von Ofterdingen«, das mit dem Kristallreich des Arctur beginnt (siehe Anhang 24).

Bei einer solchen Betrachtung können sich in dem Bilde des 4. und 5. Kapitels der Apokalypse drei Elemente begegnen: das apokalyptische Bild in seiner Eigenart, ein Märchenbild des Novalis und die Ergebnisse der Geistesforschung Rudolf Steiners. Sie alle beziehen sich auf den Ursprung der mineralischen Welt im Lichte. In den Quarz-Kiesel-Prozessen und deren Mineralvarietäten können wir heute noch im Mineralreich am reinsten das Abbild dieses Ursprungs gewahr werden: Licht und Form (Kristall) im Bilde des Quarzwesens.

II. Seelische Tugend: Auf dem Untergrund jeder speziellen Sinneswahrnehmung und sinnlichen Organisation liegt ein verborgenes Fundamentum. Es ist die Fähigkeit, generell zwischen Welt und Wesen, zwischen Objekt und Subjekt so zu weben, daß dieses Weben völlig selbstlos vermittelnd geschieht. Das ist die »Sinnenhaftigkeit«, das »Sinnliche« in allen Sinnen. In seiner Geheimwissenschaft[42] beschreibt Rudolf Steiner, daß als Uranlage aller Sinne durch das Zusammenwirken der Geister der Liebe (Seraphim) mit den Erzengeln die »Lichturbilder« der Sinnesorgane für den Urmenschen geschaffen wurden. Im Zusammenspiel der empfangenden Erzengel und der Kraft und Substanz der vermittelnden Seraphim wurden die Sinne des Menschen angelegt. Damit aber auch, nach den Ergebnissen der geistigen Forschung, die Edelsteine. (Darauf wird im weiteren noch ausführlich eingegangen.) Da den meisten Edelsteinen der Kieselprozeß zugrunde liegt, kann man sagen, daß dieselbe Kraft, welche die Edelsteine gebildet hat, auch die Grundsinneskraft der Sinnesorgane des Menschen geformt haben muß. Eine Art Liebekraft und Liebesstofflichkeit liegt allen Sinnen zugrunde, eine Liebekraft, die nicht mehr von Wesen zu Wesen geht, sondern sich von den Geistern abgelöst hat und frei für das Weltall zur Verfügung gestellt wurde und wird, um in jeden Sinnesvorgang eingewoben zu werden. Es ist Liebe als Licht und Licht als Liebe, beides in ganz selbstloser Sensibilität. Aus dem umfassenden Bereich der Seraphim oberhalb der Zwölfheit der Cherubim stammt letzten Endes der Kiesel, der Quarz, der

Bergkristall. In allen zwölf Sinnen des Menschen, in der ganzen Erde, in Pflanze und Tier lebt diese geistige Urkieselsubstanz. Sie ist Opfer, Liebe und Sinn zugleich. Dieser Bereich wird in der Apokalypse das »gläserne Meer« genannt, der »Kristallhimmel« (Offenbarung Johanni, Kap. 4, Vers 6).

III. Geistige Zukunft: Der Mensch würde mit seinen zwölf Sinnen nicht sehen und nicht hören können, wenn nicht in jedem dieser Sinne die Zuwendung des Ich-Selbst zu dem jeweiligen Sinnesinhalt durch die Liebessubstanz der Seraphim ermöglicht würde.[43] Denn wer in Wirklichkeit wahrnimmt, ist das Ich. Im Ich wirkt jener einheitliche Zentralsinn, der in allen Sinnen eigentlich wahrnimmt. Nun kann der Mensch diesen Zentralsinn, diese zentrale Sinnesfähigkeit des Ich-Selbst nicht nur auf die zwölf Sinne verteilen, er kann ihn vielmehr konzentrieren, um ihn aus den Sinnen zu lösen und durch ein inneres Erwachen geistig auf den zur Erde gekommenen Christus zu lenken. Dadurch wird das wahrnehmende Bewußtsein des Hauptes mit dem wahrnehmenden Gefühl des Herzens verbunden, so daß der Mensch den Christus mit *einem* Sinne wahrzunehmen vermag, in dem das Innerste der zwölf Sinne, das Bewußtsein des Hauptes, das Fühlen des Herzens und der Wille des Ichs zu einer Einheit verschmelzen. Dann erkennt der Mensch, wie tief er selber von dem Christus wahrgenommen wird. Dieses Erkennen und Finden ist ein Weihnachtserlebnis. Darum kann der Bergkristall als Bild für den Christus-Sinn vor der Weihnachtskrippe aufgestellt werden.
Insofern »der Kristall« in allen seinen Erscheinungen im Mineral-, Pflanzen- und Tierreich und als tätige Grundlage aller Wahrnehmungen im Menschen und in der Welt der Zentralsinn der Christus-Wahrnehmung ist und der vergeistigte Träger des Sinnes der Menschenseele für das Christus-Licht werden kann, vermag er auch in den Bau des himmlischen Jerusalem einzugehen. Bezeichnenderweise erscheint er dort nicht mehr selbständig, sondern als Eigenschaft anderer Bauelemente. Er ist enthalten in dem Jaspisbild des edelsten aller Steine (Kap. 21, Vers 11; hos litho jaspidi

kristallizonti) und in dem Phostér, dem Himmelslicht der ganzen Stadt; er durchzieht die Imagination des Lichtglanzes, der von der Stadt ausgeht. Ein zweites Mal erscheint er in der Jaspis-Substanz der Mauer der Stadt (Kap. 21, Vers 18). Ein drittes Mal lebt er in den sechs Edelsteinen, die zu den Quarzmineralen gehören: Jaspis, Chalzedon, Sardonyx, Sarder, Chrysopras und Amethyst (Kap. 21, Verse 19–20). Ein viertes Mal durchleuchtet er den Fluß des Wassers des Lebens (lampron hos kristallon, Kap. 22, Vers 1). Alle diese Bildelemente: Licht, Stoff, Tugend und Leben sind immer verbunden und durchdrungen mit dem Sinn für den Christus, dem Sinn für das Leben, dem tiefsten Sinn. Es ist der Sinn des himmlischen Jerusalem für sich selbst – der Sinn seiner selbst – der reinste »Tief-Sinn« – der Christus-Sinn. In Abwandlung des Goethe-Wortes (Marienbader Elegie) kann man sagen:

Da ruht das Herz, und nichts vermag zu stören
Den tiefsten Sinn, den Sinn – IHM zu gehören.

DAS JASPIS-PROBLEM

Mineralnamen im Lichte der Apokalyptik

1. Das Jaspis-Problem. 2. Mineralnamen als Ausdruck des Mineralerlebens der alten Menschheit. 3. Die Jaspis-Erlebnisse des Apokalyptikers.

1. Das Jaspis-Problem

Wohl das Rätselhafteste und Geheimnisvollste in der Offenbarung des Johannes in bezug auf den in ihr enthaltenen mineralischen Bildprozeß sind vier Motive. Das erste ist die Imagination der väterlichen Gottheit im 4. Kapitel, die im Bilde von Jaspis, Sarder und Smaragd erscheint. Das zweite ist der Satz im 21. Kapitel, Verse 10 und 11. Da heißt es: »Und er zeigte mir die große Stadt, das himmlische Jerusalem, herniederschreitend (-gehend, -fahrend, -schwebend) aus dem Himmel von dem Gotte her; sie trug den Offenbarungsglanz Gottes (die Doxa) mit sich. Ihr Phostér (Himmelslicht, Sternenlicht, Lichtglanz, Glanzlicht) gleich dem edelsten (kostbarsten) Stein, dem kristallischen (kristallklaren) Stein Jaspis.« Das dritte ist Kapitel 21, Vers 18: »Und der Bau ihrer Mauer war von Jaspis.« Das vierte schließlich ist dann Kapitel 21, Vers 19, der erste der zwölf Edelsteine, der wiederum Jaspis heißt. Viermal erscheint der Jaspis-Stein, aber bei genauerem Zusehen in ganz verschiedenen Zusammenhängen und mit verschiedener Charakterisierung. Das Innerste des Vaterwesens ist Jaspis; der Lichtglanz Gottes, der aus ihm als Himmelslicht der Stadt hervorgeht, den die herniederfahrende Stadt als Doxa mit sich bringt, ist Jaspis; die Mauer der Stadt besteht aus Jaspis, und der erste der Schmucksteine auf den Grundsteinen heißt wiederum Jaspis. Aufgrund der Vielfalt der Erscheinungen kann es sich gewiß nicht immer um dasselbe handeln, auch wenn es gleich heißt.

Im Grunde ist es das Jaspis-Problem der Edelsteinnamengebung des Altertums und des Mittelalters. Es ist das Problem der überlieferten Edelsteinnamen. Am deutlichsten wird, was gemeint ist, wenn man den Namen Karfunkelstein bedenkt. Er stammt aus dem Lateinischen; Carbunculus bedeutet »kleine glühende Kohle«. Dasselbe im Griechischen heißt anthrax und ist wiederum ein Edelsteinname: glühende Kohle. Versucht man zu erfahren, welches Mineral genau gemeint ist, trifft man auf Schwierigkeiten, denn im Mittelalter wurden mit Karfunkelstein blutrote Steine bezeichnet, gleich, ob das Rubin, roter Granat, roter Spinell (Balasrubin), vielleicht auch Rubellit oder sonst ein blutroter Stein war, er mußte nur durchsichtig sein und rot glühen. Man sieht sofort, der Name ist kein rein sachbezogener, sondern ein erlebnisbestimmter Ausdruck, wobei die Farbe das Wichtigste ist.
In gesteigertem Maße gilt das für den Jaspis-Namen der Apokalypse. Man kann versuchen herauszufinden, welches Mineral mit diesem Namen bezeichnet ist. Man kommt in die größten Schwierigkeiten, denn mit dem Jaspis-Namen wurde eine ganze Reihe von Edelsteinen bezeichnet. Plinius unterscheidet die Varietäten des Jaspis nach Farbe, Musterung und Fundort (37. Buch seiner Naturgeschichte, unter Nr. 37). Im Prinzip ist für ihn der Jaspis grün, durchsichtig und wird zwar von vielen Edelsteinen übertroffen, behält aber doch seinen »alten Ruhm« als der höchste:

1. Aus Indien kommt einer, dem Smaragd ähnlich.
2. Aus Zypern einer, hart, fettig, grau.
3. Aus Persien einer, der Luft ähnlich, Aerizusa oder Luft-Jaspis genannt, himmelblau.
4. Vom Kaspischen Meer einer, bläulich.
5. Vom Fluß Thermodon ein purpurfarbener.
6. Aus Phrygien und Kappadozien ein bläulich-purpurroter, aber finster und ohne Glanz.
7. Aus Amisos ein dem Smaragd ähnlicher.
8. Aus Chalzedon ein trüber, dunkler.

Er unterscheidet dann nach der Güte. Der beste hat etwas von Purpur, der zweitbeste etwas von der Rose, der drittbeste etwas vom Smaragd, der vierte heißt auch Boria (der Nördliche, auch Luftjaspis), der fünfte ist ein dem Smaragd ähnlicher roter Stein.
Zu den acht vorgenannten kommen noch zwölf weitere hinzu:

9. Einer ahmt das Veilchen nach und heißt Cyanos.
10. Einer dem Bergkristall ähnlich, aber bläulich.
11. Einer der Brustpflaume ähnlich, auch bläulich.
12. Einer der Terebinthe ähnlich (terebinthiki zusa). All diese sind bläulich und haben einen kurzen, nicht weitreichenden, nach innen gehenden Schimmer.
13. Ein dem Smaragd ähnlicher und oft von einem weißen Schimmer umgebener; er heißt Monogrammatos,
14. bei mehreren weißen Streifen Polygrammatos.
15. Der mit dem Onyx verwandte Jasponyx.
16. Einer, der eine Wolke einschließt.
17. Der den Schnee nachahmt.
18. Der Gestirnte mit roten Punkten.
19. Der dem megarischen Salz ähnliche.
20. Der von Rauch gefärbte, der Capurias heißt.

Drei Jahrhunderte später veröffentlicht der syrische christliche Bischof Epiphanius um das Jahr 400 sein Lapidarium. Nach ihm ist der Jaspis ein Stein gleich dem Smaragd. Einer ist grün, ähnlich dem Kupferrost. Einer ist röter als das Wasser und dunkler als das Blut. Ein weiterer ist rot wie Blut. Einer ist wie Perlmutter,ein anderer weinrot wie Amethyst, einer wie die Flamme, weißer und glänzender als weißer Rauch. Einer nicht so glänzend, aber grün, mit kleinen roten Sprenkeln. Einer ist wie Opal gleich dem Schnee und dem weißen Schaum der Meereswoge, als hätte man Blut mit Milch gemischt, wie es die Massageten trinken.
In dem Lapidarium des Dioskorides heißt es: Einer wie Smaragd, einer wie Bergkristall, er hilft gegen Phlegma; einer wie Luft, der heißt Kapnios, und schließlich einer, der Terebinthe ähnlich. Die Autoren des Mittelalters sprechen dann in ihren Edelsteinverzeich-

nissen von 17 Arten des Jaspis. Oft wird das gegliedert in 10 und 7 (so Isidor von Sevilla, Beda Venerabilis, Hrabanus Maurus, Arnoldus Saxo, Bartholomäus Anglicus, Marbod von Rennes). Bei allen ist der beste Jaspis grün, durchsichtig oder durchscheinend wie Smaragd und soll in Silber gefaßt sein. So z.B. bei Albrecht von Scharffenberg in seinem Epos »Der jüngere Titurel«: »Zehen und siben farwe jaspistragende ist.«
Etwa von Thomas von Canterbury an findet sich dann immer deutlicher diese Identifikation: Jaspis ist grün mit roten Punkten (so Heinrich von Kroll, Albertus Magnus – rubeas habet venas – und im St. Florianer Steinbuch). Alle alten Autoren erwähnen auch die seelischen Tugenden, geistigen Kräfte und medizinischen Wirkungen des Jaspis. Und Beda sagt: »Der Jaspis erweckt, fördert und stärkt den Glauben.« Er verbindet ihn mit dem Apostel Petrus. Die immer wiederholte Betonung im Altertum, der beste Jaspis sei grün und durchsichtig wie Smaragd, zeigt ganz deutlich, daß hier ein Sinn der Namengebung vorliegt, der überhaupt nicht mit der heutigen Nomenklatur übereinstimmt. Denn die Grunddefinition für Jaspis heißt heute: undurchsichtiger Chalzedon. Und so hat sich schon Abel Rémusat bewogen gefühlt, diesem Problem nachzugehen. In seinem Buch »Histoire de la ville Khotau«, Seite 17, stellt er eine Untersuchung an über die Substanz des Minerals, das bei den Chinesen der Stein »ju« heißt, und über den Jaspis der Alten. Er leitet den Namen Jaspis nicht wie üblich aus dem Hebräischen, sondern aus dem Chinesischen ab (chinesisch: ju oder ju-chi, mandschurisch gou, mongolisch und türkisch gas und khasch, persisch yeschm und yesmp, arabisch jeschet). Er stellt fest, daß alle diese Bezeichnungen sich nicht auf den Jaspis, sondern auf den Nephrit beziehen, der dann verwandt ist mit Jade und dessen Zähigkeit und Härte das eigentliche Charakteristikum für die Namengebung ist. Noch mehr aber spielt die Seltenheit des Vorkommens eine Rolle, denn es gab den Stein im ganzen Fernen und Nahen Osten nur in dem Kün-lün-Gebirge. Dieser Stein ist nach seiner Meinung gemeint, wenn aus all diesen Worten der asiatischen Sprachen der Name Jaspis entsteht und in

den hebräischen und griechischen Sprachbereich übergeht. Das ist also der eigentliche reine, grüne, durchsichtige oder durchscheinende Jaspis, von dem dann die anderen Jaspisarten nach Meinung der Alten Varietäten sind. Erst die arabischen Autoren des Mittelalters haben das erkannt und haben den Nephrit vom Jaspis in ihren Verzeichnissen abgetrennt.

Schon dieser kurze Überblick zeigt die Schwierigkeiten der Identifikation des Namens mit dem Mineral vollauf. Mit welchem Mineral soll man den Namen Jaspis verbinden, wenn man die Sprache der Apokalypse verstehen will? Besonders schwierig wird die Sache noch dadurch, daß auch in der modernen systematisch-analytischen Mineralogie die Bezeichnung Jaspis nicht ganz scharf zu ziehen ist. Er heißt zunächst einfach: undurchsichtiger Chalzedon. Nun unterscheidet man ja in den Gruppen der SiO_2-Minerale die makrokristallinen und mikrokristallinen Reihen. Für die letzte Gruppe aller scheinbar derb aussehenden Quarze gilt, daß sie aus ganz feinen Kriställchen bestehen, die faserig und dicht verbundene Aggregate bilden. Diese sind aber so gebaut, daß alternierend in feinsten Lamellen kristallisierte Chalzedon-Substanz und amorphe Opalsubstanz einander durchdringen. So ist die Chalzedon-Varietät der Kieselsäure aufgebaut. Sie wird durchsichtig bis durchscheinend und dann, gefärbt durch Verunreinigungen von Metallen, als Karneol, Chrysopras, Moosachat und verschiedene Achate, wie Sarder, Sardonyx und Onyx, ausgebildet. Alle sind durchscheinend. Wird nun der Chalzedon undurchsichtig und dazu im wesentlichen mit Eisen gefärbt, heißt er Jaspis. Gelb, braunrot bis rot, grün, blau bis schwarz, auch vielfarbig, muschelartig brechend, als Plasma durchweg grün, als Heliotrop mit zweiwertigem Eisen grün, mit dreiwertigem Eisenoxyd und Eisenhydroxyd mit roten Punkten. Alle Übergänge sind aber fließend; wann ist Chalzedon noch Chalzedon, wann schon Jaspis? Auch analytisch sieht das so aus, daß in Plasma und Heliotrop ein Teil der Substanz nicht mehr faserig, sondern feinkörnig mikrokristallin erstarrt ist, so daß im Jaspis in fließenden Übergängen eine stofflich-strukturelle Dreiheit der Kieselsäure enthalten ist: Kristallfaser, Kristallkorn und amorpher, kolloidaler Opal. Die überaus große Vielfalt der Jaspis-Gruppe hat darin ihren Ursprung, der natürlich mit dem Bildeverhältnis bei der Genese zusammenhängt. Zu dieser dreifachen Struktur kommen dann noch vier Arten von Verunreinigungen hinzu, tonig-erdig, metallisch in Ionen und metallisch-oxydisch. Sie bewirken den Farbenreichtum. Je körniger er wird, desto mehr geht der Jaspis über in Feuerstein (Flint und Hornstein). Das Spektrum reicht also von Plasma und Heliotrop, die man noch als Chalzedon bezeichnen kann, bis zum Flint, vom faserigen bis zum amorph-opalischen Aufbau. Und beim Feuerstein kommt noch die vierte Art der Verunreinigung hinzu, die organische (gebrannter Feuerstein wird schneeweiß, weil die organischen Substanzen verbrennen). So sagt Cloos zusammenfassend in seiner Besprechung des Jaspis[44]: »Die Vielfalt der Jaspisbildungen ist außerordentlich.« Die Namengebung Jaspis greift aber auch auf den Opal über. Gewisse Opalvarietäten heißen Jaspopal, oft einfach auch Jaspis, obwohl es reiner Opal ist. Dazu gehört z. B. der sagenumwobene Milchopal in der Stirnplatte der Kaiserkrone des Heiligen Römischen Reiches Deutscher Nation, von dem noch im folgenden die Rede sein wird.

Ist also Heliotrop Chalzedon oder Jaspis, ist Feuerstein Flint oder Jaspis, ist Milchopal Opal oder Jaspis? Sieben Komponenten spielen jedenfalls ineinander, um die Jaspissubstanz aufzubauen: drei Formen der Kristallisation (Faser, Korn und Kolloid) und vier Arten von Verunreinigungen sind da miteinander verwoben (Toniges, Metallisch-Ionisches, Metallisches in Verbindungen und Organisches). Zwischen Chalzedon und Opal schwebt die Jaspiserscheinung der SiO_2-Minerale. Die Namengebung hat sogar im Bereich der wissenschaftlichen Exaktheit hier etwas Unscharfes.

Derselben Unschärfe begegnet man nun auch, wie schon erwähnt, im geistigen Bereich in den Bildern der Apokalypse. Nur ist dort der Bogen des Spektrums noch weiter gespannt. Er geht vom Jaspislicht des Thronenden über den Jaspis-Kristallglanz der schwebenden Stadt sowie über den Jaspisstoff der Mauer zum

Edelstein der Zwölf. Damit ist das Jaspisproblem von zwei Seiten umrissen: von der mineralogisch äußeren und von der rein geistig imaginativen inneren Seite. Hinzu kommt noch ein weiteres Problem, das aus dem Alten Testament hervorgeht. Dort gibt es die Zwölfheit der Edelsteine des Brustschildes des Hohenpriesters mit vier mal drei Edelsteinen (2. Buch Mose, Kap. 28, Verse 15–21 und Kap. 39, Verse 8–14). Hebräisch heißen diese Steine folgendermaßen: Odem, Pitedah, Barequed, Nopek, Sepper, Jahalom, Leshem, Schbo, Ahlamah, Tarschisch, Schohan und Jaschpe, an beiden Stellen völlig gleichlautend. Luther und mit ihm die meisten Bibelübersetzer übersetzen so: Sarder, Topas, Smaragd, Rubin, Saphir, Demant, Lynkurier, Achat, Amethyst, Türkis, Onyx, Jaspis. Nicht so die Übersetzer des Alten Testamentes ins Griechische im Altertum. (Dieses griechische Alte Testament heißt Septuaginta.) Da wird übersetzt: Sarder, Topas, Smaragd (wie bei Luther), dann aber: Anthrax (statt Rubin), Saphir, dann Jaspis (statt Diamant), Ligurier, Achat, Amethyst (gleichlautend), dann Chrysolith (statt Türkis), Beryll (statt Onyx), und Onyx (statt Jaspis). Nun haben ja die alten Übersetzer die sorgfältigste Gelehrsamkeit entwickelt. Sie sind als hellenistisch gebildete Juden in beiden Sprachen zu Hause. Was (im Mittelalter) hier bei Rubin und Anthrax verständlich ist, das ist bei Jahalom eigentlich unverständlich. Luther sagt Diamant, die Alten Jaspis. Und wo es hebräisch Jaschpe heißt, also der Name erscheint, von dem das Wort Jaspis abgeleitet wird, nennen die Alten den Stein Onyx.

Man muß versuchen, sich überhaupt in den Zusammenhang zwischen Wort (Name), Begriff und Erscheinung (Gegenstand) hineinzufühlen, wie das bei der alten vornaturwissenschaftlichen Menschheit der Fall war. Denn die Menschen bezeichneten damals, und das ist entscheidend, mit dem Namen nicht so sehr – oder auch nicht nur – den Gegenstand, sondern das seelische Erlebnis, das der Mensch mit dem Gegenstand verbindet. Das ist aber nicht weniger objektiv oder subjektiv als die reine Sinneswahrnehmung. Es bedeutet vielmehr in Wahrheit, daß die alte Menschheit noch mehr das Wesenhafte, das Aurische, Seelisch-Geistige der

Dinge erleben konnte als deren rein sinnlich-gegenständliche Außenseite. Der Name Karfunkel ist dafür ein gutes Beispiel. Sowohl am Rubin wie am Granat wie am Balasrubin erlebte man das gleiche, durch die glühend rote Farbe angeregt; etwas, das mit dem Erlebnis des inneren Blutgeheimnisses der im Blute lebenden Menschenseele zusammenhing. Das ist der Erlebnishintergrund für das lateinische carbunculus und das griechische anthrax. Dasselbe Erlebnis hatte man aber auch an der glühenden Kohle: So ist Kohle Rubin, Granat, Spinell, vielleicht auch roter Turmalin, Anthrax. So ist auch Eis Bergkristall und Glas, gefrorenes Lichtwesen (krystallos). Worin bestand also das Jaspiserlebnis des Apokalyptikers, daß er mit dem gleichen Wort den Vatergott, das göttliche Licht, den himmlischen Glanz, die kubische Mauerform, die Mauersubstanz und den ersten Schmuckstein bezeichnen kann? Damit liegt die Diskrepanz nicht zwischen der Septuaginta und dem masoretischen Text (hebräisch), sondern zwischen Luther bzw. uns und den alten Namen. Darum ist es äußerlich gesehen zunächst nicht möglich, die alte Namengebung direkt mit einem und nur einem bestimmten Mineral im heutigen Sinn zu identifizieren. Man wird also versuchen müssen, das »Jaspiserlebnis« der Alten aufzufinden, um dann zu sehen, wo überall sich das im Mineralreich einstellt. Jaspis im Sinne der Apokalypse heißt also viel mehr als Jaspis im Sinne der Mineralogie, obwohl auch hier Jaspis schon vielerlei bedeutet.

Es wird sich darum handeln, herauszufinden, welches Mineral mit dem jeweilig als Jaspis bezeichneten geistigen Bilderleben der Apokalypse die größte phänomenologische Aussagekraft verbinden kann, wobei man vielleicht Minerale einbeziehen muß, die wir heute in gar keinem Sinne Jaspis nennen würden.

2. Mineralnamen als Ausdruck des Mineralerlebens der alten Menschheit

Die alten Mineralnamen haben fünf verschiedene Ursprünge. Der erste ist gegeben nach der geographischen Herkunft (Achat: nach dem Fluß Achates in Sizilien; Sarder: nach der kleinasiatisch-persischen Stadt Sardes). Der zweite ist die äußere Erscheinung (so bedeutet heute noch in Ceylon bei den Eingeborenen Turmalin: Turamali = gelber Edelstein; eine ganze Reihe von gelben Edelsteinen heißt Turmalin, so auch Chrysopras und Chrysolith, goldgelb-grüner Stein). Durch den Bergbau ist später das Verhalten der Minerale als eine dritte Quelle der Bezeichnung entstanden (Feldspat, Blei-glanz, Kupfer-kies, Zink-blende). Die vierte Art der Bezeichnungsursprünge enthält jenes seelische Erlebnis des Menschen an dem Stein (anthrax und carbunculus, blutrot glühende Kohle, blutsverwandt; Lychnis, bei Lampenlicht stark leuchtender Stein: es ist das Turmalinerlebnis). Daraus entwickelte sich dann als fünfter Ursprung bei einigen Steinen der Name aus ihrer magisch-medizinischen Wirkung (Amethystos: wörtlich = vor Rausch und Trunkenheit bewahrend). Für die Lösung des Jaspis-Problems wird es also darauf ankommen, das Jaspiserlebnis zu finden. Man kann als Ausgangspunkt (abgesehen von den indischen, persischen, mesopotamischen und ägyptischen) die Namen der zwölf Steine des Amtsschildes des Hohenpriesters im Alten Testament zur Hilfe nehmen. Dabei muß man aber die alten Identifikationen der Septuaginta zugrunde legen, und dann finden sich von den zwölf Namen der apokalyptischen Steine der Offenbarung die folgenden neun im Alten Testament wieder: Odem – Sarder; Pidetah – Topas; Barequed – Smaragd; Sepper – Saphir; Jahalom – Jaspis; Leshem – Ligurion, Hyazinth; Ahlamah – Amethyst; Tarschisch – Chrysolith; Schohan – Beryll. Die hebräische Sprache ist dadurch charakterisiert, daß ihr gesamter Wortschatz auf eine Reihe von Wurzelwörtern zurückgeführt werden kann, die eine eigenartige Struktur haben. Es sind durchweg zweisilbige Wörter mit drei Konsonanten aller Art und dazwischen zwei Vokalen, meistens mit -a-. Es sind Tätigkeitswörter, sie drücken Tätigkeiten aus. Auch wenn sie Eigenschaftliches, Adjektivisches bezeichnen, erscheint das verbal. Das klassische Beispiel ist das zweite Wort der Genesis: BRH – gesprochen: barah, d.h. schaffen. Die neun Namen der Steine des Brustschildes gehen auf folgende Wurzeln zurück:

1. Odem = Sarder, Karneol.
   a) ADEM = rot sein; verwandt mit DAM = Blut, Inkarnat der Wangen, Purpurfarbe des Blutes.
   b) ADAM = Lebendiges, rosiger Mensch sein.
   c) ADAMAH = fruchtbare rote Erde, gelbe Erde.
   Das rosige Fruchtbarsein ist das Sarder- oder Karneolerlebnis.
2. Pitedah = Topas. Dies ist ein Lehnwort aus dem Sanskrit: Pita = gelber Stein. Das Goldgelb ist das Topaserlebnis.
3. Barequed = Smaragd.
   BARAQ= Blitz (griechisch: margüs = Tor, Rasender, Schlemmer, Wahnsinniger; in Sanskrit: marahata). Das Smaragderlebnis hat etwas zu tun mit Ekstase und blitzender Inspiration. Man denke dabei an den regenbogenartigen Smaragd um den Thronenden (Apokalypse Kap. 4), der von Blitzen Umwitterte.
4. Sepper = Saphir.
   SAPPAR = schaben, saubermachen, sauberkehren, glätten und polieren. Aber auch: zählen, ordnen, harmonisieren. Es wurde dann übertragen auf das Glätten und Polieren von Papier und Leder beim Herstellen von Schriftrollen und schließlich auf das Schreiben selbst. Der Sepper ist ein Schriftgelehrter oder ein Hauptmann, der sein Heer ordnet. Das Saphirerlebnis der Alten hat etwas Beruhigendes, Tragendes, Ordnendes und Vergeistigendes.
5. Jahalom = Jaspis.
   HALAM = durch Schlagen (mit Fuß oder Hammer), durch Stampfen (mit den Füßen) etwas festmachen, verdichten, beständig machen, dauernd machen. In dieser Stimmung haben wir das Urjaspiserlebnis: das Verdichtete, beständig Gemachte.

Dieses Verständnis hat Luther dazu geführt, das Wort Jahalam mit Diamant zu übersetzen, dem härtesten und edelsten Mineral, während die Septuaginta Jaspis sagt. Hier schimmert etwas durch, was das Jaspiserlebnis mit dem Erleben am Diamanten in Verbindung bringen läßt.

6. Leshem = Ligurier, Hyazinth.
LASHAM = mit den Füßen etwas zertreten und zerbrechen, etwas zerschlagen; dahinter steht aber auch: durch physisches Vernichten etwas vergeistigen, das liegt in dem LASHAM drin. Dies ist für die Alten das Hyazintherlebnis.

7. Ahlamah = Amethyst.
CHALAM = mild, weich, fleischig, gesund sein, träumend sein, auch: Träume haben. Chaldäisch heißt Traum: helen und hebräisch: achalah = das wollte Gott, das walte Gott. Das Erlebnis des Zum-Träumen-Bringens bedeutet im Altertum wahrträumen, d.h. die geistige Welt erleben. Der Amethyst macht hellsichtig, das ist das Amethysterlebnis.

8. Tarschisch = Chrysolith.
Es ist schwer zu sagen, ob der Name auf die Stadt Tarschisch (Tartessos in Spanien) zurückgeht; dann wäre der Chrysolith ein Tartessaner. Die entsprechende hebräische Wurzel wäre: TERESCH = streng sein, finster sein, verhüllt sein. Diese saturnisch anmutende Strenge und dieses Verhüllende wären dann ein sehr eigenartiges Erlebnis des Chrysolithwesens.

9. Schohan = Beryll.
SCHAHAM = mager, blaß, verdunkelt sein. Auch hier würde man auf einen eigenartigen Widerspruch zwischen der Mineralerscheinung und dem Erleben treffen. Hier aber, wo die Septuaginta Beryll sagt, sagt Luther Onyx. Damit stimmt jedoch das Erlebnis vollkommen überein. Was haben wohl die Septuaginta-Übersetzer im Auge gehabt, wenn sie Schohan mit Beryll übersetzten? Handelt es sich doch eindeutig um das Onyxerlebnis.

Dieses Rätsel kompliziert sich noch dadurch, daß man nun in der hebräischen Bibel als letztes den Namen Jaschpe findet. Es ist das Wort, von dem man meistens das griechische Jaspis abgeleitet hat, und dieses Wort übersetzt die Septuaginta mit Onyx. Sollte hier eine Vertauschung vorliegen, also eine Korruption der Texte? Im Alten Testament werden im Zusammenhang mit der Errichtung des Amtsschildes des Hohenpriesters auch die beiden Schulterstücke vorgeschrieben (2. Buch Mose, Kap. 28, Verse 9–12). Und das übersetzt Luther: Du sollst zwei Onyxsteine nehmen. Im Hebräischen steht: EBENI – SCHOHAM. ›Eben‹ heißt Edelstein, und auch hier übersetzt Luther ganz konsequent mit Onyx. Die Septuaginta übersetzt das Wort mit Smaragd. Sie übersetzt also Schohan bei den Schultersteinen mit Smaragd, bei dem Stein des Brustschildes mit Beryll, keinmal, wie Luther in beiden Fällen, mit Onyx. Nun ist zwar der Smaragd eine Beryll-Varietät, aber der Erlebnisgehalt der Wortwurzel geht eindeutig auf Onyx. Das Wort Jaschpe, das die Septuaginta mit Onyx übersetzt, hat folgende Wurzeln im Hebräischen:

a) SCHAPPAH = reiben, schaben, glattmachen, aber auch: reinigen, durchseihen, durchfiltern.
b) SCHAPPAH = hinstellen, setzen, legen, zur Ruhe bringen.
c) JISCHPAH = entblößen, kahl machen, nackt machen (z. B. die vom Fleisch entblößten Knochen eines Skeletts).
d) SCHAPPAH und SCHEPPAH bedeutet übertragen: weiß, käsig, geronnene Milch (Sauermilch).

In dieser letzten Bedeutung ist nun gewissermaßen alles der vier vorangegangenen Bedeutungselemente zusammengefaßt: das reinigende Durchseihen, das Sich-Setzen (Setzmilch) und das von der Molke entblößte Sein. In einem so einfachen, profan-alltäglichen Bild eines organischen Prozesses wird das Erleben deutlich, das mit dem hebräischen Wort Jaschpe gemeint ist. Bezieht sich dieses Erleben aber auf ein Mineral, dann kann man es z. B. mit dem Milchopal verbinden, der auch Jaspopal heißt. Man hat also hier einen kompliziert zusammengesetzten Erlebnisvorgang vor sich, der in dem einfachen Milchbild sich zusammenfaßt. Wenn nun aber Jaspis mit dem Jahalom-Erlebnis zusammenhängt, wird man zu dem höchsten, lichtesten und härtesten Mineral geführt, zum Diamanten. Es liegt also hier dem Jaspiserlebnis ein Diamantbild zugrunde. Bringt man andererseits das Jaspiserlebnis mit Jaschpe zusammen, dann wird man zum Milchopal als Bild geführt. Dann aber bedeutet Jaspis als Erlebnis nicht nur den Bezug auf alle Jaspisarten im heutigen Sinn, sondern auch einerseits auf den Diamanten und andererseits auf den Milchopal, so wie das Wort Karfunkel als Erlebnis sich im Bild auf den Rubin (Tonerde), den Granat (ein Eisen-Magnesium-Silikat) und den Balasrubin, den roten Spinell bezieht. Nur sind die Zusammenhänge beim Jaspis viel tiefer begründet und nicht so offensichtlich »logisch« wie beim Karfunkel.

Das Jaspisproblem ist also nicht das Problem der Benennung, sondern das des Erlebnisses. Und dieses, wenn man es so nennen darf, Jaspiserleben hat mehrere Komponenten. Das Erlebnis von äußerster, lichthafter Härte und Klarheit führt zum Diamanten (Jahalom); der Glanz, der Schimmer, das Wolkenartige, Sich-gegenseitig-Hingebende zum Milchopal (Jaschpe); das Verwebende der Erlebniskomponenten Befestigung, Reinigung, Beruhigung, Enthüllung bildet sich ab in dem Stoffgewebe (Faser, Korn, Kolloid, Trübung und Verfärbung), in dem, was wir heute Jaspis nennen. Und schließlich endet dieses Erleben in einer gewissen Differenzierung im Heliotrop und in den geflammten, mehrfarbigen Varietäten. Diamant, Milchopal, Jaspis und Heliotrop sind die äußeren mineralischen Bilder für die Gesamtheit des Jaspiserlebens, wenn dieses Erleben in geistigen Bildern dem schauenden Bewußtsein erscheint. Und das ist in der Apokalypse der Fall. Nimmt man noch die Gedanken von Abel Rémusat dazu, dann kann man sogar den Nephrit als Bild für das Jaspiserleben einbeziehen. Der Smaragd-Saphir-Charakter mit seinem Blitzelement beruhigt sich dann gerade im Heliotrop. Man kommt vom Jaspis des Fernen Ostens über den Jaspis des Alten Testamentes zum Jaspis der Apokalypse.

Aber auch ein letztes Element darf nicht übersehen werden. Schon das bisher Erwogene kann darauf aufmerksam machen, in welche Tiefen das Jaspiserleben des Apokalyptikers hineinreicht. Es gibt ja nichts Tieferes, Höheres, Umfassenderes und Ursprünglicheres als den Vatergott. Für den Apokalyptiker ist das »Jaspis«, umhüllt von Sarder und Smaragd. Es leuchtet das Vaterwesen aus den Weltentiefen heraus so wie das, was in einem bestimmten Teil der Erscheinungen Jaspis genannt werden kann. Dies ist das Diamanterlebnis. Aus dem Vatergott geht hervor seine Offenbarung im Sohn. Er ist der Logos. Dies ist durch und durch johanneisches Erleben und Empfinden. Das mündet in den Stein, der der erste der zwölf ist, den Heliotrop. Rot wie Blut des Opfers und grün wie die selbstlose Lebensleiblichkeit der Pflanzen zeigt sich diese Seite des Jaspiserlebens. Was im Lichte vom Diamant-Jaspis erstrahlt, strömt vom Vater aus geistiger Liebe in den Sohn und wird zur Imagination des Jaspopal. Indem der Sohn in dem Menschen Jesus Leib bekommt, werden Leib und Blut zu einem Erlebnis, das im Heliotrop sein mineralisches Bild finden kann.

Damit erhebt sich aber die Frage, ob in dem Jaspiserleben des Apokalyptikers nicht vielleicht auch die beiden Elemente selbständig enthalten sind, die in Leib und Blut des auferstandenen Christus Jesus Weltwirklichkeit sind. Das gerade war für das Mittelalter selbstverständlich im Bilde des Karfunkelsteins zu finden, in Granat, Rubin und Balasrubin. Es kann also in dem gesamten Jaspiserlebnis des Apokalyptikers auch das Granaterlebnis enthalten sein. Nun ist die Gestalt des Christus Jesus von einem bestimmten Gesichtspunkt aus mit dem Sternbild der Fische in Beziehung gebracht worden (so wie von einem anderen Gesichtspunkt aus mit dem Widder, dem Lamm, oder von einem anderen mit dem Löwen aus dem Stamme Davids). In dem Heliotropbild als dem ersten Grundstein zieht sich für das übersinnliche Schauen zu einem Teil dieser Zwölfheit das zusammen, was wiederum Jaspis heißt, aber gerade dadurch eine Brücke wird zu dem viel umfassenderen Jaspiserlebnis, das die ganze Apokalpyse durchzieht als das Leben und Sterben, das Opfern und Verwandeln, das Auferstehen des Menschensohnes, der Alpha und Omega ist. Er hat Leib und Blut des Menschen Jesus von Nazareth durch seine Auferstehung in eine schwebende Form-Licht-Gestalt, einen durchgeisteten Leib und in ein durchseeltes Blut verwandelt. Es muß also in den zwölf Grundsteinen, den zwölf Pylonen (Kap. 21, Vers 12) mit ihren zwölf Engeln und den Namen der zwölf Stämme des Volkes etwas von dem tiefsten Urgrund der Auferstehungsleiblichkeit wirksam geworden sein. Denn der Auferstehungsleib Jesu Christi bildet den Grundstein – die Grundsteine – des Keimbaues des himmlischen Jerusalem. Das Jaspiserlebnis des Apokalyptikers muß auch dieses Weltgeheimnis enthalten. Die zwölf Grundsteine, die zwölf Engel, die Namen der zwölf Stämme, die zwölf Edelsteine, die Namen der zwölf Apostel und die zwölf Perlen gehören zusammen. Sie sind die zur auferstehenden Welt gewordene Keimkraft des Auferstehungsleibes. Man fühlt sich aufgerufen, die mineralischen Bilder von Diamant, Milchopal, Jaspis, Heliotrop und Nephrit zu erweitern um die Bilder der Edelsteine, die Leib und Blut der Auferstehung abbilden. Für das Blut war es im Mittelalter der Granat, begleitet von Rubin und Spinell; in der Gegenwart wird es möglich sein, im Turmalin das Bild für den Leib der Auferstehung zu finden, so wie im Diamant das Bild für die reinste, vollkommenste Formkraft dieses Leibes und dieses Blutes.

3. Der Jaspis des Apokalyptikers

Für den Apokalyptiker ist »Jaspis« zunächst das Wesen des Vatergottes als Quelle von Licht, Liebe und Leben. Diamant, Sarder und Smaragd bilden das ab. Im Vater ist der Jaspis Diamant. Er ist weiter die Liebe des Vaters zum Sohn im Geiste. Der Milchopal bildet das ab. Im Geiste ist Jaspis Milchopal. Er ist drittens die Liebe des Sohnes zum Vater. Im Sohne ist das Wort Mensch geworden, in Jesus von Nazareth Leib und Blut. Diamant, Turmalin und Granat bilden das ab. Im Sohn ist Jaspis Diamant, Turmalin und Granat. Und schließlich ist er das Wesen des durchchristeten

Menschen. In jedem Menschen wird der Logos individualisiert und die Auferstehung veranlagt. Der Heliotrop bildet das ab. Im Christus und im Menschen ist der Jaspis Heliotrop. Versucht man, nicht von dem Jaspis-Mineral, sondern von dem Jaspis-Erlebnis ausgehend, so verschiedene Minerale wie Diamant, Sarder, Smaragd, Milchopal, Hydrophan, Turmalin, Granat, Heliotrop und Nephrit in dem Jaspis-Erlebnis zusammenzufassen, so ist das allerdings keine wissenschaftlich-chemische, kristallographische Systematik mehr. Der Inhalt des Jaspis-Erlebnisses hängt zusammen mit einer höheren Einheit gegenüber der Vielheit der speziellen Erscheinungen. Er ist nicht mehr nur rein phänomenologisch zu fassen, kann aber als etwas den verschiedenen Phänomenen zugrundeliegendes Prozessuales, ja Wesenhaftes verstanden werden. Dieses Verständnis führt zu einem höheren Wesenhaften, das in allen Erscheinungen als dessen Metamorphosen einem gleichartigen Erlebnis zugrunde liegt. Was kann in diesen verschiedenartigen Edelsteinen das wesenhaft Gemeinsame sein, das sie zu dem macht, was der Apokalyptiker »den höchsten, edelsten aller Edelsteine« nennt? Denn dieses ist ja die Charakteristik des Jaspis-Wesens in der Apokalypse. Das Jaspis-Erlebnis des Apokalyptikers ist das Erleben der tiefsten Einheit der dreifaltigen Gottheit in sich selbst, in den Hierarchien, in der Welt und in den Menschen. Darum ist für ihn der »Jaspis« der alleredelste, der allerkostbarste der Edelsteine, der göttliche Inbegriff aller Kraft des Vaters, aller Tugend des Sohnes, aller Schöpferkräfte des Werdens und aller Lichtkräfte des Bewußtseins. Was bildet er also in seiner Mannigfaltigkeit ab? Die Kraft der geistigen Erleuchtung selber, die apokalyptische Seherkraft. Johannes ist ein Jaspis-Eingeweihter. Das heißt, seinem apokalyptischen Erleben liegt ein »Jaspis-Wesen« zugrunde, das deshalb apokalyptisch ist, weil es den Seher in Imagination, Inspiration und Intuition die Gottheit schauen und erkennen läßt, so wie die Gottheit selber wiederum den Seher schaut.

Des weiteren liegt dem Jaspis-Erleben der Weltwerdeprozeß als solcher zugrunde. Dieser ist der Abstieg aus göttlich-geistigen Ursprüngen zu einem Ende in der mineralischen Erscheinung der

Welt. Und er ist der Durchgang durch diesen mineralischen Endzustand, in dem das Wiederaufsteigen zu einem zukünftigen, neuen geistigen Dasein keimt. Dabei ist wesentlich, daß das Höchste am tiefsten absteigt, das Leichteste am härtesten wird, das Hellste sich am tiefsten verdunkelt, das Ureinheitliche die größte Mannigfaltigkeit annimmt. Darin offenbart sich das Geheimnis des Logos. Es ist das Geheimnis der Gottheit in dem Sohn, in dem Christus. In seinem Brief an die Epheser hat Paulus das formuliert:

Einem jeden einzelnen unter euch ist die Gnade ganz individuell zuteil geworden, gemäß dem Maße, das der Gabe des Christus zukommt. Darum heißt es: Der da aufgestiegen ist in die Höhen, der hat die Gefangenschaft (die Isolierung) gefangengenommen und sie dem Menschen als Gabe übergeben. Der da aber aufgestiegen ist: Er ist der Gleiche, der da abgestiegen ist in die tiefsten Bereiche der Erde. Und der da abgestiegen ist, ist wiederum der Gleiche, der aufgestiegen ist über alle Himmel hinaus. (Epheser Kap. 4, Verse 7–10)

Dieses Geheimnis von Abstieg und Aufstieg ist letzten Endes das Jaspis-Erlebnis; und in allen oben erwähnten, der Jaspis-Gruppe im geistigen Sinne zugehörenden Edelsteinen ist etwas von dem erlebbar, was sich in dem Geistworte des Paulus ausspricht.

Das Mittelalter hat von diesen Geheimnissen gewußt. An zwei Stellen tritt das zutage, zum einen auf esoterische Weise, in der Gralssage. Der Gral im Bilde einer Schale ist eine Imagination, die umfassende Bedeutung hat. Das Wort »lapis exillis« des Parzival von Wolfram von Eschenbach bewegt sich zwischen lapis ex coelis – lapsit ex soelis – jaspis ex coelis in den sprachlichen Deutungsversuchen hin und her. Dem wird aber auch widersprochen. Einmal ist die Gralsschale ein Jaspis, weiß oder mondmilchblau, ein andermal ein Karfunkelstein aus der Krone des Luzifer, glühend rot, Rubin und Granat; ein drittes Mal glasklarer, durchsichtiger Diamant oder Bergkristall. In Wahrheit ist die Gralsschale lapis jaspis, aber eben in jenem tiefsten und umfassendsten Sinn, in dem schließlich auch das Schauen des Apokalyptikers selber eine Gralsschale bildet. Das leuchtende Haupt diamantartig, das liebende Herz granatartig, der hingebende Wille jaspisartig ist diese Schale. Exoterisch tut sich dieses Geheimnis kund in der Kaiserkrone des

Mittelalters. Sie wurde im Jahre 993 unter der Regierung Rudolfs von Burgund in einer Goldschmiedewerkstatt in Mainz oder Regensburg angefertigt. Sie kam dann im Jahre 1032 mit der Erbschaft von Burgund an den Salierkaiser Konrad II. Nach seiner Krönung zum Kaiser durch Papst Johannes IX. am Ostersonntag des Jahres 1027 brachte Konrad seine eigene Krone dem heiligen Odilo, Abt von Cluny, für dessen Kloster zum Geschenk. Er ließ dann die burgundische Königskrone zur Kaiserkrone umarbeiten in Gestalt einer Verbindung von Kronreif (Diadem) mit Helmkrone (einem Bügel). Sie war aus reinem, gediegenem Gold gearbeitet. Der Kronreif ist von acht halbkreisförmigen Platten umgeben. Die vordere Platte trägt das Stirnkreuz. Darunter war der sagenhafte und wunderbare Stein eingefaßt, der »Waise«, Orphanos, also der Elternlose, genannt wurde. Albertus Magnus sagt von ihm in seinem Steinbuch: »Er war nirgendwo anders gesehen und deshalb Orphanos, der Waise, genannt, der selbst in die Nacht herein sein Licht erstrahlen läßt.« Auch Walther von der Vogelweide hat diesen Stein besungen. Die Forschung ist der Auffassung, daß dieser Stein ein Milchopal war, der aus dem Orient in die Goldschmiedewerkstatt gelangt ist. Der Stein ist seit dem 14. Jahrhundert verschwunden und durch einen indischen Saphir ersetzt worden (Philipp Schmidt, Edelsteine, S. 93). Der Sage nach ist der »Waise« eine Gabe des sagenumwobenen Herzogs Ernst. In der Dichtung eines ungenannten Franken um 1180 wird beschrieben, wie Herzog Ernst sich gegen den Kaiser empört und verbannt wird. Er kommt in den Orient und fristet sein Leben als armer Verbannter inmitten des Reichtums eines sagenhaften Königreiches namens Grippia, das von Gold, Silber und Edelsteinen strotzt. Er versucht, dem König von Grippia zu dienen, wird aber verkannt und verfolgt, und zwar durch die Gewalt der Greifen, die der Sage nach Gold- und Edelsteine sammeln. Von diesen verfolgt, flüchtet er auf ein Floß, das ihn auf einem Strom schließlich in einen dunklen Berg hineinführt, der von selbst leuchtenden Steinen an den Felswänden erhellt wird. Dort findet er plötzlich den »Waisen« in der Felswand. Es heißt in der Sage:

Ernst der edele vigant
einen stein darunter sach,
den er uz dem felse brach,
den brachte sit der verde gast
uz der vil starken freise,
da von er wart der waise
durch sin ellen genannt.

Er bricht den Stein los, der Stein verleiht ihm die Kraft, mit seinen Getreuen den Greifen zu entrinnen; er gewinnt selbst unendliche Reichtümer, kehrt in seine Heimat zurück und schenkt den Stein dem Kaiser für dessen Krone. – Dem Namen »der Waise« wurde im Mittelalter doppelte Bedeutung zugesprochen. Auf der einen Seite wurde er mit Maria, der Muttergottes, gleichgesetzt, denn sie ist in ihrer Einzigartigkeit unvergleichbar, weil sie Mutter wurde und dennoch Jungfrau war. So einzigartig ist auch der »Waise« seinem Wesen nach. Er ist jungfräulich und heißt Jaspis. Auf der anderen Seite machte man die Umstände geltend, unter denen der Herzog Ernst ihn gebrochen hatte. Denn dieser war ja im Zustande der absoluten Verlassenheit, der allerhöchsten Not, eine Waise. In diesem Zustand des Menschen, auch des Sünders, so sagte man im Mittelalter, hilft der »Waise«. Er heißt Jaspis.

Man sieht daraus, wie das Jaspis-Erleben im Mittelalter noch nachklingt bis in die äußeren Weltverhältnisse der Heiligung der irdischen Herrschaft, wie aber auch die innere Seite des Jaspis-Erlebens bis in die Wortbezeichnung der Gralsschale durchschimmert. Will man also der Sprache der Apokalypse gerecht werden, so muß man versuchen, dort, wo der Apokalyptiker »Jaspis« sagt, im Anschauen des Vatergottes und der Doxa des himmlischen Jerusalem, an das Bild des Diamanten zu denken, obwohl er Jaspis genannt wird. Das tun auch die modernen Kommentatoren. So heißt es nach dem sprachlichen Schlüssel zum Neuen Testament von Rienecker[45]: Die Doxa strahlt einen Glanz aus wie der der Helligkeit des kostbarsten Steines des kristallklaren Jaspis, d. h. daß er wohl dem Diamant-Erleben gleich kommt[46] (nach Hadorn: Die Offenbarung des Johannes, Leipzig 1928).

Wo Johannes von dem Jaspis-Licht der Stadt spricht, kann man an den »Waisen«, den Milchopal, denken.

Wo Johannes von der Mauer, und zwar ihrer Würfelform und ihren Maßen spricht und Jaspis sagt, kann man wiederum an den Diamanten oder den Bergkristall denken, jetzt nicht als leuchtenden Glanz, sondern als vollkommenen Kristall in Würfelform. Wo Johannes von der Substanz der Mauer spricht, und wiederum Jaspis sagt, kann man an die Jaspis-Substanz im heutigen Sinne denken mit all ihren mineralischen Erscheinungen.

Wo Johannes von den Pylonen, den Grundsteinen, spricht, kann man sich die Bilder für die Auferstehungsleiblichkeit in Diamant, Turmalin und Granat vorstellen. Und wo er schließlich den ersten Edelstein der zwölf Jaspis nennt, der aus dem Zeichen der Fische leuchtet, darf man sich den Heliotrop als spezifische Erscheinung vergegenwärtigen.

Das innerste Jaspis-Erleben des Apokalyptikers liegt all diesen Bildern zugrunde. Diamant, Opal, Jaspis, Turmalin, Granat und Heliotrop, sie alle sind »Jaspis« geworden. In ihren seelischen Tugenden und geistigen Zukunftskräften lebt das prophetische Bewußtsein des Apokalyptikers als die Kraft von Imagination, Inspiration und Intuition, als das Schauen der Gottheit, zu dem der Christus der Führer ist. So sagt Johannes in seinem Evangelium (Joh. 1, Vers 18):

Den göttlichen Weltengrund hat nie ein Mensch mit Augen geschaut. Der eingeborene Sohn, der im Schoß des Weltenvaters war, er ist der Führer zu diesem Schauen geworden.

Man kann also im geistigen Sinne von einer »Jaspisgruppe« sprechen, so wie man mineralogisch z. B. von der Granatgruppe spricht. Im Geistigen bedeutet dies das seelische Erleben an einer Gruppe von Mineralien, die ein gemeinsames Mysterium verbindet. Es entsteht dieses Jaspis-Erlebnis an ganz bestimmten Mineralerlebnissen dadurch, daß folgendes erfahrbar wird:

1. Diese Mineralien hängen mit dem höchsten göttlichen Wirken und dessen geistiger Erscheinung zusammen.

2. Sie sind am tiefsten abgestiegen und dennoch ganz jungfräulich »edel« geblieben.
3. Dadurch enthalten sie eine Keimkraft, die sie befähigt, wiederum zum Höchsten aufzusteigen. Das Mysterium von Abstieg und Aufstieg ist der wahre Inhalt des Jaspis-Erlebens des Apokalyptikers.

In dem folgenden kurzen Gedicht spricht Christian Morgenstern von dem Menschen. Im Hinblick auf das Jaspis-Erlebnis könnte man in Gedanken das Wort »Mensch« durch die Worte »Gott im Bilde des Edelsteines« setzen.

Ich habe den MENSCHEN gesehn in seiner tiefsten Gestalt,
ich kenne die Welt bis auf den Grundgehalt.

Ich weiß, daß Liebe ihr tiefster Sinn,
und daß ich da, um immer mehr zu lieben, bin.

Ich breite die Arme aus, wie ER getan,
ich möchte die ganze Welt, wie ER, umfahn.

Christian Morgenstern

DAS JASPIS-ERLEBNIS IN DIAMANT, TURMALIN, GRANAT UND OPAL

Die Auferstehungsleiblichkeit

1. Auferstehungsbilder. 2. Die Auferstehung des Leibes. 3. Auferstehung als schaffende Kraft. 4. Mineralien als Bilder der Auferstehungskräfte: Der Diamant: Lichtoffenbarung als erhärtete Form. Der Turmalin: Blühender Seelenreichtum als Stoff. Der Granat: Liebetragendes Herzblut als Farbe. Der Opal: Grenzenlose Hingabe als flutende Verwandlung.

1. Auferstehungsbilder

Immer wieder haben die christlichen Künstler den Auferstandenen gemalt. Die Anregung dazu ist durch die Evangelien unmittelbar gegeben. In den schlichtesten Szenen, in der geistnaiven Sprache der Evangelisten wird berichtet von dem gewaltigsten, absolut einmaligen Geschehen der Erscheinungen des auferstandenen Christus Jesus vor den Frauen und den Jüngern. Eine vollkommene Menschengestalt nach der Form, in Antlitz, Händen und Füßen – erfüllt von einer geistig-physischen Substanz, einer schwebenden Leiblichkeit, deren Schwerpunkt in ihr selber liegt – durchglüht und durchpulst von einem unerschöpflichen Lebensstrom eines seelisch-physischen Blutes. Es ist ungeheuer schwer für den an das materielle Dasein der Sinneswelt, an die Abstraktheit der Gedankenwelt und an die Subjektivität des Gemütes gebundenen Erdenmenschen, das überhaupt zu denken. Läßt man alle Versuche der Maler an der Seele vorbeiziehen – selbst einschließlich des Verklärungsbildes von Raphael –, man wendet sich doch immer wieder dem Isenheimer Altar des Matthias Grünewald zu. Dabei muß man beide Bilder des Altarwerkes zusammenhalten: den Gekreuzigten und den Auferstandenen, wobei zu dem ersten Bild auch die Darstellung des Gekreuzigten gehört, die in der Galerie in Karlsruhe ausgestellt ist.

Man erlebt das ganz Physische der beiden Kreuzigungsbilder in nackter, zerquälter, zerstörter Materialität, was in seiner Drastik seinesgleichen sucht. Auf der anderen Seite reine Prozessualität – sich selber erzeugende Erscheinungsdynamik, ja, Apokalyptik herrscht in dem Bilde des Auferstandenen. Die Farben dieses Gemäldes lassen sich auch in Mineralien ausdrücken: Aus den Augen und dem Mund leuchtet Rubin. Die Aura ist Gold, der aurische Rundbogen Smaragd. In dem weißlichen Schimmer des Antlitzes, der Brust, der Hände und Füße zeigt sich diamantene Unverweslichkeit. Das Blut aus den fünf Wundmalen ist Granat. In den Farben Gelb, Rot, Violett, Blau und Weiß in dem wehenden, entblößenden und verhüllenden Grabtuch der Bestattung: Turmalin. Es ist dieses Tuch, das die Verbindung zu dem Granitblock der Gruft und den Marmorklötzen des gesprengten Grabes mit seinem Ascheninhalt aufrechterhält. Nur das Grün hat sich als Schwarzgrün gelöst und umgibt sterndurchblitzt und sternumwoben die Aura – gewissermaßen der schöpferische Quellgrund der Leibesbildung, der noch anders mit dem Gold der Aura verbunden ist als die Farben des Tuches. Schließlich die nach vier Seiten auseinanderfallenden Wächter (der vierte hinter dem Granitfelsen ist kaum zu sehen) – Zerrbild aufgebrochener Elemente und Temperamente in Menschengestalt. Und ganz vorne der Baumstumpf – die altgewordene Erde. Trägt er vielleicht verborgen schon die Knospen eines zukünftigen Ergrünens?

2. Die Auferstehung des Leibes

Die Farben des Malers sind physisch-mineralisch. Ihre Bildaussage ist schaffendes Leben – glühende Seele – leuchtender Geist. Ist es nicht so, daß man – wie der Apokalyptiker sagt – erscheinendes Übersinnliches so wie sinnlich Erscheinendes, Rubin, Gold, Smaragd, Diamant, Granat, Turmalin, Perle und Holz, sieht?
Was macht den Leib zum Leib? Kann man auch den Menschenleib mineralisch zum Ausdruck bringen?

10 Matthias Grünewald:
Das Bild des Auferstandenen vom Isenheimer Altar in Colmar;
Auferstehung mikrokosmisch

11 Albrecht Altdorfer: Auferstehung makrokosmisch

1. Da ist die reine Form, die den Menschenleib zum aufrechten Gebilde macht. Sie wird von Rudolf Steiner in dem Vortragszyklus »Von Jesus zu Christus« das Phantom genannt. Die Rosenkreuzer haben sie in dem »Stein der Weisen«, in dem Kohlenstoffprozeß, gesehen. Mineralisch erscheint der reine Kohlenstoffprozeß als Diamant. Diamantenes schimmert weißlich aus den Leibesformen bei Grünewald.

2. Da ist der Leibesstoff, das Fleisch und das Gebein. Sie sind von der Sternenbildung her für die einwohnende Menschenseele zwölfheitlich gegliedertes Werkzeug und zwölffach gekammerte Wohnung. Dieser irdische Menschenleib ist naturhaftes Eigenleben, das nur teilweise in der Macht des Menschen steht. Im Auferstehungsleib wird es ein Werde- und Bildeprozeß. Er bildet seine Stofflichkeit selber – jeweils neu, entsprechend der augenblicklichen Lage – und vergeistigt sie wieder: im Verleiblichen vergeistigend, im Vergeistigen verleiblichend. Es gibt kein Mineral, in dem die Überfülle von Stofflichkeit, Farbigkeit und Gestalthaftigkeit so erscheint wie im Turmalinwesen. Im wehenden, fallenden und steigenden Leichentuch macht das künstlerische Genie Grünewalds das zum Sinnbild.

3. Und da ist das Blut. Es vermittelt zwischen Leib und Seele, so wie seine Wärme Brücke und Vermittler ist zwischen Geist und Materie. Im Mineralreich bilden Rubin und Granat in Vollkommenheit das ab, was Grünewald in Auge, Mund und Wundmalen zum physischen Bild werden läßt.

4. Das vierte ist der Zustand, in dem alle leibliche Stofflichkeit west, der kolloidale Zustand aller belebten, beseelten und durchgeistigten Materie. Die Ursubstanz dessen ist das lebendige Eiweiß mit seinen Makromolekülen. In den weißen Füßen des Grünewaldbildes schimmert es wie Opal, und in der Tat ist ja die Opalvarietät der Kieselsäure nahezu das einzige Mineral, das gerade im festen Zustand nicht kristallisiert, sondern zu einem harten Gel erstarrt.

Der materielle Menschenleib enthält mineralische Stoffe im belebten Zustand. Sie finden sich in allen lebendigen Wesen als die Grundlage aller belebten Leiblichkeit. Sie bilden eine Art Mitte zwischen den Stoffen der mineralischen Welt einerseits, die völlig unbelebt im Kristallzustand verharren, und den Stoffen, die in vollständig vergeistigter Form den lebendigen, leuchtenden Auferstehungsleib des Christus Jesus bilden. Der Auferstandene in den Stoffen seines Auferstehungsleibes erscheint den Jüngern. Diesen Auferstehungsleib hat der Christus-Geist durch die Jesus-Seele aus dem Jesus-Leib in den drei Jahren der Einwohnung, dann durch Kreuzigung, Grablegung und Auferstehung aus dem Vatergott heraus neu geschaffen.

Der Auferstandene ist zugleich die Auferstehung. Die Auferstehung ist ein schaffendes Verwandeln alles Toten in Leben, alles Bösen in Gutes, alles Schwachen in Kraft, alles Kranken in Gesundes, allen Untergangs in Aufgang. Diese Urverwandlungskraft geht nicht nur von dem Christus-Ich, sondern von dem ganzen Auferstehungsleib des Christus Jesus aus. Sie geht im Weltgeschehen auf den Menschen über, der sich mit Christus verbindet, und sie geht durch Christus und den Menschen auf die Erde über, auch auf das Mineralreich.

In der gleichen Zeit, in der Grünewald sein Bild gemalt hat, entstand auch das Auferstehungsgemälde von Albrecht Altdorfer, das in München hängt. Die Farben, die Grünewald Aura, Gestalt und Leichentuch gibt, gehen bei Altdorfer über auf die Fahne, die Natur und insbesondere auf die Wolken: Es gehen die farbengetragenen Auferstehungswirkungen auf den Kosmos über. Grünewald zeigt den mikrokosmischen Aspekt der Auferstehung, Altdorfer den makrokosmischen Aspekt. Dieser führt zur Keimkraft der Auferstehung der Erde und auch des Mineralreiches der Erde. Was Form, Leib und Blut des Auferstandenen ist, wird Form, Leib und Blut einer zukünftigen Welt, wird Keimkraft des zukünftigen Jupiter-Daseins.

3. Die Auferstehung als schaffende Kraft

Die Urverwandlungskraft ist das eigentliche Jaspis-Erlebnis des Apokalyptikers. Sie stellt die andere Seite desselben Jaspis-Erlebnisses dar, das sich in dem Mysterium von Abstieg und Aufstieg zeigt. Es ist die Auferstehung aus der Vollmacht des Auferstandenen. Diejenigen Mineralien, in deren physischer Erscheinung und übersinnlichen Geistbildern diese Kraft so mitschwingt, daß ein Jaspis-Erlebnis in diesem Sinne dabei zustande kommen kann, heißen wiederum alle beim Apokalyptiker »Jaspis«. Deshalb sind die vier Mineralien, die das Jaspis-Erlebnis tragen, in den Bildelementen der Apokalypse überall dort enthalten, wo der Name Jaspis auftritt: In dem »weißen Jaspis des Thronenden« im 4. Kapitel ist es der Diamant, das Bild größter Härte und höchsten Glanzes; er ist auch in dem »Jaspis der Mauer der Stadt« verborgen, aber auch die »Würfelform« der Stadt enthält etwas vom Diamantwesen. Das zeigt sich darin, daß das Gold, aus dem die Stadt besteht, doch wiederum durchsichtig ist wie Kristall und so eine Art Durchdringung der Gediegenheit des Goldwesens mit der Reinheit, Leuchtkraft und Klarheit des Diamanten stattfindet.

Der Farbenreichtum der zwölf Edelsteine enthält weiterhin ein übergeordnetes, gemeinsames Geheimnis (Heliotrop: dunkelgrün mit blutroten Flecken; Saphir: tief dunkelblau; Chalzedon: himmelblau; Smaragd: tiefgrün; Sardonyx: rot-weiß-schwarz; Sarder: rot, weiß durchschimmert; Chrysolith: goldgrün; Beryll: durchsichtig hell; Topas: goldgelb; Chrysopras: apfelgrün; Hyazinth: gelb, rot durchdrungen und rot, gelb durchdrungen; Amethyst: violett – rot durch blau, blau durch rot hindurch). Dieses Farbenspektrum durch die Zwölfheit hindurch enthält etwas Höheres, den einzelnen Bildern Gemeinsames. Der erste dieser zwölf Steine heißt nicht Heliotrop, sondern Jaspis. In ihm verrät sich etwas, das auf ein tieferes Erleben in der Totalität der zwölf Steine hindeutet: Es gibt ein Mineral, bei dem tatsächlich sämtliche oben angeführten Farbnuancen und Farben vorkommen: den Turmalin. Zu den Einzigartigkeiten dieses Minerals gehört solch unbegreiflicher Farbenreichtum. So kann man sehen, daß die zwölf Edelsteine gewissermaßen von einem Turmalinerlebnis überleuchtet sind, das sie zu einer höheren Einheit zusammenfaßt, die in Wahrheit ein Jaspis-Erlebnis der Auferstehungskraft ist.

Die geheimnisvollste Stelle in der Beschreibung des himmlischen Jerusalem ist der Satz über dessen Leuchtkraft (Kap. 21, Vers 11): »Ihre Leuchtkraft glich der eines kostbarsten Edelsteines, sie war wie die eines kristallhellen Jaspis.« Man könnte auch übersetzen: »... gleich dem Stein Jaspis im Kristallisierenden«. Wenn man das Wort Leuchtkraft hört, denkt man natürlich zunächst nicht an eine Farbe, sondern an ein Licht. Nun wird Licht gerade dann verstärkt, wenn es einen goldenen, einen rosaroten und einen zartblauen Schimmer bekommt. Im ersten Falle wirkt es mehr geistig (golden), im zweiten mehr seelisch (rosenrot, lichtrot), im dritten mehr ätherisch-stofflich. Eine solche seelische Leuchtkraft des Geistes ist es aber, die wiederum der Kraft der Auferstehung zugrunde liegt und damit dem Jaspis-Erlebnis des Apokalyptikers in der Leuchtkraft der himmlischen Stadt. Dieses zarte, geist-seelische Mysterium ist eigentlich das Wesen des »kostbarsten, edelsten Edelsteins«.

Im Mittelalter war nicht nur der Diamant der kostbarste Edelstein, es war das auch der sogenannte »Karfunkel«. Unter diesem Namen erlebte man solche Steine wie Rubin und Granat, wenn sie die Leuchtkraft des Blutfeuers hatten. Im menschlichen Leib kommt die Farbe des Blutes dieser Leuchtkraft am nächsten. Was der Apokalyptiker hier mit Jaspis bezeichnet, ist eigentlich das Jaspis-Erlebnis im Blut. In dem Blut sind Leben, Seele und Geist des Menschen am vollständigsten verkörpert und verbunden. Das Bluterlebnis an Rubin oder Granat ist die mineralogische Seite der Entstehung dessen, was in den Auferstehungskräften die durch das Blut getragene Seite bildet. Es ist im Granat dieses Blutartige sogar noch stärker erlebbar als im Rubin. Das Blut hat aber auch die Nuance in das Blau. Zu Geist, Seele und Leben tritt das ätherisch-substantielle hinzu.

Alle Dinge und Wesen der Welt offenbaren sich nach drei Seiten.

Die eine ist das, was sie für sich sind im Unterschied zu allen anderen. Man muß analytisch vorgehen, um einzelnes und letzte Elemente eines Zusammengesetzten zu erfassen. Die andere Seite zeigt sich in dem, was ein Ding, ein Wesen mit anderen gleicher Art gemeinsam hat. Man muß ordnen und gruppieren, um des Gemeinsamen ansichtig zu werden. Das dritte ist, daß Dinge und Wesen sich wandeln können. Man muß Metamorphose sehen und denken können, um das zu fassen. Das größte, tiefste und umfassende Verwandlungsgeschehen der Welt ist die Auferstehung Jesu Christi. Ihr liegt die umfassende Weltverwandlungskraft selber zugrunde. Deren Träger ist das Christus-Wesen. Von dieser Kraft wird die ganze Apokalypse durchzogen. Indem Johannes diese Kraft erfährt, ersteht ihm jenes Jaspis-Erlebnis, das doch nur den Kräftequell enthält, welcher auch dem Abstiegs- und Aufstiegserlebnis zugrunde liegt. Es kann gar nicht ein bestimmter, einzelner Edelstein das Erlebnisbild für diese Kraft abgeben. Es müssen mindestens ebenso viele einzelne Bilder in der geistigen Jaspis-Gruppe enthalten sein, wie es Bereiche gibt, in denen diese Verwandlungskraft wirkt. Das erste dieser Verwandlungskraft ist die Bildung und Bewahrung der Form. Sie wird im Diamant zum Auferstehungserlebnis. Das zweite ist die Transsubstantiation der Stoffe. Sie wird im Turmalin zum Auferstehungserlebnis. Es ist die Kraft des Auferstehungsleibes. Das dritte ist die Auferstehung als Lebenskraft. Sie wirkt im Blut und führt zum Granaterlebnis. Das Gemeinsame ist das Wandlungserlebnis selbst und die ihr zugrundeliegende Kraft. Diese Kraft kann verfestigen, wird aber selbst nie fest. Sie kann auflösen, bleibt aber selber beständig; sie kann eins ins andere über- und zurückführen, schwebt aber webend und waltend in und über allen Übergängen. – In den Opalen erscheint in der mineralischen Welt der Bildträger solcher Kräfte. Opale sind mineralisch fest, aber fast die einzigen nicht kristallisierten Minerale. Sie »opalisieren«, das heißt, sie führen schwebend, webend, schimmernd oder sogar glühend-feurig eine Farbe in die andere über; Licht und Finsternis, Hell und Dunkel, laufen in ihnen von einem Zustand in den anderen. In grenzenloser Hingabe an alles

Licht- und Farbweben offenbaren die Opale im mineralischen Sein die Urverwandlungskraft. Etwas davon liegt dem Jaspis-Erlebnis im Bilde des Vatergottes im 4. Kapitel zugrunde, so daß ein Ineinanderwirken des gewissermaßen am totalsten kristallisierten Steines, des Diamanten, mit dem gar nicht kristallisierten, dem Opal, zustande kommt. Im Zusammenspiel der Zwölfheit im himmlischen Jerusalem webt für den Apokalyptiker ein Jaspis-Erlebnis, dessen Bildträger hier das Opalwesen ist.

4. Mineralien als Bilder der Auferstehungskräfte: Die geistige Jaspis-Gruppe

Der Diamant. Lichtoffenbarung als erhärtete Form

I. Name: damao heißt griechisch »brechen«. Adamanthinos heißt: unzerbrechbar, unzerstörbar, fest; aber auch: unbezwinglich, unerschütterlich, unveränderlich. Mit diesem Wort haben die Griechen auch den Stahl bezeichnet. Aus diesem Zusammenhang ist das Wort adamas und daraus das Wort Diamant entstanden.

II. Forschung: Es gibt stofflich keinen einfacheren Edelstein als den Diamanten. Er besteht schlicht aus reinem Kohlenstoff, man kann auch sagen, aus Kohle. Er kristallisiert kubisch-holoedrisch, meist in Oktaedern, und ist immer voll kristallisiert und voll entwickelt, d. h. er ist immer vor seiner Umgebung Kristall geworden. Die Flächen der Kristalle sind oft stark gerundet, fast kugelig, es überprägt die Ebenflächigkeit der Kristallform ein sphärisches Prinzip. Die noch teilweise schmelzflüssige, heiße Mutterlauge hat den Kristall nachträglich eingeätzt und als Einschlüsse treten kohlige Substanzen, Hämatit und Ilmenit, auf, aber auch Quarz und Rutil. Das bedeutet, daß diese Substanzen vor der Kristallisation des Diamanten festgeworden sind. Er hat die Härte 10; in Wirklichkeit ist er 140mal härter als der Korund (Rubin, Saphir Härtegrad 9), dieser selbst wiederum achtmal härter als der Bergkristall (Härte-

grad 7). Erst daran kann man das Extreme der Härte dieses Edelsteines ermessen. Seine Dichte beträgt 3,52. Er ist vollkommen spaltbar. Der Diamant kommt fast ausschließlich in einem Muttergestein vor, das Kimberlit heißt. Es ist das ein peridotitischer, stark aufgelockerter, tuffartiger grünlicher oder bräunlicher Vulkanit, mit Einsprenglingen von Olivin, Serpentin, Pyrop, Biotit, Augit, Spinell, Zirkon, Titaneisen, Chromit und eben Diamant. Die Vulkanschlote der Kimberlite haben zwei verschiedene geologische Altersstufen. Die älteren sind vorkambrisch-algonkisch, die meisten aber sind erst später in der Kreidezeit aufgestiegen. Außer in diesen primären Lagerstätten im Kimberlit finden sich Diamanten hauptsächlich in den Ablagerungen der Verwitterung in Seifen und Flußsanden. Zwar selten, aber doch immer wieder kommt der Diamant auch in Meteoriten vor. Auf der Erde ist er in sehr großer Tiefe im Erdinnern unter sehr hohem Druck entstanden und dann in fertiger Form in seinem Muttergestein Kimberlit verhältnismäßig schnell aufgestiegen.
Der Glanz des Diamanten ist für ihn allein charakteristisch (Diamantglanz). Er ist durchsichtig, »von reinstem Wasser«; er kann jedoch ebenso getrübt und undurchsichtig farblos sein. Aber auch alle Farben treten auf: zart gelblich, bläulich, rötlich, bräunlich, grünlich grau, schwärzlich, in verschiedenen Graden von Sättigung. Es gibt zudem ganz sattrote Diamanten wie Rubine und sattblaue wie Saphire. Solche Steine erzielen Phantasiepreise. Charakteristisch für den Diamanten ist die stärkste Lichtbrechung (im Rotbereich 2,465). Auch in bezug auf die Dispersion (Streuung) der elektromagnetischen Wellen findet sich beim Diamanten die höchste Stufe. Auf diesen Phänomenen beruht der hohe Glanz, weil schon bei Lichteinfall in Winkeln von 24,5° an den Flächen sowohl von außen als auch von innen Totalreflexion stattfindet.
Der Diamant ist ein sehr guter Wärmeleiter. Er leitet die Wärme etwa ein- bis dreimal besser als Kupfer. Er läßt also die Wärme des Sonnenlichtes durch sich hindurch und fängt den Lichtanteil um so stärker ein. Bei ultravioletter Bestrahlung entsteht lebhaftes Nachleuchten (Lumineszenz) in blau, grün und gelb, d.h. er holt den

unsichtbaren Teil des Sonnenlichtes, der chemisch wirkt, nachträglich in die Sichtbarkeit herein.
Genauere Untersuchungen haben gezeigt, daß das Diamantgitter, also die untersinnliche Struktur der Atome, kubisch ist. Alle Eckpunkte des Würfels und auch alle Mittelpunkte der Flächen sind mit einem Atom besetzt (also 8 und 6 Kraftpunkte). Je 5 Atome bilden miteinander Tetraeder, und zwar jeweils 4 von den Ecken und der eine im Mittelpunkt des Würfels. Dadurch gehört jedes Atom zwei Tetraedern an. Die Feinanalysen ergeben, daß jedes tausendste Kohlenstoffatom in der Regel durch ein Stickstoffatom ersetzt ist. Innerhalb des Kohlenstoffs ist also zu einem Tausendstel Stickstoff enthalten; sogar Aluminium- und Siliciumatome kommen vor.
Die Kristallgröße variiert von mikroskopisch kleinen Kriställchen bis zu solchen von etwa 600 g, den Riesen unter den Diamanten. Aus alledem gehen die Varietäten hervor. Erstens der eigentliche Diamant, voll kristallisiert; zweitens der Ballas, er bildet sich faserig und in dichten Massen. Diese Form heißt auch Bort; drittens der Carbonado, er ist porös und sieht koks- oder kohlenschlackenartig aus. Er ist mehr das Ergebnis der Erkaltung als der Kristallisation. (Zur Entstehung des Diamanten vom naturwissenschaftlichen Aspekt aus siehe Anhang Nr. 28.)

III. Lebensursprung und Lebensbeziehungen:[47] Nach Rudolf Steiners Angabe ist der Kohlenstoff (C) die Grundsubstanz für die Gerüstbildung, für das Formgebende, die das unsichtbare Leben in die sichtbare Formgestalt bei Pflanzen, Tieren und Menschen überführt. Von der schwarzen Kohle bis zum lichtesten Diamanten vereinigt das Element Kohlenstoff in sich Licht und Finsternis. Der lichtdurchlässigste und härteste Stoff, der Diamant, ist gewissermaßen »die aus dem Licht geborene Substanz«. In seinen Stufen, in denen er in der Erde vorkommt, als Diamant, Graphit, Steinkohle und Braunkohle, wiederholt er die Entwicklungsstufen der Erde vom Präkambrium über das Karbon bis zum Tertiär, immer aus einem Lebendigen herausfallend. Im Kimberlit, dem ältesten Muttergestein, haben wir wiederum die Sonnenstufe der Grünsteine vor uns, und in dieser Stufe ist der Kohlenstoff als Diamant herauskristallisiert.

IV. Seelische Tugend: Die eigentliche Offenbarung am Diamanten ist das, was er mit dem Licht tut: Er verdichtet das Licht in sich, indem er dessen Frontgeschwindigkeit von 300000 km pro Sekunde auf die Hälfte herabsetzt. Durch diese Verdichtung entstehen im Licht Spannungen, die dann die Farben zur Erscheinung bringen. Dadurch zeigt der Diamant sein funkelndes Feuer, das plötzlich in das Auge bricht und im Moment aus einer in die andere Farbe hinüberblitzt. Wenn man Licht geistig als Bewußtsein und Farbe als Seele versteht, erlebt man das Seelenleben des Diamanten. Verdichtetes Licht wird Farbe, verdichtetes, geordnetes Bewußtsein wird Seele. Man sieht gewissermaßen mit Augen der Entstehung der Seele aus dem Geistigen, der Verinnerlichung des Geistes zur Seele in dem Feuer des Diamanten zu. Seele ist am Widerstand verdichteter und verinnerlichter Geist. Hölderlin hat das so ausgesprochen:

Der Seele Woge schäumte nicht so schön empor und würde Geist,
wenn nicht der stumme, dunkle Fels des Schicksals ihr entgegenstünde.

Hier beim Diamanten ist es die ungeheure Härte, die diesen »dunklen« Felsen darstellt.

V. Geistige Zukunft: Damit der Geist sich zur Seele verinnerlichen und Seele sich zu Geist auflichten kann, benötigt das Geistig-Seelische die leibliche Form. In der reinen geistigen Formkraft des Leibes ordnet sich das Innere und das Äußere des Kosmos im Weltall und im Menschen. Wenn Rudolf Steiner davon spricht, daß dem menschlichen materiellen Leib eine rein geistig-physische Form zugrunde liege, die er das Phantom nennt, und daß diese Anlage gleichzeitig mit dem Diamanten entstanden ist, dann lernt man den inneren Zusammenhang zwischen Diamantbildung und Urmenschenform begreifen. Durch den Sündenfall und die Belastung des Phantoms des Menschen mit dem Stoff des materiellen

Leibes ist der ursprünglich übersinnlich veranlagte Paradiesesmensch in die Materie herabgestiegen und belädt das Gefäß der reinen Form des Leibes mit der Materie. Diese belastet und schädigt das Phantom. Durch seine Auferstehung hat das Christus-Wesen den Stoff dem Phantom wieder unterworfen. Wenn man beim Turmalin im Hinblick auf den Stoff sagen kann, daß hier die Wiederherstellung des Menschen abgebildet ist, so kann man für den Diamanten dasselbe im Hinblick auf die Form sagen. Durch die Auferstehung Christi ist die gebrochene, verdunkelte Form des Menschenleibes des Jesus licht geworden, die Verfinsterung in Licht verwandelt, und kann dadurch als Träger des Auferstandenen schuldlos und schwerelos im Lichte leben.
Den Diamanten in das Sonnenlicht eines Hochsommertages hineinzustellen und ihn um Johanni aufblitzen zu lassen, kann der Feier des christlichen Johannifestes einen besonderen Glanz hinzufügen.

Der Turmalin. Blühender Seelenreichtum als farbiger Stoff.

I. Name: Aus der Sprache der Singhalesen auf Ceylon: Turamali, das heißt »gelber unbekannter Stein«.

II. Forschung: Die Turmaline kristallisieren ditrigonal-pyramidal. Der Härtegrad beträgt 7–7,5, die Dichte 3–3,25. Der Turmalin ist pleochrom (mehrfarbig in verschiedenen Richtungen). Senkrecht zur Achse hat er eine andere Farbe als parallel zur Achse. Er ist polychrom, d. h. derselbe Kristall kann mehrere Farben haben, die sowohl konzentrisch ineinander wie in Etagen übereinander, wie schließlich pyramidal in Dreiecken in- und übereinander auftreten können. Er ist pyro- und piezoelektrisch, d. h. er wird elektrisch polar aufgeladen bei Erwärmung und Abkühlung oder Druck. Er ist parallel zur Hauptachse immer dunkler oder undurchsichtig, senkrecht zur Hauptachse heller, durchsichtiger. – Die Turmaline erscheinen in allen möglichen Farben und Farbnuancen; vom reinen Farblosen bis Schwarz, vom zartesten Anflug der Farbe bis zur tiefsten Sättigung, von klarer Durchsichtigkeit

der Farbe bis zur trüben, durchscheinenden, undurchsichtigen Bildung kommt alles vor. Der Turmalin ist das weitaus farbenreichste Mineral der Erde. Er findet sich in Granitpegmatiten, in Graniten und deren Greisen, in Tonschiefern, Kalken, Erzlagerstätten und Erzgängen und als Neubildung in Sedimenten. Er kann auch selber gesteinsbildend als Turmalin-Fels auftreten. Auch im Luxullianit ist er partiell gesteinsbildend. Die hauptsächlichen Varietäten sind folgende: Achroit, farblos, eisenarm; Rubellit, rosarot, rubinrot, braunrot, mit Lithium und Mangan; Indigolith, blau, grünlichblau, tiefblau bis schwarzblau, mit Eisen; Verdelith, grünlich, smaragdgrün, bläulich-grün, gelblich-grün, apfelgrün und moosgrün durch zweiwertiges Eisen; Dravit, braun, oft undurchsichtig, reich an Magnesium, arm an Eisen; Schörl, schwarz, undurchsichtig, mit viel zwei- und dreiwertigem Eisen. Der Turmalin ist auf der ganzen Erde verbreitet.
Die wissenschaftliche Mineralogie kennt den »Turmalin« nicht, statt dessen den Turmalin-Komplex, die Turmalin-Gruppe, oder auch die Turmalin-Reihe. Das beruht darauf, daß der Turmalin chemisch etwas absolut Einmaliges ist: Er enthält sehr viele Elemente im Gegensatz zu anderen Mineralien, deren Chemie eindeutig fixiert ist. So hat man sich gewöhnt, gewissermaßen »ideale«, in der Wirklichkeit gar nicht vorkommende Endglieder als Modelle zu denken, die sich miteinander mischend die realen Reihen der Turmaline bilden. Dabei ist wichtig, daß nicht alle reinen Endglieder sich mit allen anderen mischen können. Man hat sieben chemische Hauptglieder aufgestellt. Es sind die folgenden (Idealformeln):

1. Elbait (ein Natrium-Lithium-Turmalin).
   $Na(Li,Al)_3Al_6[(OH)_4/(BO_3)_3/Si_6O_{18}]$.

2. Dravit (ein Natrium-Magnesium-Turmalin).
   $NaMg_3AL_6[(OH)_4/(BO_3)_3/Si_6O_{18}]$.

3. Der Schörl, der Eisen-Turmalin.
   $NaFe^{2+}_3 (Al,Fe^{3+})_6[(OH)_4/(BO_3)_3/Si_6O_{18}]$

4. Buergerit, ebenfalls ein Eisen-Turmalin.
   $NaFe_3^{2+} Al_6[F/O_3/(BO_3)_3/Si_6O_{18}]$.
5. Der Tsilaisit, der Natrium-Mangan-Turmalin.
   $NaMn_3Al_6[(OH)_4/(BO_3)_3/Si_6O_{18}]$.
6. Der Uvit, ein Calcium-Magnesium-Turmalin.
   $CaMg_3(Al_5Mg)[(OH)_4/(BO_3)_3/Si_6O_{18}]$
7. Der Liddicoatit, er ist der Calcium-Lithium-Turmalin.
   $Ca(Li,Al)_3Al_6[(OH)_4(BO_3)_3/Si_6O_{18}]$.

Diese chemischen Formeln sagen folgendes: Es gibt ein allen gemeinsames atomares Grundgerüst: den Turmalin-Komplex. Dieser besteht aus folgenden Gerüstteilen:

1. einem Sechserring von SiO_2-Tetraedern (Si_6O_{18});
2. einem Dreieck von drei Borsäureradikalen $(BO_3)_3$;
3. einem Kranz von sechs Aluminium-Atomen, der oktaedrisch dem Sechserring der Kieselsäure und dem Dreieck der Borsäure zugeordnet ist;
4. einer Spitze, an der das Natrium-Ion sitzt, umgeben von vier OH-Ionen.

Dieser Verband von Ionen hat eine Verwandtschaft mit den Kaolin-Mineralien. Jeder solche Gesamtverband ist auf dem Wege über Aluminium und Sauerstoff mit je zwölf anderen solchen Komplexen verzahnt. Man sieht also, wie die Lichtunterlagen der Kieselsäuren und Borsäuren durch mehr erdige Unterlagen miteinander verbunden werden, aber auch das Natrium spielt immer herein, das ja der Träger des Salzartigen ist. So kann man schon aus dem Ionen-Gerüst gewissermaßen ablesen, daß im Turmalin etwas Lichthaftes, etwas Erdiges und etwas Salzhaftes zusammengewoben sind.

Innerhalb dieses Gesamtkomplexes sind bestimmte Massepunkte der Ionenkräfte austauschbar. Dadurch kommen Elemente wie Lithium, Magnesium, zwei- und dreiwertiges Eisen, Mangan, Calcium, Fluor und auch zusätzliches Aluminium ins Spiel. So kann man schließlich sagen: Das Grundgerüst enthält als konstitutive

Elemente: Silicium, Sauerstoff, Bor, Wasserstoff und Aluminium. Zu diesen fünf konstitutiven Elementen treten als sekundär-konstitutive hinzu: Lithium, Magnesium, Ferrum, Mangan, Calcium und Fluor. Da das Eisen in zwei Wertigkeiten erscheint, sind es im ganzen zwölf Elemente, deren untersinnliche Substrate in den Bau des Turmalin-Gerüsts eingewoben sind. Zu diesen zwölf Elementen treten nun in der Fülle der Turmalin-Erscheinungen weitere dreißig Elemente hinzu (häufiger, seltener oder in Spuren), so daß von den 92 natürlichen Elementen des periodischen Systems etwa die Hälfte im Turmalin vorkommt. Für keine andere mineralische und organische Substanz trifft diese Häufigkeit zu.

III. Lebensursprung und Lebensbeziehungen:[48] Der ungeheure Reichtum der Farbigkeit der Turmaline deutet auf Blütenhaftes. Es ist eine Offenbarung des Ineinanderspiels von Mineralisch-Blütenhaftem (Edelstein), von Pflanzlich-Blütenhaftem und von Tierisch-Blütenhaftem im Sinne der Schmetterlinge. Die Turmaline sind die organischsten unter den Edelsteinen. Der wachsende, stoffablagernde Kristall war in seiner pneumatolytischen Umgebung offenbar von wechselnden Farbwolken der Metalle schmetterlingshaft umspielt. Bei mehrfarbigen Turmalinen ist die Farbigkeit rhythmisch wechselnd und, sich oft im Wechsel wiederholend, über den Kristall ausgebreitet wie Jahreszeiten (dunkle, herbstliche bis winterliche und helle frühlingshafte bis sommerliche Zonen). Die Kristalle sind in den prismatischen Teilen selten streng kristallin geformt. Die Prismen haben kaum exakte dreieckige oder sechseckige Querschnitte, vielmehr sind die Flächen gerundet durch zahllose, parallel laufende, stengelartige, geriffelte Erhebungen, die durch Parallelbildung gleicher Kristallflächen entstehen. Die Pflanzenbildungstendenz überwindet offenbar leicht das Mineralische, so daß der Turmalin seinen stengelartigen Charakter hat. Nun wirkt in der Pflanze bei der Stengel- und Blütenbildung die Sonne. Daran erinnert der Turmalin. Er entstammt einer Zeit, in welcher die Sonne noch mit der Erde verbunden war und vom Inneren der Erde her gewirkt hat.

IV. Seelische Tugend: Was sich in dem Farbenreichtum des Turmalins äußert, ist in Wirklichkeit blühender Seelenreichtum. Der Turmalin ist darin allen Edelsteinen weit überlegen. Diese sinnliche, materielle Äußerung des Seelenreichtums als Farbenreichtum wäre aber nicht möglich ohne den oben erwähnten Stoffreichtum an Elementen. Dieser Stoffreichtum ist das eigentliche Geheimnis des Turmalin-Wesens. Gerade weil er nicht so tief nur Mineral geworden ist, sondern viel Pflanzenhaftes bewahrt, hat er die Möglichkeit, die Ganzheit des Seelenreichtums in der Ganzheit des Farbenreichtums durch die Fülle des Stoffreichtums zur Erscheinung zu bringen. Und so wie der Bergkristall in sich das Geheimnis der Sinnenhaftigkeit allen Lebens birgt, so der Turmalin das Geheimnis der Seelenhaftigkeit in stofflicher Form. Er ist ein Stoffsammler und Stoffordner für die Offenbarung der Seele im Stoff durch die Farbe.

V. Geistige Zukunft: Ein beseelter und durchgeistigter Menschenleib trägt im Stoff seiner Leiblichkeit den Reichtum der organischen Substanzen aller Leibesglieder, denen die Totalität des unbewußten und bewußten Seelischen einverleibt ist. Die Seele des Menschen wird Fleisch, wenn sie sich verkörpert. Nur ein Teil der Seele bleibt Seele, wenn der Mensch eine Inkarnation vollzieht, ein anderer Teil wird umgewandelt in das Fleisch.
Das große Geheimnis der Auferstehung Christi bleibt so lange völlig unverständlich, solange der Begriff dessen, was Verkörperung eines Menschen ist, nicht erfaßt wird. Das Wort des Johannes-Evangeliums wird doch nie ganz real genommen: »Und das Wort ist Fleisch geworden.« Man geht gefühlsmäßig immer von der Vorstellung aus: auf der einen Seite Leib (Materie), auf der anderen Seite Seele und Geist. Es ist aber doch eigentlich unsinnig zu denken, daß ein Teil dessen, was in einem Menschen sein physisch-mineralischer Leib ist, nur der mineralischen Welt entstammen kann. Gewiß ist es ungewöhnlich, zu denken, daß etwas in einer menschlichen Leiblichkeit unmittelbar aus dem Geiste heraus sich verkörpert, materialisiert. Das ist nur dann undenkbar, solange

man den Übergang von Ätherisch-Übersinnlichem in Materiell-Sinnliches und umgekehrt nicht zu denken beginnt. Den Weg vom Materiellen zum Ätherisch-Übersinnlichen kann man heute praktizieren; das geschieht bei jeder sogenannten Potenzierung. Da wird physische Materie durch Verdünnen und Schütteln so weit gedehnt, bis sie nach physischen Berechnungen nicht mehr da ist, dafür aber in der wässerigen Lösung ätherisch eindeutig enthalten ist, weil sie im Experiment und in der Anwendung spezifische Wirksamkeiten zeigt. Der umgekehrte Weg ist ebenso denkbar. Man muß von der Voraussetzung ausgehen, daß bei jeder menschlichen Verkörperung nicht nur das Seelisch-Geistige des Menschen in vorhandenes Materielles eintaucht, sich damit verbindet und es durchdringt (belebte Materie, durchseelte Materie, durchgeistigte Materie), sondern daß auch ein Teil des Seelisch-Geistigen selber bei jeder Verkörperung Fleisch wird, d. h. materieller Stoff. Wenn also die Möglichkeit der Materialisation und Entmaterialisation denkbar wird, dann beginnt auch die Auferstehung des Leibes Jesu Christi denkbar zu werden.

Was für die Stoffe als Materie gilt, gilt auch für die Erscheinung des Stofflichen, für die Qualität. Denn die Materialisation eines nichtmateriellen Übersinnlichen ist gerade ausgedrückt durch die Erscheinung bestimmter Eigenschaften und Verhaltungsweisen des Stoffes. An dieser Stelle liegt die Verbindung zwischen Turmalin und Auferstehung. Mit Hilfe seines Stoffreichtums versinnlicht der Turmalin z. B. die Totalität des Farbenreichtums. Da aber alle Farbqualitäten der Erscheinungen für die Sinne Offenbarungen seelischer Stimmungen und Zustände sind, liegt der Turmalin-Bildung das Prinzip der Vollmacht zugrunde, die Totalität alles Seelischen im Farbigen erscheinen zu lassen. Das vollbringt das Turmalin-Wesen durch ein Ionen-Gerüst, das verhältnismäßig fest und gleichzeitig unverhältnismäßig locker ist, so daß die verschiedenartigsten Ionen-Kräfte bei der Turmalin-Bildung aus- und einströmen können. Hier liegt das Christus-Prinzip des »Wortes«: »Mir ist gegeben die Vollmacht über alles Fleisch.«

Wenn der Mensch sich verkörpert, bedeutet das für den Menschen immer auch einen Verlust an Seele und Geist, weil dieselben Fleisch geworden sind. Auch dadurch ist die Vollmacht des Menschen über das Fleisch geschwächt. Einmal aber ist eine Seele Fleisch geworden, in der das Weltenwort, der Logos, verkörpert war. Dieses spricht auch das Johannesevangelium aus. Und dieses Wesen hat die Verdunkelung des Fleisches überwunden, das Fleisch in der Auferstehung vergeistigt und als Seele und Geist die Vollmacht über das Fleisch ausgeübt. Das ist das Mysterium der Auferstehung Christi. In dem edelsteingewordenen Farben- und Stoffreichtum, aber auch Formenreichtum des Turmalin-Wesens offenbart sich aus der Vergangenheit wie in einem mineralischen Abdruck etwas von dieser Zukunft. Und darum kann der Turmalin zu Ostern zwischen Blüten und Lichtern auf dem Tische stehen.

Der Granat. Liebetragendes Herzblut als Farbe.

I. Name: von lateinisch ›granum‹, bedeutet Korn. Granatum bedeutet also der gekörnte Edelstein oder das Korn.

II. Forschung: Die Granat-Gruppe der Mineralien wird bestimmt durch den Wechsel von Mangan, Eisen, Calcium und Aluminium. In Verbindung mit anderen Elementen und der Kieselsäure entstehen die Granat-Varietäten. Es sind sieben:

1. Magnesium-Ton-Granat: *Pyrop,* blutrot bis tief dunkelrot, fast schwarz. $Mg_3Al_2[SiO_4]_3$. Vorkommen in Olivingestein, im Kimberlit neben Diamant, in Eklogiten und Serpentiniten.
2. Eisen-Ton-Granat: *Almandin,* gemeiner Granat, rot bis schwarzrot, bläulich-rot bis blaurot. $Fe_3Al_2[SiO_4]_3$. Vorkommen in kristallinen Schiefern, Graniten und Gneisen.
3. Mangan-Ton-Granat: *Spessartin,* gelb bis rotbraun, gelblich, braun bis dunkelrot. Vorkommen in Pegmatiten. Mn_3Al_2 $SiO_4]_3$.
4. Kalk-Ton-Granat: *Grossular,* farblos, weißlich, grün, graubraun, rötlich. $Ca_3Al_2[SiO_4]_3$. Vorkommen in Kalkkontaktgestein.

12 Diamant auf Kimberlit, Oktaederkristall mit Bildungsschicht. Auf der Fläche rechts strukturorientierte akzessorische Teilkristalle

13 Diamant als Würfel kristallisiert

5. Kalk-Eisen-Granat: *Andradit,* braun, rot, grün, schwarz; Topazolith: gelbgrün. $Ca_3Fe_2[SiO_4]_3$. Vorkommen als Kontaktmineral in Skarnen; Demantoit: smaragdgrün.
   Kalk-Eisen-Granat mit Titan: Melanit, schwarz.
6. Kalk-Chrom-Granat: *Uwarowit,* tief smaragdgrün. Ca_3Cr_2 $SiO_4]_3$. Vorkommen in Skarnen.
7. Calcium-Vanadium-Granat: *Goldmanit.* $Ca_3V^{3+}{}_2[SiO_4]_3$. In allen Farben.

Das Merkwürdige ist, daß bei diesen in bezug auf die Chemie ganz verschiedenartigen Zusammensetzungen die Kristallgestalt einheitlich, vorwiegend kubisch-rhombo-dodekaedrisch, also eigentlich ein kristallisierter Tropfen oder ein kristallisiertes Korn ist. Die Korngröße geht von mikroskopisch klein bis zentimetergroß. Bemerkenswert ist, daß der Granat in den Schiefern ebenso wie der Smaragd voll auskristallisiert ist, d. h. daß er sich kristallisiert hat, bevor der Schiefer um ihn herum hart wurde.
Der Granat ist weit verbreitet und oft gesteinbildend.

III. Lebensursprung und Lebensbeziehungen:[49] Wie reife Früchte im gewachsenen Fels der grauen und grünen Schiefer zeigt sich der Granat in seiner Farbenharmonie. In den graugrünen, grünen bis tiefgrünen, smaragdgrünen Schiefern erscheint er rot, bräunlich, gelb. In den rötlich-gelblichen Serpentiniten erscheint der grüne Granat. Am schönsten findet sich der rote Granat in Eklogiten, begleitet von einem grünen Pyroxen, dem Omphazit. Das gibt ein Bild »für die heitere Harmonie des Mineralpflanzenlebens aus der Sonnenstufe der Erde« und erinnert an einen grünen Apfelbaum mit seinen roten Früchten. In den roten und rotbraunen Granaten ist das Eisen dreiwertig, ja bluthaft, in den grünen Granaten zweiwertig, mehr pflanzenhaft. Es zeigt sich also in der Kombination von roter und grüner Mineralität ein die beiden als Ziel miteinander verbindendes höheres Prinzip. Cloos sagt:[50]

Der rote Granat gehört zu jenen merkwürdigen Steinen, die man im Altertum und im Mittelalter als Karfunkel bezeichnete; es war damit, unabhängig von der Stofflichkeit, eine bestimmte, dem Blute nahekommende Farbe gemeint. In sol-

chen Steinen sah man das geläuterte, keusche und leidenschaftslose Gegenbild zum menschlichen Blut.

IV. Seelische Tugend: In den oben angeführten Sätzen von Cloos ist eigentlich das Granatgeheimnis ausgesprochen. Im »Heinrich von Ofterdingen« beschreibt es Novalis noch deutlicher:

Es ist dem Stein ein rätselhaftes Zeichen
tief eingeschrieben in sein glänzend Blut.
Er ist mit einem Herzen zu vergleichen,
in dem das Bild der Unbekannten ruht.
Man sieht in jenem tausend Funken streichen,
um dieses woget eine lichte Flut.
In jenem liegt des Herzens Licht begraben.
Wird dieses auch das Herz des Herzens haben?

Wenn man vom Blut sprechen will, kann man, abgesehen von seinen stofflichen Bestandteilen, auch auf die wesentlichen Funktionen dieses Organsystems hinschauen. Es sind die folgenden: Das Blut wirkt

1. als Träger des Lebens;
2. als Strom der Stoffe;
3. als Organ des Ich;
4. als Erzeuger der Wärme;
5. als Vermittler zwischen Leib und Seele;
6. als Empfänger des Karma;
7. als Vermittler des Atems und der Sinneswahrnehmungen.

Der tiefere Hintergrund dieser siebenfachen Funktionalität zeigt sich dann in dem eigentlichen Blutwesen: Es ist Erzeuger, Vermittler und Vernichter seiner selbst. Mit sich trägt es seine vorangegangenen Entwicklungszustände ebenso wie auch im Keim seine zukünftigen, weil es in der Lage ist, sich im lebendigen menschlichen Organismus in einer feinen Weise zu vergeistigen. »Blut ist ein ganz besonderer Saft« (Goethe, Faust). Es ist als Materie am meisten Seele und Geist und als Seele und Geist am entsprechendsten Materie. In der eigenartigen Siebenheit der Granatgruppe liegt wohl auch schon im Mineralischen die Totalität dessen ausgedrückt, was wir im Menschen als Blut vor uns haben.

V. Geistige Zukunft: Die größte Krankheit des Blutes ist die Entfremdung. Es ist die Nichtübereinstimmung des Menschen mit sich selbst, der Verlust der eigenen Geistigkeit. Der Ausdruck dieser Krankheit im Blut entsteht, wenn das lebendige Strömen und Pulsieren des Blutes stockt und sich als Angst äußert. Jede Art von Angst ist eigentlich *die* Blutkrankheit. Durch die freie Zuwendung des Menschengeistes im Denken und Wollen zum Weltengeist nimmt der Mensch Anteil an der Entängstigung des Blutes, von der Rudolf Steiner im Zusammenhang mit den Eisenprozessen der Michael-Mysterien des Herbstes gesprochen hat.[51] Im Bilde der dodekaedrischen Granatkristalle und der in ihnen erscheinenden Blutfarbe zeigt sich das reine Zukunftsbild eines Blutes, das keine Angst mehr kennt, sondern aus dem Geist heraus den Mut zum Geiste aufleuchten läßt.
Darum kann der Granat am Morgen des Michael-Festes in grüner Umhüllung auf dem Tische liegen.

Christ ist erstanden
Aus der Verwesung Schoß.
Reißet von Banden
Freudig euch los!
Tätig ihn preisenden,
Liebe beweisenden,
Brüderlich speisenden,
Predigend reisenden,
Wonne verheißenden
Euch ist der Meister nah,
Euch ist er da!

Goethe, Faust I

Der Opal. Grenzenlose Hingabe als flutende Verwandlung.

I. Name: Das Wort heißt im Griechischen opallios, im Lateinischen opalus. Es stammt aus dem Altindischen, dort heißt es: upala, das bedeutet Edelstein. Es geht zurück auf die Wurzel PALA, und das bedeutet Felsen. Es ist auch mit dem deutschen Wort Fels verwandt und durch das vorgesetzte U bedeutet es eben Urfels, Edelstein, Grundfels.

II. Forschung: 1. Der Opal hat die Formel SiO_2 + x Wasser.

2. In allen Opalen ist der Stoff kolloidal im Gelzustand. Es gibt drei Arten von Opalen:

a) der völlig amorphe Opal: Opal-A (A = amorph);

b) der feinstkristallisierte, fehlgeordnete, also filzig-chaotisch kristallisierte Opal: Opal-CT (C = für Cristobalit, T = für Tridymit). Diese beiden Quarz-Varietäten stecken in dem Kriställchen.

c) der feinstkristallisierte, geordnete Opal: Opal-C (C = für Cristobalit).

Diese Feinstrukturen (das kolloidale Gel, die chaotische und die geordnete Kristallbildung) sind die Ursache des Opalisierens. Im Jahre 1963 ist es gelungen, diesen Feinbau der Opale zu fotografieren. Bei bis zu 30000fachen Vergrößerungen erscheinen kleine Sphärolithe in dichtester Kugelpackung von Kieselsäure; es sind winzige rundliche Kügelchen, die aus einem Kolloid erstarrt sind. Sie sind die eigentliche Ursache für die Erscheinung der opalisierenden Farbenspiele. Diese Sphärolithe bestehen bei Opalen, die aus Vulkanen sich bilden, aus Opal-CT und Opal-C, bei den Edelopalen aus Opal-A.

3. In manchen Opalen finden sich Spuren von Quarz, Tridymit und Cristobalit in kryptokristalliner Form.

4. Der Opal ist also gealterte kolloidale Kieselsäure mit 1–20% Wassergehalt. Manchmal kann der Wassergehalt bis 35% betragen.

5. Kompakte Opalmassen haben die Härte 6, und ihre Dichte und Lichtbrechung ist vom Wassergehalt abhängig.

6. Der Bruch ist muschelig, es bilden sich Schalen.

7. Die Opale sind glasglänzend bis wachsglänzend, durchsichtig, durchscheinend bis undurchsichtig.

8. Die Farbigkeit ist sehr verschieden. Farblos, milchweiß = Milchopal; graubraun, rötlichbraun, dunkelbraun bis schwarz = gemeiner Opal.

9. Entstehung: Opale entstehen aus hydrothermal zersetzten Silikaten, vor allem innerhalb vulkanischer Prozesse. Der Opal scheidet sich aus heißen Lösungen, Geysiren, Thermalwässern und heißen Quellen aus. Dies ist der wäßrige Ursprung. Er bildet andererseits die Füllungen von Klüften und Drusen in Rhyolithen, Trachyten, Andesiten. Er ist hier vulkanischen Ursprungs.
Drittens entsteht Opal aus verhältnismäßig warmen, zirkulierenden Wassern, in Sandsteinen, z. B. der Wüste, oftmals in tonigen Horizonten, 20–40 m unter der Erdoberfläche, oder andererseits in kreidigen Ablagerungen in Gestalt von Knollen, Flint und Feuerstein mit allen Übergängen zum Jaspis. Die meisten Opale in Edelsteinqualität entstammen sedimentären Bildungen.

10. Opalkieselsäure wird auch aus dem Protoplasma von Pflanzen und Tieren zur Bildung von Kristallskeletten erzeugt.

11. Opal kann Teilchen für Teilchen organische Ablagerungen von Schalen und Knochen von Tieren und Holz von Pflanzen verkieseln durch Pseudomorphose. Der Opal nimmt genau die Formen der von ihm verdrängten organischen Stoffe an. Er heißt dann Holzopal.

12. Die Varietäten:

a) Edelopal: weiß bis blaugrau, mit mächtigem Farbenspiel in allen Farben, das hervorgerufen wird durch feinste lamellare Struktur zwischen Lufträumen und Opalsubstanz. Man nimmt an, daß die Lufträume dadurch entstehen, daß andere mineralische Stoffe aus dem Opal ausgeschieden und ihre Räume mit Luft gefüllt worden sind. Er kommt vor in Andesiten und Sandsteinen und ist im Grunde ein festes Aerosol.

b) Glasopal: farblos, traubig, in Krusten auf basaltischen Gesteinen. Es gibt mehrere Sorten: den Hydrophan, Hyalith und den chalzedonhaltigen Kascholong.
c) Milchopal: weiß bis zartbläulich, durchscheinend mit stärkstem Farbenspiel.
d) Feueropal: orangerot bis feuerrot wie Karneol, fast durchsichtig, so daß das starke Feuer auch aus dem Inneren hervorglüht.
e) Gemeiner Opal: als Wachsopal gelb bis gelbbraun, als Prasopal grün durch Nickel, als Jaspopal undurchsichtig wie Jaspis in vielen Farben, als Menelith in Knollen und als Forcherit durch Schwefel gelb.
f) Kieselsinter, der aus heißen Quellen und Geysiren sich absetzt.
g) Kieselgur: lockeres, aus Kieselalgen abgesetztes Gestein.
h) Hydrophan: durch Austrocknung trübe. In Wasser gelegt, wird er durchsichtig und farbig opaleszierend.

III. Lebensursprung und Lebensbeziehungen: Walter Cloos widmet in seinem Buch[52] eine ausführliche Betrachtung dem Opal. Er stellt ihn in Polarität zum Rosenquarz als eine der jüngsten Bildungen des Mineralreiches, in dem aber gerade die Urzustände der kolloidalen Stoffverhältnisse hervortreten. Er zeigt dann in dem Gewebe von Wasser und Luft des Steins die Beziehung zur Lunge und beschreibt besonders die Hydrophane, die, bevor man sie ins Wasser legt, kaum durchsichtige Steine sind, im Wasser dagegen fast vollkommen durchsichtig werden und ein schönes Farbenspiel zeigen. Man nennt sie auch Weltauge, Lapis mutabilis oder Chamäleonstein. Man findet den Hydrophan auch oft in weichem, gallertartigem Zustand. Cloos zeigt, wie der Opal noch die Beziehungen zu Licht, Luft und Wasser, also zu den Lebenselementen, hat, was noch deutlicher wird, wenn man bedenkt, daß die Opale aus Vulkanismus hervorgehen, also Wärme mitwirkt. Man könnte, so sagt er, von einer Art heißem Brei sprechen, durchzogen von Kräften (Wärme, Licht, Luft, Wasser), die von außen auf ihn wirken und von denen er bewegt wird, so daß er in Klüfte und Spalten der festen Erde fließt und strömt. Cloos weist hin auf den bedeutungsvollen Unterschied zwischen dem Magma im Inneren der Vulkane, das dort geringere Temperaturen hat (900–1000°), als wenn es als Lava an die Luft kommt und 1100–1200° heißt wird. Da nun der Schmelzpunkt von Kieselsäure bei 1800°, von anderen Mineralien bei 1500° liegt, wird daraus ersichtlich, daß das Wasser, das im Magma enthalten ist, die Schmelzpunkte herabsetzt. Das bedeutet, daß im Magma im Inneren des Vulkans die Elemente sich durchdringen, dagegen sich voneinander trennen, wenn das Magma an die Oberfläche kommt. Dann zerfällt es in Gase, Wasserdampf und heißflüssige Stoffe, und die Wärme wird frei. Aus solchen Vorgängen geht der Opal hervor. Er bewahrt bei der hydrothermalen Endphase des Vulkanismus denjenigen Zustand bzw. nimmt ihn an, der der Urzustand der mineralischen Welt überhaupt ist: Er wird zum Kolloid.

IV. Seelische Tugend: Aus den oben beschriebenen Tatbeständen ergibt sich eine fundamentale Frage nach der Ursache seiner Ausnahmestellung. Für die ganze mineralische Welt ist im wesentlichen der feste Aggregatzustand und die kristalline Form charakteristisch. Flüssigkeit und Gas sind ungewöhnlich: Unter den 92 Elementen sind 11 Gase (die sechs Edelgase sowie Sauerstoff, Stickstoff, Wasserstoff, Fluor und Chlor), zwei sind Flüssigkeiten (Quecksilber und Brom), alle anderen 79 Elemente sind in normalen Temperaturen fest. Dasselbe gilt für die chemischen Verbindungen der Minerale. Sie sind fest mit eigentlich nur einer Ausnahme, dem Wasser (wenn man von den Gasen und dem Quecksilber absieht).

Das zweite Charakteristikum, der Kristallzustand, ist wiederum die Regel für die mineralische Welt. Nun bildet ausgerechnet derjenige Stoff, der normalerweise die schönsten Kristalle erzeugende Kiesel, im Opal das Kolloid. Außer dem Opal gibt es kaum kolloidale Mineralien. Nur die Metalle können teilweise als kolloidale Beimengungen in den Kristallen auftreten.

Was aber sind Ausnahmen in der Natur? Sind sie nur das, was aus der Regel herausfällt, oder zeigen sie dasjenige an, was in den »normalen« Erscheinungen als Möglichkeit latent vorhanden ist? Vielleicht verrät sich gerade in den Ausnahmen etwas von früheren Zuständen des Normalen. So hat Goethe immer die Ausnahme in der Natur betrachtet. In dem Außergewöhnlichen tritt das in Erscheinung, was sich in das Gewöhnliche verborgen, verhüllt oder zurückgezogen hat.

So angesehen, wird das Kolloid einerseits und der Kristall andererseits zu einem Schlüssel. Ein Kristall ist ein streng nach geraden Ebenen und Linien strukturierter Punktraum; ein Kolloid dagegen ein Ineinander der drei Aggregatzustände in gegenseitiger Durchdringung (statt Differenzierung), gleichzeitig mit fließenden Übergängen des einen in das andere, ohne jede berechenbare Struktur.

Es sind immer zwei oder drei Phasen miteinander verwoben, gleichmäßig fein verteilte Teilchen in ihrem Medium. Die Teilchen können kugelförmig rund oder würstchenförmig länglich sein. Ihre Dimensionen liegen gerade unterhalb der Sichtbarkeit im Lichtmikroskop. Im Ultramikroskop erscheinen sie als leuchtende Beugungsscheibchen mit ununterbrochener, lebhafter Brownscher Bewegung, einem völlig zufälligen Hin- und Herzittern. Ihre Größe liegt zwischen einem hunderttausendstel und einem millionstel Millimeter. Man unterscheidet im Kolloid die disperse Phase der Teilchen und das Dispersionsmittel, in dem die Teilchen zittern. Alle drei Aggregatzustände können ineinander vorkommen. Also:

1. flüssig in Gas: z. B. Nebel;
2. fest in Gas: z. B. Rauch;
3. Gas in flüssig: z. B. Schaum;
4. flüssig in flüssig: Emulsion;
5. fest in flüssig: Suspension;
6. Gas in fest: Festschaum, z. B. Opal;
7. flüssig in fest: Festschaum, z. B. Hydrophan;
8. fest in fest: festes Sol.

14 Verdelit
(Turmalin grün, Afrika)

15 Rubellit
(Turmalin rot, Mozambique)

16 Turmalin-Querschnitt
(pyramidale Polychromie, in der Mitte dreistrahliger Zwilling, großer Kristall, in Scheiben senkrecht zur Längsachse geschnitten; Madagaskar)

19 Feueropal
(roh, Mexiko)

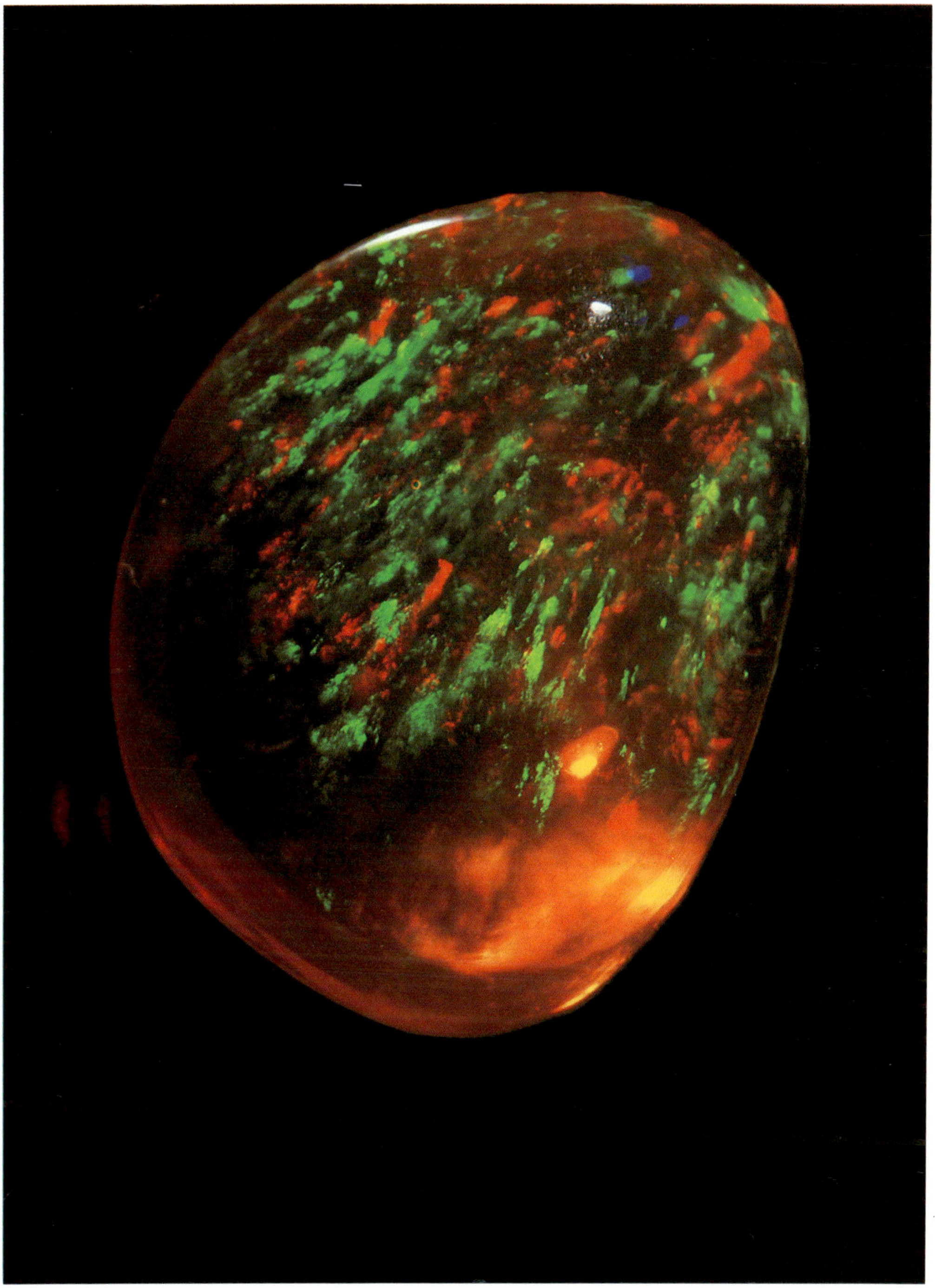

20 Feueropal
(als Cabochon geschliffen, Mexiko)

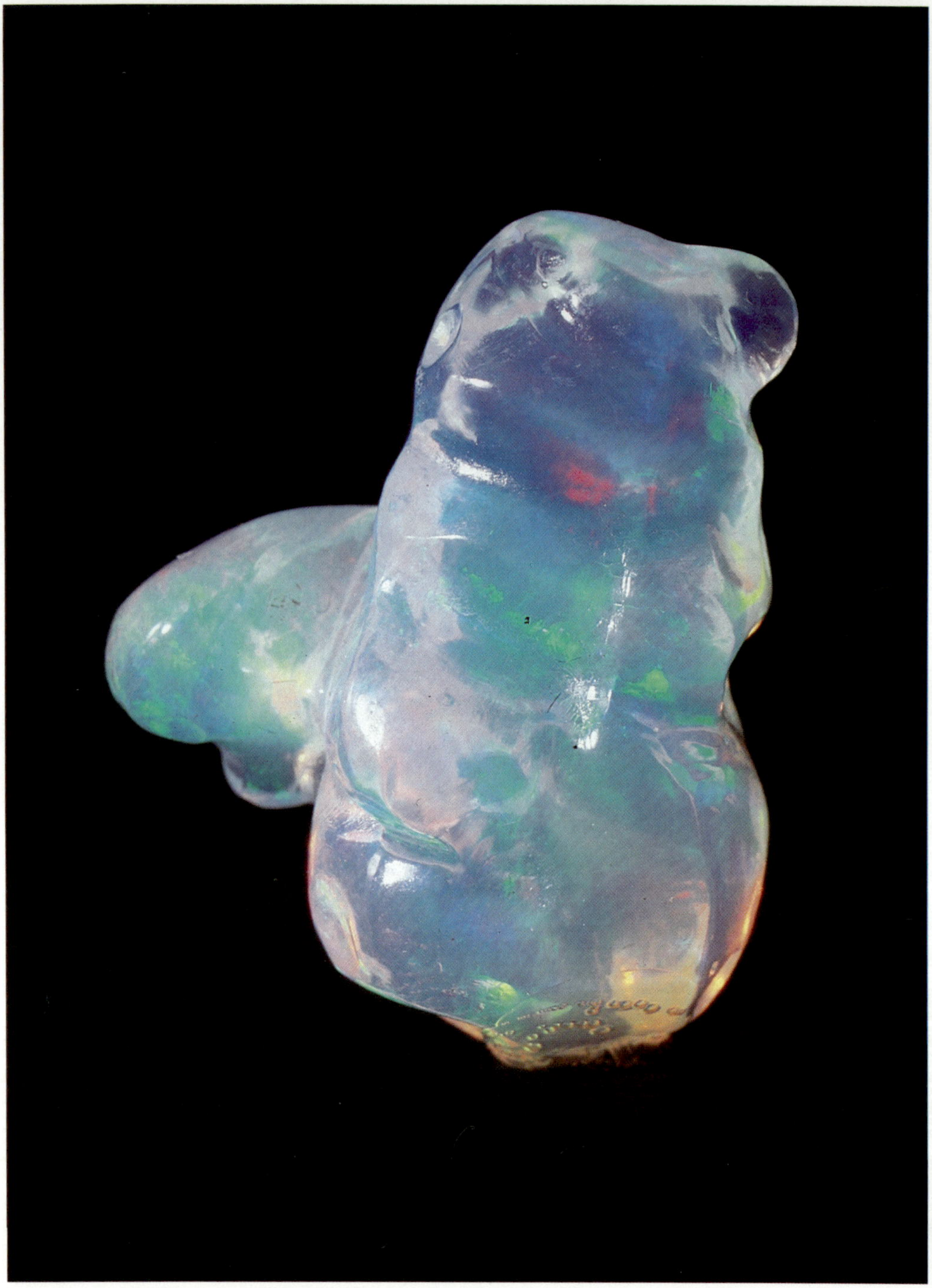

21 Milchopal
(roh, Mexiko)

Man sieht, es fehlt nur Gas in Gas, denn Gase durchdringen sich vollständig. Im Sol sind die Teilchen immer noch frei beweglich, obwohl es fest ist. Sind sie netzartig miteinander verbunden und nicht mehr frei beweglich, wird aus dem Sol das Gel. Man kann also das Kolloid folgendermaßen charakterisieren:

1. Im Kolloid sind die Gesetzmäßigkeiten der Aggregatzustände der Stoffe nahezu ganz aufgehoben. Auch kleinste Gaströpfchen in Flüssigkeiten der Kristalleinschlüsse als Restkolloide sind jahrtausendelang in zitternder Bewegung, vor allem aber in allen Lebewesen, in welchen die meisten organischen Stoffe, insbesondere das lebendige Eiweiß, Kolloide sind. Das heißt aber, daß diese zitternde Bewegung in allem Leben dauernd vorhanden ist.
2. Das Kolloid ist räumlich nicht zu fassen, die Teilchen folgen keiner mathematischen Struktur, und ihre Größe und Anordnung ist in ständig fließendem Übergang. Das Kolloid ist nicht, sondern es geschieht. »Es besteht nicht, sondern spielt sich ab.«[53]
3. Das Kolloid hat nicht Kraftpunkte wie das Kristallgitter, die seine Struktur bestimmen, sondern Oberflächen. Das heißt aber, es wird nicht durch Zentralkräfte von Punkt zu Punkt, sondern durch Universalkräfte von Oberfläche zu Oberfläche bestimmt, es gehört, wenn auch im Punktraum, einem Ebenen-Raum an.
4. Das Kolloid läßt aus dem Licht die Farben erscheinen; physikalisch gesprochen: Es streut die Elektromagnetik. Geistig im Sinne Goethes gesprochen: Es vermählt Licht und Finsternis so, wie es selber in Gas, Flüssigkeit und Festigkeit vermählt ist, so daß Farbe erscheinen kann. Kolloide sind die Farbenvermittler auch der mineralischen Welt. Aus den Kristallgittern herausgelöste Ionen oder im Gitter unregelmäßig verteilte Ersatzionen können deshalb im eigentlichen Sinn als Ultrakolloide bezeichnet werden (man verwendet diese Bezeichnung heute nicht). Die Farberscheinungen aller farblos-durchsichtigen Kristalle

haben in solchen Prozessen die Bedingungen ihrer Färbung (z. B. Beryll als Aquamarin oder Smaragd; Bergkristall als Citrin, Amethyst, Rauchquarz, Rosenquarz; Turmalin als Achroit, Rubellith, Verdelith, Indigolith). Kolloidartige Metallität in der Kristallität offenbart die Farbe.

So wird deutlich, daß das Kolloid nicht die Abirrung, sondern die Offenbarung des Urzustandes der Kristalle ist, also der ursprüngliche Zustand der Stoffeswelt, das gegenseitige Ineinander der Aggregatzustände und in diesem Ineinander ausgestattet mit der Fähigkeit, durch unendliche Oberflächen sich dem hinzugeben, was aus dem Übersinnlichen als Elemente und Lebenskräfte das Materielle ergreifen kann. Das Kolloid ist das Offensein des Stoffes für die Magie von Licht, Wärme (Liebe) und Leben. Der Bergkristall, der Diamant, der Turmalin, der Granat, der Beryll und das Gold, sie waren einmal Opal, zitternd, empfindlich, hingegeben an Leben, Seele und Geist des Kosmos. Im Opal offenbart sich diese Hingabekraft.

V. Geistige Zukunft: So werden die mineralischen Stoffe in der Zukunft wieder sein können. Diese erscheint dem Apokalyptiker im Bilde des himmlischen Jerusalem, wenn er von dem »Licht«, dem »Phostér«, als dem alleredelsten Edelstein, dem kristallklaren Jaspis, spricht (Kap. 21, Vers 11). Das Jaspis-Erleben der aus der Gottheit ausstrahlenden Doxa geht über in das Jaspis-Erleben des »Phostér« der Stadt. Das Wort »Phostér« bedeutet Himmelslicht, Sternenlicht, Lichtesglanz und Sterne überhaupt. Dieses Wort gibt es in der klassischen griechischen Literatur nicht, es kommt nur im Neuen Testament vor.
Es offenbart sich also in *dem* Jaspis, der der alleredelste ist, das Alleredelste der Seele und des Geistes des Menschen. Es ist dies: grenzenloser Hingabe an ein Höheres fähig zu sein. Diese geistige Zukunft ist aber einmal in der Gestalt des Jesus von Nazareth dagewesen. Sie gab die Möglichkeit für das Wirksamwerden des Christus-Logos im irdischen Menschen. Von ihm geht sie über auf die Menschheit, von der Menschheit auf die Naturreiche, auf das

Mineralreich. Und gerade in einer seiner jüngsten Bildungen, dem Opal, erscheint sinnenfällig auf der einen Seite die Erinnerung an den Ursprung, auf der anderen Seite aber der Glanz der Zukunft. In Milchopal (Zukunft) und Feueropal (Vergangenheit) wird das sichtbar, und in der Apokalypse ist es die Kraft und die Substanz des edelsten aller Edelsteine, des Jaspis, der ein »Opal« ist. Die Doxa des Diamanten wird zum Milch- und Feueropal des »Phostér« und erleuchtet das himmlische Jerusalem. Das Alpha (der Anfang) und das Omega (das Ende) sind wieder vereinigt.

In der »Leuchtkraft« der Stadt offenbart sich die von innen stammende grenzenlose Hingabe als Tugend. Nach außen wird sie leuchtend durch die Urverwandlungskraft, durch die Kraft der Erweckung des Lebens aus dem Tode, des Lichtes aus der Finsternis, der Befreiung aus allen Ketten und Fesseln.

Einer der geheimnisvollsten Götter der Griechen ist Proteus. Am Ende der Szene der klassischen Walpurgisnacht in seiner Faust-Dichtung läßt Goethe diesen Gott aller Verwandlungen erscheinen. Er »opalisiert« neugierig aus einer Gestalt in die andere. Dort ist er die Verwandlungskraft aller Naturvorgänge, der Träger der Metamorphose-Idee Goethes. Im Jaspis-Erlebnis der Opalwesenheit lebt in der Apokalypse die Verwandlung des ganzen alten Kosmos der Erdenentwicklung in die neue Erde, den neuen Himmel, die zukünftige Menschheit, die zukünftige Gottheit, die zukünftige Stadt. Alles in ihr ist Opal: ist Verwandlungsherrlichkeit, die leuchtet in grenzenloser Hingabe.

DIE ZWÖLF EDELSTEINE

Kosmischer Schmuck der Grundsteine des himmlischen Jerusalem

1. Überblick. 2. Die zwölf Steine im einzelnen: Der Jaspis als Heliotrop. Der Saphir. Der Chalzedon. Der Smaragd. Der Sardonyx. Der Sarder. Der Chrysolith. Der Beryll. Der Topas. Der Chrysopras. Der Hyazinth. Der Amethyst. 3. Zusammenfassung.

In unsers Busens Reine wogt ein Streben,
Sich einem Höhern, Reinern, Unbekannten
Aus Dankbarkeit freiwillig hinzugeben,
Enträtselnd sich den ewig Ungenannten;
Wir heißen's: fromm sein! –

Goethe, Marienbader Elegie

1. Überblick

Man kann sagen, daß von den Bildelementen des himmlischen Jerusalem in den Namen der zwölf Edelsteine die Vorstellungskraft, die sich mit diesen Bildern beschäftigt, am deutlichsten zu einem konkreten Erlebnis geführt wird. Wenn man in aller Ruhe diese zwölf Namen durch die Seele ziehen läßt, erscheinen die konkreten Erinnerungsbilder all dessen, was man selber im Laufe des Lebens an Rohsteinen und Edelsteinen, die mit diesen Namen verbunden werden, wahrgenommen hat; wenn man dann noch die kosmische Zuordnung zu den zwölf Tierkreiszeichen hinzunimmt und all das mit bedenkt oder mitempfindet, was wiederum mit den Namen dieser himmlischen Sternbilder verbunden ist, so entstehen für das innere Anschauen immer deutlicher Vorstellungsbilder und Stimmungsinhalte. Darum haben auch diese zwölf Edelsteinnamen in der Geschichte der Christenheit eine große Rolle gespielt. Deshalb ist es methodisch gerechtfertigt, zunächst diese Namen als solche anzuschauen und etwas in ihre Herkunft und Bedeutung hineinzublicken; dann aber auch all das zu betrachten, was durch die naturwissenschaftliche Forschung und Analyse über diese Mineralwesen bekannt ist. Dann kann man um so eher von dem reinen Phänomen und dessen untersinnlichen Untergründen aufsteigen zu der Betrachtung dessen, was aus dem Übersinnlich-Wesenhaften dieser zwölf Edelsteine im Sinnenfälligen hindurchschimmert. Wir kommen dann zunächst in den Bereich, in dem diese Stoffe Prozesse sind, und hier liegt das große Verdienst von Walther Cloos, der in seiner »Kleinen Edelsteinkunde«[54], geleitet durch die Angaben von Rudolf Steiner, diesem Prozessualen nachgeht und dadurch den Stein in Aspekte zurückführt, die nicht nur solche des rein Stofflichen, sondern auch solche des Lebensursprungs und der Lebenszusammenhänge dieser Wesen sind. In diesem stofflich-sinnlichen und lebendig-ätherischen Gesamtverhalten zeigt sich das seelische Wesen, dessen Charakteristikum in bezug auf die mineralische Welt Vollkommenheit, Schönheit, Gediegenheit ist. Die Seele des Minerals ist im Vergleich zu der Seele des Menschen Tugend, man könnte sagen Ideal. Nun gibt es ja, wie schon erwähnt, wahrscheinlich sieben Edelsteinzwölfheiten, und das, was in der Apokalypse als achte erscheint, führt noch einen weiteren Schritt über die Kristallseele hinaus in ihr geistig-schöpferisches Urwesen, das in sich keimhaft enthält, was als Seelenkräfte durch Tugendbildung und Ertüchtigung, Reinigung und Harmonisierung im zukünftigen Menschen und in der zukünftigen Welt den Keim und die Vollendung in sich vereinigt. So ist im folgenden der Versuch gemacht, jeden Edelstein durch fünf Gesichtspunkte zu betrachten: durch Name, naturwissenschaftliche Forschung, Lebenszusammenhänge, seelischen Charakter, geistiges Wesen. Dabei kommt die Hilfe dadurch, daß aufgrund der Angaben Rudolf Steiners über den Zusammenhang der Tugenden mit den Monaten des Jahres auch der mit den Tierkreiszeichen möglich wird.

In einem bisher unveröffentlichten Vortrag (Berlin 9. 10. 1906) hat Rudolf Steiner auf den Zusammenhang zwischen den Tierkreiswesen und den zwölf Edelsteinbildern der Apokalypse hingewiesen und die Zugehörigkeit in der Reihenfolge der Wanderung des Frühlingspunktes der Sonnenbahn, beginnend mit dem Heliotropbild im Zeichen der Fische über Wassermann, Steinbock usw. bestimmt (s. Anhang Nr. 25).
Auf diese Weise ergibt sich die Möglichkeit, bei der Suche nach einem geistigen Verständnis der zwölf Edelsteinbilder der Apokalypse eine ganze Reihe von »Zwölfheiten« von Mineral, Mensch und Kosmos zusammenzuschauen. Ihr gemeinsamer Ursprung ist im Geistigen zu suchen. Er findet zunächst seinen Ausdruck durch die beiden großen Visionen des Alten und Neuen Testamentes. Bei Hesekiel sowohl wie bei Johannes erscheint das »Viergetier«: Stier, Löwe, Adler und Engelmensch. Es sind das Bilder aus den vier Eckpunkten des geistigen Tierkreises: Stier, Löwe, Skorpion und Wassermann. Diese vier Geistwesen sind gleichzeitig die Inspiratoren der vier Evangelisten: Lukas, Markus, Johannes und Matthäus. Sie sind die Schöpferkräfte der menschlichen Organisation: der Stoffwechsel-Willenskräfte, Herz-Atem-Rhythmus-Gefühlskräfte, Sinnes-Nerven-Gedankenkräfte und der Einheit der drei im ganzen Menschen. Die übersinnliche Erscheinung dieser Wesen ist sowohl bei Hesekiel als auch bei Johannes bedeutungsvoll lebendig beschrieben.

Ich sah aber, wie ein Sturmwind daherkam von Norden her und eine große Wolke, umgeben von strahlendem Glanz und einem unaufhörlichen Feuer, aus dessen Mitte es blinkte wie Glanzerz. Und mitten darin erschienen Gestalten wie von vier lebenden Wesen; die waren anzusehen wie Menschengestalten. Und ein jedes hatte vier Gesichter und ein jedes vier Flügel. Ihre Beine waren gerade, und ihre Fußsohle war wie die Fußsohle eines Kalbes, und sie funkelten wie blankes Erz. Unter ihren Flügeln an ihren vier Seiten hatten sie Menschenhände, und die Flügel von allen vieren berührten einander, und ihre Gesichter wandten sich nicht um, wenn sie gingen; ein jedes ging gerade vor sich hin. Ihre Gesichter aber sahen so aus: ein Menschengesicht nach vorn bei allen vieren, ein Löwengesicht auf der rechten Seite bei allen vieren, ein Stiergesicht auf der linken Seite bei allen vieren

und ein Adlergesicht bei allen vieren nach innen. Und ihre Flügel waren nach oben hin ausgespannt bei allen vieren; bei einem jeden berührten sich zwei Flügel mit denen der andern, während zweie ihre Leiber bedeckten. Ein jedes ging gerade vor sich hin; wohin sie der Geist zu gehen trieb, dahin gingen sie, ohne sich im Gehen zu wenden. Und zwischen den lebenden Wesen war es anzusehen, wie wenn feurige Kohlen brennten; es war anzusehen, als würden Fackeln zwischen den lebenden Wesen hin und her fahren, und das Feuer hatte einen strahlenden Glanz, und aus dem Feuer fuhren Blitze. Und die lebenden Wesen liefen hin und her, daß es aussah wie Blitze.
Weiter sah ich neben jedem der vier lebenden Wesen ein Rad auf dem Boden. Das Aussehen der Räder war wie der Schimmer eines Chrysoliths, und die vier Räder waren alle von gleicher Gestalt, und sie waren so gearbeitet, als wäre je ein Rad mitten in dem andern. (Hesekiel, Kap. 1, Verse 4–17)

Wie tief diese Vision die Seele bewegen kann, wird auch an Raphaels Gemälde erlebbar.
In der Offenbarung des Johannes heißt es:

Und vor dem Thron etwas wie ein gläsernes Meer, als wäre es aus Kristall gebildet.
Inmitten und im Umkreis des Thrones vier Lebewesen voller Augen vorne und hinten. Das erste Lebewesen glich einem Löwen, das zweite einem jungen Stier, das dritte hatte ein Antlitz wie ein Mensch, und das vierte war wie ein fliegender Adler. Die vier Lebewesen hatten ein jedes sechs Flügel; rundherum und auch im Inneren waren sie voller Augen. Und ohne Unterlaß riefen sie bei Tage und bei Nacht:
Heilig, heilig, heilig der Herr, der göttliche Herrscher des Alls,
der war und der ist und der kommt. (Offenbarung Kap. 4, Verse 6–9)

Der Prophet des Alten und der Apokalyptiker des Neuen Testamentes schauen das Tierkreiswesen in den Imaginationen dieser vier Geistwesen aus der Hierarchie der Cherubim. Was sich hier noch verhüllt, bzw. im reinen Bild offenbart, wird für die Geistesforschung so wahrnehmbar, daß jeder dieser vier Cherubim von zwei weiteren Geistwesen begleitet ist, die aus dem rechts und links davon kraftenden Tierkreiszeichen zur Erscheinung kommen; so um das Stierbild Widder und Zwillinge usw. Auf diese Weise kommt die Geistesforschung zu den Geistwesen, die Rudolf

Steiner die zwölf »Weltinitiatoren« nennt. Über diese hat er in verschiedenen Zusammenhängen gesprochen (siehe Anhang Nr. 25). In denjenigen kosmischen Bereichen, die dem heutigen Menschen äußerlich als die Sternbilder des Tierkreises erscheinen, erlebt das übersinnliche Schauen diese geistigen Wesen. Im Sinne der christlichen Esoterik gehören sie zur ersten Hierarchie der Seraphim, Cherubim und Throne. Dem geistigen Schauen offenbaren diese Wesen ihr göttlich-schaffendes Leben. Im Anschauen ihrer Offenbarungen findet der Geistesforscher die Quellen der Taten ihrer Vergangenheit. Er erlebt, was sie in der Schöpfung ausgestaltet haben. Er findet das wieder in den Ordnungen der Natur, in den zwölf Edelsteinen des Mineralreiches, in den jeweils zwölf großen Klassen des Pflanzen- und Tierreiches, aber auch in den zwölf Bereichen des menschlichen, physischen Leibes sowie den zwölf Gebieten seiner Sinnesorgane.

Das zweite, das der Geistesforscher an ihnen erfährt, ist ihr gegenwärtiges Leben und Weben. Diese ihre Tätigkeit wird auch heute noch im Menschen wirksam, solange dieser auf der Erde lebt. Sie impulsieren seine Seele, inspirieren die Nuancen seiner Weltanschauungen und übernehmen nach dem Tode des Menschen die Umwandlung seines vergangenen Schicksals in zukünftige Erdenleben.

Als drittes erscheint dem Schauenden das Zukunftswesen dieser Geister. Sind sie doch selber aus einem seelisch-geistig-moralisch Wirklichen, das für uns Menschen die moralische Substanz der höchsten Ideale und Tugenden bildet. Um dieses Zukunftswirken zu erfassen, ist eine grundlegende Umstimmung erforderlich. Denn die Reihenfolge der apokalyptischen Steine folgt nicht dem Gang der Sonne durch den Tierkreis im Jahreslauf vom Widder zu den Fischen, sondern dem Gang des Frühlingspunktes durch den Tierkreis im platonischen Jahr (von den Fischen zum Widder). So beginnt die Betrachtung mit dem Jaspis im Zusammenhang mit den Fischen und geht »rückläufig« über Saphir-Wassermann, Chalzedon-Steinbock, Smaragd-Schütze, Sardonyx-Skorpion, Sarder-Waage, Chrysolith-Jungfrau, Beryll-Löwe, Topas-Krebs,

Chrysopras-Zwillinge, Hyazinth-Stier zu Amethyst-Widder. Man kann so empfinden, wie in dem fortschreitenden Zeitenstrom der räumlich-irdischen Welt in der ewigen Wiederholung vom Widder zu den Fischen der geistige Schöpferstrom in einer zwölfmal so großen rhythmisch ewigen Neuschöpfung von den Fischen zum Widder sich bewegt. Wir müssen versuchen, die einzelnen Bilder, Tierkreiszeichen und Inhalte auch in einer Art Übergang von dem einen zum anderen zu erleben, so daß man gewissermaßen nicht sich vom Frühling über den Sommer und den Herbst zum Winter hin bewegt, sondern geistig vom Winter durch den Herbst über den Sommer zum Frühling. Dadurch bekommt man zusätzlich eine gewisse Stimmung für den Gesamtzusammenhang und kann dann in Gedanken und Empfindungen immer wieder den Gang der Bilder der Apokalypse, wie sie dem Apokalyptiker selber erscheinen, nachvollziehen. So geht das, was im Jaspis-Erlebnis unter dem Sternenhimmel der Fische ist, in das Saphir-Erlebnis unter dem Sternenhimmel des Wassermanns über und so auch weiter fort. Es wird dann ein Gesamtwesen erlebbar, in dem die zwölf Grundsteine, die zwölf Edelsteine und die zwölf Perlen als die innere Einheit des himmlischen Jerusalem zusammengefaßt sind. Man kommt in das Leben und Weben der Ganzheit herein, die aus dem Urquell des Vaters durch das ewig opfernde Schaffen des Sohnes in das Bewußtseinslicht des Geistes immer wieder hereinführt. Wir lernen aber auch, daß dieses Weltenwerden sich durch den Menschen hindurch vollziehen kann. Gewiß ist das für uns heutige Menschen noch Zukunft, doch ist diese Zukunft, wie in dem Kapitel über die Erbauung des himmlischen Jerusalem versucht worden ist darzustellen, auch immer schon Gegenwart.
Zum Zwecke der Übersicht sind im Anhang Nr. 25 einige der Zwölfheiten, wie sie sich in Natur und Mensch als Wirkung der Schöpfergeister finden, mit ihren Zuordnungen zu ihren Tierkreisbildern und damit zu den zwölf Weltinitiatoren der Cherubim aufgeführt. Natürlich ergibt das zunächst nur ein abstraktes Schema, doch kann das im Anschauen und Erkennen immer wieder mit Leben erfüllt werden, wenn man sich näher damit beschäftigt.

2. *Die zwölf Steine im einzelnen*

Der Jaspis als Heliotrop

I. Name: Die Frage nach dem Jaspis-Namen ist in dem Kapitel über das Jaspis-Problem ausführlich besprochen. Dort ist auch der Versuch gemacht, den ersten, Jaspis genannten Stein der zwölf apokalyptischen Steine demjenigen Jaspis-Erlebnis zuzuordnen, das im Heliotrop sichtbar wird. Der Name Heliotrop stammt aus dem Griechischen und ist zusammengesetzt aus den Worten helios (Sonne) und tropeo (zustrebend oder zugehörig). Der Stein heißt also: Der Sonne zugehörig.

II. Forschung: Der Heliotrop ist heller bis dunkler grün, völlig undurchsichtig, und seine grüne Grundmasse ist durchsetzt von roten Einschlüssen größerer oder kleinerer verschieden geformter Körner von Eisenoxyd. Die grüne kristalline Grundmasse ist Plasma; man kann also sagen, lauchgrüner Chalzedon im weiteren Sinne.[55] Machatschki unterscheidet die Chalzedone von den Jaspis-Mineralien dadurch, daß die feinkristalline Quarzvarietät der Chalzedone aus Faserkriställchen besteht, während die der Jaspisarten mehr oder weniger mikroskopisch kleine Kristallkörnchen enthält und durch metallische und/oder erdige »Verunreinigungen« undurchsichtig wird.
Sieht man so den Heliotrop auf seine stofflichen Komponenten hin an, dann findet man: Kristallgewebe, Chalzedonstruktur, Jaspisstruktur, kolloidale Opalstruktur, zwei- oder dreiwertiges Eisen und »Erdiges« (Aluminiumverbindungen). Diese sieben Komponenten bilden seine Konstitution.
Der Heliotrop findet sich in vulkanischen Gesteinen und in Schichtsteinen als Spaltfüllungen, in Schichten, Lagern, Knollen und Kugeln.

III. Lebensursprung und Lebensbeziehungen:[56] Die Jaspissubstanz entstammt einer Bildungszeit der Erde, in der die Kieselstofflichkeit schon weit mehr aus den Lebensprozessen herausgefallen war als zur Zeit der Bildung der Achate und Chalzedone. Darum fehlt ihr die faserige Struktur weitgehend, die Verteilung des Farbigen der Metalle ist noch vorhanden. Der Kiesel wird nicht mehr von den Pflanzenkräften durchformt. Auch war er früher stärker wasserlöslich als heute. Er wird durch den Abstieg »erdig« verdunkelt.

IV. Seelische Tugend: In diesem ersten Edelstein der zwölf haben wir das Wesen, die Tugend des Jaspis als Heliotropbild. Geht man nun nicht vom Mineral, sondern von der dem Monat März zugeordneten Tugend aus und sucht zu begreifen, was Großmut eigentlich ist, dann muß man tatsächlich nach dem Höchsten tasten. Es gibt ein diesbezügliches Wort von C. F. Meyer in seinem Gedicht »Alle«. Da heißt es:

Weit über ihre Häupter lud die Erde
Er ein mit allumarmender Gebärde.

Dieses Wort spricht von einer Großmut, die allumfassend ist. Die alten Autoren haben offenbar recht, wenn sie in dem Jaspis der Apokalypse den Heliotrop vermuten, der in seinem dunklen, satten, irdischen Grün mit den roten Eiseneinsprenglingen ein Bild für das Wirken Christi ist, der sein Blut der Erde geopfert und Zukunftskeime gelegt hat. Was muß in der Menschenseele vorgehen, damit sie die Fähigkeit entwickelt, nicht kleinlich in moralische oder dogmatische Sektiererei zu verfallen und alles abzulehnen, was anders ist als sie selber, sondern großmütig spüren und anerkennen zu lernen, was auch in einem anderen Wesen an notwendigen Irrtümern, Verfehlungen, Schwächen, ja an Bösem, wirken muß, um als Verlust des eigenen Wertes den Opferduft zu spüren, der hervorgeht aus den in die Tiefe gefallenen Wesen, die sich selbst ein Opfer sind. Der Verlust an Sein kann zum Werden führen, und ein wahres Neuwerden wird immer den Verlust zum Gewinn machen und das größte Unglück zum Glück. So Goethe in seinem »Märchen von der grünen Schlange und der Lilie«.
In dem aus dem Dunkel des Stoffes kraftenden Grün des Heliotrop lebt das Bild der Großmut, die alle Erdentatsachen, auch die dun-

kelste, einbezieht, weil sie fühlt: Es gibt nichts scheinbar Sinnloses, in dem nicht ein verborgener Sinn gefunden werden kann. Man muß nur großmütig genug sein, um ihn zu finden.

V. Geistige Zukunft: In den untersten Gliedern der Menschengestalt, in Händen und Füßen, sind die Kräfte wirksam, die den Menschen tatsächlich die Erde ergreifen und betreten lassen. Im dreiteiligen Schreiten – heben, tragen, setzen, wieder heben – lebt ein Mysterium. Es ist der Prozeß der Verbindung mit der Erde und der Loslösung von der Erde. Dasselbe gilt für jeden Handgriff. In diesen schlichten Vorgängen liegt das Bild für das umfassendste Menschenwagnis, denn mit jeder Verkörperung ergreift und betritt der Mensch die Erde, mit jedem Tod löst er sich von ihr. Dasselbe vollzieht sich in reduzierter Form auch im Wachen und Schlafen. Der Mensch kann sich aber mit der Erde so verbinden, daß er den Geist seines Ursprungs mitbetätigen kann, mit den Händen arbeitend, mit den Füßen schreitend, die Erde sich – sich der Erde – einverleibend. Löst er sich wieder von der Erde, dann nimmt er die Frucht des Erdenlebens in seinen geistigen Händen mit; das Ergebnis dieser umfassenden, großmütigen Schicksalstätigkeit ringt der Erde ihren eigentlichen Sinn ab: die Liebe. Im Heliotropbild leuchtet dem Apokalyptiker gleich als erstes Bild der »Jaspis« in seiner doppelten Wesenhaftigkeit auf, in dem Grün der Schicksalssinn der Erde und in den roten Tupfen jene Liebe, die er auch schon am Gewand des weißen Reiters wahrgenommen hat, von dem es heißt:

Er ist mit einem blutbesprengten Gewand bekleidet.

(Apokalypse 19, Vers 13)

Das ist aber nur dann möglich, wenn zwischen dem Herzen des Menschen und dem Herzen des Christus eine Wesensberührung erfolgt. Diese Berührung ist eine Durchdringung. Das Grün des vertrauenden Herzens durchdringt sich mit den roten Blutstropfen der liebenden Gottheit. Das erste Edelsteinbild der Apokalypse geht bereits von der Durchdringung aus.

Der Saphir

I. Name: Griechisch: Sappheiros, Lehnwort aus dem Hebräischen = Sappir – Sepper von SAPPAR = säubern, ordnen, harmonisieren.

II. Forschung: Der Saphir ist seiner Substanz nach reine Tonerde (Al_2O_3) und gehört zur Gruppe der Korunde. Die Kristalle sind ditrigonal-skalenoedrisch, häufig Zwillinge. Härte: 9; Dichte: 4,0. In Wirklichkeit ist der Saphir neunmal härter als der Bergkristall. Die undurchsichtigen Korunde sind intensiv rot, grau oder braun; die durchsichtigen rot, blau, violett, selten grün.

Die braunen: Mischung mit Eisenoxyd (Fe_2O_3).
Die roten: Rubin, 1–2 % Chrom statt Aluminium.
Die blauen: Saphir, Mischung mit Eisen und/oder Titan statt Aluminium.
Die grünen: Orientalischer Smaragd = grüner Saphir.
Die gelben: Orientalischer Topas = gelber Saphir.
Die violetten: Orientalischer Amethyst = violetter Saphir.
Hinzu kommen die farblosen Varietäten.

Die undurchsichtigen braunen Korunde und die gelben und grünen Edelstein-Saphire entstehen durch eine Mischung der Tonerde mit zweiwertigem Eisen (Eisenoxyd). Der eigentliche blaue Saphir enthält eine Mischung aus dreiwertigem Eisen, manchmal mit Titan, anstelle des Aluminiums. Die violette Farbe entsteht durch Spuren von Vanadium.
Vorkommen in Syeniten, Graniten, Pegmatiten, Peridotiten, an Kontakten mit Tonerdesedimenten; in kristallinen Schiefergesteinen, die in die Kontaktprozesse einbezogen sind, werden die Korunde Sedimentbestandteile besonders der Flußgerölle. Vorkommen hauptsächlich in Ostasien: Ceylon, Birma, Thailand, Kambodscha, Kaschmir; dann Australien, Ostafrika und in den U.S.A. im Staate Montana.

III. Lebensursprung und Lebensbeziehungen:[57] Die Korunde gehören zu denjenigen Mineralien, die aus dem Zusammenwirken der Kontaktprozesse zwischen den aus den Tiefengesteinen sich entfaltenden Pegmatiten, den sie umgebenden kristallinen Schiefern und den zwischen die Schiefer gefalteten kristallinen Kalken und Dolomiten hervorblühen. In den Pegmatiten lebt das Blütenhafte der Stämme, z. B. des Granit, in Kristallhohlräumen. In den Schiefern liegen die holzartigen, verfestigten, ursprünglichen Blattprozesse vor. In den Kalken und Dolomiten hat sich das erhalten, was aus der Tätigkeit pflanzenartiger Tiere abgeschieden ist. Diese drei Elemente wirken also ätherisch und stofflich-chemisch zusammen, da in ihnen eine Reihe von Mineralien entsteht, die die höchsten Edelsteincharaktere annehmen. Dazu gehören die Korunde. Die drei Komponenten des pflanzlich Blütenhaften, des pflanzlich Stamm- und Blatthaften und des pflanzlich Tierisch-Seelischen vermögen eine so stark erdgebundene Substanz wie das Aluminium zur höchsten Erscheinungsform zu erheben. Die vollkommen mit sich selbst durchdrungene und identische Harmonie einer umfassenden Dreiheit wird in diesen Edelsteinen zur Einheit gesteigert. An dieser Stelle sei wörtlich angeführt, was Cloos (S. 111) dazu sagt:

In dem Herauslösen der Tonerdesubstanz aus ihrem innigen Verbundensein mit den alten Mineralpflanzen kommen Weltenkräfte zum Ausdruck, deren Einzigartigkeit nur noch übertroffen wird von jenen, die der Bildung des Diamanten zugrunde liegen. Man muß beachten, daß ein Stoff, der gemeinhin in jeder Ackererde massenhaft vorhanden ist, hier herausgehoben und geläutert ist wie kaum eine andere Erdenstofflichkeit. Wir vermessen uns nicht, hinter die Geheimnisse dieser Weltenkräfte zu kommen, von denen Rudolf Steiner selbst gesagt hat, daß ihr Ursprung jenseits des Tierkreises zu suchen ist.

IV. Seelische Tugend: In den reinen, satten und tiefen Farben von Rubin und Saphir findet die oben genannte Harmonie vollen Ausdruck. Wenn nun der Mensch im Wollen das Gedankliche, Gefühlsmäßige und Willenshafte in der Tiefe des Gemütes harmonisiert, leuchtet in seinem Herzen das Rubinrot auf. Es entsteht ein allertiefstes Gleichgewicht, das sich selber schafft und selber wahrnimmt. Hier ist der geistige Untergrund unseres Lebenssinnes.

Erst hier ist der Mensch wahrhaft Mensch, wo er selber sein Leiblich-Physiologisches, sein Biologisch-Biographisches, sein freuend und leidend erlebendes Seelisches und sein geistig Wachendes in der Totalität seines Menschenlebens zusammenfaßt und dieses Leben selber wahrnimmt.
Darin ist die Dreiheit von Adler, Löwe und Stier engelartig verbunden. Wenn der Mensch diese Harmonisierung nach der anderen Seite wendet, wo er sowohl das, was in ihm selbst vorgeht, wie auch das, was die Intimitäten des Lebens seiner Mitmenschen betrifft, so in sich selbst verschwiegen hegt und pflegt, erschimmert in seiner Seele das Blau des Saphir. Diskretion, Verschwiegenheit ist die Tugend, die im Saphirblau sinnenfällig geworden ist. Es ist das Schweigenkönnen vor allem Sprechen.

V. Geistige Zukunft: In den Kräften der Unterarme und Unterschenkel der Menschengestalt lebt eine Tragekraft, die im Tragen bewegt und im Bewegen halten kann, die im Werden ist und im Sein wird. Diese Kraft, fast an den unteren Enden der Menschenbildung in den Gliedmaßen, liegt dem Griff und dem Schritt zugrunde, der dann in Hand und Fuß sich ausleben kann. Was in seelischer Verschwiegenheit und Diskretion als inneres Ergreifen und Begehen sich abspielen kann, vermag sowohl das eigene höhere Wesen wie das eines anderen aus seinen grenzenlosen, unendlichen Möglichkeiten wie auch den leidvollen Begrenzungen zu verwirklichen, um es zu fassen. In den Anweisungen für meditatives Leben wird immer wieder darauf hingewiesen, alles grenzenlos Schweifende, Unruhige der Seele zum Schweigen zu bringen. Schweigenkönnen ist die wichtigste Voraussetzung für alles Meditieren. In der Meditationskraft als höchster Hingabe und in der Konzentrationskraft als höchster Aufmerksamkeit leuchtet aus dem himmlischen Jerusalem ein Wesen hervor, dessen gesamtes Dasein Meditation geworden ist, auch wenn es handelt. Saphirblau ist auch diese geistige Zukunft.
An dieser Stelle sei noch einmal aufmerksam gemacht darauf, daß in der Vision des Hesekiel der Thron des thronenden Gotteswesens

im Bilde des Saphir erscheint. Es ist wohl zulässig, dieses auch für den Thron der Apokalypse in Anspruch zu nehmen. Was in der himmlischen Stadt aus dem Wassermannwesen als einem der zwölf Edelsteine im Saphir blau aufleuchtet, liegt wohl auch dem Thron der Bilder des 4. und 5. Kapitels der Apokalypse zugrunde. Da liegt das große schöpferische Schweigen der höchsten Gottheit als deren eigener Ur- und Untergrund allem schaffenden Aussprechen zugrunde. Es ist die Urmeditation des Vatergottes über sich selbst, sein ewiges Sein, der Thron, auf dem er in sich selber schweigend ruht, der »Daseinsgrund der Himmel und der Erde« (Credo-Satz der Christengemeinschaft). Er ist vor allem Beginn die ursprüngliche Einheit und Allheit des Vaters. Wer schweigen kann, kann meditieren. Wer meditieren kann, lebt im Urgrund der Welt.

Der Chalzedon

I. Name: Nach einer antiken Stadt am Bosporus.

II. Forschung: In dem Kapitel über den Kristall ist über die Quarzvarietäten gesprochen worden. Der Chalzedon gehört zu der Mineralgruppe der mikrokristallinen Faserquarze. Er besteht, wie erwähnt, aus einem feinsten Gewebe von alternierenden Kristallfasern und amorphen Opallamellen. Er hält somit die Mitte innerhalb des Quarz-Kiesel-Prozesses zwischen den großen Kristallen und den amorphen Kolloiden. Auch innerhalb der eigenen Gruppe der Chalzedone im weiteren Sinne steht der echte Chalzedon in der Mitte, er bildet deren Grundsubstanz, die Grundsubstanz einer ganzen Reihe von Erscheinungen ist. Er ist die gemeinsame Mitte seiner farbigen Verwandten: Karneol = fleischrot durchscheinend; Chalzedon-Jaspis = braunrot bis rot; Sarder = gelblichrot durchscheinend; Heliotrop = undurchsichtig grün mit roten Punkten von Eisenoxyd; Chrysopras = apfelgrün, lauchgrün durch Beimengung von Nickelverbindungen. In feinster Durchdringung im Wechsel von Chalzedon-Faserschichten und wasserhaltigen Opalschichten (500–700 pro mm) ist der Chalzedon auch die Grundlage aller Achate (Onyx, Sardonyx, Sarder, Karneol, Chalzedon aus Achaten). Der reine Chalzedon ist durchsichtig bis durchscheinend, manchmal fast undurchsichtig von milchig-weiß über weißgrau, weißgraublau, weißblau, graublau bis sehr schön hell himmelblau wie der blaue, klare Himmel in Horizontnähe. Er hat zwei verschiedenartige Vorkommen: als Knolle in porphyren und basaltartigen Vulkaniten und andererseits in den Achatmandeln der Melaphyre.

III. Lebensursprung und Lebensbeziehungen:[58] Im Chalzedon ist Mineral geworden, was als auf- und abflutendes Pflanzenleben nach Rudolf Steiner in der lemurischen Epoche der Erdenentwicklung als ätherische Kieselsubstanz von der Sonne her in die Eiweißatmosphäre der Erde hereinkam. Sie bildete das Form- und Gerüstgebende im Mutterzustand des »Gels« und hat dann den stofflichen Kieselprozeß aus sich herausgesetzt. In der Feinfaserigkeit hat sich der Abdruck des pflanzenhaft Wachstümlichen (Zellwachstum, Jahresringe) und in der Farbigkeit der Metallbeimengungen des pflanzenhaft Blütenhaften niedergeschlagen. Der Chalzedon repräsentiert in höchstem Maße sowohl strukturell als auch substantiell den Mutterzustand der pflanzenmineralischen Vorwelt. Von ihm aus geht es einerseits zum Bergkristall, andererseits zum Opal.

IV. Seelische Tugend: Das Himmelblau des edlen Chalzedon ist keine stoffgebundene Farbe im Unterschied zu seinen farbigen Abarten. Sie entsteht wie das Schattenblau auf dem Weiß des Schnees und die Bläue des Himmels durch die Wechselwirkung von Hell und Dunkel, Licht und Finsternis in der mütterlichen Trübe. Sie steht in der Mitte zwischen den Edelsteinfarben, die mehr stoffgebunden auf Metalle zurückgehen und manchen anderen, die durch feinste Blättchenbildung opalisieren. In der mütterlich selbstlosen Substanz des Chalzedon bringt sich das Licht in seiner intensivsten Tätigkeit zum Ausdruck und wiederholt damit jene kraftvollen, lichtgetragenen Bewegungen, die die Chalzedonsubstanz in den alten Pflanzenbildungen durchgemacht hat.

Das Himmelblau des Chalzedon ist seelisch etwas völlig anderes als das tiefe Dunkelblau des Saphir. Dieses letztere hat in sich die Richtung auf die Verinnerlichung, das Schweigen, das Dunkel, das meditiert. Geht das Blau in Richtung auf das Hellblau, dann bewegt sich das Seelische unter dauernder Durchlichtung und Überwindung des Dunklen zum Hellen hin. Im dunklen Blau entsteht im Schweigen der wahre Mut, der in der Zurückhaltung seine Erkraftung bewirkt. Er wird stark, frei, ichhaft. So erst strömt er nach außen, aus dem Dunkeln in das Helle, aus dem Vergangenen in das Zukünftige. Ein Ich muß sich erst selber gründen, bevor es mutvoll handeln kann. Ist das Ich da, ist auch der Mut da. Ist es teilweise oder fast nicht in seinen seelischen und leiblichen Hüllen verkörpert, entsteht zwischen Ich und Seele ein Hohlraum, dessen Erleben immer Angst bedeutet. Angst heißt: nicht ganz dasein. Mut heißt also: ganz dasein, aus Dunkelblau Hellblau werden.

V. Geistige Zukunft: Das Knie des Menschen ist ein eigenartiger Kraftmittelpunkt, ähnlich dem Ellenbogen. In diesen beiden Gelenken begegnen sich die Kräfte der Muskulatur von Ober- und Unterarm, von Ober- und Unterschenkel beim Stehen, Gehen, Steigen, Springen der Beine, beim Ausbreiten, Verschränken, Strecken und Beugen der Arme. Dabei ist das Gelenk ganz selbstlos und lenkt die Bewegungskräfte des ganzen Menschen mutvoll zum Gang und Griff, diese Bewegungen gleichzeitig wahrnehmend und kontrollierend. Die geistige Schöpferkraft, die hier zugrunde liegt und im Eigenbewegungssinn des Menschen bei jeder Tat die Auseinandersetzung des Gedankens mit der Welt abfordert, kann den Mut dazu anregen, etwas zu wagen, was es noch nicht gibt: Im Griff und im Sprung über den eigenen Schatten hinaus wird die Tugend des Mutes zu dem Verhalten, in dem noch nicht Dagewesenes erarbeitet, gefunden, ergriffen und erstiegen wird. Es ist die geistige Kraft der Erlösung. In dem Himmelblaugrau der Chalzedonimagination des Apokalyptikers schimmert in dem zukünftigen Steinbockgebiet der himmlischen Stadt die Erlösungskraft. Sie läßt den Menschen alles Vergangene tragfähig machen für Zukünftiges, das Zukünftige dem Vergangenen einverleiben. Der Sinn für Bewegung wird selbst Bewegung – Entwicklung vom Keim zur Blüte, von der Blüte zur Frucht und zu neuem Keim. Erlösung ist Befreiung zum Wachstum.

Der Smaragd

I. Name: Aus dem hebräischen Barequed umgebildetes Wort. Es hat seine Wurzel in hebräisch BARAQU = Blitz. Der Name stammt wahrscheinlich ursprünglich aus dem Assyrisch-Babylonischen: barraqito oder barraqtu oder barraq = leuchten, aufblitzen. Im Phönizischen heißt er Smaragd, im Syrischen barqa, im Ägyptischen smer oder asmer.

II. Forschung: Der Smaragd gehört chemisch und mineralogisch zu den edlen Beryllen, verwandt mit Beryll, Aquamarin, Morganit. Allerdings in bezug auf seine Bildungsumstände unterscheidet er sich von den anderen, da er höchst selten in Pegmatiten vorkommt, was ja für die Beryll-Mineralien an sich charakteristisch ist; er kommt fast ausschließlich in pneumatolytisch oder hydrothermal durchtränkten kristallinen Schiefern (Glimmerschiefer und körnige Kalke) vor. Seine tiefgrüne, satte Farbe rührt von seiner Tingierung mit Aluminiumoxyd, Chromoxyd oder Vanadiumoxyd. Vorkommen: Kolumbien, Brasilien, Ural, Indien, Ost- und Südafrika; in Österreich im Habachtal.

III. Lebensursprung und Lebensbeziehungen:[59] Der Smaragd bildet sich im blättrig-schiefrigen oder kalkig pflanzlich-tierischen metamorphen sedimentären Umkreis der Pegmatite. Er wird dadurch zu einem der Träger der Durchlichtungsprozesse in den Schiefern überhaupt, ähnlich wie der Granat. Er ist, nach Rudolf Steiners Angabe, gleichzeitig entstanden mit dem Sonnengeflecht des sympathischen Nervensystems, das die unbewußten Bewegungen der Lebenskräfte des Menschen regelt und durch den Lebenssinn zu einem dumpfen Bewußtsein bringt. Der Smaragd hat als eines der ganz wenigen Minerale in den Schiefern den weichen Zustand bewahrt, in dem auch die Schiefer selber ursprünglich waren, und unterscheidet sich dadurch wieder vom Granat. Er ist, wenn man ihn frisch aus den Schiefern gewinnt, noch so weich, daß er oft zerstört wird und nur dann als schöner Kristall gewonnen werden kann, wenn man ihn langsam »trocknen« läßt. Dann allerdings wird er sehr hart. Er »blitzt« gewissermaßen in der Hand des Menschen aus dem stofflich-weichen in den kristallisch harten Zustand über.

IV. Seelische Tugend: Das tiefe, satte Smaragdgrün trägt in sich eine eigenartige geistige Kraft. In einem Vortrag in Helsingfors am 3.4. 1912 spricht Rudolf Steiner von der moralischen Qualität des reinen Grün. In diesem lebt die reine Gedankenkraft des Kosmos für das übersinnliche Schauen auf, wenn es im moralischen Empfinden das sinnliche Grün durchdringen kann. Man hat dann das Erlebnis: »Jetzt verstehe ich das, was ich erlebe, wenn ich in mir vorstelle, wenn ich in mir denke, schaffe...« Geht nun der Mensch dazu über, das, was er denkt und spricht, zu kontrollieren und nicht nur die Kontrolle der Gedanken, sondern auch die Kontrolle der Zunge wach zu vollziehen, dann gewinnt gerade dadurch der Mensch die Kraft, jene tiefsten Lebensvorgänge zu erfassen, die nicht nur in seinem Stoffwechsel wirken, sondern auch in seinem verständnisvollen Denken aufblitzen. Der in solcher Kontrolle sich betätigende Gleichgewichtssinn durchdringt sich mit dem Gedankensinn, wenn der Mensch bewußt, lebensvoll bestimmt, was er denkt und nicht denkt, was er ausspricht und nicht ausspricht. Bei dieser Gedankenkontrolle und Wortkontrolle lebt im Menschen übersinnlich das Smaragdgrün in seiner Reinheit auf.

V. Geistige Zukunft: Es ist im wesentlichen die Kraft der Oberarme, aus der heraus der Mensch Arme und Hände zum Ausdrucksorgan seiner Seele macht. Und es ist die Kraft der Oberschenkel, mit der der Mensch das Bein streckt und beugt und damit aufrecht steht und geht als Ausdruck seines Ich. Diese ganz leiblich wirkenden Grundkräfte gehen nun wiederum selber hervor aus dem Strom der Lebenskräfte und deren Wahrnehmung, die aus dem Ich selber hervorquellen und in Gesundheit und Krankheit dem Sonnengeflecht wahrnehmbar werden. Sie leben als unbewußte Lebensquelle, als eine unbewußte Sonne in dem ganzen Stoffwechsel- und Gliedmaßenmenschen. Darum kann Gedankenkontrolle zur Lebenskontrolle werden und damit zur Bestimmung der Lebensführung, einer Lebensführung, die Illusionen und Schwächen überwindet, weil sie sich immer wieder zu einem reinen und freien Wahrheits- und Wirklichkeitsempfinden umwandeln kann. Sie wird zu dem »Lebenssinn«, der dem Leben Sinn gibt. Das geschieht aber immer nur, wenn das Gleichgewicht aller Kräfte hergestellt wird. In dem Grün des Smaragdbildes der Apokalypse erscheint ein Element, durch das auch alle Ideale des Lebens die Kraft empfangen, die sie mit »Seinsgewalt« erfüllt, die sie vom Ideal zur Verwirklichung, vom Werden zum Sein übergehen lassen. Es ist kein »bestehendes« Grün wie bei der Pflanzenwelt. Es ist in allem Sein aufblitzender Sinn. Es ist der »Schütze« des himmlischen Jerusalem.

Nun ist aber im Menschen, gerade in seinen Gliedmaßen, Symmetrisches wirksam. Zwischen den beiden Armen und Händen, Beinen und Füßen findet immer ein auf Gleichgewicht, auf Ausgleich abgestimmter Vorgang statt. Der Lebenssinn muß vom Gleichgewichtssinn durchdrungen sein, wenn erlebtes Leben geistig verarbeitet, tätig hervorgebracht und zum »ewigen Leben« erhöht werden soll. Durch Entschlüsse im kontrollierten Gleichgewicht des Bewußtseins entsteht jenes unbestechliche Wahrheitsempfinden – vor allem der inneren Wahrhaftigkeit vor sich selbst und vor der geistigen Welt –, das die gesunde geistige Entwicklung des Menschen garantiert.

Der Sardonyx

I. Name: Zusammensetzung aus Sarder und Onyx, wobei das Hauptgewicht auf der Onyxseite liegt. Den Namen Sardonyx haben die alten Kommentatoren so interpretiert, daß das Gesamtbild dreifarbig ist. Der rote Sarder begleitet vom schwarzen Onyx und dazwischen der weiße oder hellgraue Chalzedon. Auf diese Weise wurde zu dem verborgenen Rhythmus der Achatbildung der Rhythmus der drei Farben Rot, Weiß und Schwarz dazugenommen.

II. Forschung: Der Sarder sowohl wie der Onyx sind Glieder der Achate. Sie gehören zur Gruppe der feinfaserigen Kieselmineralien, sind also eigentlich Chalzedonvarietäten. Der Sarder unterscheidet sich vom Karneol nur durch einen mehr oder weniger gelblich-bräunlichen Ton bis Karneolrot. Dabei gehören aber zu dem Gesamtbild »Sarder« immer auch die benachbarten Schichten von weißem und hellblauem Chalzedon. Man meint eben mit Sarder eine Achatart. Und die Farbe des Onyx ist ein tief dunkelbräunliches Schwarz, der Stein ist oft nahezu undurchsichtig, nur schwach durchscheinend bis etwas besser durchscheinend. Das Schwarz geht dann in ein dunkles, erdiges Braun über. In dem Kapitel über den Bergkristall sind die mineralogischen Forschungsergebnisse besprochen. Da aber für den mit dem Tierkreiszeichen der Waage verbundenen Sarder mineralogisch das gleiche gilt wie für den Sardonyx, sei schon hier auf den Anhang Nr. 26 verwiesen, wo die heutigen Modellvorstellungen über die Achatentstehung beschrieben sind.

III. Lebensursprung und Lebensbeziehungen:[60] In seinem Buch über die Edelsteine widmet Walther Cloos den Achaten ein ausführliches Kapitel. Er rechnet sie zu den »Müttern des Bergkristalls«. Das Besondere der Achate liegt darin, daß in ihnen die verschiedenen Varietäten der Chalzedon-Gruppe der Kieselsäure in wechselnden Schichten und Lagern ausgebildet sind. Sie sind durch und durch rhythmisiert und zeigen etwas von Klangordnungen. Das Mineralisch-Pflanzenhafte ihrer Substanzen und Beimengungen ordnet sich rhythmisch-seelisch-tierisch ein. Er sagt (S. 40):

»Das Leben«, das der Achatbildung zugrunde liegt und sich in der großartigen Feinheit der Schichtungen einen Abglanz schuf, war ein tierisch-pflanzliches; auf

das »Tierische« deuten die Hohlformen, auf das »Pflanzliche« die Kieselsäure, die die Substanz liefert. Die Erfüllung dieser Hohlräume mit der Kieselsubstanz ist von außen nach innen vor sich gegangen, zuinnerst hat sich zuletzt Bergkristall oder Amethyst gebildet, wenn noch ein Hohlraum zur freien Ausbildung der Kristalle übrigblieb. Nach neuesten Forschungen ist die Lagenbildung der Kieselsubstanz schon vorhanden gewesen, bevor eine Differenzierung in faserigen Chalzedon und kolloidalen Opal ausgebildet wurde.

In solchen Blasenräumen der Melaphyre finden sich die Achate. Man nennt sie Mandelstein. Die Dimensionen dieser Blasen gehen von Zentimetern bis zu vielen Metern. Bei den größeren liegen dann die Achate den Blasenwänden an, der Raum ist leer, und dem Achat sitzen oft die größten und schönsten Bergkristalle oder Amethyste auf. Ein doppeltes Rhythmisches liegt also dem Sarder und dem Onyx jeweils zugrunde. Es ist der Rhythmus der Struktur einerseits und der Rhythmus der Lagenbildung andererseits. Indem nun Sarder und Onyx zum Sardonyx zusammentreten, kommt ein dritter Rhythmus zur Erscheinung, und dieser zeigt sich dann in den drei Farben: Orangerot – Weiß – Schwarzbraun. Aus dem Gewahrwerden dieser dreifachen steingewordenen Rhythmik ergibt sich ein erstes Verständnis für das Wesen dieser Edelsteine durch die Mitteilung Rudolf Steiners, nach der der Onyx ursprünglich geistig im Zusammenhang steht mit der Veranlagung des menschlichen Gehörsinns.

IV. Seelische Tugend: Man kann die Frage haben, welche geistige Kraft dem Hörsinn des Menschen zugrunde liegt, denn das Hören ist ein ganz anderer Vorgang als das Sehen. Beim Sehen strömt die Lebenskraft und Seelenkraft der Augenorganisation hinaus, verschmilzt draußen mit dem Hell-Dunkel und mit der Farbigkeit der Welt und erzeugt im eigenen Inneren das komplementäre Gegenbild: für das Helle das Dunkle, für das Dunkle das Helle und für die Farbnuancen mit erstaunlicher Exaktheit die komplementäre Farbe, die dann länger im Auge nachklingt. Beim Ohr ist das anders. Der Ton, der Laut oder das Geräusch des Gehörten wird nicht im Ohr komplementär beantwortet, vielmehr spielt sich das

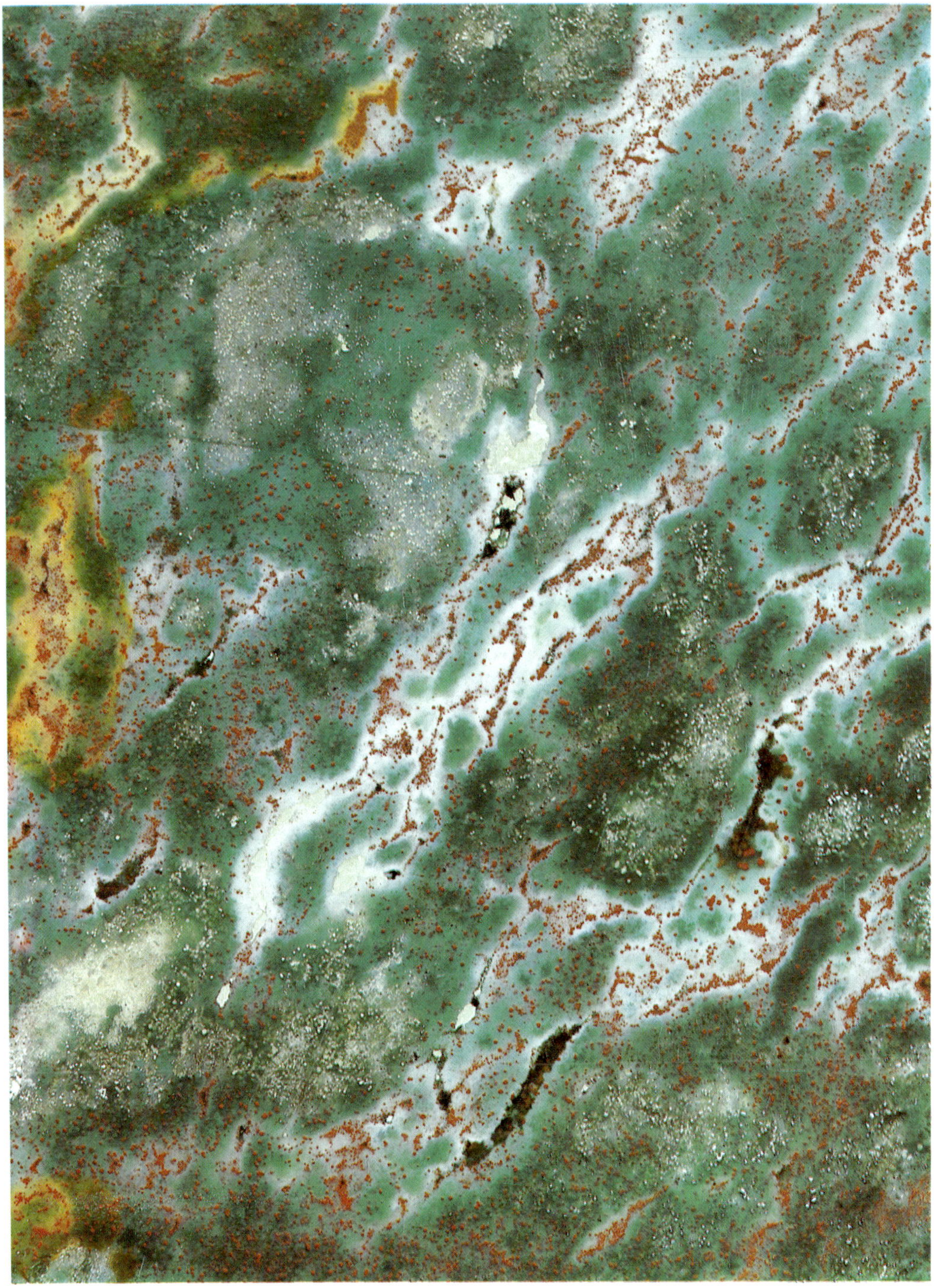

22 Heliotrop
(angeschliffen und poliert, rotes Eisenerzgeäder in grünem Jaspisplasma, vergrößert, Indien)

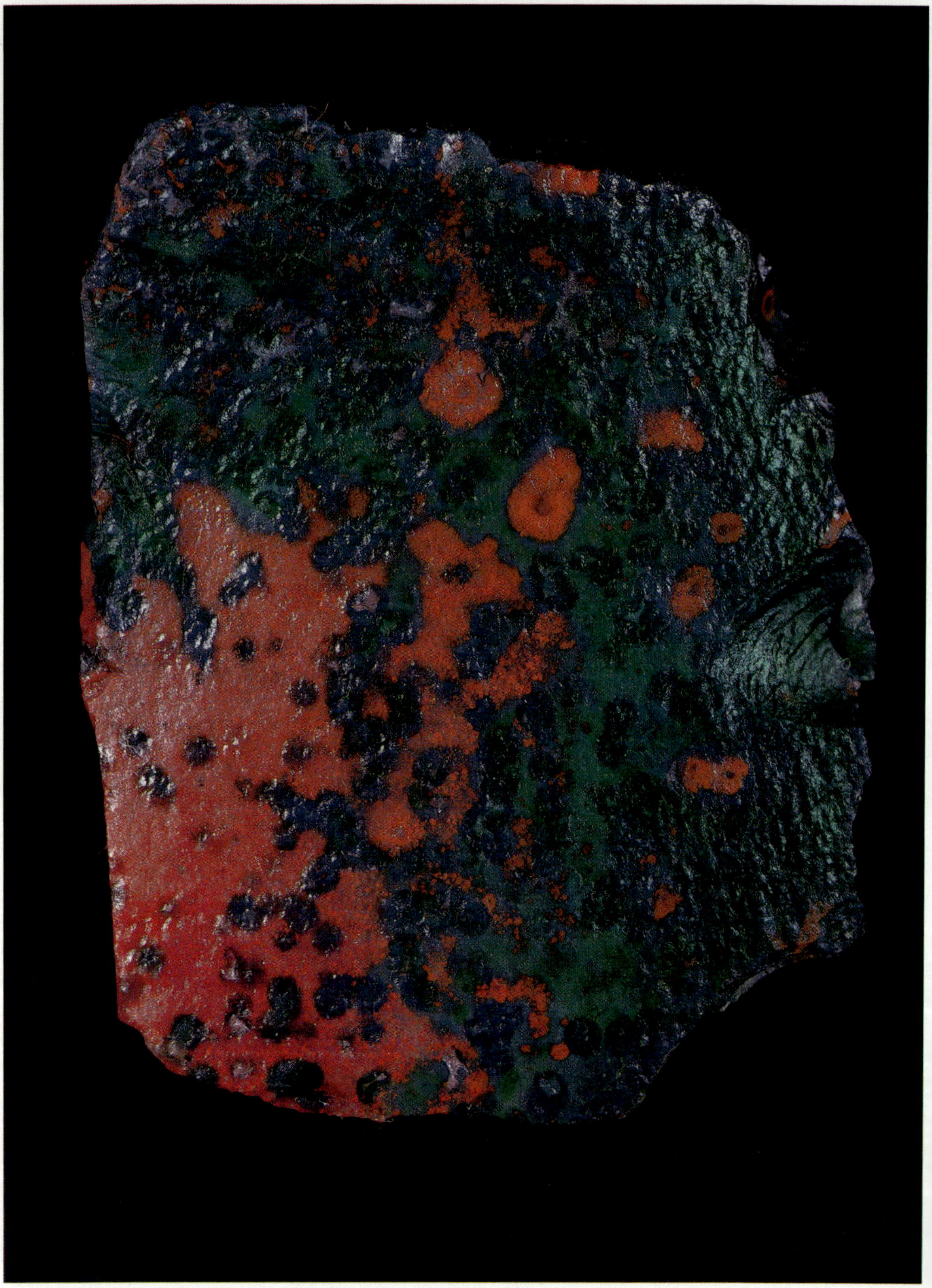

23 Heliotrop
(Bruchstück, Indien)

24 Saphirkristall
(abgerollt, Ceylon)

25 Chalzedon
(Bruchstück, Anatolien, Türkei)

im Kehlkopf ab. Der Kehlkopf bildet in feinen Schwingungen sowohl der Stimmbänder wie der ganzen Kehlkopflage (höher oder tiefer) wie schließlich besonders auch in den Lebenskräften des Kehlkopfes das Gehörte nach. Das Ohr ist nur eine halbe Organisation, der Sprachorganismus die zugehörige andere Hälfte. Damit ist aber auch der menschliche Wille, der in dieses Sinnesorgan eingewoben ist, ganz anders zwischen dem Geforderten und dem Nachgebildeten eingeschaltet als beim Auge. Gerade weil das Ohr äußerlich nicht geschlossen werden kann, kann sich der Wille innerlich stärker oder weniger stark in den Wahrnehmungsprozeß einschalten und auch innerlich öffnen oder verschließen und dann sogar hören, ohne zu hören, weil das Ich zwischen Ohr und Kehlkopf freier lebt als im Auge. Andererseits wiederum kann das Ohr viel tiefer und wesenhafter, vor allem innerlicher, hören, wenn eben die Willenskraft des Ich sich stärker zwischen Kehlkopf und Ohr konzentriert. Das Ohr hört tiefer und innerlicher, als das Auge sieht. Wirkliches Hören und Zuhören erfordert eben eine ichgegenwärtige Hingabe, die das zu Vernehmende nicht beeinflußt, sondern geduldig den ganzen Vorgang akzeptiert und mitmacht, ohne dazu gezwungen zu sein. Es ist eine Aktivität, die in der Passivität der Geduld und Ausdauer das zu Hörende ichhaft mitergreift. Es gibt einen Weg vom Horchen über das Hören bis zum Lauschen, wo das Gehörte sich selber im Inneren einsprechen und aussprechen kann. Damit ist der Anfang gemacht für den Übergang der seelischen Kraft der Geduld in die geistige Kraft der Inspiration. Geduld haben heißt geistig: inspirationsfähig sein. In dem Farbenrhythmus des Sardonyx kommt das zum Ausdruck. Die selbstlos aktive Geduld des seelischen Rot und das Schwarzbraun des Onyx mit seinen dunklen, noch unbekannten Wahrnehmungsinhalten wird verbunden durch das selbstlose Weiß, das schweigt und schwingt und als Tugend hinhörender und mithörender Geduld zwischen Subjekt und Objekt vermittelt.
Den ganzen seelischen Bereich, der im Sardonyxwesen verborgen ist, kann man nur erfassen lernen, wenn man den bisher erwähnten seelischen Qualitäten der Kräfte des hörenden Vernehmens noch

eine ganz andere, scheinbar gegensätzliche Qualität hinzufügt. In der Polarität der imaginativen Bilder von Adler und Skorpion für das gleiche Sternengebiet verbirgt sich ein tiefes Mysterium. Das gilt auch für die Sinnesgebiete. Denn der Sinn, der eigentlich mit dem Sardonyx-Skorpionwesen verbunden ist, ist der Geruchssinn. Er ist für das Erleben der Sinne im Gegensatz zu dem nach außen gewandten Hörsinn ganz nach innen gerichtet. Jedermann weiß, daß Gerüche etwas Unwiderstehliches haben und sehr tief mit dem instinktiven und triebhaften Seelenleben verbunden sind. Im Duft und Gestank wird nicht das Wesen der Stoffe wahrgenommen wie bei Ton, Klang und Geräusch, sondern ihr Verhältnis zur Welt. Hat ein Ding oder Wesen ein harmonisches Weltverhältnis, dann duftet es. Hat es ein disharmonisches Weltverhältnis, wird das als Gestank erlebt. Das sind die beiden Pole der Welt der Gerüche. Wie das Hören zu einem bewußten Verstehen führt, so das Riechen zu einer instinktiven, unmittelbaren Begegnung. Diese kann ekelhaft oder verführerisch sein, sie kann aber auch reinigend, erquickend, balsamisch sein. Man erinnert sich dabei an die Worte, mit denen in Goethes »Faust« in der Himmelfahrtsszene die reinigende Wirkung der von den Engeln gestreuten Rosen charakterisiert ist. Damit ist auf das hingedeutet, was nicht nur physisch, sondern auch seelisch entsteht, wenn ein Wesen sein Weltverhältnis verwandelt und in Geduld zu der Einsicht kommt, daß ohne Opfer kein gerechteres Weltverhältnis sein kann. Alle Abirrungen und Verfehlungen können den Seinsverlust eines Wesens herbeiführen und es damit dem strafenden und ahndenden Weltwalten ausliefern. Lernt das Gefallene opfern, dann erhebt es sich und gewinnt ein neues Weltverhältnis. In dem aufsteigenden Wohlgeruch des Opfers kommt ihm die Gnade entgegen. Aus dem Blütenduft der Rosen empfängt die Seele des Faust die Opferkraft.

Im Achatbild des Sardonyx in seiner zweifachen bzw. dreifachen Farbensprache von Schwarz, Rot und Weiß schimmert der Opferduft tiefster Verwandlungen in die Sinnlichkeit. Und so lebt im Sardonyxbild der Apokalypse das Adlerbild der inneren Erhebung zum Geist mit dem Skorpionbild der Opfersubstanz des Todesgiftes.

V. Geistige Zukunft: Es gehört zu den großen Rätseln, daß für das Tierkreisgebiet des November zwei so verschiedene Imaginationen als Bilder dem Schauen auftreten können, wie das des Skorpions und des Adlers. Sie beziehen sich auch selber wieder auf zwei so verschiedene Entstehungen im Menschen wie das Haupt mit der Sinnes- und Nervenorganisation einerseits und die Fortpflanzungsorganisation andererseits. Erst Rudolf Steiner hat darauf aufmerksam gemacht, im Zusammenhang mit Angaben zur Eurythmie, daß zwischen Gebärmutter einerseits und Kehlkopf und Ohr andererseits eine urbildliche Beziehung besteht, durch die das eine die Metamorphose des anderen ist. Dadurch wird verständlich, daß auch ein Einsprechen und Vernehmen bei der Zeugung, ein inneres Behalten bei der Schwangerschaft und ein Aussprechen bei der Geburt vor sich geht. Was heute noch leiblich-physisch geschieht, soll in Zukunft einen ganz anderen Charakter annehmen. Der Mensch wird dann das herankommende vorgeburtliche Menschenwesen innerlich hören können und geduldig in seine Seelen- und Lebenskräfte aufnehmen und im Aufnehmen diesem herannahenden Wesen eine Hingabe entgegenbringen, die nichts will und nichts tut, als was dieses Wesen selber will. Der Mensch wird eine höhere Wahrnehmungsfähigkeit entwickeln, durch die er zeugen wird, weil er selber vom Geiste befruchtet ist. Gelegentlich der Bemerkung über den Zusammenhang von Onyx und Hörsinn weist Rudolf Steiner auf Goethes Märchen hin. Dort gibt es eine Zauberkaft: die Lampe des Alten. Diese Lampe vermag das, was sie bescheint mit ihrem Licht, zu verwandeln. Sie verwandelt Holz, also totes Pflanzliches, in Silber; sie verwandelt totes Tierisches in Edelstein und den toten Mops im Märchen in Onyx. Das Tote wird also nicht mineralisch zersetzt, sondern zu einem höheren mineralischen Leben von Metall und Edelstein veredelt. Auch die Verwandlung der Schlange in Edelstein, nachdem sie sich hingeopfert hat, zeigt in dem Märchen den gleichen Charakter einer

Verwandlung in Richtung auf ein höchstes, ganz veredeltes Mineralisches, wie wir es auch in der Apokalypse des Johannes vorfinden. Denn das zukünftige Jerusalem besteht eigentlich aus lauter Mineralien-Imaginationen. Was aus dem Lebendigen, dem Beseelten und dem Geistigen auf Erden als Materielles durch den Weltentod hindurchgegangen ist, wird in der Zukunft »edelstes Mineral« als Ergebnis der verwandelnden Kraft des Weltenwortes. In der leuchtenden Dreiheit von Rot, Weiß und Schwarz des geistigen Sardonyx des himmlischen Jerusalem erscheint dem Adler-Wesen des Johannes die vom Geist, vom Wort befruchtete menschliche Einsicht, die sich mit dem Willen der Gottheit vollkommen verschmolzen hat, weil sie sich geopfert hat.

Der Sarder

I. Name: Nach dem persischen Wort Serd, das heißt gelbrot.

II. Forschung: In dem vorangegangenen Aufsatz über den Sardonyx ist das den Sarder Betreffende mit dargestellt. Durch Eisen ist der Chalzedon als Sarder rot gefärbt, ist also eigentlich ein Karneol in seiner helleren, zarteren Achatform. Es spielt beim Sarder in das Rot ein leicht gelblicher Schimmer herein, so daß der Stein bei Aufsicht bräunlich, bei Durchsicht lebhaft rot gefärbt ist, während der spezifische Karneol mehr nach Fleischrot geht. Der Karneol ist durchscheinend, der Sarder oft durchsichtig. In der Antike war er aus Indien bekannt und über Persien eingeführt. Da er zu den Achaten gehört, kann man ihn entweder allein aus der rötlichen Schicht verstehen oder auch zusammen mit dem begleitenden weißlichen Chalzedon-Bereich der Nachbarschicht. Man kann den Sarder auch mit dem Karneol zusammenschauen.

III. Lebensursprung und Lebensbeziehungen:[61] Wie in dem vorigen Aufsatz erwähnt, ist die Sarder-Karneol-Bildung nach Cloos die alte Phase der Pflanzentiere und der Mineralpflanzen, aus der heraus sich später Mineral, Pflanze und niederes Tier auseinanderdifferenziert haben. Gleichzeitig mit dem Sarder-Karneol bildete sich im Menschen nach Rudolf Steiner der noch undifferenzierte Hautsinn, der ursprünglich mehr als Wärmesinn entstanden ist und später den Tastsinn aus sich herausgebildet hat. Man kann für den Karneol-Sarder aus der allgemeinen Phase mehr an den Tastsinn, beim grünen Chrysopras mehr an den Wärmesinn denken.

IV. Seelische Tugend: Die Farbe des Sarder, die, wie erwähnt, bei Durchsicht gegenüber dem eigentlich fleischroten Karneol ein milderes Rot zeigt und bei Aufsicht einen leicht bräunlichen Schimmer, ist später zu einem Mißverständnis geworden. Man hat dann den bräunlichen Chalzedon Sarder genannt. Ursprünglich war ausgesprochen das rote Mineral gemeint. Der zarte Braunton gibt dem seelenhaft lebendigen Rot dieses Steins einen erdigen Charakter, wodurch sich dem seelenhaften Rot eine ruhige, mehr im Sein gegründete Stimmung hinzugesellt. Die Seelenkraft kommt zu einer Art gelassenem Einverständnis mit ihrem stofflichen Dasein. Darin lebt sich die Seelenkraft der Zufriedenheit aus, die aber keineswegs den Charakter der Sattheit hat. Es ist vielmehr die Haltung des Einverständnisses mit dem Sein, das aber nur dann wirklich möglich ist, wenn das Wesen nicht nur mit seinem Sein, sondern mit sich selbst in Übereinstimmung ist. Man muß schon diese feine Nuancierung machen, um dem Charakter der Farbe des Sarder innerlich gerecht zu werden.
Es gibt für die Bezeichnung der Weltverhältnisse in unserer Sprache zwei grundlegende Begriffe: Wir sprechen vom »Wesen« einer Sache. Wir meinen damit das Innerste, Bedeutungsvollste, Existentielle derselben. Wir sprechen aber auch vom Wesen selbst. Damit meinen wir dann ein Individuelles, Personhaftes, aber auch hier wieder dessen eigentliche Wirklichkeit.
Wir sprechen dann von »Welt«. Wir meinen damit die einer Gruppe von Dingen oder Wesen gemeinsame Region, aber auch die Gesamtheit dieser Wesen als solche. Eine Welt von Wesen (Pflanzenwelt, Sternenwelt), ein Reich (Pflanzenreich, Sternenreich) ist damit angesprochen. Unzählige Wesen der gleichen Natur bilden eine Welt, ein Reich und leben und weben in dieser

Welt. Auch das Umgekehrte gilt, da die Welt, das Gemeinsame in den Wesen lebt. Dieses Gemeinsame, die Welt bestimmter Wesen, ist ihr Sein oder ihr Dasein. Alle Seinsphilosophien sind in diesem Bereich beheimatet.

Indem wir ein bestimmtes Wesen mit allen seinesgleichen eine bestimmte Welt, ein Reich bilden sehen, hat dieses Wesen ein Weltverhältnis, es hat aber auch ein Verhältnis zu sich selbst bis hin zu einem möglichen Selbstverständnis und Selbstbewußtsein. Es bekommt einen Geschmack für sich selber, aber auch für andere Wesen. Im Geschmackssinn nimmt der Mensch in der Sinneswelt sinnlich wahr, was für ein Verhältnis ein Stoff zu sich selber hat (ein harmonisches: süß; ein gespanntes: sauer; ein disharmonisches: bitter).

Die volle Übereinstimmung der Seele mit ihrem eigenen Sein ist der Zustand des inneren Gleichgewichtes. Es ist der gute Geschmack, die wahre Gelassenheit, die im ruhigen Abwägen innerhalb des eigenen Wesens dieses nicht verfälscht, entfremdet oder verleugnet, sondern sich in ihm und dessen Welt selber behauptet.

Die Gemmenschneider der Antike haben den Sarder benützt, um den braunroten Sarderanteil als Bildoffenbarung sich von seinem Untergrund, dem weißen Chalzedon, abheben zu lassen. Der Zauber der Gemmenbilder, aus Sarder geschnitten, bringt äußerlich das innere Geschmacksverhältnis des Wesens zur Erscheinung.

Schaut man von innen her auf die äußere Gestalt des Menschen, dann sieht man, wo der aufgerichtete Mensch in der Mitte seines Leibes, in den Hüften und dem Kreuz, die tragende Region hat, um die herum und mit deren Hilfe er sich aufrichtet und so auch ganz äußerlich in seinem wahren Wesen behauptet.

V. Geistige Zukunft: Es ist die Frage, ob die Sarderimagination der Apokalypse nur die farbige Seite offenbart oder ob im Schauen auch der weißliche Untergrund, wie er von den Gemmenschneidern des Altertums verwendet wurde, also der Chalzedon, hindurchschimmert. In dem Rot über Weiß (nicht neben Weiß wie im Sardonyx) würde dann eine Kraft der Harmonie liegen zwischen

Leib, Seele und Geist, die getrennt sind und sich doch durchdringen; die das Geistige beseelt und das Seelische durchgeistigt sein läßt – aber eben ganz im Leibe. Das gerade wäre die volle Übereinstimmung mit sich selbst. Das bedeutet aber auch jene höchste innere Freiheit, die nicht nur Freiheit nimmt, sondern Freiheit gibt. Es ist dasjenige menschliche Verhalten, das dem Wesen – dem eigenen wie dem fremden – dessen wahre Existenz in tiefster Bejahung zuspricht, so daß das andere Wesen die Freiheit hat, zu verwirklichen, was es selber ins Dasein bringen will. Am reinsten erscheint diese Zukunft der wahren inneren und äußeren Freiheit in dem Christus-Impuls, der im höchstmöglichen Gleichgewicht zwischen den einseitigen Abirrungen, die durch die Widersachermächte entstehen, die Wesen der Welt zu sich selbst sich befreien läßt. Diese Kraft leuchtet dem Apokalyptiker aus dem »persischen« Sarder des himmlischen Jerusalem entgegen.

Der Chrysolith

I. Name: Zusammengesetzt aus dem Wort Gold und Stein, also goldgelber Stein. (Griechisch chrysos und lithos.)

II. Forschung: Der Chrysolith gehört in die kleine Gruppe der Olivin-Mineralien. Seine Formel: $(MgFe)_2[SiO_4]$. Er kristallisiert rhombisch-bipyramidal. Es sind alles Mischkristalle in fließender Kombination von 1. Magnesiumorthosilikat und 2. Eisenorthosilikat, also:
Mg_2SiO_4 Forsterit, Dichte 3,22, Schmelzpunkt 1890° = Fo;
Fe_2SiO_4 Fayalit, Dichte 4,43, Schmelzpunkt 1205° = Fa.

1. Olivin im engeren Sinne, 80% Fo und 20% Fa, Dichte 3,43.
2. Hyalosiderit, 66% Fo und 34% Fa, Dichte, 3,6.
3. Hortonolith, 30% Fo und 70% Fa, Dichte 4,01.

Der eisenfreie Forsterit ist farblos bis lichtgelb, der Olivin heller oder dunkler gelblich-grün, ölgrün, flaschengrün bis schwarzgrün. Die eisenreichen Fayalite sind undurchsichtig schwarz, oft metallisch glänzend.

Vorkommen:

1. Die magnesiumreichen Olivine sind vorherrschend in basischen und ultrabasischen Eruptionsgesteinen, oft fast allein gesteinsbildend (Peridotite, Dunite, Olivingabbro). In Olivinbasalt und Olivindiabas findet sich der Olivin als porphyrischer Einsprengling oder in Knollen.
2. Die eisenreichen Olivine finden sich in Blasenräumen pneumatolytisch und auf Klüften von Serpentingestein.
3. In Steinmeteoriten und Mischmeteoriten, besonders den Pallasiten, findet sich der Olivin in zentimetergroßen Kristallen in einem Netz von Nickeleisen eingespannt.
4. In kristallinem Schiefer der Tiefenzonen der Erdkruste kommt der Olivin gleichfalls vor (Eklogit).
5. In körnigen Kontaktmarmoren findet man eisenfreie und in Brauneisensedimenten eisenreiche Olivine.

In seiner Edelsteinform als Chrysolith ist das Mineral vollkommen durchsichtig, olivgrün. Es gibt nur wenige Fundstellen: Brasilien, Böhmen, Birma, Insel Zeberget im Roten Meer.

III. Lebensursprung und Lebensbeziehungen:[62] Die Grünsteine und ihre Edelsteinmineralien Nephrit, Jadeit, Diopsid, Epidot, Vesuvian und auch der Diamant entstammen dem Sonnenzustand der Erde. In den basischen und ultrabasischen Grüngesteinen (Gabbro, Serpentin, Diorit, Diabas, Kimberlit) spielt neben dem Kiesel das Magnesium die wichtigste Rolle. In diesen Mineralien ist ein primär pflanzlicher Lebensprozeß mineralisiert, die schwebend schwingenden Mineralpflanzen der Zeit, da noch Sonne und Erde verbunden waren, so daß diese Pflanzen das Ergebnis einer inneren Sonnenwirkung waren. Das Magnesium als Vermittler der Lichtwirkungen der Sonne in der Pflanze und das Eisen als der Vermittler des Sonnenlebens im Sauerstoff verbinden sich im Lichtvermittler, in dem Kiesel, der ja für die Sinnesorgane, besonders für das Auge und die Haut, die größte Bedeutung hat. In dieser Dreiheit von Magnesium, Eisen und Kieselsäure ist die alte

Sonnenwirkung abgebildet. Die gleiche Sonnenwirksamkeit erscheint heute noch in rhythmischer Form in den Olivinen der Meteorite, in denen eben auch der Chrysolith gefunden wird.

IV. Seelische Tugend: Das pflanzenhafte Goldgrün der reinen Chrysolith-Olivine ist eine eigenartige Farbe. Es tritt in ihr ein Nebeneinander und dennoch ein Ineinander eines zarten, lebensvollen Grüntones mit einem sonnenhaften Goldton so in Erscheinung, daß wiederum jede dieser einzelnen Farbnuancen frei für sich und doch wieder mit der anderen verbunden zu sehen ist. Es ist wie eine Art aktive und doch zurückhaltende Wechselwirkung zwischen Sonne (goldgelb) und Erde (grün). Zu den umfassendsten kosmischen Tatsachen gehört, wie die Erde durch ihre Umdrehung um sich selber ihr gewaltiges Eigenleben durch Tag und Jahr immer wieder neu der Sonne zur Verfügung stellt und sich wieder von ihr zurückzieht, wie es auch die Sonne gegenüber der Erde vollbringt. Etwas ähnliches kann im Gegensatz zum Ohr auch das Auge des Menschen tun. Es kann sich im Blicken nach außen verströmen und im keuschen Niederschlagen der Lider in sich zurückhalten. Die Seelentugend, die sich darin zeigt, ist die Höflichkeit. Es ist verständlich, daß einem so aktiven Organ wie dem Auge diese Tugend zugrunde liegen muß, wenn es ohne jedes Begehren selbstlos die Welt erblicken soll. Es ist verständlich, warum Rudolf Steiner mitteilt, daß der Sehsinn gleichzeitig mit dem Chrysolith entstanden ist.

V. Geistige Zukunft: In dem dunklen, dem Bewußtsein entzogenen Leben des Stoffwechselgebietes in dem unteren Menschenleibe wirken in Wahrheit höchste Kräfte miteinander. Sie vermögen die irdische Nahrung der irdischen Gesetzmäßigkeit zu entkleiden. Dadurch können sie diese reinigen und auf ihren kosmischen Ursprung gewissermaßen zurückführen, um sie jungfräulich dem Menschen und seinem individuellen Leibesaufbau zur Verfügung zu stellen, sei es, um diesen Leib aufzubauen, sei es, um im Absondern der Stoffe das Eigenleben anzuregen, sei es schließlich, um diese Stoffe innerlich zu vergeistigen. Im Sonnengeflecht hat diese geheimnisvolle Welt des tieferen Stoffwechsels eine Art Gehirn und im Nierensystem eine Art nach innen blickendes Auge ausgebildet, das den Strom des Blutes »sichtet« und von Schlacken gereinigt dem Organismus zurückgibt. Im seelischen Bereich bedeutet das jene Tugend, die aus echter Höflichkeit mit dem eigenen Willen dem Willen des anderen gegenüber zuvorkommend sein kann. Dabei bleibt aber das andere Wesen immer noch außen. Wird nun Höflichkeit zum Herzenstakt, wird Höflichkeit der Seele zum Herzenstakt des Ich, dann wird als Chrysolith-Wesen der Zukunft das Wesen in den Welten wirksam, werden die Welten in den Wesen wirksam. Das eine ist das erhaltende Milieu für das andere. Ein solches Verhalten kann den Menschen »dem Tod der Materie« entreißen. Im Chrysolith-Bild der himmlischen Jungfrau der Apokalypse schimmert etwas von einer jungfräulich gewordenen, zukünftigen Welt, die im ganzen dann als »Braut des Lammes« bezeichnet wird: die Welten- und Menschheitsseele, in der der Sohn lebt.

Dasselbe gilt aber nicht nur für die Art, wie die Seele in sich selber jungfräulich werden kann, sondern auch für die Art, wie das Auge und durch das Auge der Geist auf die gesamte Welt hinschaut. Es gibt im Evangelium das folgende Wort:

Das Auge ist der Leuchter deines Leibes. Ist nun dein Auge gleichmäßig klar, so wird dein ganzer Leib durchlichtet sein. Ist aber dein Auge trübe, so wird dein ganzer Leib finster sein. Und wenn schon das Licht in dir zur Finsternis wird, wie finster wird erst die Finsternis selber sein. (Matth. 6, Vers 22–23)

Das unbefangene Schauen des Geistes mit dem Auge des Geistes durch das Auge des Leibes hin auf die äußere Erscheinung der Welt bewirkt ein inneres Licht, das in den Welterscheinungen selbst deren geistiges Wesen finden kann. Die Seele ergreift »in Welten die Wesen«, sie erkennt im Sinnensein die Offenbarungen des Geistes. Durch das jungfräulich gewordene Innere macht der Geist auch die äußere Welt jungfräulich. Im Chrysolith-Wesen des himmlischen Jerusalem lebt dieser »Brautstand« sowohl für die Wesen als auch für die Welt der Zukunft.

Der Beryll

I. Name: Aus der indischen Prakrit-Sprache: Verulijam: bedeutet »Stein« im Indischen.

II. Forschung: Die Berylle gehören zu einer Gruppe von Mineralien und Edelsteinen, in denen das Element Beryllium die entscheidende Rolle spielt. Es gibt eine ganze Reihe: Beryll, Chrysopras, Alexandrit, Phenakit, Heloin, Gadolinit, Milarit, Euklas, Beryllolit, Promellit. Das Berylliumoxyd ist sehr selten. Bei allen diesen Mineralien treten zum Beryllium jeweils hinzu Aluminium, Eisen, Mangan, Calcium, Kalium, Natrium und Yttrium. Der Beryll ist chemisch: $Al_2Be_3[Si_6O_{18}]H_2O$; Härte 8, Dichte 2,6–2,8. Die Kristalle sind säulig prismatisch entwickelt und können bis zu mehreren Metern Länge erreichen. Sie sind dihexagonal bipyramidal. Das Kristallgitter führt einen Sechserring von SiO_2-Tetraedern. Das Beryllium selbst ist ein Erdalkali-Element, stahlgrau, sehr hart und spröde und hat unter allen Elementen die höchste Schmelzwärme, es braucht pro Gramm 1128 Kalorien (Eisen 315 Kalorien). Gleichzeitig ist es sehr leicht (spezifisches Gewicht 1,84). Es ist ähnlich dem Aluminium und dem Magnesium. Häufig treten zum Beryllium als farbtragende Metalle Caesium, Rubidium, Natrium, Lithium, Chrom und Vanadium. Der gemeine Beryll ist oft ganz undurchsichtig, farblos, weißlichgelb, trüb. Die edlen Berylle gehen aus dem gleichfalls völlig farblosen, wasserklaren und durchsichtigen reinen Beryll hervor. Aus ihm wurden im Altertum die Brillen geschliffen, daher heute deren Name. Die farbigen, edlen Berylle gehören zu den schönsten Edelsteinen. Aquamarin (blau mit Eisen), Morganit (rosa mit Caesium, Mangan, Nickel, Kupfer, Eisen), Goldberyll (gelb mit Uran), Heliodor (grün, gelb, mit Eisen und Uran). Diese Varietäten sind alle charakteristisch für Entstehung in Pegmatiten, die berylliumführend sind. Der grüne Beryll, der Smaragd (mit Chrom) bildet sich dagegen durch Kontakteinwirkung in pneumatolytisch durchtränkten, kristallinen Schiefern (Glimmerschiefer, körnige Kalke). Die Farbe entsteht durch geringfügigen Ersatz von Al_2O_3

durch Cr_2O_3 und/oder V_2O_3. Ganz selten kommt er aber doch auch in Pegmatiten vor. Von ihm war schon ausführlich die Rede.

III. Lebensursprung und Lebensbeziehungen:[63] Ähnlich wie die Tonerde (Al_2O_3) entstammt auch die Beryllerde (BeO) den Prozessen, die in der ursprünglichen Mineralpflanze der Erdvergangenheit eine große Rolle gespielt haben. Sie gehören zu den blatt- und fruchtbildenden Teilen dieser Urpflanze, aus denen sie dann vormals in den Glimmern und Feldspaten kristallisiert worden sind. Alle Beryllmineralien zusammengenommen zeigen in ihren Elementen die indirekte Verwandtschaft mit den Ton-Glimmer-Mineralien (Aluminium, Calcium, Kalium, Natrium, Eisen, Mangan). Ihre Bildung in den Hohlräumen der Pegmatite weist zusammen mit den anderen Pegmatitedelsteinen (z. B. Topas) auf das Blütenhafte, Sinnesorganartige der Urpflanzen hin. Die Pegmatitberylle entstammen einem mineralisch-pflanzlichen Evolutionsprozeß der gleichen Schöpfung wie die Sinne des Menschen im mikrokosmischen Menschenbildungsprozeß (Topas ist gleichzeitig mit dem Geschmackssinn, Beryll gleichzeitig mit der Ausbildung des Verstandes und damit des Gedankensinnes entstanden).

IV. Seelische Tugend: So wie in Korund und Topas das Aluminium, so ist im Beryll das Beryllium aus seiner Erdgebundenheit zum Licht und zur Farbe emporgehoben. Dabei ist charakteristisch, daß im Beryll die späteste Durchlichtung auftritt. Die klare Durchsichtigkeit des wasserhellen, farblosen, reinen Berylls offenbart diese Durchlichtung der Erdalkalimetalle Beryllium und Aluminium durch die Kieselsäure. Nun ist aber der mit dem Beryll gleichzeitig veranlagte Gedankensinn des Menschen dadurch gekennzeichnet, daß er so wie kein anderer Sinn mit seinem Objekt, dem Gedanken des anderen Menschen, sich voll identifizieren kann. Anders könnte man andere Menschen nie wirklich verstehen. Dabei entwickelt aber der Gedankensinn eine Kraft, die auch das Empfinden und das Gefühl ergreifen kann. Das bewirkt den Übergang vom Selbstbewußtsein zum Mitbewußtsein mit der geistigen und seelischen Wesenheit der anderen Wesen in der Welt. Im verständnisvollen Mitdenken entzündet sich das Mitgefühl und aus ihm das umfassende, echte Mitleid. Diese Tugend, die im klaren, reinen, durchsichtigen, dabei aber sehr harten Beryll sinnenfällig erscheint, ist eben bewußtes, durchdachtes, verständnisvolles Mitdenken, Mitfühlen, ja Mitwollen. Hier liegt dem Denken eine Kraft des Herzens zugrunde, dem Verstand die Vernunft.

Das ist aber nur dadurch möglich, daß für das Gedankenleben des Menschen drei ganz verschiedene Modalitäten offen sind.

Die erste könnte man als die Weise des naiven Denkens bezeichnen. Die verbindet die Welt der Sinne, der Seele und des eigenen Selbst mit Begriffen, zunächst in Form von Namen, und läßt sich von der von Kind auf gelernten Sprache leiten. Der Mensch denkt naiv die Welterscheinungen und die Gedanken seiner Mitmenschen; er lernt das Denken aus dem Sprechen, er bildet Erfahrungsbereiche zu Denkakten um, läßt aber sein Denken nicht nur von den Erscheinungen der Außenwelt, von den Eigenschaften der Sprache und von den Gedanken der Mitmenschen leiten, sondern vor allem auch von seinen eigenen Gefühlen, Motiven, Bedürfnissen, Neigungen, Leidenschaften.

Von alledem löst sich allmählich die reflektierende Art des Denkens. Das Denken wird immer abstrakter, raffinierter, theoretischer. Es macht eine Art Sterbeprozeß durch. Die Begriffe werden immer scharfsinniger, aber auch immer lebloser. Sie sind nicht mehr lebendig-inhaltvolle Wesen, sondern abstrakte Spiegelbilder und Modelle der wirklichen, lebendigen Welt. Im Extrem wird der Mensch zum Rationalisten, zum Skeptiker und Zyniker. Das Denken dient ihm nur noch dazu, sich die Welt vom Leib zu halten, aber ebenso auch, sie zu beherrschen. Das Denken steht im Dienste des Egoismus.

In diesem Denken ist aber keine Wirklichkeit als solche mehr enthalten, es ist nur noch Kommunikations- und Informationsmittel. Kalt, nüchtern, enthält es nichts von dem, was das Gemüt, was das Herz des Menschen bewegt.

Zu solchem Denken kann nun etwas hinzugefügt werden. Der Mensch kann gerade dieses tote, abstrakte Denken zu seiner wahren Wesenheit wieder erwecken. Begriffe und Gedanken werden zu wesenhaften Wirklichkeiten, zu Ideen, wenn der Mensch entdeckt, daß in ihnen ein völlig eigener, ideeller, wesenhafter Inhalt aufleben kann. Dieser Inhalt beginnt als Offenbarung für die ideelle Wirklichkeit der Welt aufzuleuchten, wenn ihm ein warmgeistiges Leben eingehaucht wird. Diese gedankenbelebende Kraft aber muß vom Herzen ausgehen. Sie ist eben nicht nur ein Gefühl, sondern geistig-schöpferische Kraft. So wie der Mensch äußerlich im Wärmesinn den inneren Zustand äußerer Stoffe oder auch seine eigene Leibeswärme wahrnimmt, so kann er durch geistige Herzensschöpferkraft, durch die Fähigkeit zu echtem Enthusiasmus, zur Begeisterung, den toten, abstrakten Begriffen Leben einhauchen. Der Mensch erlebt jetzt mit dem Herzen die geistige Kraft der Gedanken, der Idee, so wie sie ihm durch das Gehirn als reine Form zugespiegelt waren. Dieser höhere Wärmesinn, der den Begriff zur Idee erhebt, zeigt dann den geistigen Ursprung, aus dem die Welt hervorgegangen ist, und findet in der äußeren und inneren Wahrnehmungswelt eine Geistwelt.
Dasselbe Herzorgan erlebt aber schließlich auch den Menschen selber und ebenso auch den Mitmenschen – den Menschen auf seinem Wege von seiner ursprünglichen göttlichen Geistigkeit zur selbständigen, gefallenen Kreatürlichkeit, so wie es vorher den Weg der Idee zur sinnlichen Erscheinung erlebt hat. Jetzt kann dem Menschen tief aufleuchten, daß dieser Weg der Verdunkelung ein Leidensweg ist, und aus dem tiefsten Verstehen geht ein Mitleiden hervor, als Organ des menschlichen Herzens, aus dem sich innerlich die Aufforderung entfaltet: mitdenkend tätig zu werden. Es führt zur Frage nach der Voraussetzung alles dessen, zur Frage nach der Freiheit.

V. Geistige Zukunft: Eines der größten Rätsel im Menschen ist die menschliche Freiheit. Was ist Freiheit eigentlich? Es ist immer eine Beziehung: frei wovon, frei wodurch, frei wofür, frei wozu. Der freieste Mensch ist der, welcher die Gedanken, die Gefühle, den Willen des anderen so völlig mitdenken kann, als wären sie die eigenen, d.h. aber, von innen, von Herzen. Das großartigste Beispiel dafür ist das Buch Rudolf Steiners »Die Rätsel der Philosophie«. Da ist jedes Denken jedes Denkers aus sich selbst heraus in seinem tiefsten Ringen mit den Rätseln der Welt, d. h. aber in seinem tiefsten Tiefsinn, von Rudolf Steiner verstanden und wiedergegeben. In solcher »Sinngewalt« leuchtet dem Apokalyptiker an der hellsten Stelle der Edelsteinimaginationen die Beryll-Kraft der Zukunft auf: »Helles Herz im Löwen«, getragen von Begeisterung, in Freiheit, so könnte man dazu sagen. Wird das Herz »mitleidig« ohne Sentimentalität, dann entwickelt es ein Gefühlsverständnis. Da wird Fühlen Denken und Denken Fühlen.

Der Topas

I. Name: Nach der Insel Topazos im Roten Meer, einer der wichtigsten Fundorte im Altertum.

II. Forschung: Der Topas ist ein Fluormineral. In ihm ist die Hydroxylgruppe OH bei mehreren in Pegmatiten vorkommenden Mineralien (Glimmer, Turmalin) zu einem beträchtlichen Teil durch das Fluor ersetzt. Die Formel lautet: $(OHF)_2Al_2SiO_4$.
Er kristallisiert rhombisch-bipyramidal, oft sehr flächenreich, einzeln oder in Drusen, oder derb, dicht, manchmal grobstengelig. Härte 8, Dichte 3,5–3,6. Der reine Topas ist farblos, meist durchsichtig oder durchscheinend. Die Färbung geht durch Weingelb, Honiggelb, Rosa, Violett, Blau, Meerblau, Meergrün, Grün. Die Farbvielfalt ist bedingt durch Eisen in seinen verschiedenen Oxydationsstufen, die rosa und roten Farbtöne sind durch Chrom bedingt. Ein berühmter Fundort im 18. Jahrhundert lag in Sachsen am Schneckenstein; heute kommen die meisten Topase aus Brasilien. Er bleicht am Sonnenlicht. Gewisse gelbe Topase werden beim Glühen rosa. Er ist oft reich an Flüssigkeitseinschlüssen und findet sich pneumatolytisch in Granitpegmatiten und Graniten, manchmal in Paragneisen und als Umsetzungsprodukt aus Feld-

spaten in den Greisen der Granite und Pegmatite. Kontaktmetamorph kann er in Turmalinfels oder selbst als Topasfels vorkommen. Im ganzen ist sein Vorkommen begrenzt.

III. Lebensursprung und Lebensbeziehungen:[64] Nimmt man das Ganze der hydrothermalen Geochemie, in der der Topas als Fluormineral vorkommt, zusammen, dann finden sich in den Hohlräumen der Pegmatite die Elemente Fluor, Phosphor, Calcium und Zinn in dem grünlichen Flußspat sowie in Apatit, Topas und Zinnstein. Dieser Stoffumkreis entspricht den gleichen Prozessen und Stoffen, wie wir sie im Menschen in den Zähnen, der Zunge und der Leber vorfinden. In diesem Bereich betätigt sich der Teil des Stoffwechsels, der vor allem die Nahrungsaufnahme betrifft. Damit ist hauptsächlich der Geschmackssinn verbunden. Der Topas ist nach Rudolf Steiners Angabe gleichzeitig mit der Anlage des Geschmackssinns des Menschen entstanden.

IV. Seelische Tugend: Auch dem Geschmackssinn des Menschen liegt ein tieferer Sinn zugrunde. Im Geschmack erlebt das Ich, welches Verhältnis der aufgenommene Nahrungsstoff zu sich selber und in sich selber hat (sauer, bitter, salzig usw.). (Ein sauer schmeckender Stoff hat ein gespanntes Verhältnis zu sich selbst, ein süßer ein harmonisches.) Es gibt auch seelisch so etwas wie den Sinn für »Geschmack«. Etwas geschmackvoll ordnen heißt, es seinem eigenen Selbstverhältnis entsprechend in die Welt einordnen, so, wie das geschmeckte Nahrungsmittel in den eigenen Organismus eingeordnet wird. Das erfordert eine Fähigkeit, die ganz auf die inneren Beziehungen und Spannungen eingehen kann, die in einem Stoff, in einem Gegenstand oder in einem anderen Wesen wirksam sind. Dies gelingt nur unter der Voraussetzung wahrer Selbstlosigkeit. Ähnliches gilt auch für die Aufnahme der Luft in der Brust des Menschen, vor allem bei der Einatmung. Und so, wie entsprechend dem Geschmack der Mensch die Nahrungsstoffe sich entweder einverleibt oder sie vergeistigt oder ausscheidet, so geschieht auch etwas mit dem Atemstrom. Eine starke Brust kann viel veratmen, ein guter Magen kann viel vertragen. Diese seelische

26 Smaragd-Kristall
(Doppelender in Schiefer, begleitet von Pyritkristallen, Kolumbien)

27 Sardonyx als Achatmandelquerschnitt
(schwarz Onyx, weißlich Chalzedon, rotbraun Sarder, zusammen Sardonyx, Brasilien)

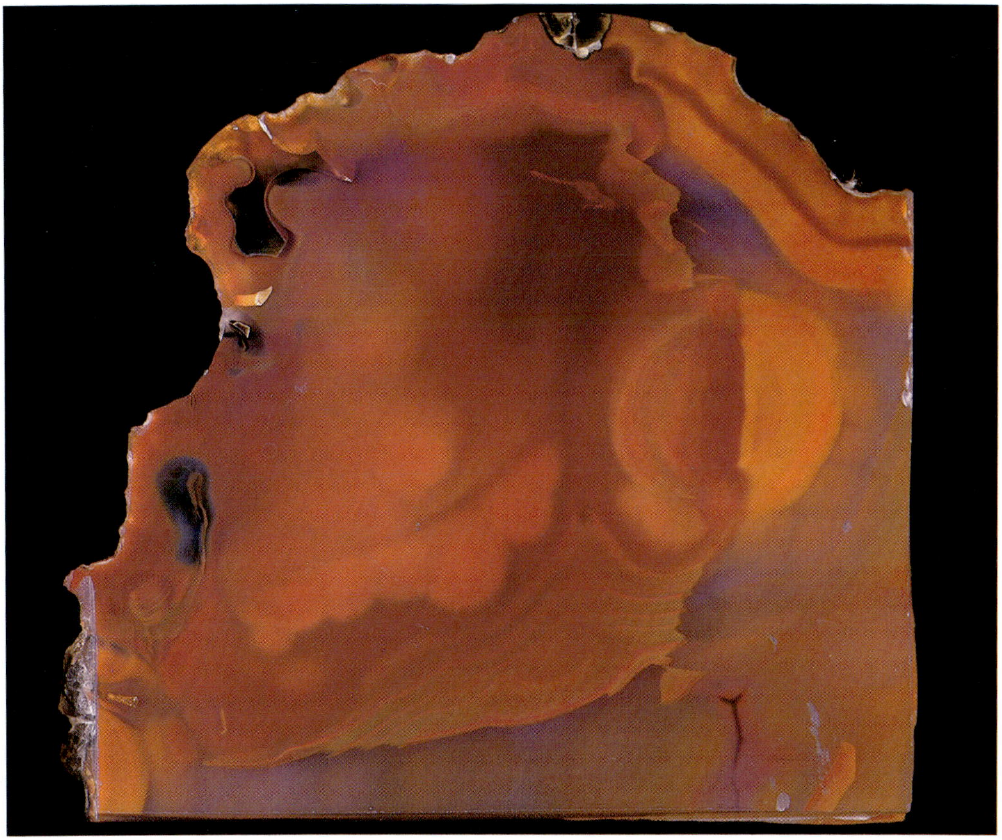

28 Sarder im Anschnitt

29 Chrysolith
(Bruchstück, Insel Zeberget, Rotes Meer)

30 Beryll-Doppelkristall (parallelverwachsen)

31 Hellgelber Edeltopaskristall auf Bergkristall (Schneckenstein, Sachsen)

Stärke und Gütequalität ist aber die Tugend der durch-ichten Seele, die gerade aus dieser Ich-Kraft die Selbstlosigkeit entfaltet. In dem zarten Honiggelb des Topas erscheint der Geschmack der Selbstlosigkeit sinnenfällig als der »Leuchtglanz«. Schließlich ist das aber auch ebenso bei geistiger Ernährung und Atmung. Kann sich die Seele selbstlos mit dem Geist erfüllen und in ihm erstarken, wird sie die geistige Ernährung erwirken:

Denn das ist der Geister Nahrung,
Die im freisten Äther waltet:
Ewigen Liebens Offenbarung,
Die zur Seligkeit entfaltet.
(Goethe, Faust, II. Teil.)

Bevor dieser Seelenzustand der Selbstlosigkeit, wie sie im Topas abgebildet ist, sich zur Läuterung, zur Reinigung, zur Katharsis entfalten kann, muß die Seele den zu schmeckenden Inhalt der geistigen Nahrung vorher in sich aufgenommen haben: Sie muß den Geistwesen Raum gegeben haben, sie muß sie hören und selber erhört werden. Im Topaswesen verbirgt sich auch das geistige Hörenkönnen der Seele. Was im Schmecken der geistigen Ernährung zur Wesensdurchdringung führt, muß vorbereitet sein durch das geistige Erhören und Erhörtwerden. Wer das Göttliche in der Seele nicht hört, kann es auch nicht schmecken. Deshalb ist dem Krebs-Topas-Wesen ursprünglich der Hörsinn zugeordnet. In der klaren Durchsichtigkeit zeigt sich im Topas ganz anders als zum Beispiel im Bergkristall bei tieferem Anschauen dieser Unterschied. Beim Bergkristall ist es Durchsichtigkeit, die man wahrnimmt, beim Topas eine feine Durchhörigkeit. Sie wird leise nuanciert durch das Farbige, das den goldgelben Topas durchzieht und ihm »Geschmack« gibt.

V. Geistige Zukunft: Was sich in der Tugend der Selbstlosigkeit noch verbirgt, entfaltet sich schließlich aus ihrem Grund heraus zu dem, was allem Tun und Verhalten als selbstloser »Antrieb zur Tat«, als Motivierung, den Charakter gibt. Selbstlosigkeit macht die Motive der Seelenregungen des Menschen mit der Zeit lauter und rein. In seiner Marienbader Elegie spricht das Goethe aus:

In unseres Busens Reine wogt ein Streben,
Sich einem Höhern, Reinern, Unbekannten
Aus Dankbarkeit freiwillig hinzugeben,
Enträtselnd sich den ewig Ungenannten;
Wir heißen's: fromm sein.

Das geläuterte Frommsein ist im Topasbild der Apokalypse Zukunftswirklichkeit geworden. Es ist das zukünftige Krebs-Wesen, das im Frommwerden die Welt im eigenen Busen bergen kann.

Der Chrysopras

I. Name: Chrysos heißt griechisch Gold. Prason heißt griechisch Lauch. Es sind damit im allgemeinen die Lauchgewächse gemeint. Das griechische Wort Chrysos = Gold stammt vom hebräischen Wort Charuz = Gold ab. Chrysopras heißt also wörtlich: goldfarbiger Lauch, Goldlauch oder Lauchgold. Metall und Pflanze sind in dem Namen verbunden. Die Farbe des Chrysopras ist aber eigentlich kein warmer Goldton, sondern ein kühles, mehr pflanzlich-wässeriges Grün. Das Jahrhunderte lang einzig bekannte Vorkommen lag in Schlesien, heute kommt der Chrysopras in der Hauptsache aus Australien.

II. Forschung: Über die Stellung des Chrysopras im ganzen der Kieselmineralien vergleiche man die Ausführungen über den Chalzedon. Der Chrysopras ist ein grüner (apfelgrüner, lauchgrüner) Chalzedon, er ist durch Beimengung von Nickelverbindungen grün gefärbt. Sein Farbträger ist also ein Stoff, darum kommt er auch fast ausschließlich auf nickelerzführenden Lagerstätten vor. Er ist also unter den Chalzedonvarietäten eine einseitige Erscheinungsform. Das ihn färbende Nickel, ein Verwandter des Eisens, ist in der Geochemie mit 0,01 %, also verhältnismäßig stark, verbreitet. Es steckt meist als Vertreter des Magnesiums in den Magnesiumsilikaten der magmatischen Gesteine und ist infolgedessen auf diese verzettelt, besonders in Oliviniten und Serpentiniten. In den Magnetkieserzen ist es dann angereichert, aber erst in den pneumatolytischen und hydrothermalen Erzgängen sind die Nickelminerale vorhanden. Hier bildet sich auch der Chrysopras neben z.B. der ebenfalls apfelgrünen Nickelblüte (Ni_3-$[AsO_4]SH_2O$). Bei reicher Entwicklung wird sogar aus dem Chrysopras Nickel gewonnen.

III. Lebensursprung und Lebensbeziehungen:[65] Der Chrysopras als Chalzedon gehört jener aus dem Ureiweiß der lemurischen Epoche hervorgegangenen Mineralisation des Urpflanzenkieselprozesses an, wobei sich in diesem Falle der Chalzedon mit dem Nickelmetallprozeß verbunden hat. Auch chemisch ist der Chrysopras Pflanze (Kieselsäure) und Metall.

IV. Seelische Tugend: Das ruhige, lebensvolle Grün des Chrysopras hat etwas Gediegenes, Beständiges, ausgleichend Beruhigendes. Die Farbe Grün hat ja die Merkwürdigkeit an sich, daß man zwar weiß, wie sie aus dem Zusammenspiel von Gelb und Blau hervorgeht, man aber diese Komponenten einem reinen Grün nicht ohne weiteres ansieht. Wie ganz anders ist dabei Orange oder Violett. Man hat den Eindruck: Die Farben Gelb und Blau im Grün sind so tief heruntergestiegen in die Sinnlichkeit, daß sie ihren Charakter ganz verbergen. Wenn nun ein Edelstein mit der Farbe Apfelgrün oder Lauchgrün bezeichnet wird, dann liegt darin ein Hinweis darauf, daß man die Farbe auch erlebt in dem Bereich, der in ihr verborgen ist. Das wäre in diesem Falle das Gelb und das Blau. Der Prozeß, der im Apfel aus dem Grün das Gelb hervorschimmern läßt, ist ja der Prozeß der Reife. Man merkt nicht, daß im Grün des Chrysopras ein Werden sich verbirgt, das in sich auf Reife und Reifung angelegt ist. Nun kann ja alles Reifen nur dann vor sich gehen, wenn in ihm schon im Keimen und Grünen die Kraft des Reifenkönnens vorgebildet ist. Diese muß aber durchhalten, um zur Erscheinung zu kommen. So lebt im Chrysopras die Tugend der Durchhaltekraft, der Ausdauer und Standhaftigkeit, die aus Reifenwollen und Reifenlassen die innere Sonne in dieser Ausdauer tätig sein lassen kann. Das innerste Wesen allen Reifens ist die Wärme. Wärmebildung und Wärmewahrnehmung verhindern, daß die Tragekraft der Ausdauer sich nicht im scheinbaren Gegensatz von Keimen und Reifen hin- und herzerren läßt, so wie der Mensch in Zweifel oder Verzweiflung, im Trotz sich verhärten kann, sondern die inneren Umwandlungsprozesse aushält. In Wahrheit sind alle Zweiheiten, alle Polaritäten nicht Gegensätze, sondern Pole, zwischen denen ein Drittes, Mittleres sich wandeln und frei entfalten kann. Im Keimen ist schon das Reifen und im Reifen das Keimen enthalten; und das Gefühl dieser Wirklichkeit bewirkt dann auch im Seelisch-Geistigen die Überwindung alles Zweifelns und Verzweifelns durch die Geduld, die Ausdauer.

Was aber eigentlich beim Wachsen und Reifen in der Durchhaltekraft sich verbirgt, ist ein langsames Sich-Aussprechen dessen, was während des Wachstums verhüllt ist. Im Grün verbirgt sich Gold, im Gold der Frucht verbirgt sich dann wieder der Keim, und dieser Weg vom Grün über das Gold zum Keim ist Sprache: In seinem Märchen von der grünen Schlange und der Lilie sagt Goethe: »Kaum hatte die Schlange dieses ehrwürdige Bildnis angeblickt, als der König zu reden anfing und fragt: Wo kommst Du her? – Aus den Klüften, versetzte die Schlange, in denen das Gold wohnt. – Was ist herrlicher als Gold? fragte der König. – Das Licht, antwortete die Schlange. – Was ist erquicklicher als Licht? fragte jener. – Das Gespräch, antwortete diese.« –

Die grüne Schlange, das Gold der Klüfte, das Licht der Frage und das Gespräch der Antwort – in allem Keimen, Wachsen und Reifen erscheint offenbarendes Wort.

Die leibliche Wirklichkeit des geistigen Inhalts des Wortes ist der Laut. Ein Laut ist kein Geräusch, aber auch kein Ton, er wird vom Menschen durch das Ohr, durch das Hören hindurch mit einem Sinn wahrgenommen, der sich zwar mit dem Hörsinn innig durchdringt, aber nicht mit ihm identisch ist. Im Laut (Selbstlaut, Mitlaut, Umlaut) nimmt dieser Sinn ein Wesen wahr, das in sich schaffende Wirklichkeitskraft enthält, zu dem gedanklichen Inhalt hinzu. Im Laut ist die Idee schaffendes Wort. Der Chrysopras verbirgt in seinem Grün das Gold, so wie das Ohr den Lautsinn verbirgt, der in ihm lebt und durch das Gehörte hindurch das Licht des schaffenden Geistes des Weltenwortes, des Logos, erleben kann.

V. Geistige Zukunft: Werden nun Zweiheit, Doppelheit, Polarität nicht nur der Raum für die schwingende Mitte, die den einen Pol mit dem anderen verbindet, ist diese vielmehr durchdrungen eben von Durchhaltekraft, dann entwickelt sich daraus ein neues, fortführendes Drittes; aus der inneren Identität zwillingshafter Zweiheit entfaltet sich Steigerung. In dem Schultergürtel des Menschen lebt verborgen ein Adler der Zukunft, der aus dem Hin und Her der Gegensätze einen »Sonnenglanz« heranreifen läßt, der dann nicht mehr errungen wird, sondern wesenhaft geworden ist und als der sonnenhafte, geistige Adler aus dem innerlich goldenen Grün des Chrysoprasbildes dem Apokalyptiker entgegenleuchtet. Es ist der wahre »Doppeladler« aller Heraldik: der wahre Zwilling als Hervorbringer seiner selbst. In diesem Werdeprozeß wird das niedere Wesen wegen seiner Treue zum geistigen Werden brüderlich liebevoll geleitet von dem höheren Wesen. Dadurch kommt in dem niederen, natürlichen Menschen der höhere Zukunftsmensch »zu Worte«. In dem innerlich durchgoldeten Grün des Chrysopras-Bildes erlebt der Apokalyptiker den ewigen Leuchteglanz. So kann auch Goethe sagen: »Grün ist des Lebens goldener Baum.«

Der Hyazinth

I. Name: Der König Amyklas aus Amyklai hatte einen Sohn, der von Apollon geliebt war. Der hieß Hyakinthos. Ein unglücklicher Diskuswurf tötete den Jüngling. Aus seinem Blut erwuchs eine Pflanze, die Hyazinthe. Die Spartaner feierten jedes Jahr im Sommer drei Tage lang zu Amyklai das Fest des Hyakinthos und des Apollon, das Fest der Liebe des Gottes zu einem Menschen. Der Name der Pflanze wurde auf den Edelstein übertragen.

II. Forschung: Der Hyazinth gehört zu der Gruppe der Zirkon-Mineralien. Das Element Zirkonium, ein hartes, weißes, silberglänzendes Metall tritt in Syenitpegmatiten zusammen mit Hafnium als mineralbildender Bestandteil auf. Zirkonsilikate und das Zirkondioxyd (ZrO_2) treten in manchen Gesteinen häufig in beachtlichen Mengen auf, manchmal sogar gesteinsbildend. Das häufigste Zirkonsilikat ist der Zirkon ($ZrSiO_4$). Er kann mehrere Prozent Hafnium (bis über 10%) anstelle von Zirkonium enthalten, manchmal auch Thorium und Uran. Fast alle Zirkone enthalten Yttrium, Niobium, Tantal und Phosphorpentoxyd (P_2O_5). Er kristallisiert ditetragonal-bipyramidal und ist fast immer voll auskristallisiert, nie derb, die Kristalle alle ein- oder aufgewachsen. Härte 7,5, Dichte 4,8. Der Zirkon ist auch Träger der Radioaktivität fast aller Gesteine durch seinen Gehalt an Thorium und Uran und ist als makroskopisches Nebengemengteil in allen sauren Gesteinen verbreitet (Granit, Syenit). In den Pegmatiten und Kontaktzonen dieser Gesteine ist er eingereiht und vergesellschaftet mit Ilmenit, Rutil, Monazit, Spinell und Korunden. Auch in Vulkanauswürflingen und kristallinen Schiefern, Kalkschiefern und Chloritschiefern kommt er auf Klüften vor. Die Farben sind Gelb, Strohgelb, Gelbgrün, Grau, Blaugrün, Grün. Er kann auch farblos erscheinen. Der Hyazinth, der Edelstein der Gruppe, ist gelbrot. Seine Lichtbrechung ist sehr hoch, er hat oft Diamantglanz. Die Kristalle werden nur zentimetergroß. Die farblosen, diamantartigen Zirkone, die gelbroten Hyazinthe und der gelbliche Jargon sind geschätzte Edelsteine, ebenso die blauen Zirkone aus Siam. Die Farbe ist durch Bestrahlung und Erhitzung veränderlich, sowohl entfärbbar wie verfärbbar. Der Zirkon ist mit Dichte 4,6 bis 4,8 der schwerste Edelstein. Oft enthält er im Kristall Uran- oder Radiumminerale, diese bilden dann durch Strahlung Höfe. Der edle Zirkon-Hyazinth ist aber auch farbig variabel zwischen Rosenrot, Bräunlichrot, Gelblichrot und feurig Gelbrot, auch Grün und Blau. Hauptvorkommen: Ceylon, Ostafrika, Madagaskar, Brasilien.

III. Lebensursprung und Lebensbeziehungen:[66] Was für Saphir, Rubin und Spinell gilt, gilt auch für den Hyazinth. In dem Zusammenspiel der aus den Baumstämmen der Granite und Syenite hervorgegangenen Blütenzonen der Pegmatite, der aus den Blattprozessen der Mineralpflanzen der Urzeit zu »Baumstämmen« verdichteten Schiefer und der aus den niederen Pflanzentieren abgelagerten Kalke, Marmore und Dolomite wird der Träger der größten Schwere und des radioaktiven Zerfalls zum Edelstein gereinigt, vom Zerfall befreit und zum gelbroten Diamantfeuer erhöht. Auch hier greifen wie bei Rubin und Saphir höhere Lebenskräfte harmonisierend und steigernd ein. Der Zirkon und damit der Hyazinth stellt durch die Verwandtschaft des Zirkoniums mit dem Silicium eine Art hochgradig verdichteter Kieselsäure dar, eine Art höheren Bergkristalls.

IV. Seelische Tugend: In dem feurigen Gelbrot des Hyazinth sind wieder wie bei dem Amethyst zwei Farben vereinigt: Das seelentragende, willenhafte Rot ist mit dem bewußtseintragenden, mehr geistigen Gelb so rein verbunden, daß ein inneres Gleichgewicht zwischen »Triebfeder« und »Motiv« im feurigen Willensglanz erscheint. Es ist eben kein Orange, in dem Gelb und Rot verschmelzen, sondern ein Gleichgewicht beider Farben in einem freien Nebeneinander und Ineinander. Die Tugend des inneren Gleichgewichts ist die Kraft der Seele, in der Willenhaftes und Gedankliches jedes für sich bleiben können und dennoch frei miteinander in Wechselwirkung kommen. In diesem Spiel, in diesem seelischen Gleichgewicht offenbart sich der eigentliche Quell der menschlichen inneren Freiheit.

V. Geistige Zukunft: Der menschliche Kehlkopf und die ihn umschließende Organisation von Hals, Nase, Ohren und Mund birgt in sich das Geheimnis der Sprache. Dieselbe Organisation, die hört, spricht auch, und die spricht, kann schweigend hören. Und was der Mensch sprechen kann, kann er auch mit der Totalität seiner Gliedmaßen in Gebärde, Geste und Form aussprechen;

das kann Eurythmie sein. Das gleiche tut er aber auch im Grunde bei jeder Tat. Die Tat selber ist Wort, wenn das Wort schweigt. Die Tat ist aber nur dann ganz sie selber, wenn auch in ihr Seele und Geist, Wille und Bewußtsein im Gleichgewicht sind. Dann wird sie nicht Gewalttat, sondern Handeln im Schweigen und Schweigen im Handeln, so daß wirklicher innerer Fortschritt das tiefere Wollen und Wesen erscheinen lassen kann. In dem Feuer der geistigen Hyazinth-Wesenheit erscheint die Impulskraft des Weltenwortes, das allen Fortschritt bewirkt. Wer das Weltenwort in sich hören kann, wird mit einem tieferen Wortsinn den wahren Weltenfortschritt in sich zum Wirken bringen; und im Fortschritt seiner selbst wird im Menschen das erscheinen, was im »Wesensglanz« die zukünftige Hyazinth-Wirkung offenbart. (»Wer Ohren hat, der höre, was der Geist ... spricht.« – Apokalypse Kap. 3, Vers 22.) Denn wenn der Geist spricht, spricht er aus Vergangenheit durch Gegenwart immer auch Zukunft aus. Sein Sprechen ist »Zukunfts-Wort«. Da ist Hyazinth-Tugend, das ist das »Stier-Wesen« der Zukunft!

Alles »Wort« hat auch einen Sinn. Wort ist nicht nur Kraft, Wille, sondern immer auch Bedeutung, Sinn, Gedanke. Das gesprochene Wort wird verstanden. Aus der seelischen Tugend des inneren Gleichgewichts geht durch den schöpferischen Akt der hörenden und verstehenden Freiheit die Umwandlung vor sich, die den wahren Fortschritt im Geiste voranbringt: das ewige Werden. Der sich selbst und die Welt aussprechende Mensch ist ein Fortschreitender – in ihm offenbart sich, was die Welt verbirgt, und in ihm erscheint, was in ihm selber von Stunde zu Stunde, von Tag zu Tag, von Jahr zu Jahr, von Leben zu Leben, fortschreitet.

Der Amethyst

I. Name: Griechisch methyo heißt trunken sein, berauscht, betört, gesättigt, getränkt sein, Amethystos bedeutet: nicht berauscht sein, dem Rausch widerstehen können.

32 Chrysopras
(Schnitt durch eine Knolle, Afrika)

33 Hyazinth-Zirkon-Kristall
(Eifel, BRD)

34 Amethyst-Stufe
(Mexiko)

II. Forschung: Zur Stellung des Amethysts innerhalb der Kieselmineralien vergleiche man wieder das Kapitel über den Bergkristall (Seite 176). Die Amethyststofflichkeit kann in zwei Formen auftreten:

1. in derber Form, kristallisiert in Lagen oder hexagonalen Säulen, undurchsichtig bis durchscheinend, aber dunkelviolettfarbig als Amethystquarz;
2. in reinen, durchsichtigen Kristallformen in hexagonalen Säulen als Amethyst.

Härte 7, Dichte 2,65. Zum Unterschied vom Bergkristall zeigt der Amethyst einen besonderen Aufbau: Rechts- und Linksquarz wechseln miteinander ab, und Stoff und Farbe sind dabei in ganz feinen Lamellen angeordnet. Die Farbe ist mehr oder weniger tiefviolett, manchmal ins rötliche bis hellrosa gehend, Sie verschwindet bei manchen Amethysten bei längerer Einwirkung von Sonne und Licht und bei Erhitzen zwischen 300° und 500°C.

Der Amethyst enthält Spuren von Eisen, Mangan, Titan und Rhodaneisen. Die Stellung dieser Mineralien im Kristallgitter kann durch radioaktive Bestrahlung gelockert und in den kolloidalen Zustand überführt werden. Dieser bewirkt eigentlich die Färbung. Neuerdings wird vermutet, daß eine geringe Beimengung von isomorphem Borphosphat (BPO_4) eine Rolle spielt, das spektroskopisch nachweisbar ist (0,1% BO_2 entsprechend 0,2% BPO_4). Der Amethyst hat eine leicht höhere Lichtbrechung als der Bergkristall und ist optisch zweifarbig. Bei vorsichtigem Erhitzen wird der Amethyst gelb, ähnlich dem Citrin. Die Farbe der verfärbten Amethyste kann durch Radiumbestrahlung wieder hergestellt werden. Die nächsten Verwandten sind die vollkristallisierten Quarze. Der Amethyst kommt in zwei verschiedenen Entstehungsformen vor: einerseits auf Klüften von Graniten, Sandsteinen und Erzgängen, andererseits in Mandeln auf Achaten aufgewachsen in den Melaphyren. Vorkommen: hauptsächlich in Südamerika (Brasilien und Uruguay), Madagaskar, Südafrika.

III. Lebensursprung und Lebensbeziehungen:[67] Die lamelläre Verwachsung, Schichtung und häufige Zwillingsbildung weisen auf den Ursprung in pflanzlichen Vorformen hin. Der Gehalt an Rhodaneisen, flüssiger Kohlensäure, petrolartigen Flüssigkeiten, Schwefelwasserstoff und, nach neuen Forschungen, an Borphosphat deutet auf die eiweißartige Atmosphäre der frühen Bildungszeiten des Amethysts aus den mineralpflanzlichen Prozessen hin. Diese Bestandteile hat er alle aus der alten Atmosphäre mitgenommen. Er muß also innerhalb der Kieselprozesse ein besonders starkes Verhältnis eben zu dieser Atmosphäre gehabt haben, also zu dem »Licht« und der damaligen »Luft«.

IV. Seelische Tugend: Das Violett des Amethysts ist von einer einzigartigen Qualität. Die beiden Komponenten Rot und Blau (eigentlich Purpur und Blau) stehen in einem sehr empfindlichen gegenseitigen, durch Zurückhaltung bedingten, schwebenden Gleichgewicht zueinander. Jede Komponente tritt selbstlos zurück, um die andere erscheinen zu lassen. In diesem zarten Wechselspiel lebt einerseits höchste Sensibilität im gegenseitigen Sinn füreinander, andererseits höchste Rücksichtnahme. In ihr offenbart sich sinnenfällig die Tugend der Ehrfurcht, der Devotion und der Bescheidenheit. Jeder Teilprozeß erkennt den anderen voll an, und das bewirkt für das Auge das Wohltuende der Amethystkristalle. Die Tugend der Ehrfurcht ist ja auch in dem Menschen nicht von Natur aus veranlagt. Darauf deutet Goethe in seinem Wilhelm Meister in den Beschreibungen der »pädagogischen Provinz« hin. Alle vier Ehrfurchten müssen vom Menschen bewußt entwickelt werden, sind aber die unabdingbare Voraussetzung, aus der heraus eine wahre Begegnung von Ich zu Ich, von Wesen zu Wesen, möglich ist. Damit hängt im Menschen zusammen, was den Wahrnehmungssinn für das Ich des anderen Menschen erfüllt. Wenn nicht der Ich-Wahrnehmung Ehrfurcht zugrunde liegt, bleibt sie unerfüllt, unbewußt. Das Farbenspiel des Amethysts kann den Menschen anregen, Devotion in seiner Seele zu erwecken.

V. Geistige Zukunft: Das Zukunftsgeheimnis des Amethysts ist sein Dasein als Halbedelstein. Er ist noch auf dem Wege.
Das menschliche Haupt ist das vollkommenste Glied am Menschen, auch das selbständigste, und kann im Eigensinn des Verstandes sich in Borniertheit und Idiotie verhärten. Es kann sich aber auch voll öffnen, wenn es in Staunen und Ehrfurcht das Licht der Welt als die Offenbarung des Ich eines anderen Wesens, als Lichtesglanz der Weltgedanken in sich aufleuchten läßt. Der Mensch vermag seine Gedanken dem göttlichen Gedanken-Wesen der Welt aufzuopfern und dadurch die Welt in sich selber denken zu lassen. Hier liegt der Übergang von aller Devotion in die wahre Opferkraft als Einfügung in die Weltgesetze und in die Übereinstimmung mit der Weltnotwendigkeit, die die Voraussetzung schafft, daß wirklich ein anderes Wesen von Ich zu Ich voll wahrgenommen werden kann. Der höchste Schritt auf diesem Wege ist die Wahrnehmung des Ich des Christus, wobei dann der Mensch das Mysterium von Golgatha in sein eigenes Denken aufnehmen kann und das Christus-Ich im Menschen-Ich das wahre Opfer an den Vatergrund der Welt vollzieht. Dieser Zustand leuchtet dem Apokalyptiker aus dem Amethystbild des himmlischen Jerusalem entgegen. Es ist die Tugend des Widders, des Opferlammes der Apokalypse – und es ist die »Tugend des Menschen« in seiner Verbindung mit diesem Wesen.

3. Zusammenfassung

Überblickt man nun die zwölf apokalyptischen Steine, dann stellt man fest: Die Hälfte sind Halbedelsteine der Quarzgruppe (Amethyst, Chrysopras, Sarder, Sardonyx, Chalzedon und Jaspis). Cloos zeigt in seinem Buch aufgrund der Angaben von Rudolf Steiner die Bedeutung des Kiesel-Quarz-Prozesses in den Sinnes- und Wahrnehmungsprozessen von Erde, Pflanzen, Tier und Mensch auf. So kommt in der Quarz-Gruppe der Edelsteine die Beziehung zwischen menschlichen Sinnen und Edelsteinbildung am deutlichsten zum Ausdruck. In dem Wort Halbedelstein empfindet man ja zunächst rein gefühlsmäßig ein noch nicht ganz Erreichtes; vielleicht liegt aber gerade darin auch der Sinn, daß später noch etwas erreicht werden wird. Das deutet auf die apokalyptische Zwölfheit als auf solche Edelsteinwesen, die Zukunftskräfte mit sich verbinden. Sechs dieser Edelsteinwesen sind nach Rudolf Steiner gleichzeitig mit Ich-Sinn, Gehörsinn, Geruchssinn, Bewegungssinn, Hautsinn und Wärmesinn entstanden. Betrachtet man die anderen sechs Edelsteine der Apokalypse, dann läßt sich bemerken, daß auch in ihnen ein Halbedelsteincharakter verborgen ist. Das Verhältnis des Hyazinth zum Zirkon, des Topas zu den anderen Fluor-Mineralien, des Beryll zum Aquamarin, des Chrysolith zum Olivin, des Smaragd zum Beryll und des Saphir zum Rubin berührt solche Übergangsgeheimnisse.

In diesen letzten sechs Edelsteinbildern der Apokalypse erscheinen die Zukunftskräfte der anderen sechs Sinne des Menschen. Es sind der Lebenssinn, der Gleichgewichtssinn, der Gedankensinn, der Gesichtssinn, der Wortsinn und der Geschmackssinn. Diese dargestellten Zuordnungen zu den Tierkreiszeichen entsprechen dem Zukunftsaspekt der Sinne, während der Ursprungsaspekt eine ganz andere Zuordnung der Sinnesgebiete zum Tierkreis erfordern würde. Darauf ist im vorangegangenen Rücksicht genommen dadurch, daß in der Wesensbeschreibung der Edelsteine ein Sinnesgebiet mehr im Vordergrund, ein zweites mehr im Hintergrund beschrieben worden ist.

Versucht man nun bis in den Zukunftsbereich der zwölf »Welteninitiatoren« hineinzufühlen, so wird man die moralischen Qualitäten, die aus diesen Wesen hervorströmen, aufsuchen können. Die entsprechenden Angaben findet man bei Rudolf Steiner in den Anweisungen zum meditativen Leben, wobei bedeutungsvoll ist, daß dort eine innere Bewegung ausgesprochen wird, die jede Tugend in sich selber, wenn sie genügend ausgebildet wird, über sich hinausführt. So wird z. B. die dem Widder-Impuls zugeordnete Ehrfurcht (Devotion) in der Zukunftsentwicklung im Menschenwesen zur Opferkraft. Im inneren Anschauen solcher Prozesse kommt man dann dazu, sich für das Anschauen der betreffenden Edelsteine eine innere Orientierung zu erwerben. Man kann also gewissermaßen vom Geistigen zum Stofflich-Materiellen und vom Stofflich-Materiellen zum Geistigen sich bewegen.

In der apokalyptischen Schau stehen die zwölf Edelsteine nicht zusammenhanglos nebeneinander. In ihnen ist Leben, ist Bewegung. Wir dürfen sie uns bei aller kristallischen Geordnetheit des übersinnlichen Bildes doch so vorstellen, daß der eine in den anderen überstrahlt und übergeht, daß also z. B. die eine Farbe in die andere sich verwandeln kann. Indem wir so unsere irdischen Edelsteine anschauen und vielleicht sogar nebeneinanderstellen, sollen wir nicht bei dem Spezifischen der Einzelwesen dieser Zwölfheit stehenbleiben. Sie gehören eben doch einer höheren Gemeinsamkeit an. Die Zwölfheit ist nicht eine Summe, sondern stellt die Glieder einer Einheit dar. Es ist das Tugendwesen des Sohnesgottes im Vatergott, im Kosmos der Zukunft, im himmlischen Jerusalem. Es sind die Glieder eines Ganzen.

Ein bewegliches Denken und Anschauen wird dieses Innenleben geistig-seelischer Verwandlungen entwickeln lernen und dadurch zu der höheren Einheit der Zwölfheit als Erlebnis kommen. Die aus den Edelsteinen leuchtenden zwölf Cherubim als Geister der Harmonie sind eins in der für sie höheren Hierarchie; das aber sind die Seraphim, die Geister der Liebe. Im Anschauen der leuchtenden Zwölfheit erfährt der Apokalyptiker gewissermaßen das höchste Jaspis-Erlebnis, das Erlebnis der alles umfassenden und durchdringenden göttlichen Liebe.

DAS GOLD –
siebenfältige Einheit im Ich

1. Das Gold in der Offenbarung. 2. Kristallität und Metallität. 3. Die erneut gestellte Frage. 4. Das Gold als Einzelheit.

Du weißt, das Bergvolk denkt und simuliert,
Ist in Natur- und Felsenschrift studiert.
Die Geister, längst dem flachen Land entzogen,
Sind mehr als sonst dem Felsgebirg gewogen.
Sie wirken still durch labyrinthische Klüfte
Im edlen Gas metallisch-reicher Düfte;
In stetem Sondern, Prüfen und Verbinden
Ihr einziger Trieb ist, Neues zu erfinden.
Mit leisem Finger geistiger Gewalten
Erbauen sie durchsichtige Gestalten;
Dann im Kristall und seiner ewigen Schweignis
Erblicken sie der Oberwelt Ereignis.

Goethe, Faust II

1. Das Gold in der Offenbarung

Wer wüßte nicht, was Gold ist. In der Gestalt eines Schmuckstükkes, eines Rings, einer Edelsteinfassung oder eines Altarkelches, kennen wir das alle. Wenn man allerdings Gelegenheit hat, einen großen Barren Gold aufzuheben, ist man doch erschrocken. Er ist überraschend schwer. Der helle, heitere Glanz, der es für das Auge so anziehend macht, wird überwuchtet von dem Eindruck einer verborgenen Gewalt, die sofort die Heiterkeit dämpft, in Dunkel hüllt und irgendwie geheimnisvolle Untergründe ahnen läßt, die sich hinter dem Gelbglanz verbergen. Gleichzeitig beschleicht das Gemüt ein Gefühl von Wert. Das kommt nicht daher, daß man etwa weiß, was ein Gramm Gold heute auf dem Weltmarkt kostet, es ist vielmehr ein Eindruck, der ganz spontan entsteht, und man fragt sich bewußt oder unbewußt: Was ist das für ein helles, dunkles, starkes Wesen?

In der Offenbarung des Johannes ist das anders. Immer, wenn in den Bildern das Gold erscheint, entsteht wieder dieses ursprüngliche Gefühl einer Herrlichkeit, eines Höchsten, sonnenhaft Leuchtenden, sich Mitteilenden. Von Anfang bis Ende leuchtet in der Apokalypse Gold auf. Das erste Mal gleich am Beginn des 1. Kapitels, Verse 12–13:

Und als ich mich umwandte, sah ich sieben goldene Leuchter.

Diese sieben Leuchter kehren wieder, Vers 20:

Das Geheimnis der sieben Sterne, die du siehst in meiner rechten Hand, und der sieben goldenen Leuchter ist dieses: Die sieben Sterne sind die Engel der sieben Gemeinden, und die sieben Leuchter sind die sieben Gemeinden selbst.

Gleich anschließend Kapitel 2, Vers 1:

Es spricht zu euch, der die sieben Sterne in seiner rechten Hand hält und der inmitten der sieben goldenen Leuchter wandelt.

Kap. 1, Vers 13:

Er war bekleidet mit einem lang wallenden Gewand, die Brust mit einem goldenen Gürtel umgürtet.

In dem Sendschreiben an die Gemeinde zu Laodizea wird gesagt (Kap. 3, Vers 18):

Darum rate ich dir, bei mir Gold zu erwerben, das im Feuer geläutert ist, damit du wieder reich werdest.

In der großen Vision im 4. Kapitel heißt es in Vers 4:

Im Kreise um den Thron standen vierundzwanzig Älteste in weißen Gewändern, mit goldenen Kronen auf den Häuptern.

Im folgenden 5. Kapitel, Vers 8:

Und als es [das Lamm] das Buch nahm, fielen die vier Lebewesen und die vierundzwanzig Ältesten vor dem Lamm nieder. Jeder hielt eine Harfe und goldene Schalen mit Räucherwerk in der Hand: Das sind die Gebete derer, die dem Geist ergeben sind.

Bei der Eröffnung des siebten Siegels, Kapitel 8, Vers 3, heißt es:

Und ein anderer Engel kam und trat mit einem goldenen Rauchgefäß an den Altar. Ihm wurde viel Räucherwerk gereicht, damit er es zu den Gebeten der Geist-Ergebenen spendete auf dem goldenen Altare angesichts des Thrones.

Der goldene Altar erscheint noch einmal, Kapitel 9, Vers 13:

Und ich hörte eine einzelne Stimme; sie ertönte aus den vier Hörnern des goldenen Altares im Angesichte der Gottheit.

Auch das Gegenbild hüllt sich in Goldglanz, Kapitel 9, Vers 20:

Die übrigbleibenden Menschen, die diesen Plagen nicht zum Opfer fielen, änderten dennoch ihren Sinn nicht und ließen nicht ab von ihrem Handeln. Sie hörten nicht auf, den Dämonen und den goldenen, silbernen, ehernen, steinernen und hölzernen Idolen zu huldigen.

Dann ist länger nicht von Gold die Rede. Nach vielen Verwandlungen, die sich inzwischen abgespielt haben, erscheint das Gold wiederum in Kapitel 14, Vers 14:

Und ich sah, siehe eine weiße Wolke. Und auf der Wolke die Gestalt des Menschensohnes. Auf seinem Haupte trug er eine goldene Krone, und in der Hand hielt er eine scharfe Sichel.

Dann geht das Goldbild auf die Engel über, Kapitel 15, Vers 6:

Und aus dem Tempel traten die sieben Engel hervor mit den sieben Prüfungen. Mit reiner, leuchtender Leinwand waren sie bekleidet und um ihre Hüften trugen sie goldene Gürtel. Und eines von den vier Lebewesen gab den sieben Engeln sieben goldene Schalen, voll von den Willensregungen des Gotteswesens, welches das Leben der Welt durch alle Äonen trägt.

In der Erscheinung des Weibes der Stadt Babylon erscheint das Gold noch einmal im Gegenbild, Kapitel 17, Vers 4:

Das Weib war mit purpurroten und scharlachroten Gewändern bekleidet, dazu mit Gold und Edelsteinen und Perlen glänzend geschmückt. Sie hielt in der Hand einen goldenen Kelch voll von Greuelgestalten und unreinen Wesen.

Ebenso auch in Kapitel 16, Vers 12:

Und die Kaufleute der Erde weinen und trauern über sie, denn nun kauft niemand mehr ihre Waren: Gold, Silber und Perlen.

Und schließlich Kapitel 18, Vers 16:

Wehe, wehe, du große Stadt, die du bekleidet warst mit Byssus, Purpur und Scharlach und glänzend geschmückt mit Gold, Edelsteinen und Perlen; in einer Stunde ist solcher Reichtum verwüstet worden.

Mit diesem Bild endet die Reihe der Golderscheinungen innerhalb der Durchgänge und Verwandlungen und mündet in die letzten Bilder, die dann mit dem himmlischen Jerusalem zusammenhängen. Dort allerdings ist es nun mit dem Goldglanz anders als in den vorangegangenen Erscheinungen der Übergänge. Zunächst leuchtet in der Hand dessen, der dem Apokalyptiker die Stadt zeigt, ein goldenes Rohr auf, Kap. 21, Vers 15:

Der mit mir sprach, hatte ein goldenes Meßrohr, um die Stadt und ihre Tore und ihre Mauern auszumessen.

Und schließlich verwandelt sich das Goldmotiv endgültig dort, wo die Stadt selber beschrieben wird, Kap. 21, Verse 18–19:

Die Mauer war aus Jaspis gebaut, die Stadt selbst aus lauterem Golde, das einem durchsichtigen Kristalle glich.

Mit einem Mal ist hier das Gold nicht mehr glänzend, sondern vollkommen durchsichtig, seiner dunklen Schwere entkleidet und durch das ganze Bild des himmlischen Jerusalem voll ausgebreitet. Man kann nicht mehr an das Metall denken, das die Hand halten kann, man wird unwillkürlich in der Phantasie ermporgehoben zu den Bildern, die wir im irdischen Bereich kennen in den besonderen Augenblicken von Sonnenaufgang und Sonnenuntergang. Was in ihnen manchmal wie helles, gelbes Gold dem Auge metallisch entgegenglänzt, vollkommen durchsichtig und in wogender Bewegung, entspricht ungefähr dem, was im Bild der Offenbarung als das letzte Goldmotiv auftritt. Der Gegensatz zwischen einem Goldbarren in der Hand und dem Goldglanz aufgehender oder untergehender Sonne am Himmel wird höchstens noch überbrückt durch das Bild, das reife Kornfelder in den Hochsommertagen im Licht nachmittäglicher Sonne dem Auge darbieten. Es ist das Motiv, das den Dichter Christian Morgenstern bewegt, zu sagen:

»Zu Golde ward die Welt.«

Um nun den Weg zu bahnen zu einem inneren Verständnis des Goldwesens, muß man es zunächst hineinstellen in den Gesamtzusammenhang irdischer Stofflichkeiten; denn Gold ist ein Metall.

2. *Kristallität und Metallität*

Die wissenschaftliche Erforschung der stofflichen Welt ist der konsequente Weg der Analyse. Die Analyse führt letzten Endes zu Stoffen, die auf chemischem Wege nicht weiter zersetzt werden können, sondern wie ein Letztes einfach da sind. Es sind die 92 sogenannten chemischen Elemente. Aufgrund ihres chemischen Verhaltens konnte man sie ordnen in gesetzmäßige Gruppen und Reihen, was zu der genialen Entdeckung des periodischen Systems der Elemente führte, gleichzeitig und unabhängig voneinander durch Mendelejew und Meyer 1869. Die Elemente sind als Stoff konkrete, sinnenfällige Erscheinungen, jedes mit einem Bündel von Eigenschaften. Die seit 1869 fortgeführten physikalischen Analysen haben zur Erforschung der Kraftgewebe, der Moleküle, Atome und Elementarteilchen sowie der quantenmechanischen Gesetzmäßigkeiten geführt, durch die gerade auch das periodische System als eine Art Gesamtstruktur der Effekte des Untersinnlichen, durch welche die physikalischen und chemischen Eigenschaften in Erscheinung treten können, verstanden werden kann. Dabei wird aber laufend eine bestimmte Interpretation gedacht: Man geht davon aus, als ob in einer chemischen Verbindung zweier oder mehrerer Elemente der neue Stoff aus den Elementenstoffen »zusammengesetzt« wäre. Die sinnenfällige Erscheinung eines Stoffes als Einheit von Qualität und Verhaltensweise (sowohl der Elemente als auch aller Verbindungen) wird einfach auf die Wirkung des untersinnlich Gedachten und gesetzmäßig Errechneten zurückgeführt, das auf die menschlichen Sinne spezifisch wirkt. Es wird nicht mitgedacht, daß sich in den Qualitäten Wahrnehmungsinhalte zeigen, die auf etwas ganz anderes als auf das quantenmechanische Substrat hinweisen. Silicium und Sauerstoff sind nicht als »Stoffe« im Quarz verborgen, sie haben sich vielmehr mit all ihren sinnenfälligen Qualitäten in einen übersinnlichen Bereich zurückgezogen und allein das untersinnliche Substrat zurückgelassen, an dem dann die Kieselsubstanz erscheinen kann mit ganz anderen sinnenfälligen Qualitäten. Man kann nicht in Wahrheit Silicium und Sauerstoff aus Bergkristall gewinnen, gewissermaßen heraustrennen; man kann dem Kieselwesen das untersinnliche Verkörperungskraftfeld entreißen, so wie man dem Lebewesen seinen Leib entreißt, wenn man es tötet, wobei hier dann die beiden Elemente Silicium und Sauerstoff sich an dem untersinnlichen Substrat verkörpern können, also wieder erscheinen. Wo sind also Silicium und Sauerstoff als Wesen in ihrem Zusammenhang mit der Kieselsäuresubstanz? Sie sind in deren Umkreis. Das gilt eigentlich für alle Elemente: Sie erscheinen entweder selber, oder sie sind mit ihren wesenhaften Eigenschaften im Umkreis der Stoffe, die ihre chemischen Verbindungen genannt werden. Sie sind nicht wie die Ziegelsteine eines Hauses, die man zusammensetzen und wieder auseinanderreißen kann, sondern etwas wie Nachkommen früherer gemeinschaftlicher und ganz andersartiger Muttersubstanzen. Sind sie dann vereinzelt herausgeboren, so können sie, anders als organische Nachkommen, in die Gemeinsamkeit ihrer Ursprünge zurückkehren. Dann können ihre ursprünglichen Vorfahren wieder erscheinen. Nicht sind Silicium und Sauerstoff das Ursprüngliche, sondern der Kiesel, aus dem sie beide stammen. So sind auch die einzelnen Metalle nicht das Ursprüngliche, sondern eine Urmetallität, eine kosmische Stofflichkeit ist es, aus der die einzelnen Metalle hervorgegangen sind, die aber immer noch als das allen Metallen Gemeinsame, Sippenhafte, miterscheint.

Die Ordnung des periodischen Systems der Elemente läßt sich numerisch-statistisch als Ordnungsausdruck von Protonen, Neutronen und Elektronen ansehen. Man macht sie auf diese Weise zu einem vollmathematisierbaren mechanischen Gerüst. Das ist auch in der Tat darin enthalten. Andererseits zeigt sich doch in den Stoffen etwas von Gestaltung, von Rhythmus, Periodik, Gliederung und Ordnung: ein musikalisches Moment. Entweder wird Mathematik Statistik, Ordnung, Gerüst, Mechanismus, oder sie wird Klang, Ton, Akkord, Melodie, d.h. Musik. Beides ist in Wahrheit im periodischen System der Elemente enthalten. Im ersten Fall ist das Gemeinsame eine Summe, im zweiten Fall die Gliederung eines höheren Gemeinsamen. Was man im periodischen System als Zahlen hat, führt leicht dazu, zu vergessen, was als sinnenfällige Erscheinung an Silicium, Sauerstoff, Eisen und Gold wahrgenommen wird. Das führt zu der Ahnung, daß die Elemente mit allen ihren sinnenfälligen Qualitäten und Verhaltensweisen nicht das Erste, Ursprüngliche sein können, das sich dann zu allen chemischen Verbindungen zusammensetzt und wiederum bei denen das Erste ist, sondern daß sie ein Letztes, in eine räumlich-zeitliche Gerüsthaftigkeit aus einem höheren Gemeinsamen Herausgefallenes sind.

Auch sogenannte Verbindungen können als ein Ursprüngliches, Mütterliches angesehen werden, das einem früheren Zustand des Kosmos angehört, aus dem später die einzelnen Elemente als Letztes herausgeboren sind. Auf diesem Wege werden aus den sinnlich vorhandenen Stoffen schließlich die Elemente und aus den Elementen die Elementarpartikel und die Quanten herausgepreßt. Die Elementarteilchen, die Elementarquanten und die vier physikalischen Wechselwirkungen gehören alle dem Bereich an, den wir als Unternatur herausschälen, wenn wir die Stoffe entsprechend behandeln. Sie sind in Wahrheit nicht das Erste, Ursprüngliche, durch dessen unendliche Kombinationen alles Physisch-Mineralisch-Materielle hervorgeht, sondern ein Letztes, Erzeugtes, das aus der vollen Wirklichkeit der Natur herausfallen kann. In seinem Buch »Mensch und Materie«[68] hat Ernst Lehrs in umfassender Weise diese Tatbestände analysiert und diesem analytischen Forschungswege den synthetischen an die Seite gestellt, dessen Urheber Goethe und dessen Fortführer Rudolf Steiner ist. Das wichtigste Ergebnis der Ausführungen von Ernst Lehrs ist dieses: Die 92 Elemente entstammen höheren Naturbereichen, das fruchtende Ureiweiß früherer Erdzustände ist die Muttersubstanz, der die »Söhne« entstammen (Kohlenstoff, Sauerstoff, Stickstoff, Wasserstoff, Schwefel, Phosphor). Ursprüngliche, laugenartige Mutterstoffe haben auf der einen Seite die Halogene, auf der anderen Seite die Alkalimetalle hervorgebracht. Ursprüngliche seelenmächtige Substanzwesen früherer Zustände des Planetensystems sind die Vaterstufe einer Art Urmetallität, aus der die Metalle hervorgegangen sind, und aus einer ursprünglich lichthaften und formtragenden Ätherstofflichkeit stammt der Quarz-Mutter-Prozeß, aus dem die Quarze, und, im Wechselspiel mit den Metallvätern, die Silikate hervorgegangen sind. In demjenigen, was sich heute Geophysik und Geochemie unter den ursprünglich gasigen und feurig-flüssigen Magmen und Schmelzen vorstellen, sind die auf heutiger Materieebene abgebildeten Mutter- und Vatersubstanzen der 92 Elemente zu denken. So kann man von der Eiweißmutter der Nichtmetalle und von den Planetenvätern der Metalle sowie der Halbmetalle sprechen. Alles, was wir heute vor uns haben an Verbindungen und Elementen, sind die abgestiegenen, mineralisch gewordenen Endstufen jener ursprünglichen Lebenszustände der Materie.

Gegenüber den Metallen ist es leichter, das gemeinsame Phänomenologische zu erblicken. Sie kristallisieren zwar auch, aber das ist nicht ihre hervorstechende Eigenschaft. Ihre Gemeinsamkeit ist die, daß sie alle fließen können, ohne zu zerbrechen. Eines unter ihnen ist bei normalen Temperaturen auf der Erdoberfläche flüssig: das Quecksilber. Natürlich hängt dieses Flüssigsein der Metalle auch mit ihrem untersinnlichen Substrat zusammen, der sogenannten metallisch-chemischen Bindung mit frei fließenden Elektronen. Es ist das aber keineswegs die Ursache, sondern die Bedingung für das Erscheinen ihrer ursprünglichen Wesenheit, die sich auch im kristallisierten Zustand nur teilweise wie ein Kristall verhält. Man kann die gesamte Metallität folgendermaßen charakterisieren: starker Glanz, hohes Reflektionsvermögen gegen Licht und sehr großes Absorptionsvermögen für Farbe; hervorragende, mit steigender Temperatur abnehmende Leitfähigkeit für Wärme und Elektrizität; gute bis sehr gute plastische Verformbarkeit durch Walzen, Schmieden, Pressen, Ziehen; Eignung zur Bildung positiver Ionen auch im Kristall; Kristallgitter hoher Symmetrie; hohe Koordinationszahlen im Kristallgitter, d.h. die Möglichkeit, mit vielen Ionen in Verbindung zu kommen; metallische Bindung im Gitter mit einer Art frei beweglichem Elektronengas im Verhältnis zu positiv geladenen Atomrümpfen ohne Absättigung von Nebenvalenzen.

Alle echten Metalle kristallisieren in Gittern, in denen sich jedes Atom mit so vielen anderen umgibt, als der Platz erlaubt. Dabei ergeben sich Kristallgitter hoher Symmetrie. Eine große Zahl von benachbarten Ionen (12 bei kubisch dichtester und hexagonal dichtester Kugelpackung – und 8 bei kubisch raumzentrierter Anordnung) für jedes Atom ist charakteristisch für die Struktur der Metalle. Auf diese Weise entstehen »überflüssige Elektronen«; dadurch haben die Atome die Fähigkeit, positive Ionen zu bilden, auch innerhalb des Kristallgitters. Dadurch liegen in den Kristallen der Metalle nicht neutrale Atome vor, sondern Metall-Ionen; und die abgegebenen Elektronen bewegen sich als »Elektronengas« zwischen den positiven Atomrümpfen der Ionen und bewirken das, was man metallische Bindung nennt.

Man sieht aus dem letzteren, daß auch das untersinnliche Substrat der Metalle bis in den quantenmechanischen Prozeß hinein flüssiger Kristall ist. Eine scharfe Abgrenzung zwischen Metallen und Nichtmetallen ist daher eigentlich nicht möglich. Unter bestimmten Bedingungen können sich auch Nichtmetalle wie Metalle verhalten und umgekehrt. Ausgesprochene Nichtmetalle sind 17 Elemente: Wasserstoff, Helium, Neon, Argon, Krypton, Xenon, Radon, Kohlenstoff, Sauerstoff, Stickstoff, Phosphor, Schwefel, Fluor, Chlor, Brom, Jod und Selen. Dabei können sich aber Kohlenstoff, Phosphor, Selen und Bor auch wie Metalle verhalten. Ebenso gibt es Metalle mit mangelhaft metallischem Charakter. Es sind das: Silicium, Germanium, Selen, Arsen, Stibium, Tellur und Bor. Man nennt sie Halbmetalle. Besonders bei Bor und Silicium ist es offen, wohin man sie stellt. Ebenso zeigt eine weitere Reihe von Metallen besondere gemeinsame Eigenschaften, wegen derer man sie die Metametalle nennt. Es sind das Beryllium, Zink, Cadmium, Quecksilber, Indium und Thorium. Und schließlich unterscheidet man unter den eigentlichen Metallen von den unedlen Metallen die edlen Metalle: Gold, Silber, Platin, Iridium, Palladium und Rhodium. Ordnet man das Ganze des periodischen Systems nun mehr nach diesen Verhaltenseigenschaften, kommt man auf folgende Ordnung:

1. 17 Nichtmetalle
2. 7 Halbmetalle
3. 6 Metametalle
4. 6 Edelmetalle
5. 6 Alkalimetalle (Lithium, Natrium, Kalium, Rubidium, Caesium, Francium)
6. 6 Erd-Alkali-Metalle (Beryllium, Magnesium, Calcium, Aluminium, Strontium, Barium)
7. 14 Erdmetalle (die Lanthaniden)
8. 3 natürliche Actiniden (Thorium, Palladium, Uran)
9. 27 unedle Metalle.

Fragt man geisteswissenschaftlich nach dem Ursprung der Metalle, wird man von der Erde fort zu den Urzuständen des Sonnensystems der Sonne und der Planeten geführt. Die eigentlichen

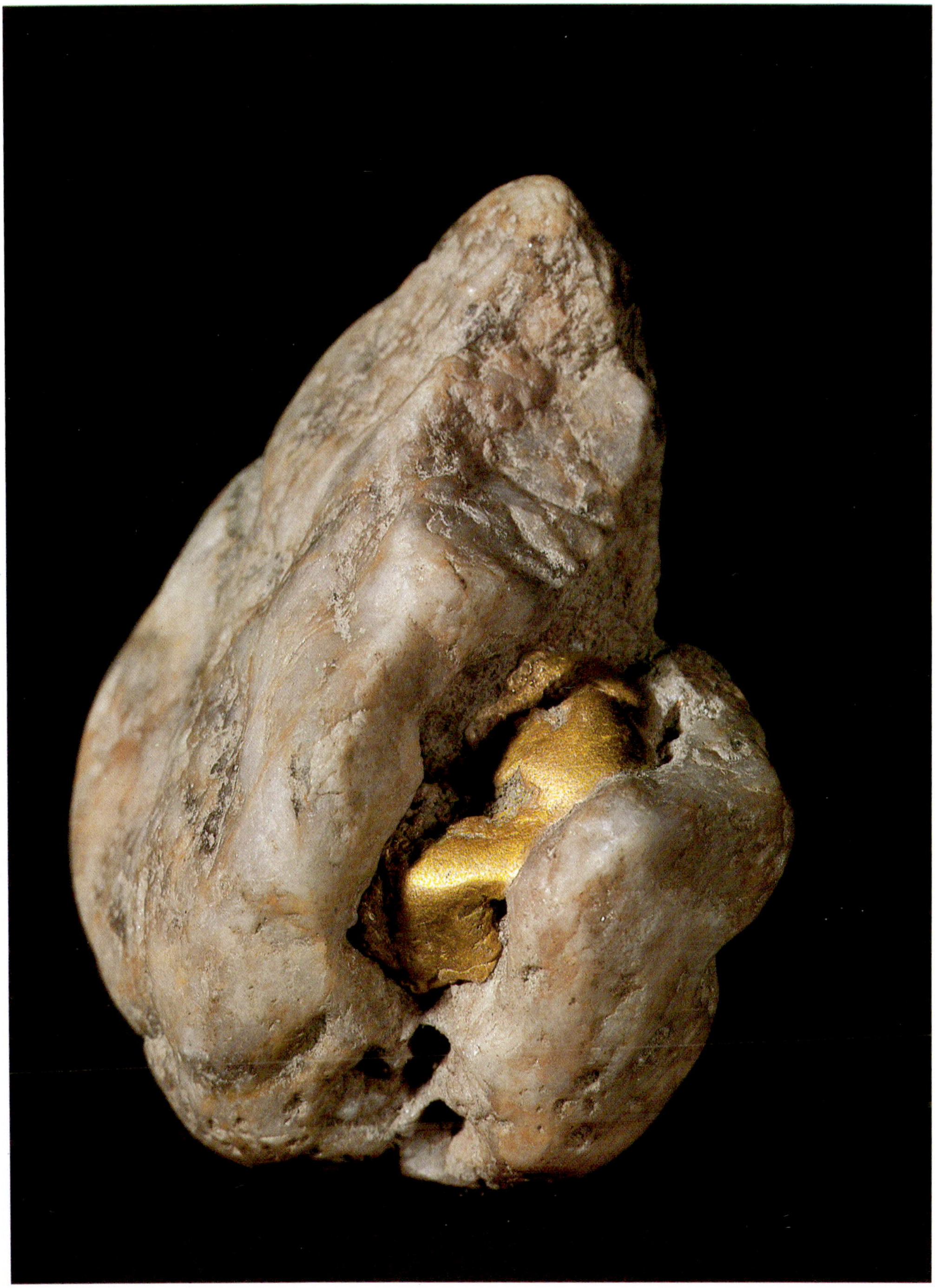

35 Goldkorn von derbem Kiesel umfangen

36 Goldkristalle mit wechselndem Habitus

37 Gold kristallisiert (Siebenbürgen, Rumänien)

38 Sogenannter »Karbon«-Streifen im Quarzkonglomerat von Witwatersrand bei Johannisburg, Südafrika. Man sieht ein dünnes Band der Witwatersrandkohle (carbonaceous matter). Am Liegendkontakt des »Middle Elsburg Reefs«, Cook II-Schacht, Ranfontain. Das Konglomerat enthält sehr viel detritischen Pyrit. In der Kohle ist faserförmiges Gold zu beobachten (Vergrößerung etwa 1,5 ×)

»Väter« der Metalle sind die Planeten. Von ihnen sind sie in astralisch ätherisch flüssigem Zustand zur Erde gekommen, um sich in die Nichtmetalle zu verhüllen und in ihren »Müttern«, den Metallerzen, zu verbergen. Im Zusammenhang mit Sauerstoff, Phosphor, Schwefel, Kohlenstoff, Halogenen usw. haben sie ihr ätherisches Fließen aufgegeben und sich in die Erze als ihre Mutterstoffe verhüllt. Das ist gewissermaßen ihr Mythos.

Der Zahl nach überwiegen sie die Nichtmetalle ganz und gar. Unter den 92 Elementen sind 75 Metalle (17 Nichtmetalle). Der Masse nach dagegen treten sie im Aufbau der Erde weit hinter den Nichtmetallen zurück. Aus den beiden Stoffen Sauerstoff 46,6 % und Silicium 27,7 %, also zusammen 73,13 Gewichts %, besteht die Erdkruste. Die Schwermetalle außer Eisen sind nur zu hundertstel bis hundertmillionstel Prozenten vertreten (Chrom 0,02 %, Gold 0,0000005 %). Eisen allein ist mit 5 % an der Spitze. Die Leichtmetalle sind viel häufiger (Natrium 2,8, Magnesium 2,1, Aluminium 8,1, Calcium 3,6 Gewichts %). Gleichzeitig besteht der merkwürdige Tatbestand, daß die Nichtmetalle spezifisch leichter sind, viele von ihnen sind Gase, die Metalle sind schwer bis sehr schwer. In alledem zeigt sich, daß die Metalle auf der Erde eigentlich Fremdlinge sind. Sie stammen aus einem wesenhaften, kosmisch-planetarischen Zustand, von drei Kräften mit Hilfe von Nichtmetallen in die Erde eingefangen. Die drei Kräfte sind erstens die *Schwere* aus dem Untersinnlichen, zweitens die räumlich wirkenden *Kristallkräfte* aus dem Übersinnlichen und drittens die *chemischen Kräfte,* die die Metalle in ihre Verbindungen hereingeführt haben. Ihren Urzustand beschreibt Rudolf Steiner[69] als farbige Wolken um die Urerde herum in einem astralischen Zustand seelischer Kräfte, aus dem sie dann in einen farbig-ätherischen Strom übergehen, der wie glühende Bäche in die nichtmetallische Umgebung der Erde hereingeflossen ist. Darum ist ihre Verbreitung einerseits über die ganze Erde verteilt, andererseits aber in bestimmten Anreicherungszonen besonders stark lokalisiert (Erzkörper). Daß die Metalle schwer, in Erzen verborgen und bei gediegener Erscheinung kristallisiert sind, entspricht nicht ihrem Wesen, sondern ihrer Hingabe an die irdischen Verhältnisse. Ihr Wesen zeigt sich auf der einen Seite in ihrem oben genannten Flüssigsein auch in festem Zustand, auf der anderen Seite in ihrer Farbigkeit. Sie selber haben in reiner Erscheinung immer den oben erwähnten Glanz, aber ihre Eigenfarben zeigen noch eine gewisse Zurückhaltung (gelb, rot, grau bis dunkelgrau). Erst in ihren Erzen enthüllt sich dann ihre ungeheure Farbigkeit, die sie auch behalten, wenn sie in den Gaszustand versetzt werden und die herrlichsten Flammenfarben offenbaren können.

Bewegung (Fließen) und Farbe (Stimmung) ist aber immer sinnenfälliger Ausdruck von Seele. Es ist ein außerordentlich gediegenes Seelisches, das als Metallerze und als Metalle im Mineralreich erscheint. Diese Seelenqualitäten sind wie eindeutig vornehme Gemütskräfte, aus denen die metallische Erscheinung gespeist ist. Das herbe Gemüt des Metalls Blei mit seinen weißen und gelben Erzen, das aktive, zwischen zwei Wertigkeiten schwingende, tätige Gemüt des Eisens, das helle, alle Welt spiegelnde Gemüt des Silbers, das glänzende, von stärkster Egoität getragene Gemüt des Goldes, alle diese Seelenqualitäten sind in den Metallen verstofflicht. Die Metalle sind als Stoff mit ihren Eigenschaften gediegener als die Nichtmetalle.

Im Kosmos draußen haben sie ihren Ursprung in den Planeten. Sowohl die Tradition als auch die moderne Geisteswissenschaft sprechen von den seelischen Gemütseigenschaften der Planetenintelligenzen. Die Zuteilungen sind für die sieben sogenannten Hauptmetalle ganz eindeutig in allen okkulten Traditionen: Silber zu Mond – Quecksilber zu Merkur – Kupfer zu Venus – Gold zu Sonne – Eisen zu Mars – Zinn zu Jupiter – Blei zu Saturn. Planet und Metalle sind stofflich-phänomenologisch Träger gleicher Gemütskräfte. Darin liegt ihre wahre Beziehung. Daß solche Beziehungen deutlich bestehen, kann heute schon experimentell nachgewiesen werden.[70]

Der geistige Ausgangspunkt vom Planetarischen her ergibt, daß das Planetensystem nicht einfach die Summe der Sonne und der Planeten darstellt, sondern ein organisches Ganzes ist, welches

auch schon rein stofflich zur Sonne gehört. Alle Planeten zusammen einschließlich der Erde bilden gegenüber der Masse der Sonne einen Bruchteil. Es war das größte und eigentliche Bestreben Keplers, die Harmonien zu finden, die eine solche wesenhafte Einheit des Planetensystems bis in die mathematische Größe der Entfernungen und Geschwindigkeiten zum Ausdruck bringen. Gerade in dem dritten Keplerschen Gesetz des Zusammenhangs von Entfernung und Umlaufzeit jeweils zweier und dadurch auch aller Planeten offenbarte sich für ihn die innere Einheit des Ganzen, die göttliche Harmonie, das Ganze als Weltgemüt des Kosmos. Er konnte noch zu den mathematischen Weltinhalten die innerlich wesenhaften und gemüthaften hinzudenken. Von hier aus ist es überhaupt möglich, sowohl das Planetensystem als auch das menschliche Gemüt in einem Zusammenhang zu sehen. Gerade Rudolf Steiner war es, der nicht müde geworden ist, immer wieder und wieder solche Zusammenhänge zu beschreiben und zu entfalten, denn das menschliche Gemüt in seinen mannigfaltigen Seelenmöglichkeiten ist doch auch eine innere Einheit, die durch das Sonnenhafte des Menschen-Ich garantiert ist. Das Planetensystem und das menschliche Gemüt sind zugleich Teile und Glied und zugleich Gesamtheit und Einheit. Auch in ihm ist Ernst etwas anderes als Heiterkeit, Gemüthaftigkeit etwas anderes als Frömmigkeit, dennoch ist immer das Ganze des Gemüts bis in seine tiefsten Tiefen und höchsten Höhen Selbstheit und Einheit. Nur in krankhaften Zuständen fällt das Gemüt auseinander oder verliert sich in Einseitigkeiten.
Wendet man sich vom Planetensystem und vom menschlichen Gemüt zu den Metallen zurück, dann kann man auch hier nicht nur äußerlich, sondern auch innerlich das Einheitliche finden, das sie bei aller Differenzierung durchzieht. Von hier aus wird man dann auch die Stellung des Goldes sowohl inmitten der sieben Hauptmetalle wie auch inmitten aller übrigen Metalle des periodischen Systems richtig erfassen. Auch das Gold ist zum einen das spezifische eigene Wesen, zum anderen ist es gerade dadurch das edelste Metall, daß es in seiner Reinheit und Vollkommenheit am besten die Erscheinung der Metallität als solcher vermitteln kann. Im

Golde können sich alle Metalle ebenso aufgehoben fühlen wie die einzelnen Regungen des Gemütes im Ich. Das Gold ist in gewissem Sinne auch Silber, Quecksilber, Kupfer, Eisen, Zinn und Blei. Die Eigenart alles Metallischen wird noch deutlicher, wenn nun auch die 17 Nichtmetalle ins Auge gefaßt werden (die Stellung des Siliciums ist zweideutig):

1. Die 6 Eiweißbildner: Kohlenstoff, Sauerstoff, Stickstoff, Wasserstoff, Schwefel, Phosphor;
2. die 6 Edelgase: Helium, Neon, Argon, Krypton, Xenon, Radon;
3. die vier Halogene: Fluor, Chlor, Brom und Jod;
4. Silicium und Bor, von denen besonders die ersteren für das ganze Mineralreich als Vermittler die größte Rolle spielen und unter die Halbmetalle geordnet werden.

Auch die Nichtmetalle haben etwas Gemeinsames: Sie sind die eigentlichen Träger der Kristallität. In dieser Hinsicht gehören Si und B zu den Nichtmetallen. An der Spitze stehen Kohlenstoff (Diamant) und Silicium (Kieselmineralien und alle Silikate); aber auch die vier Halogene als Salzbildner im engeren Sinne sowie Schwefel, Phosphor und Bor mit der Fülle ihrer Salze sind Träger der Kristallität. Eine besondere Rolle spielt der Schwefel in den Sulfiden, der Sauerstoff in den Oxiden und Hydroxiden. Überall ist auch der Wasserstoff mitbeteiligt. Während nun die Metalle als stoffliche Seelenträger ihre Beziehung zum Planetensystem haben, zeigen die Nichtmetalle stärkere Beziehungen zu den inneren Kräften und Seelenwesenheiten der Fixsterne, besonders des Tierkreises. In seinen beiden Büchern über »Chemieunterricht in Schulen« hat u.a. auch Fritz Julius[71] Zuteilungen versucht: Sauerstoff – Löwe, Stickstoff – Krebs, Wasserstoff – Zwillinge, Schwefel – Stier, Kohlenstoff – Widder, Phosphor – Fische, Silicium – Wassermann; und man kann das von ihm Begonnene fortsetzen: für Bor – Steinbock, Fluor – Schütze, Chlor – Skorpion, Brom – Waage und Jod – Jungfrau. Es kann der Eindruck entstehen, daß die eigentlichen Metallstoffe den Kristallzustand nur notgedrungen annehmen. In der ganzen Charakteristik der metallischen Bindungen hält sich auch ein Teil der untersinnlichen Substrate im Kristall fließend, unstarr, was dann in der Erscheinung schwingend und klingend wird. Sie lassen Wärme und Elektrizität möglichst frei durch sich hindurchfließen. Sie ertragen zwar das Gitter und bleiben Stoff, aber man kann sie schon rein durch mechanische Gewalt völlig verformen, kann sie schmieden oder leicht schmelzen. Demgegenüber sind die Nichtmetalle entweder Gas oder Flüssigkeit oder ganz und gar Kristall. Sie lassen sich nicht schmieden, sie zersplittern. Darum kann man sagen, daß das eigentliche gemeinsame Höhere der Nichtmetalle die Kristallität, so wie das eigentliche gemeinsame Höhere der Metalle die seelische Beweglichkeit ist. Die Halbmetalle stehen zwischen den beiden, von der einen Seite her kristallbestimmt, von der anderen Seite her stoffbestimmt. Die Metalle bilden im Mineralreich das Seelische ab: Seelisches als Stoff, Seelisches als Farbe. Gerade dort, wo sie in die Kristallität aufgenommen sind, sind sie die eigentlichen Vermittler des Farbigen in der ganzen mineralischen Welt. Demgegenüber tragen die Nichtmetalle geistig gesehen die Kristallität herein, chemisch gesehen die kosmischen Funktionen.

In den Metallen ist überall das Wesen der Metallität enthalten, das Wesen seelischer Kräfte als Stoff. Im Gold, dem edelsten Metall, erscheint dieses Metallwesen am reinsten. Dem entspricht auf der anderen Seite die Sonne als das Grundwesen des Planetensystems. Die einzelnen Planeten sind wie kleine leuchtende Sonnen vor dem Hintergrund des Fixsternhimmels. Selbst der Mond kann bei manchen Auf- und Untergängen wie eine abgeblaßte Sonne erscheinen. Demgegenüber stehen die Nichtmetalle als Träger kosmischer Funktionen nicht nur für das Mineralreich, sondern auch für die Reiche des Lebens. Der Kohlenstoff zum Beispiel als Gerüstträger, der Sauerstoff als Lebensträger, der Stickstoff als Seelenträger in der lebendigen Natur. In den vier Halogenen gelangen die vier Elemente, das Feuer im Fluor, die Luft im Chlor, das Wasser im Brom und die Erde im Jod zu stofflicher Trägerschaft.[72] In der

Kristallität zeigt sich in den Nichtmetallen gerade etwas von ihrer Verwandtschaft mit der großen kosmischen Raumesordnung der Fixsternwelt.

3. Die erneut gestellte Frage

Der Versuch, das Wort Gold, wie es in der Offenbarung als Name für Bilder auftritt, entsprechend zu deuten, führt dazu, beide Seiten des Goldwesens zu bedenken. Das Gold als Einzelheit in seiner sinnenfälligen Erscheinung, das Gold als Allheit, in seinem Wesen die Metallität am reinsten enthüllend. Darin liegt die innere Verbindung des Goldes mit dem menschlichen Ich, das im menschlichen Gemüt mit einer Allfähigkeit begabt ist, die alle Einzelheiten der Seele durchdringt, sie zur inneren Einheit macht und sich selber immer weiter entfaltet und entwickelt. Von hier aus führt der Blick auf das Evangelium des Johannes, wo das göttliche Ich des Christuswesens in dem Menschenwesen Jesus so erscheint, daß in ihm das Ich des Gottes das Gemüt des Menschen durchdringt und erfüllt und es einer siebenfältigen Äußerung fähig wird. In den sieben Ich-bin-Worten, die das Johannesevangelium durchziehen, wird dieses eigentliche Ich-Geheimnis offenbar.[73]

4. Das Gold als Einzelheit

I. Name: Das griechische Wort chrysos ist ein Lehnwort aus dem Hebräischen = charuz. Es gibt im Hebräischen zwei Worte für Gold:

a) ZAHAB = glänzen, glänzend gelb sein. Dasselbe Wort aber auch für Gold als Metall, als stoffliche Erscheinung. Es bedeutet auch Goldglanz des Himmels (Sonne).

b) CHARUZ = das Gelb, gelb sein, geschärft sein, spitzig sein, scharf sein; weiter: das Aufgraben eines Festungsgrabens, schließlich: Gericht und Strafe. Dasselbe Wort bedeutet auch: eifrig sein, betriebsam sein, tätig sein. In etwas anderer vokalischer Schreibweise heißt es dann Gold. Dieser Ausdruck für Gold wird niemals profan benutzt, sondern immer nur poetisch, metaphorisch, d. h. also immer dann, wenn Geistiges und Seelisches gemeint sind (Psalm 68, Vers 14).

Das Golderlebnis des alten jüdischen Volkes ist auf der einen Seite ganz stofflich, äußerlich, auf der anderen aber zeigt es sich in scharfen, heftigen seelischen Tätigkeiten bis zu moralischen Entscheidungen, durch die Göttliches hindurchschimmert.
Das deutsche Wort Gold hat eine dreifache Wurzel:

a) GHEL: gelb, glänzend, gelb leuchtend, glühend, hell, heiter, lächelnd, lachend.
b) GEL: kalt sein, frieren, frostig, abgeschlossen sein.
c) GEL: verschlingen wollen, geil sein.

Man sieht wieder, wie die Wortbedeutung sich nach außen anders gestaltet als nach innen. Der indogermanische Volksgeist erlebte das Innere mehr willenshaft im Gegensatz zum semitischen, der es mehr bewußt erfaßte.

II. Forschung: Gold ist etwa zwanzigmal seltener auf der Erde zu finden als Silber. Es bildet zusammen mit Kupfer und Silber die Schwermetallreihe der Gruppe I und mit Quecksilber und Blei die 6. Periode des periodischen Systems. Es ist eine Art Eckpunkt, flankiert nach beiden Ordnungsrichtungen hin. In ihm kommen alle physikalischen und chemischen Eigenschaften der Metallität in Vollkommenheit zur Erscheinung. Geochemisch wird es zu den sogenannten siderophilen Elementen gerechnet, das sind die, die sowohl zu Sauerstoff als auch zu Schwefel eine geringere chemische Affinität zeigen als das Eisen. Sie sind mehr sternenhaft. Es tritt meist als gediegenes Gold in Erscheinung, entweder allein oder zusammen mit Silber. Es entstammt der hydrothermalen Kristallisationsphase, ist aber in ganz feinen Mengen in fast allen

Gesteinen sowie im Wasser der Ozeane überall vorhanden. Wo es erscheint, entstammt es den letzten Kristallisationsphasen zusammen mit Quarz, Arsenkies und Schwefelkies, sowie auf der anderen Seite mit Rhodochrosit, Schwerspat und anderen Manganmineralien. Gediegenes Gold der natürlichen Fundstätten ist nie ganz rein. Es enthält fast immer 2–20% Silber, aber auch Rhodium, Kupfer, Wismut, Barium. Das Silber ist in Form von Mischkristallen völlig mit dem Gold durchdrungen. Natürliches Gold mit mehr als 20% Silber ist weiß und heißt Elektron. Gediegenes Gold kristallisiert im kubischen System, mit Silber und Kupfer isomorph, mit Silber in jedem Verhältnis mischbar als Mischkristall. Es ist selten vollkristallisiert. Die Kristalle sind oft verzerrt, mit gekrümmten Flächen, gerundeten Ecken und Kanten. Oft bilden mehrere Kristalle fiedrige, gestreckte, dendritische Gruppen oder Oberflächen. Die Kristalle sind Würfel oder Oktaeder, Körner, Bleche, Flitter, Drähte, moosartige Gebilde und sind eingesprengt oder auf- und eingewachsen.

Gold ist schon durch Hämmern in kaltem Zustand bis zum äußersten dehnbar. Die dünnsten Blättchen sind blau oder grünlich durchscheinend, der Glanz sehr stark (hohes Reflexionsvermögen), die Farbe ist Gelb in verschiedensten Tönen. Die Härte beträgt 3, die Dichte je nach Silbergehalt 15–19,3. Es ist also fast zwanzigmal schwerer als Wasser. Es schmilzt bei 1063°C. Mit Quecksilber bildet es sofort Amalgam.

Die meisten natürlichen chemischen Verbindungen des Goldes sind Telluride, aber auch Stibium, Schwefel und sogar Blei können es einfangen. Folgende sind bekannt:

1. Sylvanit (Schrifterz), $AuAgTe_4$; es kristallisiert monoklin, die Kristalle bilden schriftähnliche Gruppen.
2. Calaverit, $AuTe_2$; monoklin, weißlich-gelbe Kristalle.
3. Petzit, Ag_3AuTe_2; kubische, graue Kristalle.
4. Krennerit, $(AuAg)Te_2$; rhombische, messinggelbe Kristalle.
5. Aurostibit, $Au\,Sb_2$; bleiglanzähnlich.

6. Es gibt auch ein ganz außergewöhnliches Golderz: Nagyagit, Au $(PbSbFe)_8$ $(TeS)_{11}$; es ist monoklin, in dünntafeligen Kristallen, biegsam und weich wie Gips, dunkelbleigrau. Es ist erstaunlich, wohin das Gold in diesem Mineral hinein verhüllt ist.

Die Golderscheinung ist an drei Phasen der Erdgeschichte gebunden. Die jüngeren Golderzgänge sind gebunden an vulkanisches Gestein. In diesen Erzgängen ist das Gold vergesellschaftet mit Silber, Kupfer, Rhodochrosit und Schwerspat. Die älteren Golderzgänge sind meist silberärmer und an Tiefengestein (Granite) gebunden. Hier ist es vergesellschaftet mit Quarz, Schwefelkies und Arsenkies. Es gibt zwei Phasen dieser älteren Goldbildung. Zu diesen Fundstätten des Berggoldes kommen die Goldseifen hinzu, wo Goldkörner in Konglomeraten, Schottern, Kiesen und Sanden, aus Erzgängen herausgewittert, abgelagert sind.
Das Gold hat heute einen so hohen Preis, daß schon ein Goldgehalt von 2 g pro Tonne Gestein rentabel ist. Es werden zur Zeit etwa 1000 Tonnen pro Jahr auf der Erde gewonnen (führend sind Rußland, die USA, Kanada und vor allem Südafrika mit einem Drittel der Gesamtproduktion). Das bemerkenswerteste Goldvorkommen der Erde ist das südafrikanische Quarzkonglomerat von Witwatersrand bei Johannesburg in Transvaal (s. Abb. 38–41).
Im Anhang Nr. 29 ist Näheres über den Lebensursprung des Goldes im Witwatersrandreef Südafrikas mitgeteilt. Die Betrachtung dieser neuesten Forschungsergebnisse kann dazu anregen, die Vorgänge der Natur dieser alten Formationen zum Gleichnis werden zu lassen für dasjenige, was in unserer Schrift über die okkulte Mineralogie der Apokalypse als Grundidee ausgeführt ist. Die »Urflechten« des Urmeeres des alten südafrikanischen Kontinentes vollziehen die Verlebendigung (Kolloidbildung) und die Aufnahme von Quarz, Gold, Uran usw. aus deren kolloidem Urzustand in ihr Leben. Die verdauen sie und setzen sie dann in mineralisierten Repliken ihrer eigenen Organstrukturen wieder ab. Dieses Urgold liegt seit Jahrmillionen in der Erde. Es wird seit etwa

einem Jahrhundert durch den Bergbau gewonnen (5–7 g Gold pro Tonne Gestein).

»Es müssen Hunderttausende von Tonnen Erz gefördert, zerkleinert, ausgewaschen und einem chemischen Ausscheidungsprozeß unterworfen werden... Das Goldfiltrat wandert, noch unter Zusatz von Zinkstaub und anderen Chemikalien, durch zahlreiche chemische Prozesse bis zum Schmelzofen und wird danach in Granittöpfen zu Barren gegossen. Diese enthalten nur rund 88 % Gold. Sie kommen zur Veredelung nach Germiston zu der ›Rand Raffinery Ltd.‹, der größten Goldraffinerieanlage der Welt... Die Barren machen einen neuen Schmelzprozeß durch, in dem ihnen durch chemische Zusätze die letzten fremden Bestandteile bis auf 4,5 Anteile Silber auf 1000 Anteile Gold entzogen werden. Wenn das reine Gold als kochende Masse aus dem Schmelzofen fließt, leuchtet es in allen Spektralfarben. Südafrika produziert 73 % der Goldproduktion der Welt außerhalb des Ostblocks.«[74]

Dieses in Ziegelbarrenform gegossene Gold geht dann über in die Goldhorte der Staaten, Banken und Privatleute, in die Besitzgier, die wirtschaftliche Macht, den Egoismus und schließlich auch in die Schmucksucht der Menschen. Nur ein Bruchteil wird als Opfer für kultische Zwecke und damit für die göttlich-geistige Welt verwendet.[75]

Trotzdem aber: Auch dieses Gold trägt nicht nur die äußeren Stempel, sondern auch letzten Endes den geistigen Stempel menschlicher Arbeit: Es ist von Menschen gewonnen, geläutert, bearbeitet und harrt selber wie die gesamte mineralische Welt seiner Vergeistigung in der Zukunft.

»Alles Vergängliche ist nur ein Gleichnis« (Goethe). Das Gold des himmlischen Jerusalem ist durch den Menschen hindurchgegangen auf dem Wege der Vergeistigung, und wie ein Naturgleichnis zeigt sich dafür der Durchgang des mineralischen Goldes der Witwatersrand-Serien physisch durch die Urflechte des Urmeeres des Urkontinentes. Ist es Zufall oder auch Gleichnis, daß diese uralten Organismen mit dem Kiesel, dem »Kristall«, und dem Golde ausgerechnet auch das Uran durch sich hindurchgehen ließen? Könnte der Mensch auch den technologischen Prozessen, die er in der Kerntechnik der Natur entrissen und vom Zaun gebrochen hat, eine andere Richtung geben als die der irreparablen Zersetzung, Vergiftung und Zerstörung? Welcher geistigen und moralischen Menschenkräfte oder gar Götterkräfte würde es bedürfen, um auch das Uran in das himmlische Jerusalem hinüberzuverwandeln?

III. Lebensursprung und Lebenszusammenhang: Es gehört zu den größten Rätseln der Welt, daß in allen alten Traditionen das Gold mit der Sonne in Zusammenhang gebracht wurde. Die Spektralanalyse der Astrophysiker findet auf der Sonne kaum Gold. Es herrschen offenbar auf der Sonne Verhältnisse, die nicht so sind, daß das Metall nach außen stofflich anders als in Spuren auftreten kann. Das bedeutet aber nicht, daß nicht trotzdem die Sonne der kosmische Ursprung allen Goldes ist, aber eben des Goldprozesses, der nur bis zur ätherischen Stofflichkeit kommt, ohne physisch zu werden. In der Sonne spielt sich ein Prozeß ab, der nach außen Licht, Wärme, elektromagnetische Wellen und einen Korpuskelwind ausstrahlt. Andererseits bildet sich nach innen in das Astralisch-Ätherische etwas, das die innere Qualität Gold als das Leben der die Sonne bewohnenden geistigen Wesen darstellt. Das Gold in der Sonne ist im Sinne okkulter Traditionen und moderner Geisteswissenschaft noch durchaus in einem übersinnlichen, ätherisch-astralischen Zustand und deshalb auch nur einem übersinnlichen Schauen wahrnehmbar. In diesem Zustand war es auch, als Sonne und Erde noch verbunden waren. Als sich die Sonne dann von der Erde trennte, blieb etwas von dem Sonnenwesen in der Erde zurück und konnte als homöopathischer Prozeß die granitische Mineralisation durchdringen und durchziehen. So gab es damals gewiß Gebiete, in denen die Sonnenkräfte konzentriert waren. Dort ist das Gold in flüssiger, ätherischer Form dahingeströmt. Von dort aus ist es dann als Berggold in den Klüften verfestigt und mineralisiert worden und durch Verwitterung in die Seifen geraten. Man kann also sagen, daß das Gold dem früheren kosmischen Lebensprozeß der Erde entstammt, und so hat es auch

Rudolf Steiner in seinem Zyklus »Mysteriengestaltungen beschrieben.[75] Das ist der Lebensursprung des Goldes in seinem Zusammenhang mit der Sonne. Geht man vom Organischen der Sonne zu dem des Menschen, so findet man etwas Ähnliches auch hier: am allerwenigsten im Herzen gibt es physisches Gold. Dennoch ist Gold medizinisch ein Herzmittel, das ganz spezifisch gewisse Herzkrankheiten heilen kann. Von diesen beiden Gesichtspunkten aus erhebt sich die Frage nach den inneren Eigenschaften des Goldes, und diese können ein Licht werfen auf dasjenige durchsichtige Gold, das in der Offenbarung des Johannes erscheint.

IV. Seelische Tugend: Alles Seelische in der Welt und im Menschen kann nur verstanden werden, wenn das eigentlich Wesenhafte ins Auge gefaßt, wenn also in den ungeheuren Mannigfaltigkeiten der Stoffe des Lebens und der Seele das Einheitliche gesucht wird. Aber keine Mannigfaltigkeit sowohl der mineralischen als auch der pflanzlich-tierischen Welt reicht heran an den Seelenreichtum des Menschenwesens. Das liegt daran, daß Seele immer Bewegung ist; beim Tier ist das einseitig, artgebunden, beim Menschen umfassend. Von innen nach außen, von sich selbst zur Welt ebenso wie von außen nach innen, von der Welt zu sich zurück, aber auch ganz in sich selber, in Trieben, Begierden und Leidenschaften, in Sympathie und Antipathie, in Lust und Unlust, in tausenderlei Stimmungen, Motivationen und Zuständen, in feinster Empfindlichkeit und Erregbarkeit, Reizbarkeit und Beeinflußbarkeit, zur Vergangenheit hin, zur Gegenwart, zur Zukunft hin: immer ist Seele Bewegung, intensiv und extensiv.
Das zweite Charakteristikum des Seelischen ist seine Intentionalität. Es ist nicht nur einfach Bewegung an sich, sondern immer auf etwas bezogene Bewegung, auf sich selbst, auf die Welt. Dabei ist aber immer beides ineinander, jede Weltbeziehung ist auch Selbstbeziehung und umgekehrt. Die Seele fühlt nicht nur, sondern sie fühlt immer sich, fühlt, daß sie es ist, die fühlt. Darin liegt das dritte, die Subjektivität alles Seelischen.
Daraus ergibt sich auch die vierte, die eigentliche Grundeigen-

schaft des Seelischen: seine Innerlichkeit. Dieser Charakter der Innerlichkeit des Seelischen ist unbegrenzt. Die Seele ist tief, sie ist immer aber auch einer noch weiteren Vertiefung fähig (so sagt Nietzsche: »Die Welt ist tief und tiefer als der Tag gedacht.« – So auch Novalis: »Nach innen geht der Weg«). Alles Seelische ist Bewegung, Intentionalität, Subjektivität und Innerlichkeit. Das alles führt zur Selbständigkeit und Selbsthaftigkeit der Seele, zu ihrem Bestand aus sich und für sich. Es ist ihre Egoität; Egoität als wahre Wirklichkeit, der unzerstörbare Bestand, die Gediegenheit und Unsterblichkeit der Seele.

Gediegenheit liegt aber auch allen Metallen zugrunde. Sie kommen in der Natur auch gediegen vor, wobei das Gold an der Spitze steht (neben Platin, Silber, Kupfer, Quecksilber). Jedes Metall hat außer der Gediegenheit noch andere seelische Eigenschaften. Die Gediegenheit aber ist die Tugend des Goldes. Das Gold ist in seiner Existenz in sich gesättigt, will nichts anderes sein, als es selber durch sich und in sich ist, gelb, glänzend, schwer, rein, vollendet, sicher, unberührbar in sich ruhend. Die reine Tugend des Goldes ist seine Egoität. Man kann es hämmern, dehnen, verblättern, schneiden, schmelzen, verdampfen, es zeigt stets die vornehmste Unnahbarkeit, durch die es in sich selbst zurückkehrt, in sich selbst ruht. Selbstsein, Gediegenheit, Egoität und Zuverlässigkeit sind seine seelischen Tugenden. Es kann sich auch mit anderen Elementen einlassen, aber die Art, wie es das tut, zeigt, daß in ihm der Wille, es selber zu sein, überwiegt.

V. Geistige Vergangenheit und geistige Zukunft: In seiner Egoität liegt aber auch die Dämonie des Goldes. Seine äußere, gleißende Schönheit, seine innere stolze und vornehme Unnahbarkeit und Beständigkeit erregen im Menschen die Gier, es zu besitzen (Gold rostet nicht). Sein äußerer materieller Besitz bestärkt auf eine merkwürdige Weise die Egoität, das Selbstgefühl des Menschen. Es gibt also etwas wie Goldgier. Diese Seite des Goldes zeigt sich heute im Wirtschaftsleben der Menschheit. Da ist das Gold entweder Maßstab für Geldwert, oder es ist als gehärtete Reserve unfruchtbar aufgehäuftes Kapital. Darin liegt eine gewisse Magie. Diese Magie stellt nur das letzte Ende einer jahrtausendelangen Entwicklung von jenen Anfängen her dar, in denen das Gold in der Menschheit noch vollständig im Dienst der Magie stand, die in den alten Kulturen im Mysterienwesen zu Hause war. Dort wurde das materielle Gold noch ganz geistig erlebt. Man sah in ihm das stoffliche Abbild von Willenskräften der Götter, der Eingeweihten und der Magier, die durch hohe Lebenstaten, Erfahrungen und Erkenntnisse in ihrem Seelenleben geläutert und veredelt waren und in weisheitsvollem Willen und Wissen das kostbare geistige Gut, die dauerhafteste Substanz der Welt, verwalteten – das Heilige. Egoität, Wille, Gefühle und Gedanken zu welterfahrener Weisheit geronnen, das war das Gold, das in Geist-Errungenschaft und Geistes-Erbe in den Mysterien gehegt wurde. Man hatte die Auffassung: Materielles Gold kann nie Eigentum des Menschen sein, es ist das Eigentum der Götter, und es darf auch als materielles Gold nur von Eingeweihten, Priestern und Königen verwaltet werden. Es durfte nur kultische Verwendung finden für Geräte, Insignien, Bildwerke, Kultgewänder, insbesondere für das Herz und das Haupt – und makrokosmisch für die Sonne und das Weltall. Das klassische Beispiel einer solchen Goldkultur war in ihren reinen Ursprüngen die Inka-Kultur der Anden. Aber auch die indische, persische, babylonische, ägyptische Kultur ebenso wie die Urkultur der Kelten, Germanen und Slawen Europas haben in den Anfängen das Gold als Träger der seelischen Egoität und des zu Weisheit gewordenen Willens der Götter verstanden. Darin liegt die geistige Vergangenheit des Goldes. Darin lag auch seine magische Kraft. Es konnte, kultisch richtig verwendet, an das Weisheitsgold der Gottheit heranführen. Da aber die alte Weisheit immer mit einer gewissen Steigerung der Egoität verbunden war, konnten leicht auch luziferische Götter sich an den Mysterien beteiligen, sofern Magie und Weisheit in äußeren Glanz und irdische Macht übergingen.

Von dieser seiner ursprünglich geistig-göttlichen Vergangenheit ist das Gold abgestürzt in die Abgründe der Dämonie verschiedenster Art. Es liegt heute auf dem Golde der Fluch, den der Zwerg Alberich in der Nibelungensage ausspricht über das Gold der Rheintöchter. Es gerät in den Besitz des Drachens. Weisheit und sonnenleuchtender Wille werden überwältigt von Egoismus, Machtgier und Besitzgier. Das Gold geht von Hand zu Hand, aber sein Besitz ist ein Trug. Es verleiht nicht nur Weisheit im Dienste der Götter, sondern auch Verdunkelung des Menschenwesens im Dienste der Materie.

Das Gold hat aber auch eine geistige Zukunft. In der Offenbarung des Johannes heißt es Kapitel 3, Vers 18:

Darum rate ich dir, bei mir Gold zu erwerben, das im Feuer geläutert ist, damit du wieder reich werdest.

Die seelische Kraft der Egoität ebenso wie die geistige Kraft der Weisheit und Macht bedarf der Aufschmelzung, der Läuterung. Der Wille der Selbstheit und Eigenheit, Weisheit der Erfahrung und Erkenntnis, die Macht der Wirksamkeit und Tätigkeit müssen sich durchdringen mit einem Gold, in dem Wille, Weisheit und Macht umgeschmolzen werden zu einer Kraft, die nicht nur besteht und bestehen will und weiß, daß sie besteht, sondern zu einer solchen, die teilnehmen will. Eine Weisheit, die auch die Erfahrung anderer Wesen und Welten zur eigenen Erfahrung macht, die den Willen anderer Wesen in den eigenen Willen aufnimmt, die in das andere Wesen hineinsterben kann, um es in dessen Eigenheit aufleben zu lassen, und eine Macht, die sich zur Verfügung stellt, – das alles ist Liebe. Liebe als Substanz ist das geistige Gold der Zukunft. Denn in ihr ist das Ich Welt und die Welt Ich.

Ein solches Gold erscheint schon am Beginn der Offenbarung in den sieben goldenen Leuchtern, die nichts anderes sind als die sieben Engel der sieben Gemeinden. Diese Keimkraft engelgeführter Gemeinschaftsbildung wird in der Mitte der Offenbarung zu dem goldenen Opferrauchgefäß des Engels am Altar, in dem die Liebe Anbetung ist, und diese Keimkraft erscheint als der goldene Altar selbst, in dem die Liebe Opferkraft ist. Das Gold erscheint danach genau in der Mitte der Apokalypse aus der Sonne, mit der das Weib

bekleidet ist. Aber auch die Gegenbilder des der Dämonie verfallenen Goldes glänzen aus dem Dunkel der Abirrungen immer wieder hervor, zuletzt in Kapitel 18, Vers 16.
Dann geht der Goldprozeß der Welt in seine eigene Zukunft über. Der Engel, der den Apokalyptiker das himmlische Jerusalem schauen läßt, trägt das goldene Rohr des wahren Maßstabes aller Weisheit, denn der wahre Maßstab aller Weisheit ist nicht die Weisheit selbst, sondern die in ihr waltende Liebe. Es ist das Maß des Menschen und der Menschheit. Es ist das Maß, das im Bilde der Würfelgestalt des himmlischen Jerusalem wirksam wird. Das führt dann dazu, daß nunmehr das Zukunftsbild selber durchsichtiges Gold ist. Die Weisheit, die von Liebe durchdrungen ist, der Wille, der in Liebe von Weisheit durchleuchtet ist, bewirken den von Gold durchdrungenen inneren Zusammenhang aller seelischen Kräfte und Bewegungen des Gemütes bis in dessen tiefste Innerlichkeit hinein, in die Innerlichkeit, aus der das Sonnengold der Liebe hervorquillt, wo man nicht mehr unterscheiden kann, ob diese Liebe vom Menschen oder von Gott stammt, denn beide sind in der durchchristeten Seele und in der durchchristeten Welt zu Zukunftsgold geworden.

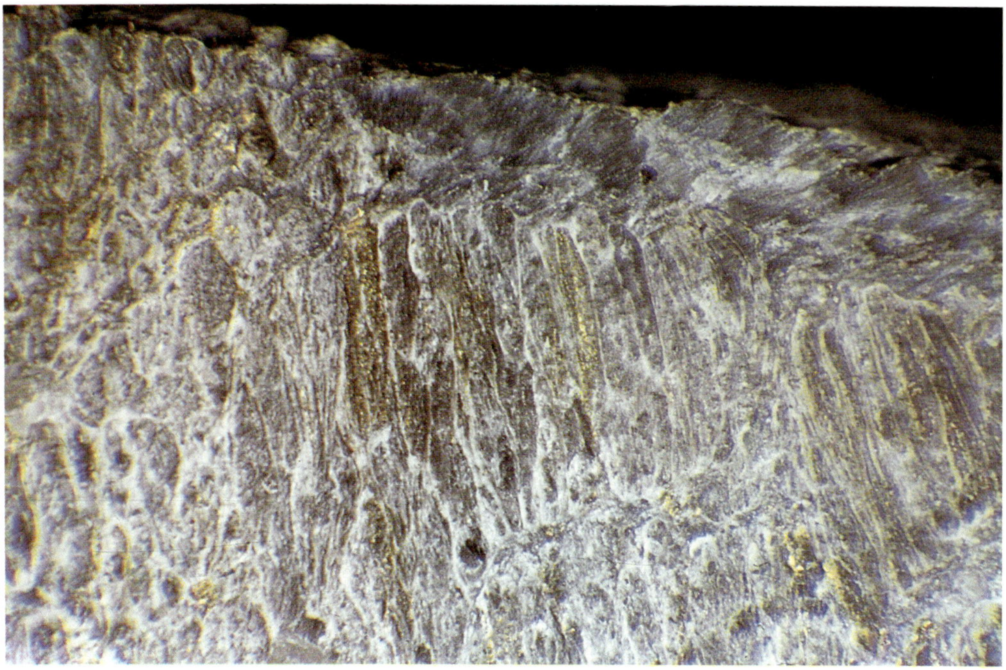

39 Längsschnitt durch eine Lage der Witwatersrandkohle. Die Kohle wurde im kalten Sauerstoffplasma oxidiert und zeigt die säuligen Individuen mit feinen Goldfäden im Inneren. Das untere Stück der Probe wird von einem Teil des liegenden Schiefers gebildet. Herkunft: Carbon Leader Reef, Blyvooruitzicht-Gold-Mine, Carletonville (Vergrößerung etwa 2,5×)

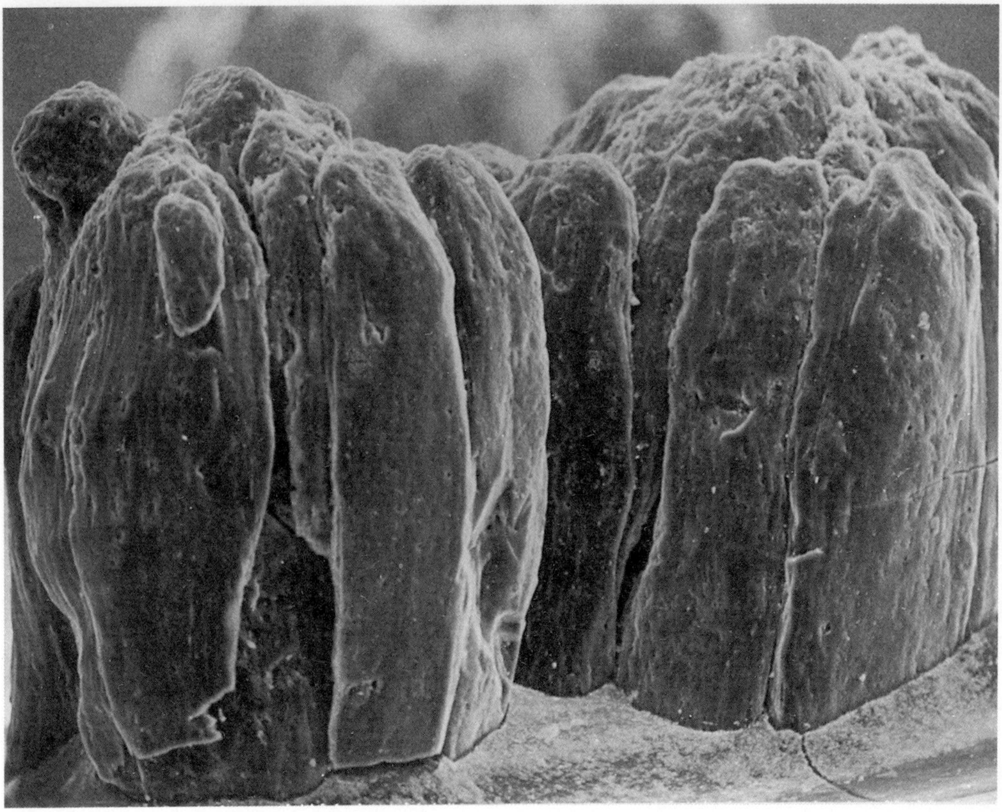

40 Elektronenmikroskopisches Bild der »Karbon«-Partikel. Sie bilden eine Art Rasen und bestehen zum größten Teil aus Kohlenstoff. Präparation mit Flußsäure. Querschnitt eines Säulchens 400–700 My

41 Goldkörnchen aus dem Inneren der Flechten. Die Form ist organisch bedingt; (Vergrößerung 120×)

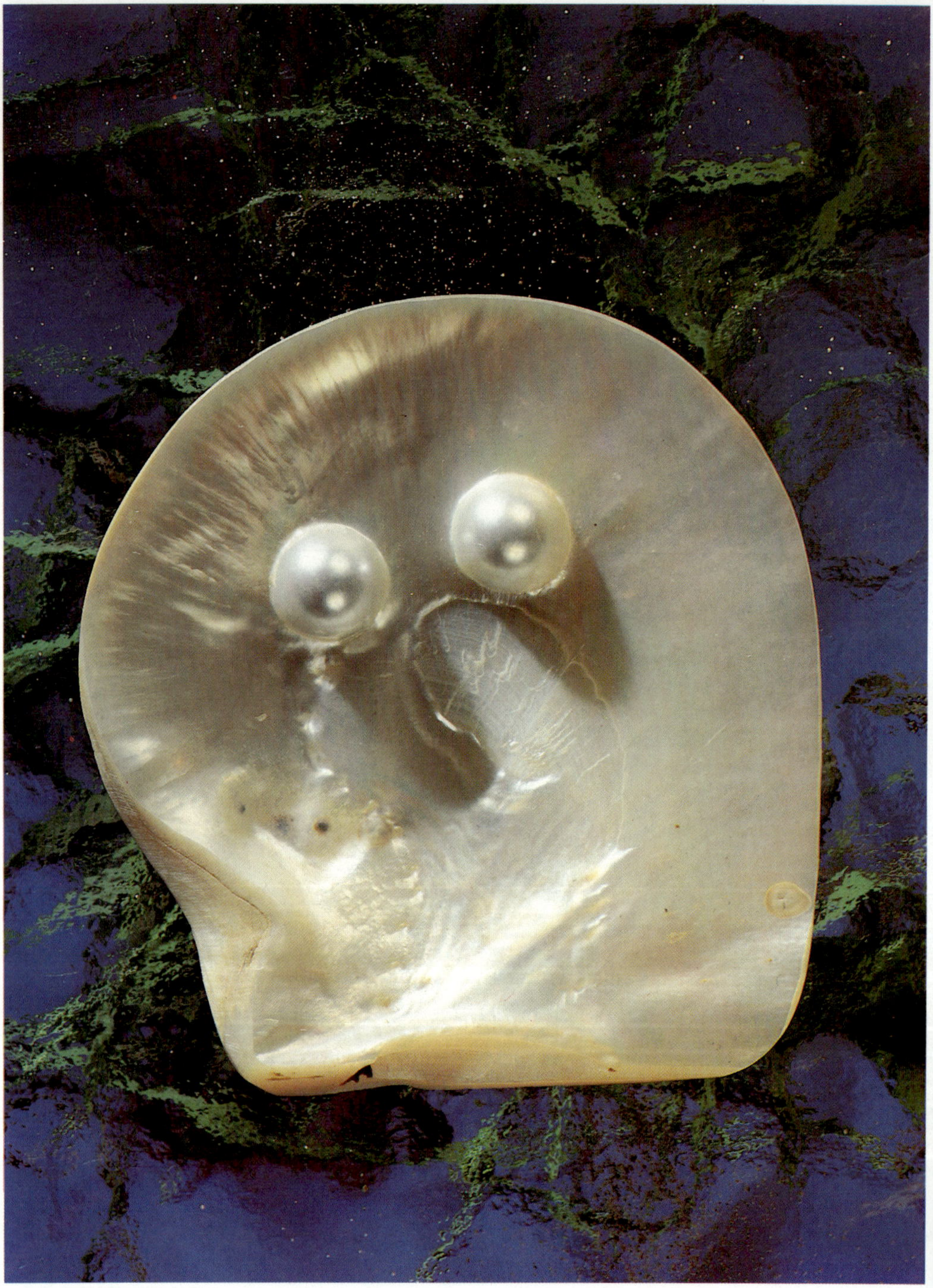

42 Zwei Perlen in der Muschelschale

DIE PERLE

geläuterter Schmerz: Sinnesorgan für das Wesen der Welt

R

Die Sonne will sich sieben Male spiegeln,
in allen unsern sieben Leibesgliedern:
daß sie ihr siebenmal ihr Bild erwidern.
Die Sonne will uns *siebenmal entsiegeln.*

K

Christian Morgenstern

Die Perle

I. Name: Aus dem Lateinischen = pirula, das bedeutet »kleine Birne«. Der Name ist also von dem Bilde einer Obstfrucht abgenommen.

II. Forschung: Perlen sind Wucherungen im Inneren vieler Weichtierarten. In Miesmuscheln, Austern, Kammuscheln, Flügelschnecken, Stachelschnecken, Seeohren und Nautilustintenfischen finden sich Perlen, die edle Perle in der Perlmuschel. Es sind Seeperlmuscheln (Meleagrina) nebst deren Verwandten (Mytilus), die in der Uferzone warmer Ozeane in 6–30 m Tiefe leben. Die Muscheln liegen flach auf dem Meeresboden und befestigen sich selber mit ausgeschiedenen Fäden aus Byssus am Untergrund. Die Schalen der echten Seeperlmuschel können bis zu 30 cm Durchmesser erreichen.

Muscheln haben um ihre weichen Organe herum einen weichen, schleimigen, zweiblättrigen Mantel. Die Oberfläche des Mantels ist mit zahllosen Drüsen bedeckt, von denen die eine Art das aus dem Meerwasser in das Blut aufgenommene Calciumcarbonat ($CaCo_3$) in dünnen Lamellen ausscheidet und kristallisieren läßt. Die zweite Art von Drüsen scheidet nach außen einen Eiweißstoff aus, das Konchylin, das nach der Ausscheidung zu Lamellen eintrocknet und von gelb über braun bis schwarz gefärbt ist. Eine dritte Art Drüsen scheidet schräggestellte Kalkprismen aus, die in der Muschelschale das Ostracum bilden. Und eine vierte Art von Drüsen scheidet das Konchin aus, gleichfalls eine nur bei Mollusken vorkommende Eiweißart. Dadurch ist die Schale der Muschel dreischichtig: außen die braune Konchylinschicht, darunter das aus schiefgestellten Kalkkristallprismen bestehende Ostracum. Die dritte, innerste Schicht besteht aus ganz feinen Kalklamellen, zwischen die dann sehr dünne Schichten Konchin eingelagert sind. Dieses ist das Perlmutt, die Perlmutter. Der Mantel mit seinen Drüsen liegt dem Perlmutt ganz fest an,ist aber nicht damit verwachsen. So können in den Raum zwischen Mantel und Schale Fremdkörper eindringen. Es sind das meist winzige Parasiten (Finnen von Würmern oder Milben), manchmal auch ganz kleine Sandkörner. Diese verletzen den sehr empfindlichen Mantel. Der Mantel reagiert auf die Verletzung so, daß er eine kleine Einstülpung nach innen in sein Gewebe herein bildet, in die der Fremdkörper hereingezogen wird. Die Einstülpung kann sich von der Außenschicht des Mantels allmählich nach innen ablösen und sogar in das darunterliegende Bindegewebe hineinwandern, das dann den Fremdkörper allseitig umschließt, so daß jetzt die Drüsenzellen des Mantels vollkommen um den Fremdkörper herumliegen und er im Bindegewebe aufgehoben ist. So entsteht das Perlsäckchen. Und nun beginnt eine langsame Abscheidung von Perlmutt um den Fremdkörper herum: die Perle wird angelegt. Der Fremdkörper ist in ihrem Mittelpunkt eingeschlossen, und das Perlmutt beginnt sich konzentrisch um diesen Mittelpunkt herumzulagern. Perlen wachsen sehr langsam; Perlen unter Erbsengröße in vier bis zehn Jahren, größere Perlen in zehn bis fünfzig Jahren. Die Perle besteht zu 92 % aus den Lamellen des Calciumcarbonats, etwa zu 6 % aus dem Konchin und zu 2 % aus Wasser. Perle und Perlsäckchen sind das Ergebnis einer Verwundung, eine Art Dauerwunde im abgelösten Mantel und eine Dauerheilung mit Perlmutt gegenüber dem verwundenden Fremdkörper, der in ruhiger Geduld immer weiter eingeschlossen wird. Das Säckchen, das das Perlmutt ausscheidet (Kalk und Konchin) liegt zwar dem Perlmutt der Perle eng an, ist aber wiederum mit ihr nicht verwachsen, ähnlich wie der Mantel gegenüber dem Perlmutt der Muschelschale.

III. Lebensursprung und Lebenszusammenhang:[77] Während bei allen anderen Edelsteinen der Lebensursprung erst aus früheren Phasen der Erdentwicklung mit ihren Mineralpflanzen und Pflanzenmineralen verständlich wird, ist dies bei der Perle unmittelbar erfahrbar. Sie entstammt einem Wundheilungsprozeß von Tieren, die selbst wiederum den niedrigsten, ursprünglichsten Tieren angehören und die noch weitgehend pflanzlich-vegetative Lebens- und Wachstumsverhältnisse zeigen. Es sind das die Hohltiere (Schwämme, Quallen, Polypen und Korallen) und die Weichtiere (Muscheln und Schnecken). Sie alle haben ein eigentümliches Verhältnis zum Kalk. Ununterbrochen entnehmen sie dem Wasser gelösten Kalk, manchmal auch Kiesel, führen ihn durch den eigenen weichen, gallertartigen, oft durchsichtigen Leib hindurch und setzen ihn in Kristallen, festen oder kolloidalen Lamellen und Schichten um sich herum ab. Sie bilden sich selber aus ihrem weichen Leib heraus das feste Gehäuse, in dem und auf dem sie leben. Sie tun das gleiche wie die Pflanzen, die in Rinde und Holz ebenfalls Lebendiges absetzen. Ihre Leistungen im Laufe geologischer Epochen sind ungeheuer groß, denn fast alle Kalkgebirge und Kalksteine der Erde sind durch diese Wesen abgelagert worden.

Dabei verhalten sich Hohltiere und Weichtiere verschieden. Die Hohltiere (Korallen und Polypen) setzen den Kalk zunächst in ihr Inneres herein ab und heben sich dann von der Unterlage los, das

Abgeschiedene hinter sich zurücklassend, so daß baumartige Wachstumserscheinungen entstehen. Die Weichtiere umhüllen sich mit diesen Kalkprozessen, so ihre Weichheit lebensvoll umschützend und umhüllend. Zu dieser Gruppe gehört die Perlmuschel. Sie nimmt das verletzende Fremdwesen in die umhüllende Kraft auf und verwandelt den Schmerz der Wunde in die heilende Umhüllung.

IV. Seelische Tugend: Das tiefste und umfassendste Geheimnis des Menschen ist sein Ich. Seit Urzeiten haben die Mysterien gewußt, daß das Ich des Menschen in wiederholten Erdenleben lebt. Immer nach dem Tode wird sein Äußeres zu seinem Inneren und sein Inneres zu seinem Äußeren. Darüber ist in dem Kapitel über die Erbauung des himmlischen Jerusalem gesprochen worden.
Im irdischen Leben ist das Ich-Geheimnis nicht ganz leicht zu fassen, denn das menschliche Ich lebt im Erdendasein sich selbst von zwei völlig entgegengesetzten Seiten her aus. Auf der einen Seite ist es mit der leiblichen Organisation verbunden und strahlt in dieselbe als Wille aus dem Stoffwechsel in das Herz und wird dort zum Selbstgefühl. Es strahlt aus dem Haupte als Denken in den Menschen ein und wird im Herzen zur Urteilskraft. Und im Herzen selber lebt es im Fühlen als das Gewissen. Werdewille, Urteilskraft und Gewissen sind im Herzen der Ausdruck des Ich.
Auf der anderen Seite lebt das reale Ich des Menschen auf Erden auch in alledem, was dem Menschen scheinbar ganz von außen begegnet. In den Sinneswahrnehmungen strömt ihm sein eigenes Ich, verbunden mit den Qualitäten der Weltinhalte, bewußtseintragend entgegen. Es bildet sich in ihm das Erdenbewußtsein. In allen menschlichen Begegnungen strömt dem Menschen sein eigenes Ich als das durch das Ich der anderen Menschen getragene Karma entgegen. Indem es im Inneren des Menschen als Geistessuchen und -streben lebt, begegnet ihm sein eigenes Inneres als inneres Schicksal. Hier kann auch die Christus-Begegnung sich als inneres Schicksal ereignen. Indem so das Ich von innen heraus und von außen herein sich selber begegnet, im Schicksalswalten, in

Denken, Fühlen, Wollen, wird alles das wirksam, was im inneren Leben die Leiden und Freuden bewirken. Denn alles Erleben ist immer Förderung und Forderung, Glück und Unglück, Gabe und Aufgabe, Gewinn und Verlust. Alles Positive im Leben zu empfangen, das steigert als Geschenk das bisherige Wesen des Menschen. Alles Leiden, alle Schwierigkeiten, die das höhere Ich dem niederen Ich bereitet, sind dasjenige, was den Menschen sich weiterentwickeln läßt. Nur durch diese Seite des Schicksals kann der Mensch höher, tiefer, reiner, freier, reicher, stärker und größer werden, als er ist. Der Mensch will sich im tiefsten Grunde entwikkeln, er strebt. Rudolf Steiner hat einmal Goethes »Faust« die größte Strebensdichtung der Welt genannt. Aber Goethes »Faust« ist bezeichnenderweise gerade nicht eine Reihe von Erfolgen und Siegen, sondern eine Reihe von Katastrophen und Niederlagen: Auf die Erkenntnistragödie folgt die Gretchen- und Valentintragödie, auf den tragischen Zusammenbruch am Kaiserhof bis zur Paralyse erfolgt der gewaltige Neuansatz der klassischen Walpurgisnacht, die aber doch nur wieder zur Helenatragödie hinführt; und der Ausgriff in die Welt endet mit der bitteren Tragödie von Philemon und Baucis.

Dennoch liegt in jedem Verlust ein Gewinn. Was Faust als Gedankenkraft aus der Erkenntnistragödie weiterträgt, wird ihm zur Fähigkeit, Geistiges zu erkennen. Was er an der Gretchentragödie durchmachen muß, wird in der Arielszene am Beginn des zweiten Teils zur Fähigkeit, das Leben in seinen Bildern zu erfassen. Und was aus dem Helenaschicksal schließlich in das soziale Wollen und dort zur Katastrophe führt: in der Apotheose nach dem Tode wird es Liebefähigkeit. Aus allem Streben, Ringen, Verlieren, Versagen, aus allem Verwundetwerden sind Kräfte der Zukunft, sind Perlen geworden. In den Bildern der Patres und der Büßerinnen stehen diese neugewonnenen Kräfte und Fähigkeiten wie Spiegelbilder seines eigenen Wesens um ihn herum. In den seligen Knaben und der verklärten Gretchenseele spiegelt sich ihm das Höchste zu. Was ist also aus dem Leiden geworden: Erfahrung! Die Erfahrung aber wird zum Wahrnehmungsorgan für das Wesenhafte der Welt, für das Geistige. Die aus Schmerzen geborene Lebenserfahrung wird Geistorgan (»welt- und geistgemäß' Organ«).

V. Geistige Zukunft: In der Betrachtung über die Kieselsäure als mineralische Wirklichkeit und als seelische Selbstlosigkeit im Weltvermitteln wurde gezeigt, daß das Quarzwesen von Natur aus das in sich hat, was es zum Träger der Sinnesprozesse und Sinnestätigkeiten aller Reiche der Natur befähigt. Es ist gewissermaßen das physisch-ätherisch-astralische Substrat in den zwölf Sinnen des Menschen, die ja die zwölf Tore zur Welt des jetzigen planetarischen Zustandes der Weltentwicklung sind. Das ist Natur. Was nun der Mensch an leidvoller Erfahrung, aber auch an bewußter persönlicher Schulung und Selbsterziehung zum Organ für Geistiges heranläutert, erscheint dem Apokalyptiker im Bilde von zwölf Toren, die Perlen sind. Das bedeutet, daß in einer zukünftigen Welt nicht mehr der Kieselprozeß der Träger der Sinneshaftigkeit sein wird, sondern daß diese auf einen Kalkprozeß übergehen wird. In der edelsten Kalkerscheinung heute, dem Kalkspat, ist das Licht noch doppelt gebrochen, und das Kalkwesen ist heute noch Begierdeträger. Es kann noch nicht Wahrnehmungsvermittler wie der Kiesel sein. In einer zukünftigen Welt wird alles geläuterte Begierdewesen, das aus allen Lebens- und Sinnentätigkeiten zu Perlen geworden ist, der Vermittler der Wahrnehmungstätigkeiten der zwölf Tore, der zukünftigen Sinne, sein. Mit den geläuterten und selbstlos gewordenen Sinneskräften wird der Zukunftsmensch wahrnehmen. Aus Perlenkräften werden also zwölf Sinne gebildet sein. Darin offenbart sich die geistige Zukunft des Perlenwesens. Es wird die Grundlage sein von zwölf Sinnen, in denen Sinnliches und Übersinnliches gleichzeitig wahrgenommen werden können. So wie heute durch den Kieselprozeß nur Sinnliches wahrnehmbar, doch aber auch schon eine durch das Bewußtsein gelenkte Spiritualisierung der Sinnesempfindungen möglich ist – wozu gerade Goethe der beste Führer sein kann –, bereitet sich in unseren Seelen und Sinnen die Perlenzukunft vor.

DAS HOLZ

Tod aus dem Leben – Leben aus dem Tod

Laßt uns die Bäume lieben,
Die Bäume sind uns gut.
In ihren grünen Trieben
Strömt Christi Lebensblut.

Einst wollt' das Holz verhärten.
Da hing sich Christ daran,
Daß wir uns neu ernährten;
Ein ewiges Leben begann.

Albert Steffen

Das Holz

I. Name: Das deutsche Wort »Holz« hat ursprünglich beide Bedeutungen, sowohl für das Holz der Baum- und Strauchstämme als auch für den Wald als Ganzes. Im Griechischen gibt es das Wort »klados«, und das bedeutet dort: der Zweig, die Verzweigung. Damit ist auf eine Seite im Holzprozeß hingedeutet, die in dem verzweigenden, auseinanderstrahlenden Wachstum erlebt wird. Zudem hat es die Bedeutung im Zusammenhang mit Halten und Holen, worin das Erlebnis zum Ausdruck kommt, daß die Pflanze aus ihrer Umgebung, ihrer Umwelt, etwas zusammenzieht, zu Holz macht und sich selber damit halten kann. Beide Bedeutungen sind in der ursprünglichen Wortanlage lebendig verbunden.

II. Forschung: Wurzeln, Stämme, Äste und Zweige der Bäume und Sträucher der Erde enthalten Holz. Es ist der innere zentrale Teil der drei Grundgewebe. Außen Rinde, innen Holz, dazwi-

schen ein zarter, durchsichtiger Schleier, wenige Zellen dick, ein zarter Schlauch, der das Holz bis in die feinsten Verzweigungen hinein umhüllt. Es ist das Kambium. Dieses besteht aus polyedrischen, dünnwandigen Zellen, erfüllt mit durchscheinendem, lebendig in jeder Zelle strömendem und kreisendem Protoplasma mit seinen Zellorganellen feinster Bildung. Die Zellen tauschen ununterbrochen Säfte miteinander aus und halten Wasser bis zu 90% im Protoplasma und in den Flüssigkeitshohlräumen unter Druck in sich, mit dessen Hilfe sie die Stoffe austauschen. Sie vermehren sich unausgesetzt durch Zellteilung im Rhythmus des Jahres. Zelle tropft aus Zelle und Zellschicht aus Zellschicht, sowohl untereinander wie nach außen zur Rinde hin, nach innen zum Holz hin. An den Wurzelspitzen und Sproßspitzen bilden die Kambiumzellen winzige mützenähnliche Kegel wie Mitren, in deren Spitzen die Scheitelzellen durch ununterbrochene Zellteilung nun wiederum ihrerseits die Kambiumzellen nach rückwärts hervortropfen und dadurch selber nach vorwärts weitergetragen werden. An den Stellen der Blattbildung strömt das Kambium zu flachen Schichten auseinander und bildet das Embryonalgewebe der Blätter, nach oben statt Holz die Palisadenzellen und die Oberhaut, nach unten statt Rinde das Schwammparenchym und die Unterhaut des Blattes absetzend. Dieser zarte Schleier ist das Jahrhunderte dauernde Leben der Bäume und Sträucher, wie eine Art zu Zellen organisierte Milch.
Die Zellschichten, die das Kambium nach innen absetzen, ändern und differenzieren sich durch Streckung, Erweiterung des Lumens und Wandverdickungen in folgende Typen:

1. Gefäßzellen (Tracheen) mit dünnen Zellwänden. Sie sind Haargefäße (Kapillaren); durch sie strömt das Wasser vom Wurzelhaar zum Blatt und in das Kambium.
2. Faserzellen mit dicken Wänden, bei Laubhölzern Sklerenchymzellen, bei Nadelhölzern Tracheiden genannt.
3. Die Markstrahlenzellen. Es sind Speicherzellen, Parenchymzellen und Quertracheiden. Sie durchdringen senkrecht zur Faser-

43 Sequoia Gigantea, die größte Baumpflanze der irdischen Natur

44 Sequoia Gigantea, Basis des gewaltigen Baumstammes

45 Baumquerschnitt. Innen Holzringe, außen Kambiumrest und Rinde (Borke). Der Jahreswechsel von Tod aus dem Leben und Leben aus dem Tod ist im Holz abgebildet. Zwischen Tod (Holz) und Tod (Rinde) der zarte Ring des Lebens im Kambium

46 Holzmaserung

Indem die Pflanze das tut, gewinnt sie die Fähigkeit, Jahre und Jahrhunderte als lebendiges Wesen zu überdauern. Sie muß den Tod in sich hineinbauen, die eigene Leiblichkeit zum Mineral werden lassen, um leben zu können.

Geht man nun auf die andere Seite dessen ein, was mit dem Wort »Holz« im Sinne von »verzweigt wachsender Wald« gemeint ist, dann ergibt sich ein etwas anderes Bild. Man kann die einzelnen Baum- oder Strauchpflanzen mit dem Ganzen der mineralischen Erde vergleichen. Diese ist ja dadurch gekennzeichnet, daß auf ihr Leben sich entwickelt, aber nur dort, wo diese mineralische Erde verwittert und mit organischen Abfallstoffen durchmischt zu jener dünnen Schicht zusammengewoben wird, in der ein unendliches Leben von Bakterien und kleinen Lebewesen den halb lebendigen Humus herstellt, ohne den die Pflanzen nicht leben können. Auf der mineralisch toten Basis der Gesteine liegt die dünne Schicht der Erde, des Humus, auf der das Leben der Pflanzenwelt gedeiht. Man kann das Kambium mit dieser Humusschicht vergleichen. Sie ist eigentlich das heute noch Lebendige der mineralischen Erde, und wenn das Kambium nach innen Holz absetzt, dann bedeutet das in übertragenem Sinn, daß ein Stück mineralischer Erde gewissermaßen über die Erdoberfläche hinaufgehoben wird, auf dem das grüne und blühende Blatt-, Blüten- und Fruchtwesen der Pflanze sich entfaltet, so wie auf einer Wiese, im Felde, die ein- und zweijährigen grünen Pflanzen auf der Basis der Ackerkrume gedeihen. Das Holz ist ein Mineral, das aus dem Leben zum Tode gebracht ist, damit auf seiner Grundlage um so mehr Leben gedeiht.

Der Lebensursprung des Holzes zeigt sich auch dann, wenn es, vom Menschen als Werkstoff benutzt, im Zusammenspiel mit der Feuchtigkeit der Luft in Quellung und Zusammenziehung immer noch eine Art Leben bewahrt. Man kann also sagen, das Holz ist derjenige Tod, der Leben möglich macht; und es tut das nur so lange, solange es selber in seinem Holzzustand in der Pflanze dauernd verbleibt, wodurch der Unterschied zwischen Splintholz, in dem noch Wasser strömt, und Kernholz, in das auch andere Ablagerungen eingewoben sind, zustande kommt.

IV. Seelische Tugend: Beim Holz ist dieses Hervorgehen des Todes aus dem Leben, um Grundlage des Lebens zu sein, ein gewissermaßen zeitlich ablaufender Vorgang. Erst muß das Holz da sein, d. h. gestorben sein, damit es Leben tragen kann. Im Menschen dagegen gibt es im Seelenleben Vorgänge, in denen Zurückhaltung, Überwindung, Opferung und Verwandlung ein Dauerzustand werden können, der mit fortwährendem leisen Sterben die Entfaltung feinerer und höherer Seelenkräfte möglich macht. Alle Selbstüberwindung des Menschen ist nicht ein Akt, der, einmal vollzogen, dann die Grundlage für Höheres ist, sondern gerade ein Vorgang, der sich ununterbrochen abspielt in dem Ineinander von Überwindung eines niederen Lebens zugunsten eines höheren, der Verwandlung des Irrtums zur Wahrheit, des Bösen zum Guten, des Häßlichen zum Schönen. Ein Sterben aus einem Leben wird ein Leben aus einem Sterben.

V. Geistige Zukunft: Dieses Leben im Sterben nennt der Apokalyptiker beim Anschauen des himmlischen Jerusalem das Holz des Lebens, das zu beiden Seiten des Stromes erscheint, Kapitel 22, Vers 2:

Mitten auf den Straßen der Stadt und hüben und drüben am Strom der Baum des Lebens, zwölffach Früchte tragend, so daß er jeden Monat seine Früchte gab. Und die Blätter des Baumes dienten den Völkern als heilende Arznei.

Aus dem geistigen Wasserstrom des Lebens bildet sich ununterbrochen das Holz des Lebens, indem das Ineinander von Leben und Sterben, von Sterben und Leben »Holz« ist. Nur daraus können Früchte, Seelenfrüchte und geistige Früchte hervorgehen, die in allen Monaten, d. h. nach allen Richtungen der Seele und des Geistes, im Augenblick heranreifen können. Da sie aus einem solchen Ineinander von Sterben und Leben hervorgehen, haben sie Heilkraft. Das konnte Novalis aussprechen in seiner Hymne an die Nacht, indem er sagt:

»Du bist der Tod und machst uns erst gesund.«

SCHLUSSWORT

Talismane

Dem Apokalyptiker erscheinen nicht nur Bilder von Mineralien, von Edelsteinen und Perlen, er liest auch auf diesen Steinen geistige Schriftzeichen, er liest Namen. Auf den zwölf Perlen der Tore der Stadt liest er die Namen der zwölf Stämme des Volkes Gottes und auf den Edelsteinen, den Schmucksteinen der Grundsteine, die Namen der zwölf Apostel des Lammes. Ein Name ist immer die Bezeichnung für ein Ich, für ein Wesen. Und an dieser Stelle fügen sich gewisse Inhalte des Alten und Neuen Testamentes zusammen. In den Bildern wirkt übersinnliches Schauen. In den Worten der Geistwesen und auch des Apokalyptikers selber lebt übersinnliches Hören. In dem Lesen der Namen lebt eine unmittelbare Begegnung mit Wesen, auf die sich die Namen beziehen.

Im Alten Testament sind die Namen der Stämme auf den Schultersteinen (je sechs) und auf den Steinen des Amtsschildes (je einer) der Kinder Israels eingraviert. In den zwölf Stämmen der Kinder Israel (so heißt Jakob) leben geschichtlich durch zwei Jahrtausende zwölf Bildungsimpulse, die dem Vererbungsstrom der zwölf Stämme eingewoben sind. Sie sind während der Wüstenwanderung unter Moses und Aaron voll entfaltet. Sie sind während der Landnahme unter Josua und den Richtern – sogar geographisch angesiedelt – noch da. Aber sie verfallen und verglimmen im Laufe der Jahrtausende mehr und mehr. Das ganze Alte Testament ist der Bericht dieser Untergänge. Und zur Zeit des Mysteriums von Golgatha hatte sich das alles im wesentlichen auf den einen Stamm Juda, auf die Juden und das Judentum, reduziert. Fast alles andere

Stammeswesen war in das Heidentum aufgelöst. Als der Christus in dem Jesus die Erde betrat, war die Fülle des Stammeswesens praktisch erloschen. Die geistigen Impulse hatten sich zurückgezogen und nur noch der Stamm Juda, der Löwe, war da. Siebzig Jahre später wurde durch die schauerlichen Gewalttaten der Römer auch dieser Rest seiner Stadt Jerusalem, seines Tempels, seines Altars und seiner Bundeslade beraubt und in die Welt verstreut.
In der Fülle dessen, was der Christus Jesus mitbrachte, sind aber die ursprünglichen zwölf Bildungsimpulse wieder da. Und er beruft dann zwölf Individualitäten, er zieht sie heran, bis er sie nach seiner Auferstehung als die zwölf Apostel des Lammes hinaussendet in die Welt. Was von ihnen in die Welt getragen wird, wird zur Keimzelle neuer Gemeinschaften, die immer wieder durch die sieben Entwicklungsstufen der Zeitenkreise gehen, wie sie in den sieben Gemeinden dem Apokalyptiker ebenfalls erscheinen. Durch diese fortdauernden Verwandlungen entstehen für die Zukunft zwölf Gruppierungsmöglichkeiten der Menschheit, die nun in der Apokalypse die gleichen Namen tragen wie die zwölf Stämme. Es sind aber nicht mehr Stämme, sondern Gemeinschaften, deren Zusammengehörigkeit durch neu an die Menschheit angeschlossene zwölf geistige Wesen entsteht. Es sind die zwölf Engel über den zwölf Perlentoren mit den Namen. Aber nicht einzelne, bestimmte Menschenindividualitäten, sondern zwölf geistige Wesenheiten überschweben jetzt die Namen der früheren Stämme. Aus dem einen Umfassenden, dem Christus-Wesen, sind durch die zwölf Apostel zwölf Engel an die Menschheit angeschlossen (Kap. 21, Vers 12). Das bedeutet aber nicht, daß einzelne Menschenindividualitäten in der Zukunft einer neuen Welt nur an eine und immer nur eine bestimmte Gemeinschaft gefesselt sind, denn es sind gerade die zwölf Perlentore, die die Namen und die Engel tragen. Es ist in jedem Tor, in jedem Namen, in jedem Engel eine Fülle von Möglichkeiten geistig bereitet, durch die freie Menschen Gemeinschaftsbildungen unter die Führung der geistigen Wesen tragen können. Ihnen verantwortlich anzugehören, um an dem Weltenbau mitzuarbeiten, ist immer nur das Ergebnis freier

Einfügung der Individualitäten in die eine oder andere dieser Gruppierungsmöglichkeiten, dieser Menschenordnungen. Der Apokalyptiker begegnet also in den Toren, den Engeln und vor allem den Namen, nicht etwa durch Erbschaft festgelegten Ordnungen der Erdenwelt, sondern den immer wieder frei sich bildenden Ordnungen der Zukunftswelt. Die Engel eröffnen zwölf Arten von Schöpferkräften der Zukunft zu freier Teilnahme unter ihrer Führung, die Gemeinschaften selber schließend und lösend. Es ist die Perle, die aus dem Leiden des Menschen an sich selbst – alles Leiden ist eigentlich Leiden an sich selbst – hervorgeläutert zu einem Tor wird, über dem der Engel steht und wirkt, zum Tore der Zukunft, auf dem der Name einer Gemeinschaft geschrieben ist, die dem Zukunftssinn zugänglich ist. Es ist dies der wahre Sinn für den Engel und für den anderen Menschen, für das, was rein geistige Wesenheit im anderen Menschen ist und was von Mensch zu Mensch zum Zusammenklang der Empfindungen und zu gemeinsamem Tun in freiwilliger Einordnung führt. Die Schrift auf der Perle ist nicht eine Gabe, wie sie die alte Stammeszugehörigkeit gegeben hat, sondern eine Aufgabe, die gerade dadurch schützt und trägt, daß sie frei ergriffen werden kann.

In der Goethezeit unterschied man zwischen Talisman und Amulett. Der Talismann war ein Edelstein, auf dem ein Name oder ein Spruch eingraviert war. Der Spruch mußte kurz sein, denn auf dem Stein war nicht viel Platz. Frauen, so meinte man, sollten ihn tragen am Gürtel oder am Busen. Ein Amulett war auch ein Edelstein, aber ohne eingravierten Spruch oder Namen, sondern in einen Beutel gehüllt und von einem beschriebenen Blatt begleitet, da konnte dann mehr darauf geschrieben sein. Männer, so meinte man, sollten das Amulett tragen, besonders Soldaten im Krieg, entweder an einem Kettchen um den Hals oder im Skapulier auf den Schultern in der Uniform.

In seinem Westöstlichen Diwan, im Buch des Sängers, wählt Goethe als Talisman den Sardonyx, den Achat mit den drei Farbzonen: schwarz, Onyx im Untergrund, weiß dazwischen und rot (Sarder-Karneol) darüber. Er sagt:

Talisman in Karneol,
Gläubgen bringt er Glück und Wohl;
Steht er gar auf Onyx' Grunde,
Küß ihn mit geweihtem Munde!
Alles Übel treibt er fort,
Schützet dich und schützt den Ort:
Wenn das eingegrabne Wort
Allahs Namen rein verkündet,
Dich zu Lieb und Tat entzündet.
Und besonders werden Frauen
Sich am Talisman erbauen.

Das regt aber den Sänger dann an, das weitere hinzuzufügen:

Amulette sind dergleichen
Auf Papier geschriebne Zeichen;
Doch man ist nicht im Gedränge
Wie auf edlen Steines Enge,
Und vergönnt ist frommen Seelen
Längre Verse hier zu wählen.
Männer hängen die Papiere
Gläubig um, als Skapuliere.

Nun hat aber Goethe selber Talismansprüche gedichtet. In ihnen findet sich ganz menschlich eine Art Abglanz von dem, was der Apokalyptiker kosmisch in den Schriftzeichen der geistigen Welt erschaut: in den Namen Welten, aus den Welten Namen. Erst die Namen auf dem Stein und aus dem Stein schließen das Weltenwerden des Mineralreiches mit dem Weltenwerden des Menschen innig zusammen. Und so sagt er in dem Buch der Sprüche:

Talismane werd ich in dem Buch zerstreuen,
Das bewirkt ein Gleichgewicht.
Wer mit gläubger Nadel sticht,
Überall soll gutes Wort ihn freuen.

(Er meint, daß man mit der Nadel ein wenig geistige Befragung vollziehen kann.)
Und so finden sich in dem Buch des Sängers fünf Talismane:

Gottes ist der Orient!
Gottes ist der Okzident!
Nord- und südliches Gelände
Ruht im Frieden seiner Hände.

Er, der einzige Gerechte,
Will für jedermann das Rechte.
Sei, von seinen hundert Namen,
Dieser hochgelobet! Amen.

Mich verwirren will das Irren;
Doch du weißt mich zu entwirren.
Wenn ich handle, wenn ich dichte,
Gib du meinem Weg die Richte.

Ob ich Ird'sches denk und sinne,
Das gereicht zu höherem Gewinne.
Mit dem Staube nicht der Geist zerstoben,
Dringet, in sich selbst gedrängt, nach oben.

Im Atemholen sind zweierlei Gnaden:
Die Luft einziehen, sich ihrer entladen;
Jenes bedrängt, dieses erfrischt;
So wunderbar ist das Leben gemischt.
Du danke Gott, wenn er dich preßt,
Und dank ihm, wenn er dich wieder entläßt.

Diese Talismane mögen auch den Leser, nachdem er sich durch das Buch hindurchgelesen hat, auf seinen weiteren Wegen begleiten.

Gieß Chemikalien zusammen:
Schon steigen die Flammen.
Doch sind Gas und Rauch
Gedanken auch,
die wieder umkehren
und das Ganze belehren
und sagen: Fühle
diese Hitze, diese Kühle ...
Christian Morgenstern

Rückblick und Ausblick

Im Rückblick auf das Ganze kann nun vielleicht deutlich werden, was es letzten Endes bedeutet, daß wir Menschen vor diesem weit Ausgespannten stehen können: Das Mineral in der Hand auf der einen, die mineralischen Bilder der Offenbarung des Johannes im Seelenblick auf der anderen Seite. Es sind die äußersten Extreme unseres Daseins überhaupt. In ihnen und durch sie erspricht sich in den Tiefen unseres Gemütes eine moderne Parsifal-Frage. Sie lautet: Du stummer Stein – wer bist du?
So sei es gestattet, den Stein selber sprechen zu lassen.
Und der Stein spricht:
Ich bin im Vatergott. In mir ist reiner, absichtsloser Wille des reinen Seins, der reinen Substanz des Vaters. In mir ist der Vater unendlich tragende Macht. In mir ist aber sein unendliches, das ganze Weltenall durchströmende Sein, irdisch zusammengezogen zu äußerster Dichte, Härte, Schwere, Finsternis.
Der Vatergott ist ein wollendes Wesen. Sein Wille ist in mir zusammengezogen und in die Mannigfaltigkeit von zweiundneunzig Elementen, von zweitausendfünfhundert Mineralarten, von acht mal zwölf Edelsteinen hereingebrochen und geronnen. Er, der Weltengrund, ist in mir der schweigende Stoffesgrund der Welt.
Und der Vatergott ist ein fühlendes Wesen. Er fühlt diese seine Verdichtung als körperlichen Schmerz, so wie du, oh Mensch, körperlichen Schmerz empfindest. Mein Sein ist auch geronnener Schmerz. Geduld und Schmerz des Vatergotttes, sie tragen dich in mir durch alle deine Leben.
Und der Vatergott ist ein bewußtes Wesen. Er weiß in der Figur meines Seins, der Kristallgestalt, um sich in mir. In unzählbaren Formen, in reinen, klaren Figuren, spiegelt sich sein Bewußtsein in mir, in mich gebrochen und im Gebrochenen ungebrochen, klar, durchsichtig, in sich selbst vollkommener Gedanke. Auf Geduld, auf Schmerz und auf Gedanken tritt dein Fuß, den du im Wandeln auf der Erde auf mich setzest.

Und der Stein spricht weiter:
Seit nun zweitausend Jahren bin ich nicht nur wie vom Urbeginn im Vatergrund – der Sohn ist in mich eingezogen. Er blickt dich in mir an. In Durchsichtigkeit, Klarheit, Farbenfülle, Glanz – insofern du mich dem Lichte aussetzest – kann dir das in mir dazu dienen, daß dir in mir der Christus erscheint. Wenn du ihn in dir gefunden hast, siehst du mich mit einem Auge an, durch das der Christus auf mich sieht, dann aber sieht der Christus dich durch mich und mich durch dich. Denn er ist in mich eingezogen und lebt in mir als die Kraft zukünftiger Vergeistigung.

Aus Kraut und Stein, aus Meer und Licht
schimmert sein kindlich Angesicht.

Er ist auch in mir der Sinn der Erde. Er liebt auch dich durch mich auch in mir.
Und der Stein spricht zuletzt:
Denn siehe, ich will doch nicht immer bleiben, was ich bin. Ich warte und warte und warte auf dich, oh Mensch. Du wirst mich erkennen, du wirst mich verbrennen mit der Kraft deiner Arbeit an mir, du wirst mich verwandeln in dich, so, wie du dich verwandeln wirst in mich, wenn du die Tugend, die der Vatergott in mich gelegt, dir durch den Sohn in dich verwandelt hast. In einem Lichte, das dir und mir gemeinsam ist, wird dich und mich der Geistesgott erleuchten. Und wir werden beide sein: du göttlich – menschliche Tugend als geistiger Stein. Dann wird die Gottesstadt Weltenkeim.

ANHANG

GEISTESWISSENSCHAFTLICHE ARBEITSGRUNDLAGEN

Anhang Nr. 1, zu Seite 21

Zur Frage nach der Anthroposophie

Bei der Behandlung der Inhalte dieses Buches handelt es sich um grundlegende und umfassende Erkenntnisfragen in bezug auf Welt, Erde und Mensch. Dabei mußte aus innerer Notwendigkeit immer wieder auf die Ergebnisse der Geisteswissenschaft Rudolf Steiners zurückgegriffen werden. Denn es gibt heute nur eine Forschungsrichtung, die mit dem Primat des Geistes, des Lebens, der lebendigen Gestalt, des Sinnvollen, des Wesenhaften und der waltenden Vorsehung in der Welt voll und ganz ernst macht. Es ist das die anthroposophisch orientierte Geisteswissenschaft Rudolf Steiners. Sie eröffnet die gedanklichen Wege vom Stoff zum Geist, vom Geist zum Stoff. Wie aber steht sie der heute üblichen Wissenschaft gegenüber?

Ein Überblick über den Umfang des Erkenntnislebens der Menschheit unseres Jahrhunderts zeigt die Überfülle dessen, was Wissenschaft im weitesten Sinn heute leisten kann. Diese Überfülle darf aber nicht darüber hinwegtäuschen, daß ihr eine grandiose Einseitigkeit zugrunde liegt. Diese besteht darin, daß einerseits als das alleinige Objekt dieser Erkenntnisart ausschließlich das anerkannt wird, was direkt oder indirekt dem sinnlichen Erfahren, Beobachten und Prüfen zugrunde liegt. Ausschließlich dieser Bereich ist zugelassen. Von ihm aus und zu ihm hin ist Wissenschaft allein möglich und zulässig. Andererseits wird dieses Objekt mit der intellektuellen Gedanklichkeit des Menschen geordnet (Systematik), interpretiert (Analytik) und hinterfragt (Kausalität). Daraus werden Hypothesen, Theorien und Modelle gebildet, die das letzte Ergebnis dieser Erkenntnisart darstellen. Das allein heißt Wissenschaft. Selbstverständlich können dabei auch die Sinnesinhalte des normalen, naiven Bewußtseins auf ihren objektiven oder subjektiven Gehalt hin geprüft werden, doch müssen sie in jedem Fall auf irgend einen außerhalb der Subjektivität des Menschen vorhandenen Tatbestand, Sachverhalt bezogen, eventuell auch reduziert werden, der für alle Hypothesen, Theorien und Modelle unbestreitbar sein muß.

Seit Kant ist das wissenschaftliche Bewußtsein endgültig kritisch geworden, d. h. es kontrolliert sich selbst faktisch und methodisch. Daraus wird dann die Wissenschaftstheorie entwickelt: die Wissenschaft von der Wissenschaft.

Im Grunde handelt es sich dabei doch nur um drei, wenn auch nicht scharf gegeneinander abzugrenzende Kategorien des Erkenntnislebens. Die erste kann man den Bereich der mehr oder weniger naiven, unkritischen Erkenntnishaltung nennen. Der Mensch mit seinen Wahrnehmungen, Erfahrungen und Erlebnissen reflektiert über alles nach gelernten Kategorien aus Sprache, Kindheitserlebnissen, erlerntem Schulwissen, Urteilen der Mitmenschen und nach den aus Massenmedien übernommenen Urteilen, Dogmen, Phrasen, Denkgewohnheiten, sowie aus den popularisierten Ergebnissen der Wissenschaft. Auch die eigenen Einfälle spielen dabei eine Rolle, werden aber auch naiv vollzogen. Je nach dem persönlichen Intelligenzquotienten bildet sich der naive Mensch eine Welt- und Lebensanschauung, in die er seine Erfahrungen usw. hineinverarbeitet. Charakteristisch ist aber, daß er diese Erfahrungen und Urteile naiv glaubt und sie auch naiv im Leben praktisch anwendet.

Davon hebt sich Stufe um Stufe der sich wissenschaftlich schulende Mensch ab. Er entwickelt ein mehr oder weniger kritisches Bewußtsein, reflektiert und prüft Mittel und Methoden und setzt sich der Kritik der Wissenschaften untereinander aus, wobei Logik und Tatsachen die entscheidende Rolle spielen. Aber auch hier gibt es eine Fülle der Fähigkeiten nach Intelligenz und kritischer Bewußtseinsfähigkeit. Naivität, Dogmatismus, Autoritätsglaube und Fachidiotie leben in dauerndem Konflikt mit Vorurteilslosigkeit, geistiger Freiheit und Selbstkritik. Dadurch entstehen im Wissenschaftsbetrieb deutliche Stufen. Man kann eben auch als Wissenschaftler partiell sehr naiv sein und bleiben.

An das wissenschaftliche Erkenntnisleben als Forschung im weitesten Sinne schließt sich die Lehre. Sie hat zur Voraussetzung, daß der Lehrende die Fähigkeit entwickelt, sich in das Bewußtsein des Lernenden so hineinzuversetzen, daß er ihm die Brücke bauen kann von dem einen zum anderen Bewußtsein und Bewußtseinsinhalt.

Schließlich werden wissenschaftliche Forschungsergebnisse im praktischen Leben angewendet, und Wissenschaft und Lehre gehen auf den Praktiker über.
Der naive Mensch kann erkennen, ohne Wissenschaftler zu sein, der Wissenschaftler kann forschen, ohne kritisch zu sein, der kritische und selbstkritische Wissenschaftler kann wissen, ohne lehren zu können. In diesen drei Kategorien des naiv Erkennenden, des wissenschaftlich Forschenden und des Lehrenden erschöpft sich die Tätigkeit des Erkenntnislebens des Menschen. Die unübersteigbaren Grenzen liegen auf der einen Seite in der Welt der Sinneserfahrung, auf der anderen Seite in den Grenzen des Bewußtseins und in den Denkkategorien des Intellekts. Charakteristisch ist, daß alle Begriffe dieser Theorien und Modelle letzten Endes auf sinnliche Erfahrungen oder daraus abgeleitete Interpretationen bezogen sein müssen. Sachlichkeit, Exaktheit, Logik und Nachprüfbarkeit sind die methodischen Postulate. Und alles, was über diese Bereiche hinausgeht, ist dann nicht mehr Gegenstand der Wissenschaft. Es ist Metaphysik, Mystik, Okkultismus, Esoterik, Parapsychologie, Magie und Religion, oder schlicht Illusion, Halluzination, Pathologie.
Ganz unbemerkt steht an diesen Grenzen doch ein naiver Dogmatismus. Denn so, wie für den Menschen sinnliche Wahrnehmung, seelische Erfahrung und intellektuelle Begrifflichkeit in Sprachform Tatsachen sind, die kritisch geprüft werden können, so gibt es außerhalb solcher Erfahrungsgrenzen auch das Hellsehen, das zweite Gesicht, die Clairvoyance, Ahnung, Vision und Prophetie. Das sind erfahrbare Tatsachen menschlichen Daseins. In ihnen begegnet dem Menschen eine Weltdimension, die den normalen Sinnen, dem normalen seelischen Erleben und dem logischen Denken nicht zugänglich sind. Gibt man ihnen den Namen: Bereiche einer übersinnlichen Welt, so ist über Objektivität, Tatsächlichkeit oder Subjektivität und Irrealität derselben noch nichts entschieden. Es gibt sehr viel mehr hellsichtige Menschen in der Welt, als man meint.
Nun gilt aber auch hier, genau wie bei der sinnlichen Erfahrung, daß die meisten Hellseher ihren Erlebnissen genauso naiv gegenüberstehen wie die »normalen« Menschen der Sinnenwelt. Die wissenschaftliche Frage ist eine doppelte: Muß es bei der naiven Beziehung zu übersinnlichen Erlebnissen bleiben, oder kann der Hellseher eine wissenschaftliche Schulung durchmachen, durch die er seine übersinnlichen Erlebnisse genauso kritisch prüfen, ordnen, erklären und begründen kann wie der

die sinnliche Welt erforschende Wissenschaftler die seinigen? Und das andere: kann der übersinnlich Forschende seine Wahrnehmungsmöglichkeiten selbst in die Hand nehmen, schulen, bewußt lenken, verfeinern, erweitern und vertiefen und vor allem prüfen durch Umbildung und Ausbildung seiner eigenen Konstitution, z. B. durch Selbstkontrolle, Meditation, Konzentration usw.? Dadurch könnte alles Illusionäre, Halluzinatorische und Pathologische ausgeschlossen sein.

Wenn das gilt, so kann aus dem natürlichen Hellseher ein Geistesforscher werden, ein Wissenschaftler auf dem Gebiete des Übersinnlichen, der seine Erfahrungen und sich selbst ebenso kritisch begrifflich durchschauen kann wie der exakte Naturforscher die seinigen. Dem naiven Hellseher kann man weder vertrauen, noch kann man ihn kontrollieren. Gilt das aber auch für den Geistesforscher? Er kann seine Forschungsergebnisse in wissenschaftlich geprüfter Form weitergeben. Damit werden sie für andere zwar nicht wahrnehmbar, aber verständlich, erklärbar und begründbar. Die Voraussetzung ist nur, daß der Geistesforscher in der Lage ist, seine kritisch geprüften Forschungsergebnisse mit den Erlebnissen und Erfahrungen des gewöhnlichen Bewußtseins, sowohl des naiven wie des wissenschaftlichen, zu konfrontieren, zu verbinden und zu durchdringen. Das heißt aber, er muß Geisteslehrer sein können. Er muß, was er erforscht, in Gedankenform so an das nicht hellsehende Bewußtsein seiner Mitmenschen heranbringen können, daß er die Bewußtseinsinhalte verständlicher machen kann, als sie durch sich selbst sind, und er muß inhaltliche Erweiterungen durch das Übersinnliche so mit dem Vorhandenen verbinden können, daß sie Ergänzungen darstellen zu dem, was auf dem normalen Wege nicht zu finden ist. Schließlich muß er zeigen können, wie seine Forschungsergebnisse auch im ganz praktischen Leben anwendbar und fruchtbar sind.

Nun kommt allerdings auf dem übersinnlichen Feld noch ein Weiteres hinzu. Im Sinnesgebiet ist es so, daß der Forscher die Interpretation der Natur selbst vollzieht. Nur den Mitmenschen gegenüber ist das nicht möglich. Die Begegnung mit einer Person, die denken und sprechen kann, bedeutet immer auch, daß abgewartet werden muß, was diese Person über sich selbst und über ihre eigenen Bewußtseinsinhalte aussagt. Der Forscher muß etwas erfahren durch persönliche Mitteilung, sonst erfährt er dies auf keine Weise.

Auch diesen Tatbestand kann man auf die übersinnliche Welt übertragen. Denn der Geistesforscher begegnet in der geistigen Welt individuellen geistigen Wesen. Er kann sie beobachten und interpretieren, er kann aber von ihnen auch Mitteilungen empfangen, die ihm nur dadurch zugänglich werden, daß sich diese Wesen von sich aus äußern. Sie können ihm ihre Absichten mitteilen. Er wird dann etwas erfahren, was dem gewöhnlichen Bewußtsein niemals zugänglich ist. Er wird das, was man von alters her einen Eingeweihten nennt. Er lebt als solcher in den Erinnerungen, den gegenwärtigen Taten und den Zukunftsabsichten der Geistwesen, die nicht Naturwesen sind und auch nicht wie der Mensch sinnlich erscheinen. Auch von diesen Inhalten kann er den nicht hellsehenden Menschen Mitteilung machen.

Nun könnte man einwenden, wozu braucht man denn für wahre Welterkenntnis überhaupt noch die exakte Naturforschung. Man lasse doch alle Menschen Übungen machen, hellsichtig werden und Geistesforschung betreiben.

Aber so ist es nicht: Erstens muß die Schulung für ein exaktes, wissenschaftlich-kritisches Bewußtsein an der Sinneswelt erarbeitet werden. Philosophie, Mathematik und exakte Naturwissenschaft sind die Erzieher eines Sachbewußtseins, das auch der Hellseher braucht, um Geistesforscher zu sein. Zweitens gehören die Ergebnisse der Sinneswissenschaft einerseits und der Geisteswissenschaft andererseits so zueinander wie ein Handschuh zum anderen. Sie decken sich nicht, aber sie ergänzen sich existentiell-symmetrisch. Das hängt mit der menschlichen Existenz als solcher zusammen. Denn der Mensch lebt, ganz gleich, ob er sich dessen bewußt ist oder nicht, immer in drei Welten: der Sinnes-, der Seelen- und der Geisteswelt. Er ist seiner vollständigen Natur nach Bürger dreier Welten. Er kann sein forschendes Bewußtsein reduzieren auf eine dieser Welten, er kann es aber auch auf alle drei erkenntnisspezifisch anwenden. Naturwissenschaft auf verständige Weise, Seelenwissenschaft auf seelische Weise und Geisteswissenschaft auf geistige Weise eröffnen zusammen erst die Erkenntniswege für das Ganze der Welt: für Vergangenheit, Gegenwart und Zukunft.

In der Gestalt Rudolf Steiners und seinem Lebenswerk kann man einem solchen Hellseher, Geistesforscher, Geisteslehrer, praktischen Lebenshelfer und Eingeweihten begegnen. Da in der Offenbarung des Johannes von übersinnlichen Tatsachen die Rede ist, liegt es nahe, dort Rat zu holen, wo für solche Tatsachen Erkenntniswege vorliegen. Aus diesen Gründen konnte grundsätzlich nicht darauf verzichtet werden, immer wieder auf die Geisteswissenschaft zurückzugreifen. Darum wurden auch im Anhang die entsprechenden Inhalte aus den Vorträgen und Büchern im Wortlaut diesem Buch mitgegeben.

Anhang Nr. 2, zu Seite 23

»In der Apokalypse versteht man nicht das Ganze aus dem Einzelnen, sondern das Einzelne aus dem Ganzen. Das Ganze aber bietet sich uns in der Dynamik und in den Gesetzen des durch Spannung und Entspannung fortschreitenden Entwicklungsganges dar. Nur durch bewegliche Begriffe, durch ein malerisch-musikalisch-plastisches Mitgehen, sehen wir die großen Figuren und Werdekreise auseinander hervorgehen.
Den Anfang bildet die übermächtige Christus-Begegnung des Apokalyptikers, die wir seine Damaskus-Stunde nennen können. Dies Zerreißen des Vorhangs löst eine große in Kreisen aufsteigende Höhenbewegung aus. In der Seele des Sehers von Patmos erwacht der johanneische Adler, der nun in wachsenden Kreisen emporsteigt.
Die erste Runde bleibt noch nahe bei der Erde. Sie spiegelt sich in den sieben Sendschreiben. Sieben vielleicht unscheinbare urchristliche Gemeinden in Kleinasien erscheinen wie eine im Kreise angeordnete Quintessenz der Menschheit, wie eine zyklische Zusammenfassung der Phasen der Geschichte. In sieben Stationen wird die Frucht der großen vorchristlichen Kulturepochen sowie eine keimhafte Vorwegnahme der zukünftigen Werdekreise sichtbar.
Auf die noch erden-nahe vorbereitende Runde folgen in mächtiger, weltumspannender Spirale die drei Siebenerkreise der übersinnlichen Wahrnehmung: die sieben Siegel, die sieben Posaunenklänge, das Ausgießen der sieben Zornesschalen. Die Siegel blühen auf zu geistigen *Bildern,* die sich einem inneren Sehvermögen zeigen. Die Posaunenklänge sind eine höhere *Wortsprache,* die ein inneres Hören voraussetzt. In der letzten, heiligsten Runde folgt auf Bild und Wort das *Wesenhafte.* Reale Wesensberührung mit überirdischen Kräften und Wesenheiten erschließt sich inneren Organen, die eine geistige Oktave des Tastsinns und Spürvermögens sind.
Jede der drei oberen Siebenheiten quillt aus einem Grund-Motiv, aus einem apokalyptischen Schlüssel-Urbilde hervor, die Siegel aus dem *Buch,* die Posaunen aus dem *Altare* und die Zornesschalen aus dem *Tempel* im Himmel. Wir ahnen: Das Buch im Himmel enthält in seinem Bilderweben das göttliche Erkennen, das uns zur Quelle werden kann für die

Heiligung unseres Denkens und Erkennens. Altar und Tempel im Himmel enthalten den Kultus, das ›heilige Handeln‹, dessen Vollzug alles Geschehen in den göttlichen Welten umschließt und deshalb die Quelle zur Heiligung unseres Wollens und Handelns werden kann.
Den wichtigsten Schlüssel für den dynamischen Schritt, die dramatische Architektur der Johannes-Apokalypse bietet uns die Schilderung, die Rudolf Steiner von den drei Stufen der übersinnlichen Erkenntnis, Imagination, Inspiration, Intuition, gibt. Alles abstrakte und dogmatische Sprechen von Inspiration und dem übernatürlichen, inspirierten Ursprung der neutestamentlichen Schriften wird abgelöst von einer konkreten Beschreibung dreier Sphären erhöhter Wahrnehmung, zu denen sich der Menschengeist, getragen von der Gnade der göttlichen Welt, erheben kann. Für das letzte Buch des Neuen Testamentes beantwortet sich dadurch nicht nur die Frage nach der Quelle, aus der es geschöpft ist. Die Apokalypse erscheint in ihrem Grundriß selbst als eine Landkarte der Provinzen und Sphären des aufsteigenden übersinnlichen Erkennens. Wächst der Mensch über die bloße irdische Sinneswahrnehmung und Verstandeserkenntnis hinaus, so eröffnet sich ihm zuerst ein geistiges Sehen, ein Erkennen in Bildern: die Stufe der *Imagination.* Das Schauen wird im Weiterschreiten von dem übersinnlichen Hören, dem Ton- und Wort-Erleben der *Inspiration,* abgelöst. Das Wort ›Inspiration‹ bezeichnet hier einen exakten, speziellen geistigen Tatbestand, es bleibt nicht jener undurchdachte, unterscheidungslose Sammelbegriff älterer dogmatischer Anschauungen. Die dritte Stufe ist die der *Intuition,* der wesenhaften Berührung und Durchdringung. Oft wird in einem ziemlich oberflächlichen Sinne von einem intuitiven Element gesprochen. Im geistig-exakten Sinne ist Intuition ein Tastsinn und Spürvermögen höherer Art. Wenn man ein Organ hat für das, was einen als seelische Atmosphäre umströmt oder was von einem Menschen als Wesenhaftes, Substantielles ausstrahlt, so ist das eine irdische Abschattung dessen, was auf dem geistigen Wege die Stufe der Intuition ergibt« (Emil Bock, Apokalypse, Stuttgart 1951).

Anhang Nr. 3, zu Seite 100 und 103

»Das müssen wir allerdings uns klarmachen, daß jene Menschheit, von der wir für ältere Erdenzeiten sprechen, nicht zu ihrem vollen Ich-Bewußtsein kam, wie wir das heute tun. Im traumhaften Bewußtsein liegt nicht ein volles Ich-Bewußtsein; und wenn kein volles Ich-Bewußtsein da ist, nehmen die Menschen auch nicht dasjenige wahr, worauf gerade die Menschheit der heutigen Zeit so stolz ist. Die Menschen jener Zeit nahmen nicht wahr, was in der toten Natur, in der mineralischen Natur, lebt.

Aber es gab von den Mysterien ausgehend Einrichtungen, welche im Laufe des Jahres den Menschen wenigstens annähernd so etwas brachten wie das menschliche Ich-Bewußtsein einerseits und Anschauung des allgemein Mineralischen auf der anderen Seite« (Rudolf Steiner, Der Jahreskreislauf als Atmungsvorgang der Erde, GA 223 und 229).

Anhang Nr. 4, zu Seite 102 und 104

»Betrachten Sie das, was jetzt geschieht. Wir nennen den gegenwärtigen Zyklus den mineralischen, weil der Mensch es darin mit der mineralischen Welt zu tun hat. Der Naturforscher sagt: Die Pflanzenwelt können wir noch nicht begreifen – denn er betrachtet die Pflanze als eine Summe von mineralischen Prozessen –, und ebenso macht er es auch mit dem Tier. Wenn dies auch eine Karikatur einer Weltanschauung ist, so liegt doch der Sache etwas zugrunde. Er kombiniert mit dem Verstande das, was nebeneinander im Raume und hintereinander in der Zeit ist. Überall ist es der Verstand, der am Toten, am Unlebendigen arbeitet, der die Teile zusammensetzt. Fangen Sie an mit der Maschine und führen Sie es bis zum Kunstwerk; diese Aufgabe hat der Mensch in dem gegenwärtigen Entwicklungszyklus, und er wird sie soweit zu Ende führen, daß er die ganze Erde in sein Kunstwerk verwandelt. Das ist die Aufgabe, die der Mensch für die Zukunft hat. So lange noch ein Atom da ist, das der Mensch nicht durchgearbeitet hat mit seinen Kräften, so lange ist die menschliche Aufgabe auf der Erde noch nicht vollendet. Wer die neuesten Fortschritte der Elektrizität verfolgt, der weiß, wie der Naturforscher seinen Blick bis in die kleinsten Teile der mineralischen Welt werfen kann, weil er die vor fünfzig Jahren noch fast unbekannte elektrische Kraft beherrscht. Seine Aufgabe besteht darin, das Unlebendige in ein großes Kunstwerk zu verwandeln. Daher hat es weit vor den historischen Zeiten, lange vor den Ägyptern, Kunstwerke gegeben. Verfolgen Sie das, und Sie werden begreifen, daß der gegenwärtige Zyklus die Durchgeistigung der ganzen mineralischen Natur bedeutet. Schon der verständige Naturforscher sagt uns, daß es nicht undenkbar ist – nach dem, was wir heute wissen –, daß eine Zeit kommen wird, wo die Menschen

imstande sein werden, noch tiefer hineinzugehen in das Wesen des Materiellen. Das ist eine gewisse Zukunftsperspektive.
Denen, die sich mit Physik beschäftigt haben, wird ein Satz erinnerlich sein: eine Zukunftsperspektive wird dadurch gewonnen, daß ein großer Teil unserer technischen Arbeit durch Aufwendung von Wärme, durch Verwandlung von Wärme in Arbeit, geleistet wird. Der Wärmetheoretiker zeigt uns, daß immer nur ein gewisser Teil der Wärme verwandelt werden kann in Arbeit oder in dasjenige, was technisch brauchbar ist. Wenn Sie eine Dampfmaschine heizen, so können Sie nicht alle Wärme dazu verwenden, um Fortbewegungskräfte zu schaffen. Nun denken Sie sich, daß immer Wärme für die Arbeit verbraucht wird, ein Teil der Wärme aber nicht in Arbeit umgewandelt werden kann und zurückbleibt. Dies ist der Wärmezustand, den der Wärmetechniker, der Wärmetheoretiker als eine Art Todeszustand unserer physischen Erde hinstellen kann. Da wendet der ein, der sich mit den Erscheinungen des Lebens beschäftigt, daß dann möglicherweise der Zeitpunkt gekommen sein kann, daß das Leben selbst eingreift: jene lebendige Maschinerie, welche die Moleküle und Atome in ganz andererWeise beherrscht, durch die wir unseren Arm bewegen, das Gehirn in Bewegung versetzen. Diese Kraft könnte dann, wenn unsere Umgestaltungskräfte nicht mehr ausreichen, tiefer hineinarbeiten in die materielle Natur, als selbst die Kräfte hineinarbeiten können, von denen wir uns heute eine Vorstellung machen können.
Dies zeigt Ihnen eine Perspektive, die aber für den Hellseher, der den Geist der Entwicklung zu verfolgen in der Lage ist, nicht nur ein Bild, sondern ein Konkretes und Wirkliches ist: Er sieht, wie sich die ganze Erde umgestaltet haben wird zu einem Kunstwerk. Ist das erreicht, dann hat der Mensch aber nichts mehr zu tun in der mineralischen Welt, dann wird er frei von allen Seiten, dann kann er sich frei bewegen, seine Seele ströß sich nicht mehr an den Gegenständen. Das ist die Zeit, in welcher die Erde eintreten wird in den sogenannten astralischen Zustand. Wie heute schon der Mechaniker Herr wird über die Außenwelt, wenn er die Maschine herstellt, die von seinem Geist durchdrungen ist, so ist es auch mit dem Menschen. Alles, was da ist, wird das unmittelbare Produkt seiner Taten sein. Was unsere Tat ist, was wir selbst gestaltet haben, das brauchen wir nicht wahrzunehmen. Die Sinne haben sich dann umgewandelt, und der astralische Zustand tritt ein. Das ist die Perspektive: die mineralische Welt hört mit unserem Erdenzyklus auf. Wir nennen daher

den nächsten Zyklus, den der Mensch absolvieren wird, den Zyklus des Pflanzendaseins. Die ganze Erde wird ihre mineralische Natur abgestreift haben, und der Mensch wird – wie jetzt mit dem Verstande in Mineralisches – mit seiner Seelenkraft in Lebendiges eingreifen. Er wird dann auf einer höheren Stufe Herr sein der Pflanzenwelt, wie er jetzt Herr der mineralischen Welt ist. Dann kommen wir auf die Stufe, wo der Mensch auf einer ganz lebendigen Erde leben wird. Doch wollen wir dieses Bild nur als ein annäherndes hinstellen, wir wollen uns damit begnügen, einen Ausblick in den nächsten Zyklus gewonnen zu haben« (Rudolf Steiner, Die Tempellegende, GA 93).

Anhang Nr. 5, zu Seite 104 und 124

»Wir müssen ja am Menschen unterscheiden, was er zunächst während des Erdenlebens als sein inneres Leben hat, und das, was sich als eine Art von Außenleben von ihm absondert. Inneres Leben – wir können ja zunächst hinweisen auf die Gefühle, auf den inneren Empfindungsgehalt, den der Mensch durchmacht zwischen der Geburt und dem Tode. Das ist sein eigentliches Innenleben. Was der Mensch fühlt, fühlt gegenüber den Eindrücken, welche die äußere Welt auf ihn macht, fühlt gegenüber seinem eigenen inneren Erleben, fühlt auch an Zubilligung oder an Vorwürfen gegenüber seinen Willensäußerungen, gegenüber seinen Handlungen, das alles ist etwas, was der Mensch während des Erdenlebens mehr oder weniger mit sich selber abmacht, wohinein er den anderen zwar blicken lassen kann, aber das Wesentliche an alledem ist doch die Art, wie der Mensch das mit sich selber abmacht.
Was der Mensch in der Wahrnehmung erlebt, das ist, wie wir schon durch die Betrachtungen der letzten Zeit wissen, nicht eigentliches wirkliches Erleben, das ist Scheinwelt, die sich um uns herum ausbreitet. Das ist die Welt, welche im Grunde genommen weder innerlich noch äußerlich ist, an der wir teilnehmen, und die wir ja nur dadurch, daß wir uns Gedanken über sie bilden, daß wir an ihr Gefühle entwikkeln, daß sie uns anregt, das oder jenes zu tun, zu unserer Innenwelt machen...
Aber etwas anderes, was uns mit der Außenwelt verbindet, müssen wir betrachten: Was in unserem Wollen wurzelt und übergeht in unsere Handlungen, das wird ein Stück Außenwelt. Alles, was durch unser Handeln geschieht, verändert die Außenwelt. Das geringste, was wir

machen, gibt ja der Außenwelt irgend etwas, was diese Außenwelt verändert.
Nun aber können wir sagen: Diese Außenwelt, die wir da selber bereiten durch unser Handeln, diese Außenwelt, die wurzelt in unserem Wollen. Sie ist also zu uns in einem Verhältnisse wie die Ereignisse während des Schlafes. In die Tiefen unserer Willenswelt sehen wir ja mit unserem Bewußtsein, mit dem gewöhnlichen Bewußtsein, ebenso wenig hinein wie in die Zustände während des Schlafes. Was da eigentlich vorgeht in der Willenswelt, das also bleibt außerhalb des Bewußtseins. Ich habe es oft ausgesprochen: Wenn wir nur einen Arm bewegen, wenn wir eine Hand bewegen – der ganze Willensvorgang, jene Kraftentfaltung, die in dem sich bewegenden Arm, in der sich bewegenden Hand wirken, sie entziehen sich dem Bewußtsein. Aber wir sehen auf unsere bewegte Hand. Wir sehen die Veränderung, die wir hervorbringen. Wenn wir nur einen Gegenstand von einem Orte an einen anderen legen, so nehmen wir durch unsere Wahrnehmungen die Veränderungen in uns auf. Wir können also sagen: Durch unsere Wahrnehmungswelt wissen wir von unseren eigenen Willensäußerungen. Es fließt gewissermaßen unser Wollen und seine Wirkungen in unsere Wahrnehmungswelt hinein...
Diese Willenswelt, sie kann ja eigentlich im gewöhnlichen Bewußtsein von dem Ich nicht unterschieden werden. Sie verbindet sich ganz und gar mit dem Ich. Aber alles das, was im Ich vorgeht, wenn das Ich will, handelt, alles das kommt nicht unmittelbar in das gewöhnliche Bewußtsein herein. Das ist eben, wie gesagt, unter dem gewöhnlichen Bewußtsein wie die Ereignisse des Schlafzustandes.
Im physischen Leib haben wir die Sinnesorgane, und die Sinnesorgane, sie haben die Wahrnehmungen. Durch diese Wahrnehmungen nehmen wir auch unsere Willensäußerungen wahr. Im physischen Leibe also sind Augen und Ohren, und was sich da aus Ich und Willenswelt entwickelt, das wird eigentlich durch die Sinne wahrgenommen. Also das, was das äußerste ist im Menschen, die Wahrnehmung, sie verbindet sich mit demjenigen, was der Mensch da erlebt durch seinen Willen und durch das Ich...
Indem wir unser Ich zum Willen aufraffen, die Willensimpulse in Handlungen umsetzen, erleben wir also diese Handlungen – gleichgültig ob sie durch Gehen oder durch Greifen oder durch Schreiten, durch irgendeine Arbeit bewirkt werden –, alle diese Dinge erleben wir durch das Wahrnehmen. Wir gehören eigentlich mit unserem Willen unserer äußeren

Wahrnehmungswelt an. Halten wir das nur durchaus fest: Wir gehören mit unserem Willen unserer äußeren Wahrnehmungswelt an. Wir kommen, indem wir das entwickeln, was wir da an Willensäußerungen, an unseren Willensoffenbarungen beobachten, wir kommen da nicht in unser eigentliches Inneres hinein. Wir absolvieren damit, obwohl der Wille aus unserem tiefsten Inneren strömt, für unser Bewußtsein eigentlich einen äußeren Vorgang, oder besser gesagt eine Summe von äußeren Vorgängen im Leibe.

Nehmen wir jetzt dagegen das Innere. Da haben wir zunächst die webende Gedankenwelt. Diese webende Gedankenwelt, wie sie nach außen wirkt, kann uns eigentlich in diesem Zusammenhang nicht interessieren. Nach außen lebt diese Gedankenwelt so, daß sie einen gewissen logischen, gesetzmäßigen Zusammenhang in die Wahrnehmungen hineinbringt. Wir klassifizieren die Natur. Wir sehen Pflanzen, die einander ähnlich sind, bringen sie in eine Klasse; wir sehen Tiere, die einander ähnlich sind, bringen sie in eine Klasse. Wir suchen sonstige Naturgesetze: Alles, was wir auf diese Weise ausgestalten, gehört eigentlich nicht zu unserem eigentlichen Innenleben. Es ist das, was als Wissenschaft allen Menschen gemeinsam ist. Es gehört nicht zu unserem Innenleben...

Diese Gedanken, die durchsetzen ja zunächst den Ätherleib. Sie verbinden sich aber auch weiterhin mit dem Gefühle bis zum Astralleib hin. Das alles ist etwas, was innerlich vorgeht. Diese Innenseite des Gedankenlebens, die Gefühlswelt dazu, das ist die eigentliche menschliche Innenwelt...

Und wir können jetzt genau unterscheiden, was in gewissem Sinne Außenleben ist, indem der Mensch sein Inneres in die Außenwelt fortwährend hineinträgt, und was Innenwelt ist...

Wir können also ganz genau unterscheiden, wenn wir wollen, zwischen dem, was des Menschen eigentliches Inneres ist, seelisch gewoben aus den Gedanken und Gefühlen, leiblich gewoben aus einem Ineinander-Rhythmen von Ätherleib und astralischem Leib – wir können davon unterscheiden, was in gewissem Sinne Außenwelt ist, seelisch gewoben aus Willensinhalt und Wahrnehmungsinhalt, leiblich gewoben aus Ich und physischem Leib. Denn wir nehmen unseren physischen Leib mit, beobachten ihn, er kommt in andere Verhältnisse zur Umgebung. Wir können das Innere und das Äußere unterscheiden in der Weise, wie ich es eben gesagt habe. Diese Unterscheidung ist aber sehr wichtig, wenn man nun betrachten will das Leben, das der Mensch hindurchträgt durch die

Todespforte. Wir können in einer sehr kompendiösen Weise aussprechen, wie sich das, was wir jetzt charakterisiert haben als Inneres und Äußeres, nach dem Tode verhalten wird, denn wir können sagen:

Das Äußere wird Inneres.
Das Innere wird Äußeres.

Das ist in der Tat die gewaltige Veränderung, die vorgeht durch den Tod hindurch. Das Äußere wird Inneres. Geradeso wie wir jetzt das Innere unserer Seele empfinden – wir können es uns vergegenwärtigen, wie dieses Seelisch-Innere aus Gedanken und Gefühlen durcheinandergewoben ist –, wie wir zu diesem Inneren Ich sagen, so wird nach dem Tode alles, was wir an Wahrnehmungen über unsere Handlungen erlebt haben, unser Inneres. Es ist aber wie in einem Punkt zusammengefaßt, was wir nun als Inneres erleben: die Anschauung dessen, was wir hier auf der Erde getan haben. Was wir getan haben – wir tragen wie unsere innere Erinnerung durch den Tod die Bilder unseres gesamten Erdenseins, und das ist dann unser Inneres. Also es ist wie eine völlige Umkehrung: was Äußeres war, was wir nur wahrnehmen konnten durch die Anschauung dessen, was wir tun, das ist dann unser Inneres. So wie wir jetzt in den Empfindungen, in den Gefühlen der äußeren Eindrücke leben, so leben wir dann in unseren Taten. Unsere Taten sind sogar dann unser Inneres. Wer also irgend jemandem etwas Gutes oder etwas Böses getan hat, der ist dann das selber, was er Gutes oder was er Böses getan hat. Er ist es wirklich nach dem Tode selber. Man darf sich diese Dinge nicht so abstrakt vorstellen, daß irgendein unbestimmtes Ich durch den Tod durchschlüpft und dann etwas anderes ist, oder ein bißchen anders ist, sondern wir sind das, was wir getan haben, bis auf die Einzelheiten hin selber. Wir sind nach dem Tode jede unserer Taten. Wir sind jedes unserer Erlebnisse und sagen zu alledem Ich.
Dagegen wird das Innere ein Äußeres. Alle Gedanken, Gedanken- und Gefühlswelt wird ein Äußeres. So wie jetzt um uns herum entweder die scheinende Sonne mit den Wolken ist oder in der Nacht der Sternenhimmel mit seinen Bewegungen, so sind nach dem Tod um uns herum als unsere Außenwelt unsere Gedanken und unsere Empfindungen. Also das, was wir intim in uns tragen, das gliedert sich der Außenwelt ein nach dem Tode, das erscheint uns in mächtigen Bildern in der Außenwelt. Wir sehen nach dem Tode einen Himmel, an dem uns, so wie vom jetzigen

Himmel die Sonne erglänzt, unser jetziges inneres menschliches Wesen erglänzt.
Wenn ich es im einzelnen schildern soll, so ist es so: Ich sagte vorhin, unsere Taten fühlen wir wie eine Sphäre, wie unser Inneres. Was wir in der Welt erarbeitet haben, das gehen wir immer wieder und wieder durch; wie wir gegangen sind, so gehen wir wiederum. Wir sind gewissermaßen nach dem Tode etwas, was in immer vergrößerter Weise in einer Sphäre die eigenen Taten erlebt. Und wir blicken immer zurück auf die Erde. So wie wir jetzt hinausschauen in den Weltenraum zu den Sternen, zur Sonne, so blicken wir dann zurück zur Erde. Und die Erde ist umgeben von den Bildern unserer vohergehenden Innenwelt. Nicht etwa als ob wir den bloßen Schein unserer Innenwelt erleben würden, sondern wir erleben von dem Orte aus, den wir verlassen haben, uns nachscheinend, diejenigen Dinge, die früher unsere Innenwelt waren, wie von diesem Orte ausströmende Wolkengebilde, auch Sternengebilde und so weiter. Die frühere peripherische Welt, in der fühlen wir uns drinnen, und die frühere Welt der Erde, auf der wir standen, fühlen wir wie unsere zentrale Außenwelt. Nach der blicken wir hin. Wir selbst sind dann die Umlaufenden, und die in der Mitte befindliche Erde ist dann dasjenige, zu dem wir hinschauen, und das im Abrollen unser ganzes Innenleben in mächtigen Bildern aufrollt.

Das Äußere wird Inneres.
Das Innere wird Äußeres.

Das geschieht bis auf die Einzelheiten hin.
Wenn man dann aus der sich immer mehr ausbreitenden Sphäre hinunterschaut auf die Erde zurück, dann sieht man von der Erde zurückströmend all die Gefühle, Empfindungen auch, die man anderen Menschen entgegengebracht hat. Das, was man außer in bezug auf Menschen innerlich erlebt hat, das erscheint mehr als Wolkengebilde, aber sternenhaft erscheinen die Empfindungen, die man für Menschen gehabt hat. Die Menschen selber aber, die man im Leben zwischen Geburt und Tod als Gestalten sieht, die Menschen selber, die man auf diese Weise erlebt als Erlebnisse, die bewirkt sind durch die Taten, dies wird eine Welt. Also alle die Menschen, mit denen Sie in Beziehung gestanden haben, werden mit Ihre Innenwelt.

Das ist natürlich durchaus gegenseitig. Jeder Mensch trägt, so wie er jetzt in sich seine Gefühle oder auch sein Herz und seinen Magen trägt, zwischen dem Tod und einer neuen Geburt alles, was sich abgespielt hat äußerlich im Raume und sonst zwischen ihm und den anderen Menschen, mit der Gestalt der anderen Menschen in sich. Von zwei Menschen, die sich gegenseitig nahegestanden haben, trägt der eine, A, das Bild des B, der B das Bild des A als einen eigenen inneren Gehalt in sich. Das Äußere wird Inneres; das Innere, die Gefühle, die wir erlebt haben, die werden Äußeres, die werden kosmischer Inhalt. Was wir für die Menschen empfunden haben, was wir alles von den Menschen erhalten haben, das strahlt uns von der Erde nach.

Auf diese Weise wird der Mensch tatsächlich zu einer Art Schöpfer dessen, was nach dem Tode um ihn herum ist. Während des Lebens ist es so: Nicht wahr, wir stehen ja immer an irgendeinem Punkte der Welt – ich meine jetzt nicht nur das gewöhnliche triviale in Basel- oder in Dornach-Stehen, sondern ich meine das überhaupt als irgendeinen Punkt, irgendeinen Standpunkt in der Welt, den wir haben, sowohl in physischer wie in moralischer Beziehung. Von dem aus sehen wir dann die Welt. So daß wir sagen können: Wir stehen an einem bestimmten Punkte und sehen die Welt von diesem Punkte aus perspektivisch. Das ist etwas Subjektives. Jeder andere hat ja seinen anderen Standpunkt. Nach dem Tode ist es anders. Da haben die Menschen schon ein Gemeinsames. Sie haben nämlich die Sphäre als ein Gemeinsames. Aber jeder hat ein anderes Innenleben gehabt. Daher umstrahlt sich ihm die Erde in einer anderen Weise, mit anderen Wolken, mit anderen Sternengebilden. Es ist so, als wenn alle Menschen an einem einzigen Punkte auf der Erde stehen würden, aber hier für den einen einmal das Bild, für den anderen ein anderes Bild vorhanden sein würde. So etwa kann ich das versinnlichen für die Zustände nach dem Tode.

Der Mensch legt ja mit dem Tode seinen physischen Leib ab. Dieser physische Leib wird – ich habe das auch schon im Zusammenhange mit früheren Darstellungen der letzten Wochen hier auseinandergesetzt – von dem Erdenreich selber aufgelöst. Was aber bleibt, das ist jenes Gewebe, das aus unseren Taten entsteht, indem wir unsere Taten, die Offenbarungen unseres Willens, mit unseren Wahrnehmungen verfolgen. Denken Sie sich, alle Wege, die Sie gemacht haben auf der Erde – nehmen wir also an: als Kind, da sind Sie so irgendwie herumgekrochen, dann gegangen, dann haben Sie eine weite Reise gemacht, alles mögliche, nicht wahr –, das alles, das wird dann Innenleben. Aber das ist nur das äußerste Gerüste« (Rudolf Steiner, Anthroposophie als Kosmosophie, GA 208, S. 13).

Anhang Nr. 6 A, zu Seite 105

»Nun, alles das, was Sie da im einzelnen getan haben, alles das webt sich zu einem Gewebe zusammen; das dehnt sich aus, das wird Sphäre, das wird Innenleben. Es wird Innenleben, und daß es Innenleben wird, das verbürgt dem Menschen sein Ich während des Erdendaseins. Denn von der Erde hat er sein Ich oder durch die Erde hat er sein Ich. Daß er alles das, was er auf der Erde tut, nach dem Tode zusammengewebt erhält in einem solchen Wahrnehmungs-Erinnerungsbilde, das bewirkt, daß er sein Ich eben durch den Tod trägt. Dagegen die eigentlichen inneren Erlebnisse, sie werden ja kurze Zeit nach dem Tode nacherlebt, indem sich der Ätherleib erst etwas später löst. Der Ätherleib löst sich aber in den Weltenraum hinaus auf, und das gibt die Grundlage dafür ab, daß alles das, was aus Gedanke und Gefühl so vom Ätherleib aus, aber auch mit dem astralischen Einschlag, gewoben ist, daß das wird zu jenem Wolkengebilde oder auch, wie ich angedeutet habe, Sternengebilde, das die Erde umgibt. Was da von uns abfällt nach zwei Richtungen hin, zur Erde und in den Luftraum gewissermaßen hinaus, das konstituiert unser Inneres und unser Äußeres, indem wir durchgehen durch das Leben zwischen dem Tod und einer neuen Geburt.

Stellen Sie sich einmal recht lebendig vor, was Sie also für eine Umwelt zwischen dem Tode und einer neuen Geburt haben. Sie haben Ihr Tun, insofern es dem Willen entströmt, als Ihr Innenleben. Sie haben Ihr Gefühls-, Ihr Gedankenleben als den Kosmos, als die Außenwelt. Nur sehen Sie nicht in den Weltenraum hinaus, sondern vom Weltenraume herein auf die Erde, die Ihnen zurückstrahlt diese Ihre inneren Gedankenaspekte. Wenn wir hier zwischen Geburt und Tod leben, haben wir auf der einen Seite das Sonnenleben. Die Sonne steht draußen. Wir stehen auf der Erde. Wir sind sie nämlich selber, und was wir selber sind, das sehen wir nicht. Wir gehen einfach in das Sonnenleben über, und das, was ich vorhin beschrieben habe, ist eben der Übergang in das Sonnenleben. Dieses, daß unsere Taten wir selber werden, das hängt damit zusammen, daß wir in das Sonnenleben übergehen. Und indem wir uns von der Erde entfernen, wird eben dasjenige, was wir durch die Erde erlebt haben, das wird jetzt das, auf das wir hinschauen. Hier stehen wir auf der Erde,

schauen zur Sonne hin. Wir sehen unter uns die Erde. Das ist wegen der eigentümlichen materiellen Beschaffenheit der Erde. Die Sonne hat keine materielle Beschaffenheit. Was die Physiker darüber aussagen, ich habe ja öfter gesagt, ist nur eitel Phantasterei. Wenn wir gewissermaßen selber in der Sonne sind und zurückschauen, so haben wir hinter uns die ganze geistige Welt, die Hierarchienwelt. Also wir sind Sonne und sehen die wahre Sonne, die ja geistig ist. Die Erde könnten wir Himmel nennen. Nur ist das jetzt eben der Himmel, den die Menschen bereiten aus dem, was sie innerlich leben. Das wird ja auch die Zukunft sein, das wird auch das Jupiterdasein sein. Ich habe das ja anschaulich auseinandergesetzt. All das, was da die Menschen um die Erde herum weben durch ihre Gefühle, durch ihre Gedanken, das wird bleiben. Verschwinden wird das, was heute als materielle Erde da ist, denn das geht unter. Heute kann der Mensch zwischen dem Tod und einer neuen Geburt sehen, was er da innerlich webt. Nachher, wenn die Erde ihrem Untergang entgegengeht, dann wird das Realität, dann wird das selber eine neue Erde; dann schmilzt die alte Erde weg, und all das, was die Menschen innerlich durchlebt haben, das wird die Zukunft der Erde.
So vollzieht sich die wirkliche Metamorphose. Wir haben ja nur ein äußerliches Abstruses, wenn wir sagen, die Erde geht über in den Jupiter. Wir durchschauen den Vorgang nur, wenn wir wissen: Das, was äußerliche Erdenmaterie ist, schmilzt in den Weltenraum ab, zerstäubt; das, was sich da herumwebt aus unseren Gefühlen, das wird die zukünftige Erde, das dichtet sich immer mehr und mehr, das wird eigentlich der Jupiterplanet« (Rudolf Steiner, Anthroposophie als Kosmosophie, GA 208, S. 22).

Anhang Nr. 6 B, zu Seite 105

»Letztes Mal habe ich Ihnen aus einer Rede des englischen Premierministers *Balfour* vorgelesen. Es ist da bereits aufmerksam darauf gemacht, daß gewisse Dinge heute physikalische Wahrheiten sind, die uralte okkulte Erkenntnisse sind. Wenn Sie in Blavatskys ›Geheimlehre‹ nachlesen, werden Sie dort eine Stelle finden über die Elektrizität, welche buchstäblich dasselbe besagt wie das, worauf die Physiker jetzt nach und nach kommen. Was Sie aber finden, ist eine bloße Ahnung von dem, um was es sich handelt. Es handelt sich um das physikalische Atom. Bis vor vier, fünf Jahren ist von aller äußeren – nicht der okkultistischen – Wissenschaft dieses verkannt worden. Man hat es für eine raumerfüllende

Masse gehalten. Heute fängt man an, dieses physikalische Atom als dasjenige zu erkennen, was es wirklich ist. Man kommt darauf, daß dieses physikalische Atom sich so verhält zur Kraft der Elektrizität, wie sich ein Klumpen Eis verhält zum Wasser, aus dem es gefroren ist. Wenn Sie sich Wasser vorstellen, das zu Eis gefriert, so ist das Eis auch Wasser. Und so ist das physikalische Atom nichts anderes als gefrorene Elektrizität. Wenn Sie dies ganz begreifen und die Mitteilungen, die bis vor wenigen Jahren in sämtlichen wissenschaftlichen Schriften über die Atome enthalten waren, durchgehen und sie für Blech ansehen, dann werden Sie ungefähr die richtige Vorstellung gewinnen. Erst seit dieser kurzen Zeit kann sich die Physik eine Vorstellung bilden von dem, was das physikalische Atom ist. Es verhält sich nämlich wie ein Eisklumpen zu der Wassermenge, aus der er gefroren ist. Das physikalische Atom ist kondensierte Elektrizität. Die Rede von Balfour betrachte ich als etwas außerordentlich Wichtiges.

Es ist ... [Lücke] etwas, was seit dem Jahre 1875 [1879?] herausgebracht ist. Die Tatsache ist bei den Okkultisten schon seit Jahrtausenden bekannt. Nun fängt man an zu wissen, daß das physikalische Atom kondensierte Elektrizität ist. Aber es handelt sich noch um ein zweites: zu wissen, was Elektrizität selber ist. Das ist noch unbekannt. Sie wissen nämlich eines nicht: wo das Wesen der Elektrizität gesucht werden muß. Dieses Wesen der Elektrizität kann nicht gefunden werden durch irgendwelche äußere Experimente oder durch äußere Anschauung. Das Geheimnis, welches gefunden werden wird, ist, daß Elektrizität genau dasselbe ist – wenn man auf einem gewissen Plan zu beobachten versteht –, was der menschliche Gedanke ist. Der menschliche Gedanke ist dasselbe Wesen wie die Elektrizität: das eine Mal von innen, das andere Mal von außen betrachtet.

Wer nun weiß, was Elektrizität ist, der weiß, daß etwas in ihm lebt, das in gefrorenem Zustande das Atom bildet. Hier haben Sie die Brücke vom menschlichen Gedanken zum Atom. Man wird die Bausteine der physischen Welt kennenlernen, es sind kleine kondensierte Monaden, kondensierte Elektrizität. In dem Augenblicke, wo die Menschen diese elementarste okkulte Wahrheit von Gedanke, Elektrizität und Atom erkannt haben werden, in dem Augenblick werden sie etwas erkennen, was das Wichtigste sein wird für die Zukunft und für die ganze sechste Unterrasse. Sie werden mit den Atomen bauen können durch die Kraft des Gedankens.

Das ist der große Gedanke, daß ... alles Fortschreiten auf Involution und Evolution beruht. Involution ist das Einsaugen, Evolution ist das Ausgeben. Zwischen diesen beiden auf- und absteigenden Phasen wechseln alle Weltenzustände. Jetzt atmen Sie die Natur ein, indem Sie sehen, hören, riechen, schmecken. Was Sie sehen, geht nicht spurlos an Ihnen vorüber. Das Auge geht zugrunde, der Gegenstand geht zugrunde, aber das, was Sie gesehen haben, bleibt. Jetzt werden Sie verstehen, daß in gewissen Zeiten es notwendig sein kann, daß ein Verständnis für solche Dinge geweckt wird. Wir gehen einer Zeit entgegen, in der, wie ich neulich schon andeutete, das Verständnis bis ans Atom herankommen wird. Man wird begreifen – auch in der populären Anschauung –, daß das Atom nichts anderes ist als geronnene Elektrizität – der Gedanke selbst ist aus der gleichen Substanz. Man wird in der Tat so weit kommen, noch ehe die fünfte Kulturperiode zu Ende geht, daß man imstande sein wird, bis ins Atom hineinzuwirken. Wenn man nur erst die Stofflichkeit zwischen dem Gedanken und dem Atom begreifen kann, so wird man auch bald das Hineinwirken ins Atom verstehen, und nichts wird mehr für gewisse Wirkungsarten verschlossen sein: Ich werde hier stehen und unbemerkt auf einen Knopf, den ich in der Tasche trage, drücken, um einen Gegenstand in weiter Ferne – sagen wir in Hamburg – in die Luft zu sprengen! So wie Sie jetzt schon drahtlos telegraphieren können, indem Sie hier eine Wellenbewegung hervorbringen und sie an einer anderen bestimmten Stelle in bestimmter Weise zum Ausdruck bringen, so wird auch das oben Angedeutete möglich sein. Das wird in dem Moment eintreten können, wo die okkulte Wahrheit, daß Gedanke und Atom aus derselben Substanz bestehen, im praktischen Leben durchgeführt sein wird« (Rudolf Steiner, Die Tempellegende, GA 93).

Anhang Nr. 7, zu Seite 109

»Wenn Sie bedenken, daß der Mensch, insofern er ein Sinnesmensch, ein Drüsen-, ein Verdauungsmensch ist, durch diese Tätigkeit keinen Ewigkeitswert hat, wenn Sie das bedenken, so werden Sie diesen Gedanken nun leicht verbinden können mit dem allgemeinen Gedanken, der gestern geäußert worden ist, der ja leider nur skizzenhaft in kurzen Vorträgen angedeutet werden kann: mit dem Gedanken von der zersprühenden Form. Indem die Form hineinsprüht in diese Tätigkeiten und sozusagen den Organismus so mit zerfallender Form, das heißt mit Materie versorgt, daß Sinnestätigkeit, Drüsenabsonderung, Verdauungstätigkeit zustande kommt, zeigt sich ja auch handgreiflich, daß wir es da mit zerbrechender Form zu tun haben, mit einer Form, die auseinanderbröckelt. Es sind nur spezielle Zerfallsprozesse der Form, die uns in der Sinnestätigkeit, in der Drüsenabsonderung und in der Verdauungstätigkeit entgegentreten. Von dem, was wir allgemein als Zerfallsprozeß der Form oder als das Schießen der Form in die Materie ansprechen können, sind das besondere Prozesse, Spezialprozesse.

Ganz anders liegt die Sache, wenn wir zur Nerventätigkeit, zur Muskeltätigkeit und zur Knochenwirksamkeit, zum Knochendasein des Menschen gehen. Wir haben gestern besprechen können, daß gewissermaßen im Knochensystem vorliegt materiell gewordene Imagination, materiell gewordene Bildhaftigkeit, im Muskelsystem materiell gewordene Inspiration in der Beweglichkeit, im Nervensystem materiell gewordene Intuition. Nun zeigt sich – und hier kommen wir zu der genaueren Besprechung einer Sache, die ja in den allgemeineren geisteswissenschaftlichen Vorträgen nur annähernd besprochen werden kann –, daß, wenn der Mensch durch die Pforte des Todes geht, nach und nach durch Verwesung oder Verbrennen oder wie immer, sein Knochensystem zerfällt. Aber was bleibt, wenn das Knochensystem materiell zerfällt, das ist die Imagination; die geht nicht verloren. Die bleibt in denjenigen Substanzen, die wir auch an uns haben, wenn wir durch die Pforte des Todes geschritten sind und ins Kamaloka oder ins Devachan hineingehen. Wir behalten allerdings eine Bildgestalt an uns zurück, die ja, wenn sie der wirklich geschulte Hellseher betrachtet, nicht gerade ähnlich ist dem Knochensystem, die aber, wenn sie der etwas weniger geschulte Hellseher auf sich wirken läßt, sogar äußerlich in der Bildgestalt etwas Ähnliches hat mit dem menschlichen Knochensystem, weswegen der Tod überhaupt nicht ganz unrichtig unter der Imagination des Knochenskelettes vorgestellt wird. Das beruht auf einer allerdings ungeschulten, aber immerhin nicht ganz danebentreffenden Hellsichtigkeit. Und beigemischt ist dieser Imagination das, was nun von den Muskeln bleibt, wenn sie stofflich zerfallen: da verbleibt die Inspiration, von der sie eigentlich nur Ausdruck sind, denn sie sind eigentlich nur stoffdurchtränkte Inspirationen. Die Inspiration bleibt uns, wenn wir durch die Pforte des Todes geschritten sind. Das ist etwas sehr Interessantes. Und ebenso bleibt uns die Intuition von dem Nervensystem, wenn die Nerven selber ihrem Verfalls- oder Zerfallsprozeß nach dem Tode entgegengehen. Das sind alles wirkliche Bestandteile unseres astralischen und ätherischen Leibes. Sie wissen ja, daß man den Ätherleib nicht ganz ablegt: ein Extrakt aus dem Ätherleib ist es, den wir mitnehmen, wenn wir durch die Pforte des Todes geschritten sind. Aber nicht nur das, sondern noch etwas anderes ist der Fall. Der Mensch trägt ja fortwährend sein Nervensystem durch die Welt, und dieses Nervensystem ist ja nichts anderes als Intuition, stofflich durchsetzt. Indem der Mensch dieses Nervensystem durch die Welt trägt, ist eigentlich an den Stellen, wo die Nerven den menschlichen Organismus durchsetzen, fortwährend Intuition, und diese Intuition strömt die Geistigkeit aus, die der Mensch immerfort wie eine Strahlenaura um sich herum hat. Nicht nur das also kommt in Betracht, was wir, wenn wir durch die Pforte des Todes schreiten, mit uns nehmen, sondern wir strahlen immer in dem Maße Intuition aus, als die Nerven zerfallen. Sie haben ja immer eine Art von Verfallprozeß in sich, sie müssen immer doch in gewisser Weise neugestaltet werden, wenn auch beim Nervensystem am meisten Haltbarkeit da ist: es findet immer Ausstrahlung statt, die man nur durch Intuition wahrnehmen kann. So daß wir sagen können: Intuitiv erfaßbare Substanz, geistige Substanz strahlt fortwährend von dem Menschen aus in dem Maße, als sein physisches Nervensystem zerbröckelt. So daß Sie schon daraus sehen, daß, indem der Mensch sein physisches Nervensystem gebraucht, es abnützt, es zum Zerbröckeln bringt, er nicht eigentlich bedeutungslos ist für die Welt. Er hat seine große Bedeutung. Denn wozu er seine Nerven benützt, davon hängt ab, was für intuitiv erfaßbare Substanzen von ihm ausstrahlen. Und wiederum: indem der Mensch seine Muskeln benützt, strahlen durch Inspiration erfaßbare Substanzen aus. Diese Ausstrahlung ist so, daß sie die Welt fortdauernd mit lauter ungemein fein differenzierten Bewegungsvorgängen bevölkert. Also inspirierte Substanzen strömen aus – die Worte sind nicht ganz glücklich gebildet, aber wir haben keine anderen. Und von seinen Knochen strömt beim Menschen dasjenige aus, was wir nennen können imaginativ zu erfassende Substanz.

Das ist nun ganz besonders interessant. Nicht um Sie zu überfüttern mit Ergebnissen hellseherischer Forschung, sondern weil es wirklich interessant ist, soll erwähnt werden, daß durch diese Ausstrahlung aus den Knochen, wenn sie zerfallen, in gewissem Maße tatsächlich der Mensch überall, wo er hinkommt, Bilder, daß heißt durch Imagination wahrnehmbare Geistesbilder von sich zurückläßt: feine Schattenbilder bleiben überall von uns zurück, wo wir gewesen sind. Und wenn Sie nachher aus diesem Saale gehen werden, so werden für ein feineres, gutgeschultes Hellsehen auf den Bänken in gewisser Weise noch immer feine Schattenbilder eine Zeitlang wahrzunehmen sein, bis sie in den allgemeinen Weltprozeß aufgenommen sind – feine Schattenbilder von jedem Einzelnen, die ausgeströmt sind von seinem Knochensystem. Auf diesen Imaginationen beruht ja das Unangenehme, das man manchmal empfindet, wenn man in ein Zimmer kommt, das vorher ein anderer, ein unangenehmer Mensch bewohnt hat. Das beruht hauptsächlich auf den Imaginationen, die er zurückgelassen hat. Man trifft ihn in einer gewissen Weise in einer Art Schattenbild dort noch an. Und in dieser Beziehung ist im Erleben ein einigermaßen sensitiver Mensch gar nicht hinter dem Hellseher zurückstehend, denn er empfindet das Unbehagen über das, was ein anderer zurückläßt in einem Zimmer. Der Hellseher hat nur das voraus, daß er sich in einem imaginativen Bilde veranschaulichen kann, was der andere spürt.

Was geschieht nun aber mit all dem, was wir in dieser Weise ausstrahlen? Fassen Sie das alles zusammen, was wir in dieser Weise ausstrahlen, meine lieben Freunde: es ist im Grunde genommen eigentlich alles das, was von uns in die Welt hinaus bewirkt wird. Denn tun Sie was immer in irgendeiner Weise: wenn Sie, indem Sie etwas tun, sich bewegen und herumgehen, da bringen Sie Ihr Knochen- und Muskelsystem in Bewegung. Aber selbst wenn Sie bloß liegen und nur denken, so strahlen Sie intuitiv zu erfassende Substanz aus. Kurz, was Sie in Tätigkeit setzen, das strahlen Sie fortwährend in die Welt aus, das geht fortwährend in die Welt über. Nun sehen Sie, wenn diese Prozesse nicht stattfinden würden, dann würde von unserer Erde, wenn sie am Ziele ihrer Entwicklung angelangt sein wird, nichts vorhanden sein als pulverisierte Materie, die in den allgemeinen Weltenraum als ein Staub übergehen würde. Dasjenige aber, was aus den materiellen Prozessen der Erde gerettet wird durch den Menschen, das lebt in dem allgemeinen Kosmos, in der allgemeinen Welt als das, was entstehen kann durch Intuition, Inspiration und Imagination. Der Mensch gibt auf diese Weise der Welt das, woraus sie als aus den Bausteinen sich wieder neu aufbaut. Es wird das sein, was ebenso weiterlebt, als das Geistig-Seelische der ganzen Erde, wenn diese Erde in bezug auf ihr Materielles wie ein Leichnam zerfällt, wie die einzelne Menschenseele geistig weiterlebt, wenn der einzelne Mensch durch die Pforte des Todes geschritten ist. Der Mensch trägt seine einzelne Seele durch die Pforte des Todes; die Erde trägt das, was geworden ist aus den Intuitionen, Inspirationen und Imaginationen der Menschen, hinüber zum Jupiterdasein. Damit haben Sie den großen Unterschied charakterisiert, der da besteht zwischen dem einen Menschen und dem anderen, insofern der Mensch ein Doppelwesen ist: der Sinneswahrnehmungen erfassende Mensch, der aus den Drüsen absondernde Mensch, der verdauende, sich ernährende Mensch – das ist der Mensch, der für das Zerklüften in der Zeitlichkeit bestimmt ist. Das aber, was erarbeitet wird durch das Vorhandensein des Nerven-, Muskel- und Knochensystems, das wird einverleibt der Erde, damit sie weiter bestehen kann« (Rudolf Steiner, Die Welt der Sinne und die Welt des Geistes, GA 134, S. 86 und 87).

Anhang Nr. 8, zu Seite 109

»Nun aber kommt etwas, was wie ein Mysterium sich hineinstellt in unser gesamtes Dasein, etwas, was ja tatsächlich, weil es im Grunde genommen ein Mysterium ist, nicht für den Verstand zu erfassen, sondern für die Seele zu glauben und zu durchdringen ist, was aber doch wahr ist. Dasjenige nämlich, was der Mensch so in seine Umgebung ausstrahlen kann, das gliedert sich deutlich in eine Zweiheit: in einen Teil von Inspiration, Intuition, Imagination, auf welche, man könnte sagen, das allgemeine kosmische Dasein ja angewiesen ist, die es aufnimmt – das allgemeine kosmische Dasein, es saugt das auf; aber etwas anderes saugt es nicht auf, das wird zurückgeworfen, wird nicht angenommen. Es erklärt förmlich der allgemeine Kosmos: Ja, diese Inspirationen, Intuitionen, Imaginationen kann ich gebrauchen, die sauge ich auf, damit ich sie hinauftragen kann zum Jupiterdasein. Aber andere stößt er zurück, die nimmt er nicht auf. Und die Folge davon ist, daß diese Intuitionen, Inspirationen und Imaginationen, weil sie nirgends aufgenommen werden, für sich stehend dableiben. Sie bleiben im Kosmos geistig drinnen stehen, sie können nicht aufgelöst werden. Es zerfällt also das, was wir ausstrahlen, in zwei Teile, in etwas, was gerne aufgenommen wird vom Kosmos, und in etwas, was er zurückweist, was er sich nicht gefallen läßt, was er dastehen läßt. Das letztere bleibt nun stehen.

Wie lange bleibt es stehen? Ja, sehen Sie, das bleibt so lange stehen, bis der Mensch kommt und es selber vernichtet durch Ausstrahlungen, die geeignet sind, das zu vernichten. Und es hat kein anderer Mensch in der Regel die Fähigkeit, diese vom Kosmos zurückgeworfenen Ausstrahlungen zu vernichten, als der Mensch, der sie selber ausgestrahlt hat. Und hier haben Sie die Technik des *Karma,* hier haben Sie den Grund, warum wir alle diejenigen Dinge an Imaginationen, Inspirationen, Intuitionen wiederum im Verlaufe unseres Karma treffen müssen, die vom Kosmos zurückgewiesen sind. Die müssen wir selber vernichten, denn der Kosmos nimmt nur das auf, was denkerisch richtig, gefühlsmäßig schön und moralisch gut ist. Alles übrige weist er zurück. Das ist das Mysterium. Und das, was denkerisch falsch, gefühlsmäßig häßlich und moralisch schlecht oder böse ist, das muß der Mensch selber ausstreichen aus dem Dasein durch andere entsprechende Gedanken, Gefühle und Willensimpulse oder Taten, wenn es nicht mehr vorhanden sein soll. Und es wird ihm so lange nachgehen, bis er es ausgestrichen hat. Hier haben wir den Punkt, wo sich uns zeigt, daß es nicht wahr ist, daß der Kosmos nur aus neutralen Naturgesetzen besteht oder sich nur durch neutrale Naturgesetze äußert. Der Kosmos, der uns umgibt, von dem wir glauben, daß wir ihn durch die Sinne erfassen und durch den Verstand begreifen können, der hat noch ganz andere Kräfte in sich, der ist, wenn wir so sagen können, in sich selber ein strenger Abweiser des Bösen, Häßlichen, Falschen, und er ist darauf erpicht, aufzunehmen in sich das Gute, Schöne, Wahre. Gericht gehalten von den Mächten des Kosmos wird nicht bloß zu bestimmten Zeiten, sondern im Grunde genommen ist dieses Gerichthalten etwas, was durch die ganze Erdentwicklung durchgeht« (Rudolf Steiner, Die Welt der Sinne und die Welt des Geistes, GA 134, S. 90).

Anhang Nr. 9, zu Seite 109 und 115

»Sie sehen, auf diese Weise fügt sich das Leben des einzelnen Menschen mit dem Leben des ganzen Kosmos zusammen. Indem wir hier zwischen Geburt und Tod leben, sehen wir gewissermaßen das, was uns frühere Welten übriggelassen haben, was übriggeblieben ist von Saturn-, Sonnen-, Mondendasein, von früherem Erdendasein. Das alles sehen wir, wenn wir hier sind, umglänzt von den Erscheinungen, die uns als Phänomene umgeben. Das weist uns mehr oder weniger auf die Vergangenheit. All das, was wir im Inneren tragen und was wir selbst auf dieser Erde ausführen, das weist uns auf die Zukunft. Und wir sehen gewissermaßen hereinspiegelnd in die Gegenwart schon diese Zukunft in unseren Erlebnissen zwischen dem Tode und einer neuen Geburt, indem das Innere Äußeres, das Äußere Inneres wird« (Rudolf Steiner, Anthroposophie als Kosmosophie, GA 208, S. 27).

Anhang Nr. 10, zu Seite 110

»Die Geheimwissenschaft aller Zeiten sagt über das Innere der Erde das Folgende: Wir haben uns die Erde zu denken, bestehend aus einer Reihe von Schichten, die aber nicht genau voneinander abgegrenzt sind wie bei einer Zwiebel, sondern sanft ineinander übergehen. Die oberste Schicht, die mineralische Masse, verhält sich zum Innern wie die Schale zum ganzen Ei. Diese oberste Schicht nennt man die mineralische Erde. Unterhalb derselben zeigt sich etwas, was sich mit keiner Substanz der Erde vergleichen läßt, man nennt es die flüssige Erde. Es ist aber nicht eigentlich eine Flüssigkeit gemeint, denn unsere Flüssigkeiten sind ja auch mineralisch; diese Schicht hat besondere Eigenschaften. Diese Substanz beginnt nämlich hier geistige Eigenschaften zu haben, darin bestehend, daß sie, als Substanz mit etwas Lebendem zusammengebracht, dieses Leben sofort heraustreiben und vernichten würde. Der Okkultist kann diese Schicht durch eine reine Konzentrationsarbeit untersuchen.
Die Luft-Erde: Das ist eine die Empfindung vernichtende Substanz; wird sie zum Beispiel mit einem Schmerz zusammengebracht, so verwandelt sie ihn in Lust, und umgekehrt. Es wird sozusagen die Empfindung in der Art, wie sie besteht, ausgelöscht, so wie die zweite Schicht das Leben auslöscht.
Die Wasser- oder Form-Erde: Diese Schicht besteht aus einer Substanz, die aus jedem Ding materiell das macht, was im Devachan geistig geschieht. Dort haben wir die Negativbilder zu den physischen Dingen. Hier würde zum Beispiel ein Salzwürfel vernichtet werden, das Negativ aber entstehen. Die Form wird sozusagen in das Gegenteil verwandelt, alle Eigenschaften begeben sich in die Umgebung. Der Raum selbst, den der Gegenstand einnahm, ist leer. Die Frucht-Erde: Diese Substanz ist voll von strotzender Wachstumsenergie. Jedes Teilchen derselben wächst sofort weiter wie ein Schwamm, wird immer größer und kann nur zusammengehalten werden von den oberen Schichten. Sie dient den Formen der vorhergehenden Schicht als dahinterstehendes Leben.
Die Feuer-Erde: Diese Substanz hat als solche Empfindung und Wille. Sie empfindet Schmerz; sie würde schreien, wenn sie getreten würde. Sie besteht sozusagen ganz und gar aus Leidenschaften.
Der Erdenspiegel, Erdenreflektor: Diese Schicht hat ihren Namen daher, daß ihre Substanz, wenn man sich darauf konzentriert, alle Eigenschaften der Erde ins Gegenteil verwandelt. Wenn man alles Darüberliegende

nicht sehen will, sondern direkt im Geist auf diese Schicht heruntersieht und sich dann zum Beispiel etwas Grünes vorlegt, so erscheint das Grüne rot; jede Farbe erscheint in ihrer Komplementärfarbe. Es entsteht eine polarische Spiegelung, eine Widerspiegelung ins Gegenteil. Das Traurige würde von dieser Substanz in Freude verwandelt.

Der Zersplitterer: Konzentriert man sich mit entwickelter Kraft darauf, so zeigt sich einem etwas ganz Merkwürdiges. Es erscheint nämlich zum Beispiel eine dazwischengehaltene Pflanze zahllos vervielfältigt, ebenso alles andere. Aber das Wesentliche ist, daß diese Schicht auch die moralischen Eigenschaften zersplittert. Sie ist schuld, durch die Kraft, die sie auf die Oberfläche der Erde ausstrahlt, daß es überhaupt auf der Erde Streit und Disharmonie gibt. Die Menschen müssen zusammenwirken in Harmonie, um die zersplitternde Kraft dieser Schicht zu überwinden. Dazu wurde diese Kraft in die Erde hineingelegt, damit die Menschen die Harmonie selbst entwickeln können. Alles Böse wird substantiell hier vorbereitet und organisiert. Streitsüchtige Menschen sind so organisiert, daß diese Schicht einen besonderen Einfluß auf sie hat. Alle, die aus dem Okkultismus heraus geschrieben haben, wußten das. *Dante* beschreibt diese Schicht in seiner ›Göttlichen Komödie‹ als Kains-Schlucht. Der Streit zwischen den beiden Brüdern Kain und Abel kommt von daher. Diese Schicht hat substantiell das Böse in die Welt gebracht.

Der Erdkern: Das ist substantiell dasjenige, durch dessen Einfluß auf der Welt schwarze Magie entsteht. Von hier geht die Kraft des geistig Bösen aus.

Aus dem Obigen können wir entnehmen, daß der Mensch einen Bezug hat zu all diesen Schichten, denn sie strahlen fortwährend ihre Kraft aus. Die Menschen stehen unter dem Einfluß dieser Schichten und müssen fortwährend die Kräfte derselben überwinden. Wenn einmal die Menschen auf der Erde selbst Leben ausstrahlen werden, wenn sie Lebenförderndes ausatmen werden, dann überwinden sie die Feuer-Erde. Wenn sie den Schmerz geistig überwinden durch Gelassenheit, dann überwinden sie die Luft-Erde, und so weiter. Wenn die Eintracht siegt, wird der Zersplitterer besiegt. Wenn die weiße Magie siegt, gibt es kein Böses mehr in der Welt. So bedeutet also die Evolution des Menschen eine Umgestaltung des Erdinnern. Im Anfang war der Erdkörper so, daß er alles hemmte, was sich entwickelte. Zuletzt wird die ganze Erde, durch die Kraft der Menschheit umgewandelt, eine vergeistigte Erde sein. Der Mensch teilt so sein Wesen der Erde mit.

Nun kann der Fall eintreten, daß die substantielle Leidenschaft der Feuer-Erde rebellisch wird. Durch die Leidenschaften der Menschen angeregt, dringt sie durch die Frucht-Erde hindurch, zwängt sich dann durch die Kanäle in die oberen Schichten und fließt sogar in die feste Erde hinein, erschüttert diese und bewirkt ein Erdbeben. Stößt diese Leidenschaft der Feuerschicht innere Erdsubstanz aus, dann entsteht ein Vulkan. Das hat sehr viel zu tun mit dem Menschen. In der lemurischen Rasse war die obere Schicht noch sehr weich, und die Feuerschicht lag noch weit oben. Nun besteht eine Verwandtschaft zwischen der menschlichen Leidenschaft und der Leidenschaftssubstanz dieser Schicht. Wenn der Mensch also sehr böse ist, so verstärkt er diese Leidenschaft. Das geschah am Ende der lemurischen Zeit. Da machte der Lemurier durch seine Leidenschaft die Feuer-Erde rebellischer und richtete den ganzen lemurischen Kontinent auf diese Weise zugrunde. Nirgendwo anders kann er die wahre Ursache zu diesem Untergang finden als in dem, was er selbst aus der Erde heraufgezogen hat. Heute sind die Schichten dichter und fester geworden, aber noch immer stehen die menschlichen Leidenschaften mit der Leidenschaftsschicht der inneren Erde im Zusammenhang; immer noch bewirkt eine Ansammlung böser Leidenschaften und Kräfte Erdbeben und Vulkanausbrüche« (Rudolf Steiner, Vor dem Tore der Theosophie, GA 95, S. 140–143).

Anhang Nr. 11, zu Seite 111

»Eine Wissenschaft, die es sich zur Aufgabe macht, Erkenntnis davon zu gewinnen, wie der *Geist* es macht, Materie zu bewegen, zu gestalten und umzugestalten, muß bereit sein, das Bestehen physischer Wirkungen von nicht-physischer Verursachung anzuerkennen. Sie bedarf daher eines Namens für diese, entsprechend der Bezeichnung *mechanisch* für die rein physischer Art. Als ein solcher bietet sich der Ausdruck *magisch* an. Daß sich an diesen allerhand zweifelhafte Bedeutungen geheftet haben, darf nicht davon abhalten, ihn zu einer wissenschaftlichen Bezeichnung im obigen Sinne zu machen. Ist es doch nur ein Kennzeichen des Zuschauerzeitalters, daß das Wort ›Magie‹ in solche Mißachtung gefallen ist. In Wirklichkeit entspricht die hier vorgeschlagene Verwendung dieses Wortes ganz dessen eigentlicher, ursprünglicher Bedeutung. Denn die Wurzel ›mag-‹ bedeutet nichts anders als ›Kraft‹ bzw. ›Macht‹. (Vergl. das lateinische ›magnus‹, ›magister‹, wovon sich wieder das deutsche ›Mei-

ster‹ herleitet, das mittelhochdeutsche ›michel‹ usw.) So wird also von nun an zwischen ›magischer‹ und ›mechanischer‹ Verursachung in der Natur unterschieden werden, wobei sich die magische als die für die meisten Vorgänge im Pflanzen-, Tier- und Menschenreich verantwortliche erweist.
Um der Wirkensweise der Leichte gerecht werden zu können, bedarf es, wie erinnerlich, der Anerkennung der Tatsache, daß neben den im üblichen Sinn als ›mechanisch‹ bezeichneten Verursachungen natürlichen Geschehens solche ›magischer‹ Art bestehen. Erst Klang- und Lebensäther sind unter den vier Ätherarten diejenigen, die das eigentlich magische Gebiet der Leichte bilden. Die Wärme bereitet vom Physischen her den Stoff zur Aufnahme der wirkenden Urbilder zu und trägt vom Ätherischen her diese ihm zu, aber sie verändert nicht die innere Natur des Stoffes. Ebensowenig tut dies das Licht, das im Durchdringen der Stoffe diese unverändert läßt. Anders die nächste Ätherart, deren stoffumwandelnde Macht ihr daher auch den Namen ›chemischer‹ Äther eingetragen hat« (Ernst Lehrs, Mensch und Materie, Frankfurt 1966).

Anhang Nr. 12, zu Seite 117 und 134

»Die erste Bemerkung, die ich zu machen habe, ist etwas, was für ein Gegenwartsbewußtsein schwer, man darf vielleicht sagen, zunächst gar nicht recht verständlich ist; aber es ist gut, wenn man weiß, daß es so etwas gibt. Das ist nämlich die Frage: Wie verschwinden nun diese planetarischen Gebilde eigentlich wiederum? Im Geistigen ist es Ihnen ja klar, wie die Entwickelung geschieht: die Wesenheiten steigen zu höheren Stufen hinauf, und indem sie hinaufsteigen, müssen sie den alten Schauplatz, den alten Wohnplatz verlassen, der ihnen eine Weile dazu gedient hat, gewisse Fähigkeiten zu entwickeln, die sie sonst nicht hätten entwickeln können. Als im Laufe der Evolution jene Zeit heranrückte, die wir die alte lemurische Zeit nennen, da war der Mensch im Verlaufe seiner Gesamtentwickelung so weit, daß er alles, was durch Saturn-, Sonnen- und Mondenentwickelung zu erlangen war, wiederholt hatte. Nun trat er auf in dem Wohnplatz unserer Erdenevolution, der sich zu seiner Weiterentwickelung eben erst gebildet hatte. Er entwickelte sich durch die lemurische und atlantische Zeit herein in unsere Zeit, und er wird sich in die Zukunft hinein entwickeln, so wie wir es kennen, fortschreitend von Inkarnation zu Inkarnation. Er wird aber nach einiger Zeit die Erde wie-

derum zu verlassen haben, weil sie ihm nichts mehr zu geben haben wird, weil sie ihm keine Entwickelungsmöglichkeiten mehr bieten wird.
Nun könnten Sie sich ja zunächst einmal vorstellen, daß unsere Erde sozusagen ein öder Schutthaufen würde, wenn der Mensch sie verläßt; Sie könnten es damit vergleichen, daß eine Stadt von der gesamten Bevölkerung verlassen wird. Sie wissen, wie eine solche Stadt nach kurzer Zeit schon aussieht, wie sie nach und nach zu einer Art von Erdhügel wird. Die Anschauung alter, vom Erdreich sozusagen aufgenommener Städte gibt ja ein hinlängliches Bild davon. So ist es in der Tat heute. Aber so wird es nicht mit der Zukunft der Erde sein. Dasjenige, was Sie führen kann zu einer Beantwortung der Frage, wie es mit der Zukunft unserer Erde sein wird, das kann die folgende Betrachtung geben: Was eigentlich bedeuten für die Erdenentwickelung Menschen, wie zum Beispiel Lionardo da Vinci, wie Raffael oder andere große Genien auf diesem oder jenem Gebiete? Was bedeutet es für die Erdenentwickelung, daß von Raffael oder Michelangelo jene wunderbaren Kunstwerke hervorgebracht worden sind, die da Tausende und aber Tausende von Menschen heute noch erfreuen? Aber vielleicht hat der eine oder andere von Ihnen, meine lieben Freunde, eine gewisse Wehmut empfunden beim Anblick des Abendmahles von Lionardo da Vinci, wenn er sich vor dem Bilde in Mailand fragen mußte, wie lange es mit dieser Wundertat des Lionardo da Vinci noch dauern wird. Denn man soll nicht vergessen, daß zum Beispiel Goethe auf seiner ersten italienischen Reise dieses Kunstwerk noch in seinem vollen Glanz hat sehen können und daß wir das jetzt nicht mehr in dem Maße können. Also seit dieser Zeit Goethes bis heute ist es mit diesem Kunstwerk dahin gekommen innerhalb der äußeren materiellen Welt, daß es diese wehmütige Empfindung hervorruft. Es wird eben für Leute, die so viel später nach uns leben wie wir nach Goethe, gar nicht mehr da sein. So ist es mit alledem, was Menschen auf der Erde schaffen und was in physischer Materie auf der Erde verkörpert ist. So ist es aber auch im Grunde genommen für die Erde selbst, ja auch mit den menschlichen Gedankenschöpfungen. Versetzen Sie sich einmal im Geiste in jene Zeit, wo die Menschen vergeistigt werden aufgestiegen sein in höhere Sphären. Gedanken im heutigen Sinne – ich will gar nicht sagen wissenschaftliche Gedanken, denn die werden nach dreihundert bis vierhundert Jahren schon keine Bedeutung mehr haben –, aber Gedanken der Menschen überhaupt, wie sie für die Erde eine Bedeutung jetzt haben, wie sie aus einem Gehirn hervorkommen, sie haben natürlich keine Bedeutung

für die höheren Welten, sondern nur für die Erde. Aber der Mensch hat die Erde verlassen. Was ist mit alledem geworden, was die Menschen nun geschaffen haben im Verlaufe von Jahrhunderten und Jahrtausenden auf unserer Erde?« (Rudolf Steiner, Geistige Hierarchien und ihre Widerspiegelung in der physischen Welt, GA 110).

Anhang Nr. 13, zu Seite 123

»In die mineralische Grundlage der Erde sind die andern Reiche, das Pflanzen- und das Tierreich, eingebettet.
In alle dem leben die Kräfte, die sich im Jahreslauf in ihren verschiedenen Erscheinungsformen zeigen. Man sehe auf die Pflanzenwelt. Im Herbst und Winter zeigt sie physisch ersterbende Kräfte. Das schauende Bewußtsein nimmt in dieser Erscheinungsform das Wesen derjenigen Kräfte wahr, die den Makrokosmos zum Ersterben gebracht haben. Im Frühling und Sommer zeigen sich im Pflanzenleben wachsende, sprossende Kräfte. Das schauende Bewußtsein nimmt in diesem Wachsen und Sprossen nicht nur das wahr, was den Pflanzensegen für das Jahr erstehen läßt, sondern einen *Überschuß*. Dieser Überschuß ist ein solcher der *Keimkraft*. Die Pflanzen enthalten *mehr* Keimkraft, als sie für Blätter-, Blüten- und Fruchtwachstum verbrauchen. Dieser Überschuß an Keimkraft strömt vor dem schauenden Bewußtsein hinaus in den außerirdischen Makrokosmos.
Ebenso strömt auch aber überschüssige Kraft vom Mineralreich in den außerirdischen Kosmos. *Diese* Kraft hat die Aufgabe, die von den Pflanzen kommenden Kräfte an die rechten Orte im Makrokosmos zu bringen. Es wird unter dem Einfluß der Mineralkräfte aus den Pflanzenkräften ein neugestaltetes Bild eines Makrokosmos.
Ebenso gibt es vom Tierischen ausgehende Kräfte. Diese wirken aber *nicht* in dem Sinne, wie die mineralischen und pflanzlichen, von der Erde ausstrahlend, sondern so, daß sich, was in Gestaltung durch die mineralischen Kräfte an Pflanzlichem ins Weltall getragen wird, zur Sphäre (Kugel) zusammenhält und dadurch das Bild eines allseitig geschlossenen Makrokosmos ersteht.
So schaut das geist-erkennende Bewußtsein das Wesen des Irdischen. *Dieses steht neu belebend innerhalb des erstorbenen Makrokosmos drinnen.*
Wie aus dem Pflanzenkeim, der räumlich so unbedeutend klein ist, die ganze große Pflanze sich wieder bildet, wenn die alte ersterbend zerfällt,

so wird aus dem ›Staubkorn‹ Erde ein neuer Makrokosmos, indem der alte erstorbene zerfällt.
Das ist ein wahres Anschauen des Erdenwesens, das überall in ihm eine keimende Welt schaut. Man lernt nur *dadurch* die Naturreiche verstehen, daß man in ihnen dieses Keimende empfindet« (Rudolf Steiner, Das Michael-Mysterium, GA 26, S. 198–199).

Anhang Nr. 14, zu Seite 134

»Der dreifache Schmuck, den das Weib an sich trägt, Gold, Edelsteine und Perlen, ist die in irdischen Prunk abgesunkene Himmelsdreiheit von Sonne, Sternen und Mond, in welcher sich die Geist-Erhöhung von Fühlen, Denken und Wollen bei dem Weib im Himmel zeigte. Während die Gebärende in den Höhen die Sonne als das goldene Herz der Welt ausstrahlend in ihrem Wesen trägt, schmückt sich die ganz irdisch-gewordene Gestalt mit dem gleißenden materiellen Golde, das ein verhärteter Schatten der Sonne auf der Erde ist. So wie das Weib im Himmel die Sterne gleich einer Krone über dem Haupte hat, so schmückt sich die Hure mit den Edelsteinen als den irdisch-verzauberten Sternen-Gedanken. Wir werden bei der Besprechung des himmlischen Jerusalem, in dessen Formenleib auch Gold, Edelsteine und Perlen eine Rolle spielen, erst voll erkennen, welche Infamie darin liegt, daß sich die Hure Babylon auch mit Perlen schmückt. Perlen entstehen nicht in der mineralischen Natur, sondern in lebendigen Wesen durch deren Reaktion auf Schmerzen. In der Bewältigung des Schmerzes, den ihm ein eingedrungener Fremdkörper bereitet, bildet das Muscheltier die Perle aus. Die Perle ist also ein wunderbares Symbol für Aufgaben, die der Mensch in seiner Seele zu lösen hat. Sie weist in die gleiche Richtung wie der Mond unter den Füßen des Weibes im Himmel, das sich über alles Dumpfe und Nächtliche erhebt. In der geistig-physischen Leiblichkeit des himmlischen Jerusalem sind die Perlen wie auch Gold und Edelsteine Zeichen und Ergebnis gemeisterter Innerlichkeit. Die Hure Babylon hat die Schmerzen nicht selber erlitten, deren Ertrag sie sich als Perlenschmuck umhängt. Sie ist das Gegenteil zu dem Weibe, das den Mond unter seinen Füßen hat. In ihr sind Gold, Edelsteine und Perlen Zeichen einer ohne innere Berechtigung angeeigneten, nicht-durchdrungenen und unverarbeiteten Äußerlichkeit. Das Weib und der Drache sind nicht klar zu unterscheiden; das schreiende Rot der Leidenschaftlichkeit und Gier hüllt

sie gleicherweise ein. Aus dem goldenen Kelch, den sie in der Hand hält, gefüllt mit Greuel und Unflat, teilt die Hure Babylon einen unreinen Reichtum aus, der an die dunklen Tiefen und Kräfte der Welt bindet.
Was man vom einzelnen Menschen sagt, daß ›zwei Seelen in seiner Brust‹ leben, gilt auch von der Menschheit im ganzen. Nachdem einmal das Weib im Himmel, die obere Seele der Menschheit, den Sohn geboren hat, muß mit dem Ich-Prinzip die Wahl zwischen oben und unten offenstehen; die durch die Zeitalter des Erden-Werdens heranreifende freie Entscheidung wird zur Scheidung führen. Im Bilde der Hure erscheint schließlich diejenige Menschheit, in der die untere Seele mit ihrem Erden-Schwergewicht die Herrschaft an sich gerissen hat« (Emil Bock, Apokalypse, Stuttgart 1951, S. 213–214).

Anhang Nr. 15, zu Seite 132

»Die Hieroglyphe des Berges begegnet uns in den biblischen Schriften oftmals so bedeutungsvoll, daß ganz klar ist: wir sollen dadurch nicht auf Irdisches, sondern auf Geistig-Übersinnliches hingewiesen werden. So kann uns z. B. das Christus-Wort vom ›bergeversetzenden Glauben‹ ganz und gar zu einer apokalyptischen Vokabel werden. Natürlich ist damit nicht gemeint, daß durch den Glauben die Arbeit der Abtragung eines Berges, die sonst mit der Schaufel verrichtet wird, abgekürzt werden könnte. Der Berg, vor dem ich stehe, nimmt mir den Blick in die Weite. Erst wenn ich seinen Gipfel erklimme, wird mir der Blick wieder frei. Die Magie des Glaubens besteht darin, daß er die Berge versetzt, die der menschlichen Seele den Ausblick in die Welt des Geistes versperren. Die bergeversetzende Kraft des Glaubens erhebt den Menschen auf die höhere Ebene, wo ihm nichts den Horizont verdeckt.
Wir erinnern uns an die apokalyptische Szenerie beim Ertönen der zweiten Posaune: ein brennender Berg stürzte vom Himmel. Wir wurden Zeugen eines Stadiums, in welchem der Himmel selbst auf die Menschheit solche Wirkungen ausübte, durch die sie sich schließlich wie ›der Ochs vor dem Berge‹ fühlen mußte: sie stürzte in ein Bewußtsein, in welchem sie den Ausblick auf das Geistige verlor: Der Berg des Materialismus türmte sich vor ihr auf.
Eine ähnliche Schau bemächtigt sich nach der Schilderung des Daniel-Buches (2. Kapitel) als prophetischer Traum der Seele Nebukadnezars: Eine unsichtbare Hand löst einen Stein los und schleudert ihn gegen ein

Götterbild. Aber indem der Stein stürzt, wächst er zu einem mächtigen Berge an, der sich als ein Felsen-Koloß von riesenhafter Dimension auftürmt. Geschaut wird, wie die Menschen, die zuerst mit kindlichen Seherkräften das Göttliche wahrnahmen, in das tiefe Tal hinuntermüssen, in dem sie von lauter Bergen umgeben sind. Die undurchsichtig gewordene Sinneswahrnehmung ist der Berg, der dem Menschen den Blick in die inneren Bezirke des Daseins nicht mehr erlaubt.

In den deutschen Volksmärchen, die auch irdische Bilder verwenden, um intime Bezirke der Seele und das, was sich darin abspielt, zu schildern, begegnet uns gleicherweise das apokalyptische Motiv von den sieben Bergen. Im Schneewittchen-Märchen tritt die Königin, Schneewittchens böse Stiefmutter, schönheitsstolz vor den Zauberspiegel hin, um sich bestätigen zu lassen, daß sie die Schönste im ganzen Lande ist. Der Spiegel an der Wand jedoch gibt von einem bestimmten Zeitpunkt an die Antwort: ›Frau Königin, Ihr seid die Schönste hier. Aber Schneewittchen über den sieben Bergen bei den sieben Zwergen ist tausendmal schöner als Ihr.‹ Die Welt, in der sich Schneewittchen aufhält, ist nicht die gleiche wie die Welt der Stiefmutter. Die Königin befindet sich in der Welt der Materie und der physischen Sinne, Schneewittchen aber weilt im Reich der Elemente und der Elementarwesen, die nicht physischer Natur sind. Im Bilde der sieben Berge erscheint die hochragende Grenzzone, die übersteigen muß, wer aus der Welt der Sinne in die Welt des Übersinnlichen gelangen will.

So sind auch die sieben Berge, von denen die Apokalypse spricht, das Grenzgebirge zwischen dieser und jener Welt. Selbstverständlich ist es nicht von ungefähr, wenn eine Stadt wie Rom auf sieben Hügeln erbaut worden ist. Rom ist ja auch nicht die einzige Stadt, die eine solche mythologische Szenerie zum Gründungsplatz gehabt hat. So hat man Prag, das auch eine Sieben-Hügel-Stadt ist, häufig das östliche Rom genannt. Apokalyptische Motive können sich gewissermaßen in die äußere Geographie hineinverirren, wenn die Weltgeschichte symbolisiert und an solchen Stellen Städte entstehen läßt, an denen durch Natur und Schicksal besondere Möglichkeiten des Grenzüberganges zwischen den beiden Welten bestehen. Was Prag betrifft, so wird das Geheimnis der Sieben-Hügel-Szenerie durch den Namen der Stadt unterstrichen, der ›die Schwelle‹ bedeutet. Allerdings besteht, wo die sieben Berge ein kosmisches Wahrbild sind, zugleich auch immer die Gefahr, daß dort eine Kulturstimmung und ein Seelenmilieu entsteht, durch das sich die Menschen ganz

und gar in die irdische Kultur hineinverzaubern, bis die sieben Berge schließlich unübersteigbar werden und der Ausblick auf die Welt jenseits der Grenzzone verlorengeht.
Indem uns die Apokalypse das stolz-geschmückte Weib zeigt, das sich auf die sieben Berge setzt, stellt sie uns bildhaft eine Macht vor die Seele, deren Wille es ist, daß die Menschheit von der geistigen Welt abgetrennt wird« (Emil Bock, Apokalypse, Stuttgart 1951, S. 216 und 217).

Anhang Nr. 16, zu Seite 134

»Mit seinen Vorstellungen lebt der Mensch noch in der Natur, wenn er auch das mechanische Denken in die Naturauffassung hineinträgt. ... Er nimmt durch die Sinne das auf der Erde wirkende Kosmische wahr und denkt durch seine Denkorganisation das aus dem Erdumkreis hereinwirkende Kosmische. ... Mit seinem Willensleben aber lebt er in so weitem Umfange in einer Mechanik des technischen Geschehens, daß dies dem naturwissenschaftlichen Zeitalter seit langem eine ganz neue Nuance gegeben hat. ... alles, was der Mensch an rein mechanischen Gesetzen in der Seele erlebt, ist an seinem Orientierungsverhältnis zur Erdenwelt (an seinem Stehen, Gehen usw.) innerlich erfahren.
Damit aber kennzeichnet sich das Mechanische als das rein Irdische. Denn das Naturgesetzmäßige in Farbe, Ton usw. ist im Irdischen aus dem Kosmos zugeflossen. Erst im Erdenbereich wird zu dem Naturgesetzmäßigen das Mechanische eingepflanzt. ... Das weitaus meiste dessen, was heute durch die Technik in der Kultur wirkt und in dem er (der Mensch) mit seinem Leben im höchsten Grade versponnen ist, das ist nicht *Natur,* sondern *Unternatur.* Es ist eine Welt, die sich nach unten hin von der Natur emanzipiert. ... Der Mensch braucht die Beziehung zu dem bloß Irdischen für seine Bewußtseinsentwicklung. ... Er trifft, indem er sich in das bloß Irdische einlebt, das Ahrimanische. ... Aber es entzieht sich ihm im bisherigen Verlauf des technischen Zeitalters noch die Möglichkeit, auch gegenüber der ahrimanischen Kultur das rechte Verständnis zu finden. ... Die Unternatur muß als solche begriffen werden, sie kann es nur, wenn der Mensch in der geistigen Erkenntnis mindestens gerade so weit hinaufsteigt zur außerirdischen Über-Natur, wie er in der Technik in die Unter-Natur heruntergestiegen ist. ... Die Elektrizität, die nach ihrer Entdeckung als die Seele des natürlichen Daseins gepriesen wurde, sie muß erkannt werden in *ihrer* Kraft, von der Natur in die Unternatur

hinabzuleiten. ... Das rein Ahrimanische beherrscht die Sphäre ... In einer Geisteswissenschaft wird nun die andere Sphäre geschaffen, in der ein Ahrimanisches gar nicht vorhanden ist. ... Und gerade durch das erkennende Aufnehmen derjenigen Geistigkeit, zu der die ahrimanischen Mächte keinen Zutritt haben, wird der Mensch gestärkt, um *in der Welt* Ahriman gegenüberzutreten« (Rudolf Steiner, Michael-Mysterium, GA 26, letzter Aufsatz).

Anhang Nr. 17, zu Seite 189

»Aber die Menschheit muß doch innerhalb der Erdentwicklung immer freier und freier werden. Nur dann erreicht die Erde das Ziel der Entwicklung, wenn die Menschheit immer freier und freier wird. Dazu ist aber Intellektualität in einem bestimmten Zeitalter notwendig gewesen. Dieses Zeitalter ist das unsrige. Denn wenn Sie zurückschauen in frühere Erdenverhältnisse, wo die Menschen ein traumhaftes Hellsehen gehabt haben, da lebten in dem traumhaften Hellsehen immer geistige Wesenheiten darinnen. Der Mensch konnte damals nicht sagen: Ich habe meine Gedanken im Kopfe. Das wäre falsch gewesen. Er mußte in alten Zeiten sagen: Ich habe das Leben von Engeln im Kopfe. – Und später mußte er sagen: Ich habe das Leben von Elementargeistern im Kopfe. – Dann kam erst das 15. Jahrhundert, und im 19., 20sten, da hat der Mensch gar nichts mehr von Geistigem im Kopfe, – nur Gedanken hat er im Kopfe – Gedanken.
Dadurch, daß er nichts mehr von einem höheren Geistigen in sich hatte, nur Gedanken, dadurch konnte er sich Bilder von der Außenwelt machen. Aber konnte der Mensch frei sein, solange die Geister in ihm lebten? Das konnte er nicht. Die dirigierten ihn ganz und gar, gaben alles. Der Mensch konnte erst frei werden, als keine Geister ihn mehr dirigierten, als er nur Gedankenbilder hatte.
Gedankenbilder können Sie zu nichts zwingen. Wenn Sie sich vor den Spiegel stellen ... die Spiegelbilder können noch so böse Menschen sein, sie werden Ihnen nie eine Ohrfeige geben; eine wirkliche Ohrfeige nie – weil sie keine Realität haben, weil sie Bilder sind. Wenn ich mich zu etwas entschließen will, so kann ich das im Spiegelbild nachbilden lassen; aber das Bild kann sich zu nichts entschließen.
In dem Zeitalter, wo die Intellektualität nur Gedanken in unseren Kopf setzt, da entsteht die Freiheit, denn Gedanken können nicht zwingen.

Wenn wir unsere moralischen Impulse nur reine Gedanken sein lassen, wie ich es in meiner ›Philosophie der Freiheit‹ dargestellt habe, dann können wir uns die Freiheit in unserem Zeitalter erringen. So mußte die intellektualistische Zeit heraufkommen. Es klingt sonderbar, aber es ist so: im wesentlichen ist die Zeit vorüber, in der die Menschen die bloße Intellektualität, das bloße Bilddenken ausbilden durften. Das ist mit dem 19. Jahrhundert vorübergegangen. Und wenn jetzt die Menschen weiter diese bloßen Bildgedanken ausbilden, dann verfallen die Gedanken den ahrimanischen Mächten, dann finden die ahrimanischen Mächte den Zugang zum Menschen, dann verliert er seine Freiheit wiederum an die ahrimanischen Mächte. Und vor dieser Gefahr steht die Menschheit gegenwärtig.
Die Menschheit steht gegenwärtig vor der Eventualität, entweder das spirituelle Leben zu begreifen, – zu begreifen, daß so etwas Realität ist, wie ich es heute im Anfang dieser Auseinandersetzung geschildert habe, – oder es zu leugnen. Dann kann man aber nicht mehr frei denken, wenn man es heute leugnet; sondern dann fängt Ahriman, die ahrimanischen Mächte fangen dann an in der Menschheit zu denken. Und dann geht die ganze Menschheit in einer absteigenden Entwicklung vor sich« (Rudolf Steiner, Das Geheimnis der Trinität. Adam Kadmon, GA 214).

Anhang Nr. 18, zu Seite 134

»Was zunächst geistig in Betracht kommt, das ist natürlich die Evolution einer Individualität. Lionardo da Vinci ist höher gestiegen durch das, was er geleistet hat – das ist sein Höhersteigen. Wir aber fragen uns: Bedeuten die großen Gedanken, die großen Impulse, welche die gewaltigen Schöpfer einprägen dem Erdenstoffe, bedeuten sie für die Zukunft der Erde nichts? Wird die Zukunft die Erde zu Staub zerbröckeln und das, was der Mensch aus der Erde gemacht hat, wird das mit dem Erdendasein verschwinden? Sie bewundern den Kölner Dom. Gewiß wird nach einer verhältnismäßig kurzen Zeit nicht ein Stein mehr auf dem anderen liegen; aber daß einmal der Mensch diesen Gedanken des Kölner Domes in Stein ausgedrückt hat, bedeutet das nichts für die ganze Erde? Wir sehen also ab von demjenigen, was die Menschen mitnehmen aus der Erde, wir sehen auf die Erde selber. Sehen Sie, ein Planet wird in der Tat im Laufe seiner Entwicklung immer kleiner und kleiner, er zieht sich zusammen. Das ist so das Schicksal der Materie des Planeten; aber das ist nicht alles, das ist

nur etwas, was sozusagen das physische Auge und physische Instrumente am Planeten betrachten können. Es gibt eine Entwicklung auch des Materiellen über diesen Punkt hinaus.
Und jetzt wollen wir diese Entwicklung des Materiellen über diesen Punkt hinaus einmal ins Auge fassen, und ich komme auf das, wovon ich gesagt habe, daß es für einen Gegenwartsverstand schwer, vielleicht gar nicht begreiflich ist. Es ist nun so, daß die Erde sich fortwährend zusammenzieht. Dadurch drängt sich die Materie von allen Seiten nach dem Mittelpunkte. Und jetzt sage ich, selbstverständlich mit vollem Bewußtsein, daß es ein Gesetz von der Erhaltung der Kraft gibt, aber auch im vollen Bewußtsein der jedem Okkultisten bekannten Tatsachen: es drängt sich die Materie gegen den Mittelpunkt immer mehr und mehr zusammen, und das Eigenartige ist, daß die Materie im Mittelpunkte verschwindet.
Um es ganz anschaulich zu machen: denken Sie sich, Sie hätten ein Stück Materie, das würde immer mehr und mehr in den Mittelpunkt hineingedrängt – im Mittelpunkt verschwindet es; es wird nicht nach der anderen Seite hinübergedrängt, es verschwindet tatsächlich im Mittelpunkt in nichts! So daß Sie sich vorstellen können, daß die ganze Erde einstmals, indem sich die materiellen Teile gegen den Mittelpunkt zusammendrängen, in den Mittelpunkt hinein verschwindet. Das ist aber nicht alles. In demselben Maße, wie das in den Mittelpunkt hinein verschwindet, in demselben Maße erscheint es im Umkreise. Da draußen tritt es wieder auf. An einer Stelle des Raumes verschwindet die Materie, und von außen tritt sie wieder auf. Alles, was in den Mittelpunkt hinein verschwindet, kommt vom Umkreise wiederum herein, wird herangezogen, und zwar so, daß hineingearbeitet ist jetzt in diese Materie alles das, was die Wesen, die auf dem Planeten gearbeitet haben, der Materie eingeprägt haben; natürlich nicht in seiner heutigen Form, aber in einer Form, wie sie ihm eben durch diese Umwandlung gegeben wird. Sie werden so den Kölner Dom, indem seine materiellen Teilchen in den Mittelpunkt hinein verschwinden, von der anderen Seite wieder ankommen sehen. Nichts, nichts geht verloren von dem, was gearbeitet wird auf einem Planeten, sondern es kommt wieder von der anderen Seite her.
Dasjenige, was da angekommen war im Beginne unserer Erdenentwicklung vor der Saturnentwicklung, das müßten wir auswärts setzen, außerhalb des Tierkreises. Die Urweltweisheit hat es genannt den Kristallhimmel, und in diesem Kristallhimmel waren deponiert die Taten der Wesen

einer früheren Evolution. Sie bildeten sozusagen dasjenige, auf Grund dessen die neuen Wesenheiten zu schaffen begannen.
Wie gesagt, das ist für einen Gegenwartsverstand außerordentlich schwer zu fassen, weil der daran gewöhnt ist, nur das Materielle ins Auge zu fassen, weil er nicht gewohnt ist, einzusehen, daß an einer Stelle aus dem dreidimensionalen Raum das Materielle verschwinden kann und an einer anderen Stelle, nachdem es durch andere Dimensionen gegangen ist, wieder zurückkommt. Solange Sie mit Ihrem Vorstellen im dreidimensionalen Raum bleiben, können Sie das nicht fassen, denn das geht aus dem dreidimensionalen Raum heraus. Daher ist es nicht zu sehen, bis es von der anderen Seite in den dreidimensionalen Raum wieder hereinkommt. In der Zwischenzeit ist es eben in einer anderen Dimension. Das ist so eine Sache, die wir auch nunmehr fassen müssen, denn es hängen überhaupt die Dinge unserer Weltentstehung in der mannigfaltigsten Weise zusammen, und etwas, was an einem Orte ist, hängt zuweilen recht kompliziert mit etwas anderem zusammen, was sich an einem ganz anderen Orte im dreidimensionalen Raume befindet« (Rudolf Steiner, Geistige Hierarchien und ihre Widerspiegelung in der physischen Welt, GA 110).

Anhang Nr. 19, zu Seite 135

»Sie wissen ja, daß in dieser 5. nachatlantischen Zeit die Menschen angefangen haben, allmählich an die Stelle des alten, noch vom Monde herüber vererbten Hellsehens die wirklich äußere, gegenständliche Beobachtung der Dinge zu setzen, die dann allmählich zu der wissenschaftlichen Betrachtung der Dinge geworden ist, die zu einer materialistischen Weltauffassung geführt hat, – und daß wir in diese materialistische Weltauffassung hineinstellen wollen die geisteswissenschaftliche Weltauffassung. Nehmen Sie all dasjenige zusammen, was wir imstande sind zu erdenken, zu wissen von der Welt, betrachten Sie all dasjenige, was der Mensch heute an Wahrnehmungen, Begriffen, Ideen haben kann ... nicht wahr, wir haben öfter besprochen, wie wir das eigentlich haben: wir haben es dadurch, daß sich unser Geistig-Seelisches am Physisch-Leiblichen spiegelt, so daß im wachen Erdenleben heute der Mensch dadurch vorstellt, daß sein Geistig-Seelisches gewisse Vorgänge im Physisch-Leiblichen hervorruft, und daß diese Vorgänge zu einem Spiegelungsapparat werden: und dieser Spiegelungsapparat bildet dann den Inhalt unseres Bewußtseins. Indem wir also einen gewissen Inhalt unseres

Erdenbewußtseins haben vom Aufwachen bis zum Einschlafen – Vorstellungen, Empfindungen, Willensimpulse, das alles ist gemeint – ist zunächst der physische Erdenmensch richtig Apparat für all das, für den Inhalt, den der Mensch während des Erdenlebens angesammelt hat.
Also während des wachen Erdenlebens erleben wir mit unserm physischen Erdenmenschen, aber wir tragen ja in uns den Mondenmenschen. Der Mondenmensch in uns, der ist nicht geeignet, uns direkt als Werkzeug für unsere Wahrnehmung zu dienen. Der Mondenmensch war geeignet, auf dem Monde die alten traumhaften Vorstellungen zu bilden; heute ist er nicht geeignet unsere hellen Erden-Wachvorstellungen zu bilden. Aber er ist doch in uns, dieser Mondenmensch, und er tut nicht etwa nichts! Was tut er, dieser Mondenmensch? Nun, er tut dasselbe, was er während der Mondenzeit getan hat: er träumt. Und da wir, wenn wir wach sind, in der Regel die im Unterbewußtsein wirkenden Träume nicht wahrnehmen, so bemerken wir das zunächst nicht. Sie gehen – ebenso wie Sie mit Ihrem wachen Bewußtsein durch die Welt gehen – mit dem Inhalte dieses Träumers durch die Welt. Wenn Sie auch nichts wissen von diesem Träumer, so wissen doch andere Wesen davon. Diese anderen Wesen sind die Wesen der Hierarchie der Angeloi – und was dieser Träumer träumt, das wird Vorstellung in den Seelen der Angeloi, die erheben das zu ihrer Vorstellung.
Während des Mondes hat also dieser Träumer das Bewußtsein entwikkelt, das man überhaupt während der Mondenzeit haben konnte. Als der Erdenmensch entstanden ist, ist dieser Träumer in ihn hineingekrochen; aber das, was er erlebt, das entwickeln nun die Angeloi zu klaren, bewußten Vorstellungen, und bei ihnen sind es Imaginationen. Sie wandeln unsere Träume um zu Imaginationen. Der Träumer in uns also, der wird Vorstellung für die Wesen aus der Hierarchie der Angeloi, und die machen Imaginationen daraus. So daß wir also sagen können: Was der Mondenmensch träumt, imaginiert der Angelos. Jetzt werden Sie leicht zu dem anderen aufsteigen können, was sich schematisch Ihnen ergeben kann, aber es ist dieses Schema wahr. Der Sonnenmensch hat noch dumpfere Vorstellungen in uns, solche Vorstellungen, wie sie die Pflanzen haben. Wir tragen also nicht nur den Träumer in uns, sondern wir tragen eine Art Pflanzenmenschen in uns, der eigentlich immer schläft, wie die Pflanzen schlafen. Seine dumpfen Vorstellungen, die werden in den Wesen aus der Hierarchie der Archangeloi Inspirationen. So daß man sagen kann: was der Sonnenmensch schlafend erlebt, inspiriert der

Archangelos. In einem noch dumpferen Schlafe ist in uns der Saturn-Mensch; so dumpf schläft er, wie die Mineralien schlafen. Dieser Saturnmensch, der gibt wiederum mit seinen tiefschlafenden Vorstellungen den Wesen aus der Hierarchie der Archai das Material, die Möglichkeit, zu intuieren. So daß wir sagen können: Was der Saturnmensch tief-schlafend ist, intuiert der Geist der Persönlichkeit (Urkraft).

Nun bekommen Sie aber eine richtige Vorstellung nur, wenn Sie sich klar sind darüber, daß Imaginationen, Inspirationen, Intuitionen nicht solche abstrakten Gebilde sind, wie unsere Gedanken und unsere Vorstellungen, unsere Empfindungen; sondern Imaginationen haben schon etwas Reales, Inspirationen etwas noch Realeres. Denn Inspirationen, die bleiben nicht sitzen innerhalb eines Wesens, sondern sie tönen hinaus in die Welt und werden zur Sphärenmusik und schaffen etwas in der Welt. Intuitionen gehen wesenhaft hinein, erfüllen die Welt. Was der Saturnmensch in seinem Tiefschlaf ist, das senden die Geister der Persönlichkeit hinaus in die Welt als Intuitionen.

So ist es heute. Aber nun wird die Erde in der Zukunft noch eine Entwikkelung durchmachen. Und da werden die Intuitionen der Geister der Persönlichkeit immer dichter und dichter werden, immer dichter und dichter. Jetzt sind sie noch außerordentlich dünne Gebilde; aber indem man aus der 5. in die 6. und 7. Erdenzeit hineingeht, werden diese Intuitionen immer dichter und dichter. Die Erde wird vergehen, diese Intuitionen werden erhalten in den Seelen der Geister der Persönlichkeit. Wenn aber der Jupiter geworden ist, werden diese Geister der Persönlichkeit aufsteigen zum Range der Geister der Form; dann werden diese Impulse, die sie während der Erdenzeit zu bilden gelernt haben, Formen sein, und weil das Saturnformen sind, werden sie mineralische Formen sein. So daß wir sagen können: Am Ende der Erdenzeit werden diese Intuitionen dichte kosmische Impulse und später Formen (Jupiter).

Wenn sie aber nun Formen werden auf dem Jupiter, dann sind sie überhaupt die mineralische Grundlage des Jupiter. Während der zweiten Entwickelungszeit der Erde arbeiten sich fortwährend hinein in unseren Saturnmenschen die Geister der Persönlichkeit; sie erringen sich die Impulse, die sie dann ausstrahlen in die Welt; die strahlen dann Formen hinaus, aber diese Formen sind der Jupiter; der Jupiter wird nichts anderes sein als diese Formen. Wir tragen also einen Saturnmenschen in uns; aber dadurch daß dieser Saturnmensch eingeschaltet ist in die Tätigkeit der Geister der Persönlichkeit, ist er der Keim für den Jupiter. Der Jupiter

wird alles, was er als seine mineralische Grundlage haben wird, zu erwerben haben aus demjenigen, was wir in uns tragen als Saturnmensch.
Und jetzt sehen Sie hinein in die Aufgabe der Geister der Persönlichkeit während der Erdenentwickelung. Aber Sie sehen auch, daß, wenn diese Sache so ist, wir durch all dasjenige, was wir auf diese Weise entwickeln, nur einen mineralischen Jupiter entwickeln könnten. Und dieser mineralische Jupiter wird sich unter allen Umständen entwickeln. Dafür ist gesorgt, und es steht in ganz sicherer Aussicht in der kosmischen Entfaltung, daß sich dieser mineralische Jupiter entwickelt. Aber nun bedenken Sie, daß dieser Jupiter noch nicht etwas den Pflanzen, Tieren und Menschen Entsprechendes haben würde; wir selber als Menschen könnten nicht auf diesem Jupiter sein; denn das Verborgene in uns, der Saturnmensch, wird zu diesem Jupiter umgestaltet, dadurch daß dieser Saturnmensch in seinem Tiefschlaf träumt von dem, was der Erdenmensch in seinem Bewußtsein vorstellt.
Sehen Sie, der Sonnenmensch, der kann es unter solchen Umständen zu nichts Wirklichem bringen in uns. Der Archangelos, der würde nur zu Inspirationen kommen, und wenn alles so fortginge, wie es bis jetzt beschrieben ist, so würde der mineralische Jupiter entstehen und über diesem mineralischen Jupiter würden hinüberwellen Inspirationen, – zwar dichte Inspirationen, aber sie würden nur so hinüberwellen. Damit etwas entstehen kann, was unserem Pflanzenwachstum entspricht, muß noch etwas hinzukommen, wir müssen außerhalb des Erdenmenschen noch etwas entwickeln. Und dieses ist nichts anderes als das, was der Erdenmensch mit seinem physischen Leib nimmermehr erfahren kann: es ist das, was wir aus der Geisteswissenschaft aufnehmen. Ich will daher diesen Menschen nennen den geisteswissenschaftlichen Menschen – so sonderbar dieser Name klingt – den geisteswissenschaftlichen Menschen, der sich hinaufrafft zu dem, was über die Erde selber hinaus geht.
Mit dem, was wir in der Geisteswissenschaft in uns aufnehmen, kann nun der Sonnenmensch in uns wirklich richtig etwas anfangen. Er kann seine im Schlafe befindlichen dumpfen, pflanzenartigen Vorstellungen zu Inspirationen umwandeln, und die werden immer dichter und dichter in dem Rest der Erdenzeit, und die werden bewirken, daß nicht nur unbestimmte Sphärenharmonie über den Jupiter hinüberweht, sondern daß diese Sphärenharmonie zu bestimmtem Pflanzenwachstum wird, wie es ja auch mit den Pflanzen auf der Erde geschehen ist: sie sind von der

Sphärenharmonie geschaffen und dann von dem Lichte herausgeholt worden.

So daß wir sagen können: Würde jene Entwickelung, die die Erde von selbst hergegeben hat, die nicht zum geisteswissenschaftlichen Menschen führt, würde die allein in Zukunft die Erde erfüllen, so würde allein ein mineralischer Jupiter im Weltall hier ausgeführt werden. Daraufhin arbeiten alle materialistischen Weltanschauungen. Es ist den Materialisten eigentlich in tiefster Seele verhaßt, daß der Jupiter auch pflanzlich sein werde; die wollen eigentlich in tiefster Seele nichts anderes, als daß der Jupiter nur mineralisch sei. Und wenn man heute alle materialistische Wissenschaft durchsucht, die Laboratorien, Kabinette usw., so sieht man, daß das alles darauf hinarbeitet, daß ein mineralischer Jupiter entsteht. Und ohne Geisteswissenschaft würde dieser eine tote Schlacke sein, wirklich nicht einmal Pflanzenwachstum enthalten.

Dasjenige, was auf dem Jupiter die (jetzigen) Wesen aus der Hierarchie der Archangeloi bewirken können, was dem Pflanzenwachstum entspricht, das bereiten wir vor, indem wir uns zu der Geisteswissenschaft aufschwingen. So daß wir sagen können: Was der Sonnenmensch schlafend erlebt, wird am Ende der Erdenzeit reif, kosmische Impulse für die Jupiterpflanzenwelt durch die Archangeloi abzugeben.

Und so wollen wir uns denn nun der kosmischen Aufgabe der Geisteswissenschaft bewußt werden: wollen wissen lernen, daß wir mit dem, was wir in unserem geisteswissenschaftlichen Betriebe treiben, wirklich den Wesen aus der Hierarchie der Archangeloi die Möglichkeit geben, zum Jupiter eine Pflanzendecke hinüberzutragen. Was der Sonnenmensch in uns erlebt durch die geisteswissenschaftlichen Vorstellungen, das können die Archangeloi benützen, um Pflanzenwachstum auf dem Jupiter zu entwickeln.

Dann wird eine Zeit kommen in der Erdenentwicklung, wo diejenigen, die Geisteswissenschafter geworden sind, sagen werden: Geisteswissenschaft ist schon alles, Geisteswissenschaft ist das letzte Heil, und alle diejenigen, die in ihrer Seele etwas anderes unternehmen als Geisteswissenschaft, sind Phantasten und Träumer! – Die Geisteswissenschafter werden über diese Anderen reden, wie die Materialisten über uns reden. Aber geradeso wie die Geisteswissenschafter von heute stehen zu den Materialisten, so wird es in der Zukunft ein kleines Häuflein von Menschen geben, die über die Geisteswissenschaft hinausgehen werden zu etwas, was sich in dieser Zukunft zu Geisteswissenschaft als etwas so Neues verhält, wie die Geisteswissenschaft jetzt zu der bloß äußeren Wissenschaft. Das wird noch viel mehr Ansprüche stellen an die Aktivität des Menschen als die Geisteswissenschaft, die schon so unbequem gefunden wird. Es wird etwas sein, was der Träumer im Menschen, der Mondenmensch, in einer ungeheuer viel intensiveren Weise träumen wird, als heute natürlich der Sonnenmensch die geisteswissenschaftlichen Vorstellungen schlafend erleben kann. Aber das, was da der Träumer in uns erleben kann in einer zukünftigen Zeit, das wird erfaßt und erarbeitet werden von den Wesen aus der Hierarchie der Angeloi, und die werden es in derselben Weise zum Jupiter hinübertragen, und auf Grundlage des mineralischen und pflanzlichen Reiches im Jupiter etwas begründen, was dem Tierreiche entspricht. So daß wir sagen können: Die Traumvorstellungen des Mondmenschen (oder des Träumers im Menschen) werden für den Jupiter zu verdichteten Imaginationen. Grundlage eines Tierreiches durch die Angeloi.

Dann wird zuletzt noch etwas kommen während der Erdenentwicklung. Wir sehen in eine Zukunft hinein, in der wir etwas so Wunderbares ahnen können. Das, was dann kommt, das wird erst den Keim abgeben können, daß der Erdenmensch selber auf dem Jupiter sein Reich wird aufrichten können, etwas Neues wird aufrichten können.

Also dasjenige, was heute mit Hilfe des Erdenmenschen entwickelt werden kann, das wird weiter fortschreiten, und dann wird nach der Zeit, welche immer Neues und Neues entwickelt haben wird, etwas kommen, was dieser Erdenmensch nun wissen kann als die höchste Blüte der geistigen Erdenentfaltung. Und aus diesem Wissen als höchste Blüte der geistigen Erdenentfaltung wird dasjenige entstehen, wodurch der Erdenmensch auf dem Jupiter dann weiter kann durch sich selbst. So daß man sagen kann: Die Vorstellungen des Erdenmenschen werden durch den Seeleninhalt der höchstentwickelten Menschen vom Ende der Erdenzeit zu Impulsen für die Menschheitsentwickelung auf dem Jupiter.

Unsere Geister der Persönlichkeit werden dann aufgestiegen sein zu Geistern der Form; unsere Archangeloi werden aufgestiegen sein zu Geistern der Persönlichkeit, unsere Angeloi werden aufgestiegen sein zu Archangeloi; der Mensch wird aufgestiegen sein zum Range der Angeloi. Dann wird er, aus den höchsten Vorstellungen des Erdenmenschen, in der Hierarchie der Jupiter-Angeloi (die er selber darstellen wird), die Jupiter-Geistesentwicklung fortsetzen können. Er wird dann an dem, was da am Ende der Erdenzeit entwickelt wird, etwas Ähnliches haben, wie man es

gegen das Ende der atlantischen Zeit hatte, um eine eigentliche Erdenentwickelung zu inaugurieren.
Ja ... aus den Steinen der Erde, aus den Pflanzen der Erde, aus den Tieren der Erde, aus den physischen Leibern der Erde entsteht nichts Neues – die sind da, um sich abzuschälen –, aber aus dem Saturnmenschen, den Sie in sich tragen, entsteht der mineralische Jupiter. So wahr als es ist, daß von dem Huhn, das vor Ihnen läuft, nichts in dem anderen Huhn, das als Tochterhuhn da sein wird, lebt, als nur der kleine Keim im Ei, so wahr lebt auf der ganzen Erde für den künftigen Jupiter nichts als allein die Saturnkeime, die im Menschenleibe leben. Das ist alles, was durch das Pralaya hindurch zum Jupiter geht; alles andere fällt ab von der physischen Erde. (Ich rede jetzt nicht von Seelen, sondern von der physischen Erde.) Und wenn irgend jemand die Vorstellung haben sollte, daß die physische Erde sich auch umwandle, so ist das eine nebulose Vorstellung, denn das Konkrete ist, daß alles in die Welt hinein zerstäubt, mit Ausnahme von all diesen Saturnkeimen, die aufgenommen werden von den Archai, und aus denen die Atome, die mineralischen Atome des Jupiter werden. Ich habe ein Ähnliches einmal vor vielen Jahren in Berlin in einem kleinen Kreise angedeutet, indem ich dazumal versuchte auseinanderzusetzen, was für eine kindliche Vorstellung es ist, wenn man sich die Atome der Erde so vorstellt, wie die Physiker sie sich vorstellen. Diese Atome müssen wir uns vielmehr vorstellen als das Innerste des Mondenmenschen (das heißt des Menschen auf dem damaligen Monde), aber verwendet von denjenigen Wesenheiten, die auf dem Monde dem Menschen voraus waren und die dieses innerste Wesen des Menschen zu Erdenatomen umgebildet haben. Heute ist es nicht mehr in dem Saturnmenschen, sondern in der Erde drinnen.
So ein Atom, das ist also in seiner Wirklichkeit etwas, wogegen das Atom des Physikers eine ganz kindische Vorstellung ist. Denn es ist tatsächlich dieses Atom auf eine ganz komplizierte Weise entstanden. Denken Sie sich, daß das Atom entstehen muß aus dem, was der Mensch auf dem Saturn entwickelt hat und sich bewahrt hat während Sonnen-, Monden- und Erdenzeit, und was dann durch die Geister der Persönlichkeit, die auf dem Jupiter Geister der Form sein werden, zu Atomen für den Jupiter umgewandelt werden muß. So kompliziert ist die Welt.
Ich habe auf die Vorstellungsweise, die diesen Dingen zugrunde liegt, öfter hingewiesen. Ich habe gesagt: Nehmen wir an, wir haben 3 Uhr nachmittags. Da stehen um 3 Uhr nachmittags zwei Menschen neben-

einander; wir kommen dazu und sagen: der Mensch A steht da mit dem Menschen B. Wir gehen jetzt weg und erzählen das einem Dritten. Aber nehmen wir an, der Mensch A sei von 9 Uhr vormittags bis 3 Uhr nachmittags hier stehengeblieben, der Mensch B aber sei bis um 12 Uhr hierher gegangen und dann zurück, und sei um 3 Uhr hier angekommen ... dann haben wir denselben Tatbestand gefunden: zwei Menschen stehen nebeneinander, aber der Mensch, der da 6 Stunden gestanden oder gesessen hat, der wird anders da stehen als der Mensch, der da 6 Stunden hin- und hergegangen ist. Innerlich sind die Menschen grundverschieden und darauf kommt es an; die Menschen sind nicht gleichwertig, sondern verschiedenwertig« (Rudolf Steiner, Himmel und Erde werden vergehen, aber meine Worte werden nicht vergehen. Vortrag vom 3.6. 1915, Dornach).

Anhang Nr. 20, zu Seite 135

»Nun hängt die Frage, die wir berührt haben, die Frage nach denjenigen Wesenheiten, welche auf dem Jupiter die Menschenstufe erreichen werden, in der Tat zusammen mit den tiefsten Fragen der Erdenevolution des Menschen. Es gibt in unserer Erdenevolution etwas, dem gegenüber immer philosophische Bestrebungen da waren. Das ist das Verhältnis des sittlichen, des ethischen Handelns zu dem natürlichen Dasein des Menschen. Der Mensch muß ja unterscheiden als Erdenwesen, inwiefern er ein Wesen ist, das von seinen Trieben beherrscht ist, das seinen Trieben folgt, das diese Triebe befriedigen muß, das gegenüber diesen Trieben und ihrer Befriedigung nichts vermag, weil sie einfach nach Naturgesetzen befriedigt werden müssen. Das ist die eine Seite der menschlichen Natur. Ihr gegenüber sagen wir: Das, was wir tun, müssen wir tun; wir müssen essen, wir müssen schlafen. Aber es gibt ein anderes Gebiet des menschlichen Verhaltens auf der Erde: das ist das Gebiet, dem gegenüber wir von einem Müssen nicht reden können, das allen Sinn verlieren würde, wenn wir von einem Müssen sprechen würden. Das ist das weite Gebiet des Sollens, das Gebiet, wo wir gegenüber allen Trieben, gegenüber all dem, was auf naturgemäße Weise aus unserer Natur folgt, empfinden: wir haben einem rein geistigen Impuls zu folgen. Das ›Du sollst‹ ist niemals etwas, was triebartig zu uns spricht, sondern etwas, was richtunggebend auf rein geistige Art zu uns spricht. Dieses ›Du sollst‹ umfaßt das Gebiet unserer sittlichen Pflichten.

Es gibt Philosophien, die gar nicht finden können den Zusammenhang zwischen dem ›Du sollst‹ und dem ›Du mußt‹. Und unsere im Materialismus – gerade dann schon, wenn es sich um das sittliche Leben handelt – fast versumpfende Gegenwart (sie wird noch immer mehr versumpfen), möchte gleichsam alles ›Du sollst‹ überhaupt in ein ›Du mußt‹ verwandeln. In dieser Beziehung gehen wir ja Zeiten entgegen, in denen die Verwandlung des ›Du sollst‹ in ein ›Du mußt‹ mit einem gewissen Hochmut geradezu als Psychologie ausposaunt wird. Schlimme Aspekte bieten sich dar, wenn man die Anfänge desjenigen, was sich in Zukunft noch auswachsen wird, zum Beispiel als Kriminal-Psychologie, ins Auge faßt. Da sehen wir schon heute, wie angefaßt wird der Mensch so, daß man nicht frägt, hat er ein ›Du sollst‹ übertreten, sondern man sucht nachzuweisen, wie er zu dieser oder jener den Menschen schädigenden Tat durch ein Müssen seiner Natur getrieben, angespornt worden ist. Kuriose Versuche werden immer mehr und mehr angestellt, Verbrechen nur als einen besonderen Krankheitsfall in der Welt zu charakterisieren. Alle diese Dinge gehen hervor aus einer gewissen materialistischen Unklarheit unserer Zeit über die Beziehung des ›Du sollst‹ zu dem ›Du mußt‹.

Dies ›Du sollst‹, was man auch den kategorischen Imperativ genannt hat, dieses ›Du sollst‹, was hat es im gesamten Zusammenhang des menschlichen Daseins eigentlich zu bedeuten? Derjenige, welcher dem ›Du sollst‹ folgt, begeht bekanntlich eine sittliche Handlung. Derjenige, der dem ›Du sollst‹ nicht folgt, begeht eine unsittliche Handlung. Das ist ja eine recht triviale Wahrheit. Aber nun vesuchen wir einmal ›sittlich‹ und ›unsittlich‹ nicht nur in bezug auf die äußere Maja des physischen Planes anzusehen, sondern versuchen wir ›sittlich‹ und ›unsittlich‹ anzusehen in bezug auf die Wahrheit und in bezug auf dasjenige, was hinter der Maja des physischen Planes eigentlich steht. Da nimmt sich das Moralische, das Ethische, das Sittliche, dasjenige, was dem ›Du sollst‹ entspricht, für die Wissenschaft der Initiation eigentlich schon, man möchte sagen, in einem gröberen Sinne genommen – als etwas in das geistige Auge Springende aus. Der Mensch zeigt sich Ihnen – es müssen nun schon einmal auch solche für die materialistische Weltanschauung greulichen Wahrheiten ausgesprochen werden –, der Mensch zeigt sich, wenn Sie ihn bei gewissen Temperatur- und Witterungsverhältnissen betrachten (die Pferde zeigen es noch besser, aber wir reden jetzt nicht von den Pferden) – er zeigt sich Ihnen dann wie er aushaucht, und wie der

Hauch durch das Eindringen in die Luft sichtbar wird als Dunst. Selbstverständlich ist für die materialistische Wissenschaft dieser Hauch, den der Mensch von sich gibt (bei Pferden kann man es noch besser sehen, aber wir reden jetzt, wie gesagt, nicht von Pferden), etwas, was verflattert und zerfließt und keine weitere Bedeutung hat. Aber für denjenigen, der mit der Wissenschaft der Initiation die Erscheinungen des Lebens verfolgt, für den ist dieser Aushauch insofern bedeutsam, als er in seiner Nuancierung genau die Spuren des sittlichen oder unsittlichen Verhaltens des Menschen trägt. Das sittliche oder unsittliche Verhalten des Menschen ist in dem wäßrigwerdenden Hauch zu erkennen, und ganz anders ist der wäßrige Hauch bei einem zur Sittlichkeit hinneigenden Menschen, und anders bei einem zum Unsittlichen hinneigenden Menschen. Sie wissen, daß bei mancherlei, was in der menschlichen Natur ist, die feineren Eigentümlichkeiten der menschlichen Natur auch erst in den feineren Teilen der ätherischen und astralischen Aura beobachtet werden können. Aber dasjenige, was im gewöhnlichen Sinne des Wortes der Mensch als sittliches oder unsittliches Wesen ist, das zeigt sich schon in dem ätherisch-astralischen Einschlag, der in dem wäßrigwerdenden Hauch enthalten ist. Was physisch daran ist, zerflattert; dasjenige aber, was sich in dem Hauch verkörpert, das zerflattert nicht, denn das enthält ein dämonisches Wesen, und in dem ist enthalten, wenn der Hauch wäßrig wird, ein Physisches, ein Ätherisches und ein Astralisches; nur daß das Physische nicht erdig ist, sondern eben nur wässerig. Also etwas, was in der mannigfaltigsten Weise Gestaltung hat, zeigt sich in diesem Aushauch.

Bei Taten, die aus Liebe entstanden sind, zeigt sich etwas anderes, als bei Taten, die zum Beispiel aus Enthusiasmus, aus schöpferischem Drang, aus Vervollkommnungsdrang entstanden sind. Aber immer hat diese Aushauchgestalt etwas, was erinnert an Wesenheiten, die es jetzt noch gar nicht gibt auf der Erde. In diesen Wesenheiten bereiten sich diejenigen vor, welche die Menschheitsstufe auf dem Jupiter erreichen werden. Das sind die ersten, voraneilenden Schattenbilder, die sich verändern und auch fernerhin verändern werden, um auf dem Jupiter dann zur Menschheitsstufe aufzusteigen.

Wir verdanken auch in einer gewissen Weise dem Ausatmungsprozesse der Angeloi auf dem Monde unsere Entstehung, und es gehört wiederum zu den erschütternden Erfahrungen des geistigen Lebens, wenn man von einer solchen Erkenntnis ausgeht: daß sich in dem Aushauch die künftigen Jupitermenschen vorbereiten, daß aus dem, was heute die Menschen aushauchen, sich entwickeln werden die zukünftigen Jupitermenschen. Wenn man mit einer solchen Erkenntnis herangeht an die Bibel und liest die ersten Worte der Bibel, dann kann man sich sagen: Jetzt fängt man ja an zu verstehen, wie das gemeint ist, wenn da steht, daß Hauche ausgeatmet worden sind von den Elohim, und daß sie durch den Hauch, den sie den Menschen einbliesen, den Erdenmenschen formten. Ich kann Ihnen das Geständnis machen, daß ich niemals verstanden hätte dieses Einhauchen der Elohim, das Einhauchen in den Mund und die Nase der lebendigen Wesenheit des Menschen, wenn ich nicht vorher gewußt hätte, daß auch im Aushauch des Erdenmenschen die ersten Keime enthalten sind derjenigen Wesen, die auf dem Jupiter erst Menschen werden. Aber Jupitermenschen können nur werden diejenigen Aushauche, die ihr Dasein verdanken den Handlungen, die dem ›Du sollst‹ folgen, die also sittliche Handlungen sind.

So sehen wir, wie wir in die ganze kosmische Ordnung eingreifen mit unserer Erdensittlichkeit. So sehen wir, daß unsere Erdensittlichkeit in der Tat eine schöpferische Macht ist, und wir sehen, daß es in der Geisteswissenschaft einen starken Antrieb gibt zu Impulsen für das sittliche Handeln; denn wir wissen, wir stellen uns entgegen der Schöpfung der Jupitermenschen, wenn wir auf der Erde nicht sittlich handeln. Sittlichkeit, die der Ausdruck ist des ›Du sollst‹, gewinnt so in der Tat einen realen Wert, einen Existenzwert. In einer intensiven Weise formt unser menschliches Verhalten dasjenige, was wir aus der Geisteswissenschaft übernehmen können, wenn wir also real mit dem Kosmos zusammenhängende Geheimnisse erkennen.

Auf ähnliche Dinge ist schon früher aufmerksam gemacht worden, indem da oder dort die Bemerkung gemacht worden ist, was wiederum die Sprache für ein Symbolum ist für das zukünftige Schaffen des Menschen selber. Darauf will ich aber heute nicht eingehen, sondern ich wollte zunächst nur zeigen, welche Bedeutung das sittliche Verhalten im Ganzen des Kosmos hat. – Nun können Sie aber die Frage aufwerfen: Wie ist es nun mit dem unsittlichen Verhalten? Auch das unsittliche Verhalten spricht sich in der inneren Gestaltung, in der Formierung des Hauches aus. Aber das unsittliche Verhalten prägt ein dem Hauche eine dämonische Gestalt. Dämonen werden geboren durch das unsittliche Verhalten des Menschen« (Rudolf Steiner, Das künftige Jupiterdasein, Vortrag vom 3. 1. 1915, Dornach).

Anhang Nr. 21, zu Seite 135

»Es würde in der Zeit, als der theosophischen Bewegung diese ›Geheimwissenschaft‹ geschrieben wurde, wenig Verständnis gefunden haben, wenn ich auf die mehr moralischen Dinge hingewiesen hätte, welche man auch erlebt in der Betrachtung der alten Sonnenzeit. Da erlebt man nicht mehr die Versuchungsgeschichte. Wenn wir uns zurückwenden zur Sonnenzeit, dann tritt uns die Sonne selbst noch auf als ein Planet unter den sieben anderen Planeten, Venus, vorgebildet mit Luzifer als dem Herrscher; und zunächst erscheinen die beiden, der Sonnengeist und der Venusgeist, mit anderen Worten der Christus und der Luzifer, sie erscheinen als eine Art Brüder. Man muß dann alle Anstrengung anwenden, um einen Unterschied zu gewahren zwischen den beiden. Der Unterschied in der alten Sonnenzeit zwischen Luzifer und dem Christus ergibt sich nicht so ohne weiteres aus der Betrachtung ihrer äußeren Wesenheit, sondern er ergibt sich erst, wenn man auf das Innere eingeht. Und es ist schwierig, außerordentlich schwierig, jetzt Mittel der äußeren Darstellung zu finden, um Ihnen zu zeigen, worin der Unterschied besteht. Betrachten Sie das, was ich sagen werde, als einen Versuch, den Unterschied, der sich dem hellseherischen Bewußtsein in der alten Sonnenzeit für den Christus und den Luzifer ergibt, eben so gut es geht zu charakterisieren.

Wenn wir den Blick hinwenden auf der einen Seite zu Christus, auf der anderen Seite zu Luzifer, dann werden wir allerdings noch etwas anderes gewahr. Wir werden gewahr, daß Luzifer, der Venus-Herrscher, in einer außerordentlich lichtvollen Gestalt erscheint – obwohl geistiges Licht gemeint ist –, so daß wir die Empfindung haben: Aller Glanz, der jemals uns kommen kann durch eine Betrachtung, die von der Offenbarung des Lichtes ausgeht, ist etwas Geringfügiges gegen die Majestät Luzifers in der alten Sonnenzeit. Aber wir bemerken innerhalb dieses Luzifer, wenn wir auf seine Intentionen, die ja dann zu durchschauen sind, eingehen, daß er ein Geist ist, welcher durch alles das, was er an sich hat, begabt ist mit einem unendlich großen Stolze, mit einem solchen Stolze, daß man durch diesen Stolz auch versucht werden kann. Denn bekanntlich werden selbst Dinge, die der Mensch bis zu einem gewissen Grade hin nicht verführerisch findet, dann verführerisch, wenn sie zu majestätischer Größe werden. Und der Stolz in seiner majestätischen Größe wirkt auch verführerisch. Das ist das Verführerische des Luzifer in seiner stolzen Größe, in seinem Stolz auf seine Lichtgestalt. Dasjenige, was man ›unoffenbares‹ Licht nennen kann, das Licht, das nicht äußerlich leuchtet, sondern in sich selber die große starke Kraft hat, das hat er in vollstem Maße. Und daneben ist die Gestalt des Christus in der alten Sonnenzeit, der sozusagen der Herrscher des Sonnenplaneten ist, ein Bild vollster Hingabe an dasjenige, was ringsherum sonst in der Welt ist. Während Luzifer eigentlich nur auf sich selbst bedacht erscheint – man muß das alles in menschliche Worte kleiden, obwohl sie nicht ausreichen –, erscheint der Christus als hingegeben an dasjenige, was ihn in dem weiten, weiten Weltall umgibt.

So war dieses weite Weltall nicht, wie es heute ist. Wenn man heute sich auf die Sonne versetzte, würde man ja, radial ausschauend, zunächst blikken auf die zwölf Sternbilder des Tierkreises. Die waren in äußerer Sichtbarkeit damals als solche nicht vorhanden. Dafür waren aber vorhanden zwölf Gestalten, zwölf Wesenheiten, die, da ja der äußere Raum nicht von Licht erfüllt war, aus der Tiefe der Dunkelheit, aus der Tiefe der Finsternis heraus ihre Worte erschallen ließen. Was waren das für Worte? Ja, sehen Sie, das waren Worte – das Wort ›Wort‹ ist wiederum nur ein Surrogat, um das anzudeuten, um was es sich handelt – das waren Worte, die kündeten von uralten, dazumal schon uralten Zeiten. Das waren zwölf Welt-Initiatoren. Heute stehen in der Richtung dieser zwölf Welt-Initiatoren die zwölf Tierkreisbilder, und von ihnen aus tönt zu der Seele, die aufgeschlossen ist der ganzen Welt, die ursprüngliche Art des unausgesprochenen Weltenwortes, das aus den zwölf Stimmen gebildet werden konnte. Und während – ich muß jetzt anfangen, bildlich zu sprechen, weil eben Menschenworte nicht ausreichen – und während Luzifer einzig und allein in sich den Drang hatte, mit dem in ihm vorhandenen Lichte alles zu bestrahlen und es dadurch zu erkennen, gab sich der Christus dem Eindruck dieses Weltenwortes unaussprechlicher Art hin und nahm es ganz, ganz in sich auf; so daß sie jetzt in der Christus-Seele vereint waren, daß diese Christus-Seele das Vereinigungswesen war der großen, durch das unaussprechliche Wort hineintönenden Weltgeheimnisse. So tritt uns der Gegensatz des das Weltenwort empfangenden Christus und des stolzen Luzifer, des Venusgeistes entgegen, der ablehnt das Weltenwort und mit seinem Lichte alles ergründen will.

Und von dem, was Luzifer und Christus dazumal waren, ging nun alle spätere Entwicklung aus. Denn das hatte zur Folge, daß die Christuswesenheit in sich aufgenommen hatte das umfassende Weltenwort, die umfassende Weltengeheimnisse, und daß die Luziferwesenheit verlor

durch das, was ich nur mit dem Worte ›stolze Lichtgestalt‹ ausdrücken kann, verlor ihr Reich, das Venusreich. Durch andere Gründe, die uns jetzt ferner liegen, verloren die anderen Planetengeister oder auch veränderten die anderen Planetengeister ihre Wesenheiten. Darauf kommt es uns jetzt nicht an. Auf den Gegensatz zwischen Christus und Luzifer kommt es uns an. So geschah es dann, daß Luzifer immer mehr und mehr verlor von seiner Herrschaft, daß ihm immer mehr und mehr verlorenging das Reich der Venus, daß Luzifer sozusagen mit seinem Lichte ein entthronter Herrscher wurde, und daß der Planet Venus sich fortan ohne einen eigentlichen Herrscher behelfen mußte, daher nur eine nach abwärts gehende Entwicklung durchmachen konnte. Aufgenommen hatte aber der Christus während der alten Sonnenzeit das Weltenwort; und dieses Weltenwort hat die Eigenschaft, daß es sich in der Seele, von der es aufgenommen wird, zu erneuertem Lichte entzündet, so daß von der alten Sonnenzeit an das Weltenwort in dem Christus Licht wurde, und der Planet, dessen Herrscher der Christus war, von der alten Sonnenzeit an sich zum Mittelpunkt des ganzen Planetensystems, zur Sonne, entwickelte, und die anderen Planeten in Abhängigkeit kamen von der Sonne, auch in bezug auf ihre geistigen Herrscher.
Diese Szene müssen wir auf uns wirken lassen; dann werden wir finden, daß sich während der alten Sonnenzeit geschieden haben die Wege von Christus und Luzifer. Abwärts ging der Weg des Luzifer, zurückbleiben mußte er in seiner Entwickelung, und er blieb auch deshalb während der Mondenzeit zurück in seiner Entwicklung. Vorwärts ging und ein vorwärts sich entwickelnder Geist wurde der Christusgeist, der Sonnengeist, der endlich in der Ihnen öfter geschilderten Gestalt auf der Erde auftreten konnte. Durch seine Hingabe an das Weltenall, durch die Aufnahme des göttlich-schöpferischen Wortes, durch die Identifizierung mit dem göttlich-schöpferischen, mit dem unaussprechlichen Wort, durch die Abweisung eines jeglichen Stolzes und durch den Ersatz eines jeglichen Stolzes durch die Hingabe an das Weltenwort wurde der Christus aus dem Herrscher eines Planeten, der er war in der alten Sonnenzeit, der Herrscher über die anderen Planeten, mit dem Regierungsgebiet der Sonne. Und wenn Sie dieses wissen – ich spreche das insbesondere auch zu denjenigen, die meine Vorträge in Helsingfors gehört haben – wenn Sie dieses wissen, so werden Sie nicht mehr einen Widerspruch darin finden, daß von dem Christus als von einem Sonnengeist höherer Art als die Planetengeister gesprochen worden ist. Denn das ist selbstverständ-

lich für den gegenwärtigen Zustand. Es überragt der Christus die anderen Planetengeister, er ist der Sonnengeist. Hier aber, wo geschildert werden sollte nicht bloß die Belebung der einzelnen Himmelskörper durch ihre Geister, sondern wo geschildert werden sollten die einzelnen Bewußtseinszustände, hier mußte darauf hingewiesen werden, daß der Christus durch seine besondere Eigenschaft sich aus einem Geist, der gleichgeartet war den Planetengeistern, im Verlaufe jener Entwickelung, die verflossen ist zwischen der alten Sonne und der gegenwärtigen Zeit, zu dem Regenten dieses ganzen Systems heraufentwickelt hat« (Rudolf Steiner, der Mensch im Lichte von Okkultismus, Theosophie und Philosophie, GA 137, S. 189–192).

Anhang Nr. 22, zu Seite 153

Ausgehend von dem Molekül des Wasserstoffs H_2 wird die Molekularstruktur des Wassermoleküls so interpretiert, daß die Elektronenschale des Wasserstoffatoms nur ein Elektron trägt, aber durch zwei Elektronen abgesättigt sein kann. Beim Wasserstoffmolekül durchdringen sich die beiden Elektronenschalen, und so ist die Schale Träger zweier Elektronen. Diese teilweise Überlappung der beiden Elektronenschalen, durch die ein Molekül entsteht, nennt man kovalente chemische Verbindung. Demgegenüber ist das Sauerstoffatom selber viel komplizierter gebaut. Es hat zu der kugelsymmetrischen Bahn der Elektronen noch drei weitere sogenannte –p–Bahnen, von denen zwei ebenfalls nur von einem Elektron besetzt sind. Dadurch können diese beiden Elektronen mit den entsprechenden von zwei Wasserstoffatomen sich gleichfalls überlappen. Ganz feine Analysen zeigen, daß die beiden nur mit einem Elektron besetzten Bahnen des Sauerstoffatoms in einem Wirkungswinkel von 90° einander gegenüberstehen. Wenn sie sich nun mit den Wasserstoffatomen verbinden, dann bilden die beiden Wasserstoffatome mit ihren Massezentren im Verhältnis zum Sauerstoffatom einen Winkel, in dessen Ecke das Sauerstoffatom sitzt. Durch zusätzliche gegenseitige Beeinflussung der Kerne und der an der Bindung nicht beteiligten Elektronenbahnen rücken die Massemittelpunkte in eine andere Stellung zueinander, als sie sie vorher beim Sauerstoffatom selber eingenommen hatten. Die Massepunkte der Wasserstoffatome bilden jetzt einen Winkel von 105° zueinander. Sie bilden also die Eckpunkte eines Tetraeders, dessen andere beiden Ecken von dem an der Bindung nicht beteiligten Elektronenpaare die

beiden anderen Elektronenbahnen des Sauerstoffatoms bilden. Der Atomkern des Sauerstoffs selber sitzt im Mittelpunkt des Tetraeders, und die Wasserstoffkerne sowohl des eigenen als auch des benachbarten Moleküls befinden sich an den vier Tetraederecken. Die Elektronenpaare der Bindungen sind alle zum Sauerstoff hin verschoben. Dadurch ist der innere Bereich des Sauerstoffatoms etwas stärker elektrisch negativ, der der Wasserstoffatome positiv. Das Wassermolekül hat also in sich eine verhältnismäßig hohe elektrische Polarität: Es ist ein winziger Dipol.
Wie hängen nun strukturell diese Atome im Eiskristall zusammen, wie bilden sie das Kristallgitter? Die Neutronenanalyse des Eises von schwerem Wasser hat gezeigt, daß jedes Sauerstoffatom von vier Wasserstoffatomen gebunden ist. Je zwei Wasserstoffatome stehen dem Sauerstoffatom etwas näher und bilden das Wassermolekül mit tetraedrischer Anordnung der Massepunkte. Zwei der vier Ecken des Tetraeders sind von den zwei Wasserstoffatomen besetzt. In den beiden anderen Richtungen der Tetraederecken bewegen sich dann die beiden Elektronenpaare des Sauerstoffatoms, die nicht an der kovalenten Bindung der moleküleigenen Wasserstoffatome beteiligt sind. Dafür ziehen sie selbst die Protonen der Wasserstoffatome des benachbarten Moleküls an sich, diese geraten selbst in den Bereich der Wolkenbahnen dieser Elektronen und bilden eine Bindungsbrücke zu den beiden Wasserstoffatomen des benachbarten Moleküls. Eine solche Brücke wird Wasserstoffbrücke genannt. Dadurch ist jedes Wasserstoffatom doppelt gebunden, einmal in kovalenter Bindung an das Sauerstoffatom, zu dem es gehört, einmal in Brückenbindung über ein Wasserstoffatom an das benachbarte Sauerstoffatom. So ist jedes Sauerstoffatom mit vier Wasserstoffatomen gebunden. Auf dem Wege der Brückenbindung taucht der Protonkern des Wasserstoffes in die Elektronenwolken des Sauerstoffs ein.
Es hat sich nun gezeigt, daß die Sauerstoffatome selbst infolge dieser komplizierten Bindungsverhältnisse in Sechserringen angeordnet sind. Diese Struktur drückt sich dann nach Auffassung der Mineralogen und Physiker in der Kristallform des Eises aus. Im Eiszustand sind alle Wasserstoffbrücken ausgebildet. Im gasförmigen Wasserdampfzustand sind alle Wasserstoffbrücken aufgelöst, die Atome nur noch nach Molekülen geordnet, d.h. die Moleküle untereinander ohne Gitterbindung. Das bedeutet aber, daß zwischen Eis und Dampf im Wasser beide Phasen in verschiedenen Mengen und wechselnden Verhältnissen vorhanden sein können.

Die Wasserstoffbrückenbindung ist also eine Eigenschaft, die zu den untersinnlichen Atomresten des Wasserstoffwesens gehört. Diese seine subatomare Fähigkeit stellt der Wasserbildung den leichtesten aller Stoffe, den Wasserstoff, zur Verfügung. Das Wasser als Wesen ergreift diesen Raster, der vom Wasserstoff kommt, um in allen seinen physikalischen, chemischen und biologischen Eigenschaften als bewegliches Medium erscheinen zu können. Indem sich das Wasserstoffwesen selbst als Erscheinung zurückzieht, übergibt es dem Wasser die Matrix des Zusammenhängens, der Adhäsion, der Kohäsion, der Kapillarität und der Oberflächenspannung. Die Erscheinungsmöglichkeit dieser Eigenschaften verdankt das Wasser dem Raster seiner Wasserstoffbrücken.
Das »Sauerstoffatom«, also das, was vom Sauerstoffwesen übrigbleibt, wenn es sich selbst aus der Sinnlichkeit zurückzieht und in den subatomaren Untergrund des Wesens übergeht, ist die Grundlage für die Reaktionsfreudigkeit, d.h. aber für die Lebendigkeit des Wassers.

Anhang Nr. 23, zu Seite 177

Die Erforscher des mineralischen Naturreiches sind sehr früh auf die Kristallformen der Mineralien gestoßen und damit auf die polyedrische Natur dieser Gebilde. Man suchte bald nach Methoden, um diese Figuren analytisch in den Griff zu bekommen. Die fünf sogenannten platonischen Körper sind seit dem Altertum bekannt (Tetraeder, Hexaeder, Oktaeder, Pentagon, Dodekaeder, Ikosaeder). Es entwickelte sich die Kristallographie durch die Geometrie der Symmetriestruktur der Kristallfiguren.
Das Ergebnis waren die sieben Kristallsysteme (kubisch, tetragonal, trigonal, hexagonal, orthorhombisch, monoklin, triklin) mit den 32 Kristallklassen. Auf der anderen Seite entwickelte man das System der Flächenindizes. Man maß zwar die Winkel, die die Flächen der Kristalle miteinander bilden, indizierte aber nach gedachten Achsen, die man in den Kristall geometrisch hineindenkt und die durch die Flächen geschnitten werden. Je nach dem, ob eine Fläche diese gedachte Achse rechts oder links, vorne oder hinten, oben oder unten schneidet, bekommt dieser Schnittpunkt für die betreffende Achse einen Index mit Plus- oder Minuszeichen. Der Abstand dieser Schnittpunkte einer Fläche auf den Achsen vom Mittelpunkt aus wird dann in ganzen Zahlen indiziert, wobei die Reihenfolge der Achsen festgelegt wird. Aus den Indizes ergibt sich so, welche Achse und wo von einer bestimmten Kristallfläche ge-

schnitten wird. Liegt die Fläche zu einer Achse parallel, erhält diese Achse den Index Null. Und je flacher der Winkel, unter dem die Achse geschnitten wird, um so größer ihr Index. Durch die Indizierung einer Fläche sind aber indirekt auch alle anderen Flächen mitbestimmt, die zu einer bestimmten polyedrischen Figur gehören, von der die indizierte Fläche ein Teil ist (Pyramide, Prisma usw.). In die ditrigonalen Kristalle der Quarze werden vier Achsen hineingedacht, die Hauptachse und die senkrecht darauf stehenden drei Nebenachsen. Damit bekommen die Kristalle vier Indizes.

Anhang Nr. 24, zu Seite 189

»An dieser Stelle müssen wir uns in einer bestimmten Hinsicht über das Wesen des apokalyptischen Schauens klar werden. Wir haben am Anfang und am Schluß der Bibel zwei Bücher, die über die Ebene der irdischen Wahrnehmungen grundsätzlich hinausragen. In der Schöpfungsgeschichte, der Genesis des Moses, hebt das Buch der Bibel mit einem übersinnlichen Schauen an; am Schluß, in der Apokalypse des Johannes, mündet es wieder in ein übersinnliches Schauen ein. Die Genesis entstammt der geistigen *Rückschau*; denn auch in die Urvergangenheiten, in die Urstadien des Werdens, zu schauen, ist, weil die Schöpfung im Vorphysischen begonnen hat, nicht mit äußeren Mitteln möglich. Zu der Rückschau der Genesis fügt sich in der Apokalypse die prophetische *Vorschau,* der sich die Geheimnisse der Zukunft auftun, hinzu. Die Rückschau, aus welcher die Genesis stammt, ist nichts anderes als eine umgekehrte Prophetie. Bevor aber das prophetische Schauen des Sehers Johannes voll zu sich selber kommt und in den sieben Siegeln, Posaunen und Zornesschalen die Gesetze und Geheimnisse der Zukunft enthüllt, taucht es zuerst noch einmal rückschauend in die Urbeginne des Werdens zurück. Erst aus der Rückschau gebiert sich die prophetische Vorschau. Wir können das vierte und fünfte Kapitel der Apokalypse als eine neutestamentliche Schöpfungsgeschichte und Genesis betrachten.
Insbesondere das Bild von dem gläsernen Meere kann uns hier zum Schlüssel werden. Wir haben einen ganz bestimmten Augenblick des Weltwerdens vor uns. Natürlich gab es auch vorher schon Äonen der Entwicklung. Diese aber vollzogen sich ganz und gar im Geistigen. Einmal kam es dann zu einem allerersten Aufsprießen des physisch-leiblichen Daseins. Aus der alles umhüllenden Sphäre des Geistigen, die wie

ein himmlischer Ozean flutet, fängt die noch jungfräulich-reine Stoffeswelt, die ›prima materia‹, hervorzukristallisieren an. In Form von leuchtenden Kristallen wird die Welt des Stoffes geboren. Im Bilde des gläsernen Meeres schaut der Seher den Geburtsaugenblick, den ›status nascendi‹ der physischen Welt. Er ist Zeuge davon, wie die Inkarnation des Kosmos beginnt. Weshalb entzückt uns der Anblick eines Bergkristalls oder eines Amethysts so seltsam, insbesondere, wenn wir in der Hochgebirgsnatur einmal selber Kristalle finden? Diese sternenhaften Gebilde muten uns an, als wären sie gar nicht von dieser Welt. Jeder Kristall ist wie eine Reminiszenz an den Urzustand unseres Erdenkosmos. Das irdisch-leibliche Dasein ist ursprünglich in einer solchen durchsichtigen kristallenen Reinheit entstanden. Nur hat die Schöpfung im Gange ihrer Entwicklung die ursprüngliche Kristallklarheit nicht bewahren können. Viel Trübung und Gestaltlosigkeit hat sich der Welt des Erdenstoffes bemächtigt und hat sie krank und morsch gemacht. Mahnmale an die Welt, wie sie ursprünglich gedacht war, sind uns heute die Kristalle, und jeder Schneekristall, den wir, bevor er zerschmilzt, in seiner sternenhaften Struktur bewundern, ist wie ein Gruß aus der Sphäre, in welcher einmal das Irdische als strahlig-kräftige, reine, paradiesische ›prima materia‹ entstanden ist.
Der Augenblick des kosmischen Werdens, der im Bilde des gläsernen Meeres zu erkennen ist, bedeutet zugleich eine Entwicklungsstufe des Menschenwesens. Den Menschen gab es auch bereits in den vorphysischen Äonen, aber er war noch völlig ohne eigene Hülle, wie ein Tropfen im Meer noch ganz in dem Götterschoß höherer Wesensreiche geborgen. Er war noch kein Eigenwesen. In dem Augenblick, als der Kristallhimmel als erster sphärischer Keimzustand des physischen Daseins aus dem Ozean des Geistes hervorsproß, konnte durch die Seele der Menschheit eine erste Ahnung eigener Leiblichkeit und also auch künftiger Selbstbewußtheit und Ichheit hindurchziehen. Das gläserne Meer entstand vor der Menschheit wie ein Spiegel, in dem sonst durchsichtigen Kosmos bildete sich etwas, was dem Kristallbelag hinter dem Glase entspricht, der aus dem Glas einen Spiegel macht. Ein allererstes Sich-selber-gegenüber-Stehen, ein erstes Bewußtwerden des Eigenwesens kam im Bilde des Kristalls zustande. Daher rührt es, wenn uns beim Anblick von Kristallen nicht nur der Urgedanke der Stoffeswelt, sondern auch der göttliche Ursinn der Ichheit berührt. Im wahren Sinne sind wir Ich-Menschen, wenn in uns die Kristallklarheit des Geistgedankens wohnen und stern-

haft von uns ausstrahlen kann. Der kristallklare Gedanke auf der Menschenstirn ist eine exakte Entsprechung zu den Kristallen, die uns die Natur zeigt.
Was sich dem Seherauge des Johannes im Bilde des gläsernen Meeres offenbart, ist dem poetischen Blicke des Novalis als die Stadt Arkturs erschienen, die er zu Beginne des Klingsor-Märchens im neunten Kapitel seines Romans ›Heinrich von Ofterdingen‹ schildert. Wir haben hier eine wunderbare poetische Parallele zur Offenbarung Johannis. In milchblauem Schimmer liegt die Stadt da, die mit ihren Häusern und Palästen und Figuren aus lauter Eiskristallen besteht. ›Alles dies spiegelte sich in dem starren Meere, das den Berg umgab, auf dem die Stadt lag.‹ Ein fernes Klingen durchraunt die Stadt Arkturs wie das Schöpfungsgeräusch aus der kosmischen Schmiede, in der die Götter die Welt zusammenfügen: ›Man konnte nichts deutlich unterscheiden; doch hörte man ein wunderliches Getöse herüber, wie aus einer fernen ungeheuren Werkstatt.‹
Der Regenbogen, den der Seher um den himmlischen Thron herum wahrnimmt, ist gleich dem gläsernen Meer ein Zeichen für den Geistursprung der Schöpfung. Wenn heute am Himmel der Farbenbogen aufleuchtet, so strahlt in die Welt der Sichtbarkeit der Traum einer Ur-Rückschau herein, eine kosmische Erinnerung an den Ursprung der Schöpfung aus dem Licht« (Emil Bock, Apokalypse, Stuttgart 1951, S. 65–67).

Anhang Nr. 25, zu Seite 92 und 259f.

Im folgenden ist eine Tabelle aufgeführt, die die Zuordnungen verschiedener Daseinsbereiche zu der schöpferischen Tätigkeit jener 12 »Weltinitiatoren« (GA 137, S. 174) enthält, von denen oben die Rede war. Es sind jene Wesen, deren führende 4 Geister in den Bildern des »Viergetiers« dem Propheten Hesekiel und dem Apokalyptiker Johannes erscheinen. Sie sind – von jeweils zwei weiteren begleitet – die hierarchische Realität dessen, was in den Bildern der Fixsterne als »Tierkreis« physisch zum Ausdruck kommt. Der »Löwe-Cherub« – begleitet vom »Krebs-Cherub« und vom »Jungfrau-Cherub« usw. In der nebenstehenden Tabelle sind einige der Weltgebiete aufgeführt, in denen sich das schaffende Wirken der Cherubim offenbart, wie sie aus der geisteswissenschaftlichen Forschung Rudolf Steiners mitgeteilt sind. Die Zuteilungen sind entnommen den folgenden Quellen:

1. Für die Edelsteine, erste Reihe:
   Rudolf Steiner – Unveröffentlichter Vortrag vom 9. 10. 1906 in Berlin; für die zweite Reihe:
   Der Brustschild des Hohenpriesters nach Moses.
2. Für die Leibesglieder:
   R. Steiner: Der Mensch im Lichte von Okkultismus, Theosophie und Philosophie (GA 137), Vortrag vom 28. 1. 1921.
   R. Steiner: Anthroposophie als Kosmosophie (GA 208), Vortrag vom 28. 10. 1921.
3. Für die Sinne:
   Beiträge zur Rudolf Steiner-Gesamtausgabe.
   Rudolf Steiner – Nachlaßverwaltung, Dornach, Nr. 34, 1971 und Nr. 58/59 1977.
4. Für die Tugenden:
   R. Steiner: Anweisung für eine esoterische Schulung, GA 245, 1979, S. 31.
5. Für die Weltanschauungen:
   R. Steiner: Der menschliche und der kosmische Gedanke, GA 133.
6. Für die Laute:
   Eurythmie als sichtbare Sprache, GA 279, Vortrag vom 8. 7. 1924, S. 192.

Eine sehr zu empfehlende Vertiefung für die Beschäftigung mit dem Tierkreiswesen findet der Leser in den beiden Studienbüchern von Michael Aschenbrenner: »Der Tierkreis« und »Tierkreis und Menschenwesen«.

Die abstrakten Begriffe und Namen in der nebenstehenden Tabelle sind lediglich ein trockenes Knochengerüst. Von jedem einzelnen Namen oder Begriff aus kann man sich in die Erfahrungsgebiete, die in der Sinneswelt auftreten, bzw. in die Geist- und Seelengebiete, die Tugenden und Weltanschauungen sowie in die Kraftgebiete der Laute tiefer und tiefer hineinarbeiten und hineinleben. Dann erscheint für die Empfindung im Hintergrund der einander zugeordneten Bereiche das geistige Wesen des Cherub, der hier schaffend, gestaltend und belebend tätig ist. Erst solche Bemühungen bringen Leben in das Gerüst der Namen und Begriffe.

Der Tierkreis	*Die 12 Steine*	*Der Mensch*	*Die Sinne*	*Tugenden*	*Weltanschauungen*	*Laute*
Widder	Amethyst Onyx	Haupt	Ich-Sinn Ich-Sinn	Devotion Opferkraft	Idealismus	W
Stier	Hyazinth Carneol	Kehlkopf	Gedankensinn Wortsinn	Gleichgewicht Fortschritt	Rationalismus	R
Zwillinge	Chrysopras Topas	Schultern	Wortsinn Wärmesinn	Ausdauer Treue	Mathematismus	H
Krebs	Goldtopas Chalzedon	Thorax	Hörsinn Geschmackssinn	Selbstlosigkeit Katharsie	Materialismus	V F
Löwe	Beryll Blut-Jaspis	Herz	Wärmesinn Gedankensinn	Mitleid Freiheit	Sensualismus	T
Jungfrau	Chrysolith Smaragd	Bauch	Sehsinn Sehsinn	Höflichkeit Herzenstakt	Phänomenalismus	B
Waage	Sarder Aquamarin	Hüften	Geschmackssinn Tastsinn	Zufriedenheit Gelassenheit	Realismus	C
Skorpion	Sardonyx Amethyst	Schoß	Geruchssinn Hörsinn	Geduld Einsicht	Dynamismus	Z
Schütze	Smaragd Hyazinth	Oberarm Oberschenkel	Gleichgewichtssinn Lebenssinn	Gedankenkontrolle Wahrheitsempfinden	Monadismus	G
Steinbock	Chalzedon Chrysolith	Ellenbogen Knie	Bewegungssinn Bewegungssinn	Mut Erlöserkraft	Spiritualismus	L
Wassermann	Saphir Rubin	Unterarm Unterschenkel	Lebenssinn Gleichgewichtssinn	Diskretion Meditation	Pneumatismus	M
Fische	Heliotrop Saphir	Hände Füße	Tastsinn Geruchssinn	Großmut Liebe	Psychismus	N

Anhang Nr. 26, zu Seite 186 und 275

Die Modellvorstellungen zur Entstehung der Achate

»Wasser oder wäßrige Salz- und Säurelösungen haben eine gewisse Lösekraft für Mineralkomponenten, u. a. auch für SiO_2. Diese Löslichkeit ist abhängig von Druck, Temperatur und Zusammensetzung der Lösung, insbesondere in bezug auf deren Säuregrad (also den pH-Wert). Als Faustregel kann man sagen, daß die Löslichkeit um so höher ist, je höher Temperatur, Druck und pH-Wert sind. Die Einflüsse sind beträchtlich: In einer neutralen Lösung werden bei 100°C rund 0,01 % (= 100 Milligramm pro Kilogramm Wasser), bei 700°C und 7 Kilobar H_2O-Druck jedoch etwa 2 % SiO_2 gelöst.

Achatsubstanz füllt meist den zur Verfügung stehenden Hohlraum vollständig aus. Ihre Entstehung kann nicht in einem einmaligen Füllungs- und Kristallisationsakt erfolgen. Vielmehr muß man mit einem vielmals wiederholten, rhythmischen Prozeß rechnen: Der Hohlraum wurde mit einer SiO_2-reichen, evtl. übersättigten Lösung gefüllt; durch Änderung der physikalischen (Druck, Temperatur) oder chemischen (pH-Wert, Lösungsgenossen) Bedingungen kam es zur Übersättigung und zur Ausscheidung; die verarmte Lösung wurde durch neue ersetzt, und der Vorgang wiederholte sich. Es ist nun allerdings nicht so, daß jeweils eine Füllung eine Achatschicht hinterließ; dann müßten große Mandeln dicke, kleine jedoch dünne Schichten aufweisen, die zudem von außen nach innen dünner werden; dies wird jedoch nicht beobachtet.

Außerdem wären die Schichten auch viel zu dünn, wenn sie durch einen einmaligen Füllungsprozeß abgesetzt würden: Eine Lösung, die in der Lage ist, 300 Milligramm SiO_2 pro Kilo Wasser abzusetzen (was bereits eine bedeutende Übersättigung voraussetzt), kann in einem kugelförmigen Hohlraum von 1 dm Durchmesser bei einmaliger Füllung nur eine Schicht von 2 μm (1 μm = 1/1000 Millimeter) Dicke hinterlassen. Die normalen Achatschichten haben jedoch ein Vielfaches dieser Dicke.

Zur Ausfüllung einer Mandel sind beträchtliche Mengen an Flüssigkeiten notwendig: Von der erwähnten Lösung mit dem Ausscheidungspotential von 300 Milligramm pro Kilogramm Wasser sind zur völligen Ausfüllung des Hohlraumes mit 1 dm Durchmesser 4700 l nötig. Das bedeutet also, daß der Gesteinskomplex zur Achatbildung von gewaltigen Lösungsmengen durchflutet werden müßte, wenn jeder Lösungsanteil nur jeweils eine Mandel ausfüllen sollte. Es ist aber sicherlich so, daß die gleiche Lösung, wenn sie den Hohlraum verlassen hat, unter geänderten chemischen Bedingungen wieder an neuen Substanzen angereichert wird und wiederum zur Ausfüllung der Hohlräume geeignet ist. Der Lösungsbedarf ist daher nicht so groß, wie sich aus dem Rechenexempel ergeben würde, wenn die Wiederholung des Löse- und Absetzungsvorganges nicht berücksichtigt würde. Trotzdem muß aber mit einer erheblichen Beteiligung von fluiden Phasen an der Achatentstehung gerechnet werden, die im Nebengestein letzten Endes zu einer weitgehenden hydrothermalen Umwandlung führen. Die ursprünglichen Mineralkomponenten werden dabei weitgehend zerstört und durch andere ersetzt: Genau dies wird auch tatsächlich in Achat-Mandelsteinen beobachtet.

Für den Vorgang der Achat-Abscheidung können wir daher folgendes Modell entwickeln:

In die Hohlräume des Gesteins dringen Lösungen ein, die – natürlich neben anderen Komponenten – SiO_2 gelöst enthalten. Durch Änderung der physikalischen und chemischen Bedingungen (z. B. Temp.-Erniedrigung, Druckabfall, pH-Erniedrigung) wird in diesen Lösungen die Sättigung für SiO_2 erreicht. Wenn diese Veränderungen der äußeren Bedingungen drastisch vor sich gehen, erfolgt die Ausscheidung als amorphes SiO_2-Sol, das sich an geeigneten Stellen (z. B. in Hohlräumen) zum SiO_2-Gel verdichten und ablagern kann. Wiederholte Schübe von hochkonzentrierten Lösungen führen zur Bildung von Schichten aus SiO_2-Gel. Diese amorphe, wasserreiche Masse setzt sich in Ruheperioden allmählich (eventuell mit Opal als Zwischenstufe) zu Chalcedon und Quarzin um. Durch den Wasserverlust tritt eine Verringerung des Volumens ein. Das führt dazu, daß die ehemals kompakten Gel-Schichten nunmehr porös werden,was von besonderer Wichtigkeit für die Färbung der Achate ist. Es ist noch nicht restlos geklärt, weshalb einige Schichten zu streng parallel-fasrigen Aggregaten, andere zu wirrstrahligen oder körnigen Kristallanhäufungen kristallisieren. Variationen im Wärmehaushalt dürften hier die Hauptrolle spielen.

Wenn der Träger der SiO_2-Bestandteile eine gasförmige oder eine überkritisch-dampfartige Phase ist, erfolgt der Absatz aus dieser ohne Beeinflussung durch die Schwerkraft. Nicht nur der Boden, sondern auch Wände und Decke eines Hohlraumes können dann von Gel-Schichten überzogen werden. Die Konturen des Hohlraumes werden in den abgesetzten Schichten nachgezeichnet. Hierdurch kommt der meist streng parallelschichtige konzentrisch-schalige Aufbau der Achate zustande.

Um die Förderkanäle herum bilden sich dann häufig stalaktitenähnliche Zapfen, die im Inneren hohl sind und an der Außenseite durch immer wieder neu angelagerte Schichten wachsen. Am fertigen Achat kann man die Eingänge solcher Förderkanäle als ›Spritzlöcher‹ erkennen. Bei geeigneter Schnittlage erscheinen solche Zapfen als in der Achatmasse eingebettete Röhrenanschnitte (Röhrenachate).

Dampfphasen (oberhalb oder unterhalb der kritischen Temperatur) führen wegen ihres isotropen Charakters stets zur Ausbildung solcher nach allen Seiten mehr oder weniger gleichförmig gearteten Schichten. Ist dagegen eine Flüssigkeit Träger der gelösten Komponenten, werden in ihr ausgeschiedene Partikel unter dem Einfluß der Schwerkraft sedimentieren. Nur auf dem Boden eines Hohlraumes bildet sich dann bei der Verdichtung von SiO_2-Sol zum Gel ein Sediment aus Gel-Partikeln. Dieses Sediment füllt ein etwa vorhandenes Relief aus und bildet völlig ebene Schichten, die zudem senkrecht zur Richtung der Schwerkraft angeordnet sind. Auf diese Weise entstehen die Sard-Lagen in den Achaten, die für die Verwendung als Bildsteine von so überragender Bedeutung sind.

In Achate, die einen Aufbau aus konzentrisch-schaligen und ebengeschichteten Lagen aufweisen, ist somit sowohl ein Thermometer als auch eine Wasserwaage eingebaut: Die parallelen Lagen müssen sich bei Temperaturen unterhalb der kritischen Temperatur der Lösung (bei reinem Wasser läge diese Temperatur bei 374,1°C, doch kann sie durch gelöste Stoffe verlagert werden) gebildet haben, die konzentrischen oberhalb. Die parallelen Lagen entsprechen der Orientierung der Horizontalen zur Zeit der Ablagerung; liegen sie jetzt schräg, kann man hieraus eine tektonische Verstellung der Gesteinseinheit ablesen und die Bewegung rekonstruieren. Die Hohlräume in Achatmandeln sind häufig von ›Kristallquarz‹-Spitzen als jüngsten Bildungen ausgekleidet. Diese haben sicherlich niemals ein Gel-Stadium als Vorgängerform erlebt, sondern sind direkt aus dem SiO_2-haltigen Fluid auskristallisiert. Das ist nur möglich, wenn die Übersättigungen nicht zu groß waren, die Lösungskonzentration also nur wenig über den zur Abscheidung von Quarz notwendigen lagen. Fast immer finden sich solche Kristalle in Hohlräumen, ringsherum den Wandungen aufsitzend, was wiederum auf eine Ablagerung ohne Beeinflussung durch die Schwerkraft schließen läßt. Entweder handelt es sich hier um Absätze aus Wasserdampf (der nur sehr geringe Mengen an SiO_2 aufnehmen kann) oder aus gering konzentrierten Flüssigkeiten, welche aber dann den ganzen Hohlraum erfüllt haben müssen. Beides wäre bei Temperaturen in der Gegend der kritischen Temperatur, aber auch deutlich darunter möglich. Die meisten Achate zeigen diese Temperaturabfolge, manche sogar in mehreren Zyklen, was dann auf rhythmische Änderungen der Temperatur, z. B. durch Zufuhr von Thermallösungen aus unterschiedlich heißen Gesteinskomplexen, hindeutet« (Egon Althaus, Achat, Aufbau und Entstehung. In: Zeitschrift Lapis, Nr. 12, Jahrg. 4, München 1979).

Anhang Nr. 27, zu Seite 85

Eine der grundlegenden Erkenntnisse der Geisteswissenschaft Rudolf Steiners ist die Tatsache der Eigenständigkeit derjenigen Stofflichkeiten und Kräfte, die die eigentlichen Träger alles Lebendigen innerhalb der Naturreiche sind. In Anlehnung an ältere Terminologien, z. B. an die der Griechen, nennt sie Rudolf Steiner die Ätherkräfte, d. h. geistig tätige Lebenskräfte. Die genaue Erforschung derselben einerseits in allen phänomenologischen Lebenserscheinungen, wie sie z. B. Goethe in bezug auf das Pflanzenreich begonnen hat, wie auch andererseits durch die übersinnlichen Beobachtungen und Wahrnehmungen der Tätigkeiten dieser Kraftwelt, ergibt eine nähere Unterscheidung und Differenzierung derselben.

Fragt man sich, welche Voraussetzungen solche Kräfte erfüllen müssen, dann sind es die folgenden vier:

1. Diese Lebenskräfte müssen fähig sein, alles Stofflich-Materielle von der Innenseite her vollständig zu durchdringen, in dieser Durchdringung zu ergreifen und im Ergreifen in Richtungen zu bewegen, die dem Entropiegesetz der Physik entgegenlaufen, so daß auch anorganische Stoffe nicht den rein anorganisch-chemischen Gesetzen folgen, sondern zu den komplizierten Stofflichkeiten zusammengezogen werden können, wie sie z. B. im pflanzlichen, tierischen und menschlichen Eiweiß auftreten. Diese Seite der totalen Fähigkeit, die Stoffeswelt zu durchdringen und von innen her zu ergreifen, ist das Charakteristikum für den Wärmeäther.

2. Ist der Stoff ergriffen, dann kann er chemisch so zusammengefaßt, synthetisiert und umgebildet werden, daß neben den anorganischen Chemismus die sehr komplizierten Ordnungen der organischen Chemie treten. Diese Tätigkeit vollzieht der sogenannte chemische oder Klangäther, der dann selber wiederum den Impulsen der Lebewesen selbst unterliegt.

Auf diese Weise entsteht artspezifisches und beim Menschen individuumspezifisches Eiweiß samt allen anderen lebendigen Stoffen.
3. Die so ergriffene und umgewandelte Stofflichkeit wird dann durch Zellenwachstum, Gewebebildung und Organbildung zum Ausdruck der Gestalt, der Figur und des Antlitzes lebendiger Wesen ausgebildet. Diese bildhaften Gestaltungskräfte entsprechen dem sogenannten Lichtäther.
4. Leben ist aber schließlich nur möglich, wenn es sich entwickelt, d.h. sowohl von Art zu Art wie innerhalb eines Lebewesens selber so impulsiert wird, daß eine Entwicklung, ein Aufbau und dann wieder ein Rückgang, ein Abbau, und schließlich das individuelle Ersterben des einzelnen Lebewesens vor sich geht. Der Träger dieser impulsierenden Kräfte dieses eigentlichen Lebensimpulses im Werden und Vergehen schon des einzelnen Lebewesens ist der sogenannte Lebensäther.
Diese vier Ätherarten bilden im Kosmos ein eigenes Reich, das Reich des Weltenäthers. Und so, wie die Lebewesen einerseits aus dem Bereich der materiellen Stoffe ihre Leiblichkeiten aufbauen, so auch andererseits aus dem Bereich der Ätherkräfte und Ätherstoffe. Das Leben ist immer ein Ineinander von materiellen und nichtmateriellen Stoffen und Kräften.
Die Ätherlehre Rudolf Steiners ist von vielen seiner Schüler aufgegriffen und bis in Einzelheiten verifiziert worden.

Anhang Nr. 28, zu Seite 226

»Die Entstehung des Diamanten, dieses in vieler Hinsicht außergewöhnlichsten und interessantesten Minerals, ist seit vielen Jahren umstritten und auch heute noch voller Rätsel und Geheimnisse. Immerhin ist es faszinierend zu vernehmen, daß ausgerechnet die Einschlüsse im Diamanten einen aufschlußreichen Beitrag zur Erklärung der Diamantgenese zu erbringen vermochten. Die Analyse der syngenetischen Mineral-Einschlüsse und deren Spuren-Elemente vermitteln nämlich wertvolle Hinweise auf die stoffliche Zusammensetzung des Muttermagmas, das ein eisenarmes, chromhaltiges, peridotitisches – also ultrabasisches – Magma mit Zusätzen von Schwefel, Titan und Kohlendioxid gewesen sein muß, in dessen unmittelbarer Gleichgewichtsschmelze der Diamant schwebend und stabil gewachsen ist.
Die heute weitgehend anerkannte Deutung der Entstehung des Diamanten beruht auf der Erkenntnis, daß die genetisch idealen Zustandsbedin-

gungen des Diamanten von 50000 bis 120000 Atmosphären und ca. 1300°C in sehr großen Erdtiefen nicht möglich sind, und daß solche Bedingungen nur in intrakrustalen Bereichen erwartet werden können.
In einer relativ frühen Phase, d.h. im Präkambrium – also vor mehr als 600 Millionen Jahren – stiegen basaltische Magmen aus der Tiefe in subkrustale Zonen auf und bildeten dort ausgedehnte, aber lokale Magmenherde, in denen sich allmählich dichte Olivin-Aggregate anreicherten.
In einer zweiten, viel späteren Phase – nämlich während des Aufstieges der unter mächtigem Druck stehenden Magmenmassen in die Spalten und Risse der eigentlichen Erdkruste – ereignete sich eine Differenzierung des einheitlichen, basischen Magmas der Tiefe, und es kam in den intrakrustalen Bildungsräumen zur Umwandlung der Olivinknollen in Eklogitgesteine mit den Mineralkomponenten Olivin, Diopsid und Anorthit. Angesichts der vorherrschenden hohen Drücke verwandelte sich der Anorthit vielerorts in Pyrop-Granat. Im Zuge dieser ungewöhnlichen Metamorphose von Peridotit in Eklogit, die sich vermutlich in der Karbonzeit, d.h. vor etwa 270 bis 300 Millionen Jahren abgespielt hat, vollzog sich die Bildung des Diamanten, die in periodischen Schüben erfolgt sein muß. Der Diamant muß dabei aus fluidem Kohlendioxid auskristallisiert sein, das sich aus heute noch unbekannten Prozessen entwikkelt hat. Möglicherweise wurde Kohlenstoff aus der Reduktion von Kohlendioxid frei, wobei das in der äußeren als auch in der inneren Paragenese des Diamanten vertretene Eisensulfid Pyrrhotin (Magnetkies) als Reduktionsagens gewirkt haben könnte. Demnach wären die an der Diamant-Genese beteiligten Eklogitgesteine als magmatische Hochdruck-Derivate vorher gebildeter Peridotite (Olivingesteine) und der Diamant als Umwandlungs-Begleitprodukt zu verstehen, als dessen Zwillingsgeschwister die gleichzeitig mit der Metamorphose entstandenen Minerale der engsten äußeren und inneren Paragenese – Olivin, Diopsid, Pyrop-Granat, wahrscheinlich auch noch Chromspinell (Picotit) – auftreten.
Wieder nach Ablauf vieler Millionen Jahre wurden die Diamanten mit ihrem Muttergestein in sporadisch ausgelösten Eruptionen explosionsartig hochtransportiert und in Vulkanausbrüchen über die Erdoberfläche emporgeschleudert, im Verlaufe dieses Geschehens entwickelte sich wieder ein neues brekzienartiges Trümmergestein – der Kimberlit –, in das die Diamanten teils lose, teils noch in Eklogitresten erhalten, als akzessorische Minerale eingebettet wurden. Diese Vulkaneruptionen, die den Diamanten an die Erdoberfläche und damit in unsere Hände brachten,

stellten die dritte Phase der Diamant-Evolution dar und fanden mindestens in Südafrika in der Kreidezeit vor etwa 140 Millionen Jahren statt. So ist der Diamant mit seinen aussagekräftigen Mineral-Einschlüssen aus unerreichbaren Erdtiefen – viel tiefer als die Bildungsgemächer anderer Edelsteine – aus einer fremdartigen Gesteinswelt aufgestiegen, um uns mit seinen Mineral-Einschlüssen Nachrichten zu bringen über jene einmaligen Vorgänge, die in längst vergangenen Zeiten seine Geburt verursacht haben. Von dorther stammen weitere Gastminerale, die unter besonders hohem Druck gebildet wurden, wie z. B. der Coesit – eine Abart des alltäglichen Quarzes. Aus großen Tiefen kommen auch Minerale, die ein charakteristisches Element der Gesteine großer Erdtiefen enthalten: das Metall Chrom. Solche auffallend chromhaltigen Minerale sind als Diamant-Einschlüsse bezeichnend: Es sind der Chrom-Diopsid, der Chrom-Enstatit, der Chrom-Spinell (Picotit) und der durch Chrom rotgefärbte Pyrop-Granat. Aber auch in Olivin-Einschlüssen sind Spuren von Chrom (0,07 %) nachgewiesen worden. Diese Feststellung und die Tatsache, daß nur die im Diamanten eingeschlossenen Olivine Chrom führen, die in der äußeren Paragenese des Diamanten im Kimberlit auftretenden Olivine jedoch chromfrei sind, erbringt einen weiteren Beweis dafür, daß der Diamant niemals im Kimberlit entstanden sein kann. Vakuolen fehlen im Diamanten völlig. Offensichtlich entstand er unter Wachstumsbedingungen, die keine Aussparung von syngenetischen Kristallisations-Lücken zuließen. Vermutlich hat es aber auch im tiefenmagmatischen Bildungsbereich des Diamanten keine einschlußfähige Flüssigkeit, d. h. möglicherweise auch kein Wasser gegeben, denn die Mineralverwandtschaft des Diamanten, die seine syngenetischen Einschlüsse ausweisen, besteht aus wasserfreien Mineralen.

Die Mineral-Einschlüsse im Diamanten entstanden in allen drei ›Generationen‹ der Einschlußbildung: vor, während und nach dem Wachstum des beherbergenden Diamanten.

Allerdings sind protogenetische Einschlüsse bisher nicht mit Sicherheit identifiziert worden – mit Ausnahme von Selbst-Einschlüssen kleinerer Diamanten. Diese Gast-Diamanten sind zwar zum Teil syngenetisch, doch zum größten Teil sicher protogenetisch – d. h. als ›Überlebende‹ einer älteren Generation von Nachkommen, die in einer jüngeren Diamant-Bildungsphase wuchsen – aufgenommen worden. Man ersieht daraus, daß sich die Evolution von Diamanten im Muttergestein mehrfach wiederholte. Öfter konnten Kristalle einer früheren Diamant-Bil-

dungsphase Keime für die Bildung größerer Diamanten in späteren Kristallisationsabläufen werden.
Protogenetisch sind sicher auch Gastdiamanten, die Spuren mechanischer Beschädigung zeigen. Es handelt sich dabei oft um sonst gut ausgebildete Kriställchen, z. B. in der Form des Oktaeders – der Doppelpyramide –, an denen eine Ecke abgebrochen ist. Solche Verletzungen kleiner und extrem harter Minerale zeugen von lebhaften Energieentladungen, unbekannter Art, im Bildungsmilieu des Diamanten und sind ein deutlicher Beleg dafür, daß die angebrochenen Einschluß-Diamanten vor dem Wirt-Diamanten – also protogenetisch – kristallisiert sind.
Syngenetisch ist die Mehrheit der Einschluß-Minerale, und die Zahl dieser syngenetisch vom Diamanten aufgenommenen Mineralarten ist bemerkenswert groß. Sicher bekannt sind (nach der Häufigkeit geordnet):

Olivin	Pyrit
Granat	Pentlandit
Picotit (Chromspinell)	Ilmenit
Diamant	Rutil
Chrom-Diopsid	Coesit
Chrom-Enstatit	Bronzit
Pyrrhotin (Magnetkies)	

Diese Einschluß-Minerale sind zum großen Teil erkennbar syntaktisch auf Kristallflächen des Diamanten gewachsen und später von ihm überwachsen worden. Dabei gedeihen bestimmte Kristallflächen des Gastkristalls auf bevorzugten Flächen des Wirtkristalls, bei denen der Rhythmus der Atomabstände im Kristallgitter übereinstimmt. Oft sind Kristallflächen des Wirt-Diamanten von zahlreichen Gästen besiedelt worden, bis sie im Wachstum vom Wirt eingeholt und eingeschlossen wurden.
Sehr häufig zeigen die Gastminerale, die sich syntaktisch während des Wachstums des Wirtkristalls auf ihm absetzten, merkwürdige Verzerrungen ihrer Kristalltracht. So sind Olivine und Granate, die sich normalerweise zu prismatischen bzw. rundlichen Kristallgestalten entwickeln, nach Aufwachsen auf dem Diamanten völlig unnatürlich in schräg (diagonal) zum Normalwachstum verlaufenden Richtungen gestreckt. In solchem Habitus wirken sie für den Beschauer, der mit der natürlichen Wachstumsform vertraut ist, völlig fremdartig. Dies trifft vor allem bei

den leistenförmigen Granaten zu. Man könnte sagen, daß der Diamant-Wirt für seine Gäste eine Art von Prokrustes-Bett wurde, auf dem sie sich abnorm verlängerten. (Prokrustes ist eine Sagenfigur aus der griechischen Mythologie, der im Bett seines Wirtes ähnlich ›zwangs-verlängert‹ wurde).

Für die Enträtselung der Diamant-Entstehung ist auch diese Eigenart der Mineral-Einschlüsse im Diamanten ein Mosaikstein zur Vollendung des Bildes.

Bei der Zwangs-Verlängerung verloren die Olivine, Granate und Picotite die gewohnte äußere Gestalt soweit, daß sie lange Zeit fehlidentifiziert wurden. Vor allem die Olivine nahmen eine pseudo-tetragonale Kristallform an, die an die des Zirkons erinnert (Zirkon wächst bevorzugt in prismatischen Säulen mit quadratischem Querschnitt). So glaubte man früher, daß Zirkone zur Einschluß-Welt des Diamanten gehören. Doch sind mit modernen Methoden keine Zirkone mehr in ihm festzustellen.

Epigenetisch entwickelten sich im Diamanten eine Reihe von Einschlüssen, von denen vor allem die Graphit-Schüppchen sowie Graphit, Pyrrhotin und Pentlandit, als Auskleidung von Spannungsrissen, von Bedeutung sind. Außerdem kommen in epigenetischen Rissen und Spalten eisenhaltige Ausfällungen und Fremdminerale vor, die aus xenophysischen Lösungen abgesetzt wurden. Wichtige epigenetische Gastminerale sind Kalzit, Goethit, Hämatit, Quarz, Kaolinit, Pyrrhotin, Pentlandit, Rutil, Sellait und Xenotim. Schließlich wurden epigenetisch auch ältere syngenetische Einschluß-Minerale durch die Verwitterungsvorgänge in andere Minerale umgewandelt: So findet man Anhäufungen von Glimmern (Phlogopit, Chlorit) und Serpentin, die aus Olivin und Granat entstanden.

Neben diesen erkennbaren Einschlüssen von Mineralien aller Generationen gibt es schließlich im Diamanten unbekannte feinkristalline Substanzen. Sie trüben, wie Nebelwolken, das Herz des Steines oder scheinen als Kreuz in ihm zu schweben. Oft erfüllen diese Nebel auch den ganzen Wirtkristall. Es könnten dichte Konzentrationen submikroskopisch kleiner Olivine sein« (E. Gübelin, Innenwelt der Edelsteine. Urkunde aus Raum und Zeit, Düsseldorf 1973).

Anhang Nr. 29, zu Seite 343

Für die Entstehung der Goldvorkommen auf der Erde bedeuten die Forschungen der 70er Jahre ganz neuartige Aspekte. Es handelt sich um die Goldvorkommen der sogenannten Witwatersrand-Formation in Südafrika.
Auf einem der ältesten Kratone der Erde (Grundgebirge der Kontinente), dem sogenannten »Caapvaal-Kraton«, das den Süden und Südosten Südafrikas bildet, liegen drei Serien präkambrischer Decksedimente. Sie erfüllen uralte, flache, 2000–4000 m tiefe Tröge oder Bassins auf dem kristallinen Grundgebirge. Die mittlere dieser drei Gesteinsserien ist die sogenannte Witwatersrand-Serie, auch Witwaterreef genannt. Dieser Trog liegt etwa zwischen Johannesburg – Delmas im Nordosten und Welkom im Südwesten, bzw. Heidelberg im Südosten und Klersdorp am Vaalfluß im Nordwesten. Er wird in der Mitte von Osten nach Westen vom heutigen Vaalfluß überquert.
Diese uralte Mulde, 300 km lang und 80 km breit, ist von einer Reihe älterer Granitdome des Grundgebirges umgeben und in der Mitte von dem Vredeford-Ring-Granit durchbrochen. Die Granite liegen teilweise unter Sedimenten. Auch die präkambrische Gesteinsserie selbst des Witwaterreefs ist von jüngeren Ablagerungen bedeckt, die das Bassin vollgefüllt haben. Die Serie selber tritt bei Johannesburg als »Witwatersrand« zutage. Hier wurde das Goldvorkommen 1885 entdeckt.
In dieser Mulde befand sich ursprünglich ein Binnenmeer, wahrscheinlich aus warmem Süßwasser gebildet, in das von den umliegenden Granithöhen von Norden, Westen und Süden in schnellfließenden Flüssen hauptsächlich Sande, aber auch Tone und anderes Material eingeschwemmt und abgelagert wurde. Man unterscheidet das »untere Witwatersrand« (gegliedert in Hospital-Hill, Governmentreef und Jeppestown-Serie) und das »obere Witwatersrand« (Main-Bird und Kimberley-Elsburg-Serie). Die unteren Serien sind zu Konglomeraten und Quarziten verbackene, uranhaltige Gesteine, die obere Serie gold- und uranhaltige Quarzite und Konglomerate.
Über die Herkunft des Goldes gab es bis vor kurzem zwei Theorien:

1. Der hydrothermale Ursprung; das Gold soll in heißen Lösungen aus dem Vulkanismus der umliegenden Gebirge eingeströmt und abgesetzt sein. Dem widerspricht aber, daß das Gold nie kristallisiert auftritt.

2. Das Gold soll als Seifengold in Körnern durch die Flüsse eingeschwemmt sein. Dem widerspricht aber, daß das Gold ausschließlich in winzigen, dem Auge unsichtbaren Gebilden auftritt (Partikelgröße: 0,004–0,075 mm), es niemals abgerollte Körner bildet, wie sie für Seifengold charakteristisch sind.

Da man bisher keine andere als nur geomechanische Erklärungen hatte, vermutete man mechanischen Transport und Ablagerung bei nachträglicher Metamorphose zu der heute vorfindlichen Gestalt des Goldes.

Nun wußte man zwar schon lange, daß das Gold in den Konglomeratzonen bestimmter Schichten vergesellschaftet vorkommt mit einer Kohlenformation, die aus winzigen Kohlegebilden besteht und »Carbon« genannt wurde. So sagt De Kock (1964): »The carbon-rich seam varies in thickness from 76 mm (3 in.) down to a mere streak. Detailed examination has shown the ›carbon‹ to be a form of hydrocarbon, and that it is often columnar, with the columns at right angles to the bedding« (zitiert nach Truswell, S. 37).

Inzwischen haben sich vollkommen überraschende Forschungsergebnisse feststellen lassen durch die verfeinerten technischen Möglichkeiten der Untersuchung. Es hat sich gezeigt, daß das »Carbon« die verkohlten Petrefakte winziger präkambrischer Pflanzen darstellt. Es entpuppte sich als eine Art bisher völlig unbekannter »Flechten«, d.h. Symbionten von Pilz und Alge, die an den Ufern und auf dem Grunde der Quarzsandablagerungen ganze Rasen säulenförmiger Pflanzen bildeten. Diese Pflanzen haben in den warmen Wassern des alten Meeres befindliches kolloidales Gold in sich aufgenommen und in und um ihre Pilzhyphen organisch abgeschieden, so daß das abgesetzte Gold die Formen der Pflanzenorgane bis in die Zellstruktur beim Abschneiden in sogenannten »Repliken« abgebildet hat. In einem zusammenfassenden Artikel über den pflanzlichen Ursprung des Witwatersrand-Carbon hat D.K. Hallbauer die Ergebnisse dieser neuesten Forschungen veröffentlicht. Er sagt in diesem Artikel: »Wegen des wiederauflebenden Interesses an der Goldwertverbreitung in den Reefmassen, an der Morphologie von Goldpartikeln und an der Rolle, die die ›Kohle‹ an der Goldkonzentration hat, wurde ein großer Teil der Arbeit in den Untersuchungslaboratorien des ›Chamber of Mines‹ den Untersuchungen der Eigenart der Kohle oder der Thucholithe, wie sie oft genannt wird, gewidmet« (S. 111).

»Thucholith« (Name nach den aufbauenden Elementen Thorium – Th, Uran – U, Kohlenstoff – C, Wasserstoff – H und Sauerstoff – O) ist eine

asphaltartig aussehende Substanz, die brennbar ist und deren sehr reichliche (5–60%) Asche überwiegend aus UO besteht. (UO bzw. UO_2 ist Uranpecherz = Uraninit [idiomorph] = Pechblende [kollomorph]; nach Klockmann 1978, S. 545–548).
Diese »Kohle« bzw. Thucholithe wurde nun genauen morphologischen, chemischen und elektronenmikroskopischen Untersuchungen unterworfen. Im Bildteil sind die Fotos aus der obengenannten Veröffentlichung von Hallbauer wiedergegeben. Auf Abb. 38 ist Figur 2 des Artikels mit dem »Carbon« und auf Abb. 41 ein daraus stammendes Goldpartikel in 120facher Vergrößerung wiedergegeben. Abb. 40 zeigt Figur 7 des Artikels: in elektronenmikroskopischer Vergrößerung die Bilder dieser »Urflechten«. Auf Abb. 39 ist (Figur 13 des Artikels) die Goldreplik in 175facher Vergrößerung der Faserstrukturen der Pilzhyphen im Gold und in Figur 14 des Artikels die zellige Struktur der Goldfaserrepliken unter dem Elektronenmikroskop wiedergegeben.
Daß Pflanzen und Tiere mineralische Stoffe in sich aufnehmen, durch ihren Stoffwechsel hindurchlaufen und in verwandelter Gestalt wieder absetzen können, ist eine allgemeine Tatsache des Lebens der Organismen. So bilden sich im Grunde alle Skelette, Schalen und Gerüste aus den Mineralien Kiesel und Kalk. Aber auch Eisen, Schwefel und andere Metalle oder Nichtmetalle können durch Bakterien, Algen, Pilze und andere Pflanzen ihren Weg durch die Organismen nehmen. Die hier abgebildeten uralten »Flechten« des Präkambriums nahmen Kiesel, Gold und Uranerz in ihren Stoffwechsel auf, »verdauten« diese Stoffe und schieden sie innerlich und äußerlich wieder ab. Zu der anorganischen Diagenese in den Witwatersrand-Serien kam die organische hinzu. Das Goldvorkommen der Witwatersrandgesteine ist organischen Ursprungs. Und so sagt Hallbauer in dem o. g. Artikel:
»Es wurde an polierten Schnitten beobachtet, daß das kohleartige Material offenbar verwitterte Uranite ›verdaute‹. Der hohe Gold- und Urangehalt der fossilen Materie deutet deshalb auf einen Prozeß aktiver Aufnahme dieser Substanzen hin, einen Prozeß, welcher ähnlich dem der Auflösung und Aufspeicherung radioaktiver und anderer Minerale durch Flechten (auch heute noch) ist (so nach Hale 1967). Hallbauer und Van Warmelo brachten deshalb die Theorie vor, daß die säulige kohlenartige Materie fossile Rückstände einer präkambrischen symbiotischen Gemeinschaft sei, die wahrscheinlich aus einem Algenpartner und einem Pilzorganismus bestand und Gebiete von einigen wenigen Quadratzenti-

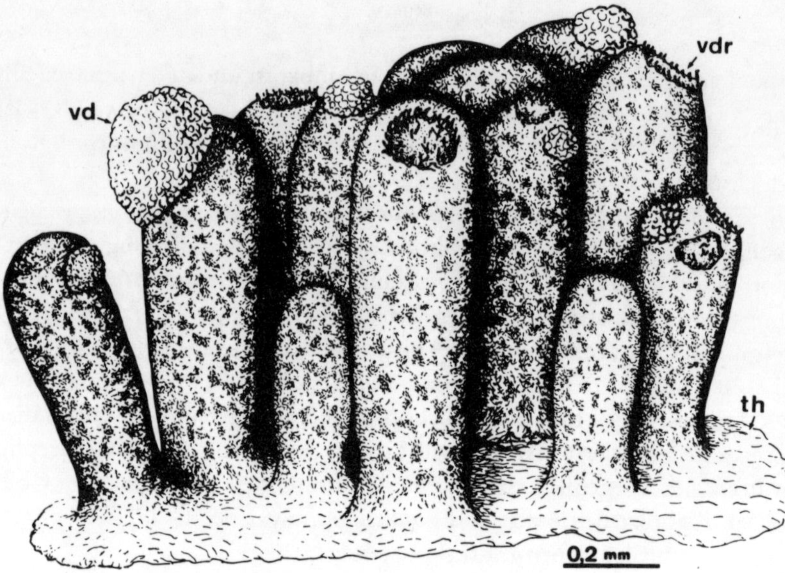

Fig. 1 Rekonstruktion der vollständigen Pflanze mit vegetativen Diasporen auf Säulen, die aus einer feinen Basaltplatte herauswachsen (Thallus horizontalis).

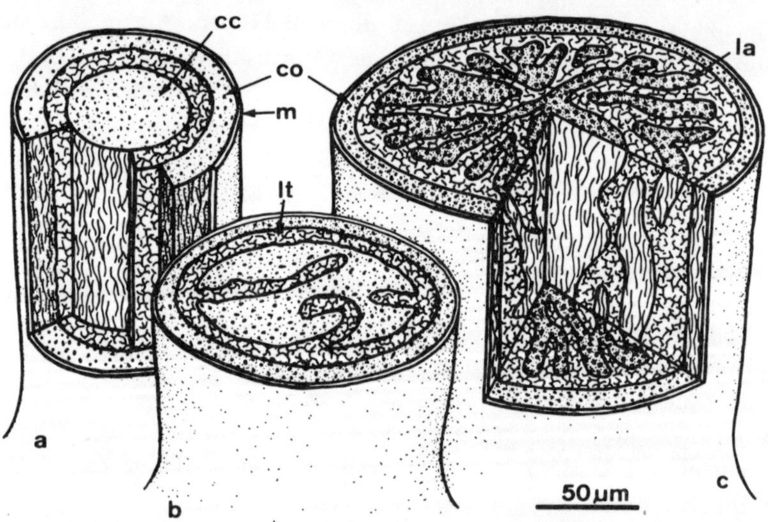

Fig. 2 Rekonstruktion der inneren Struktur von »jüngeren« und »älteren« Säulen, die eine fortschreitende Differenzierung aufweisen.

metern und bis zu einigen Quadratmetern nackten Felsens oder goldhaltigen, schweren, mineralischen Sandes bedeckte« (Hallbauer S. 125–126). Schließlich heißt es bei Hallbauer:
»Das Alter der kohleartigen Materie des Witwatersrand (2300–2700 Millionen Jahre) hat natürlich wichtige Bedeutung für die Datierung vom Ursprung des Lebens (S. 126).« Und er sagt des weiteren:
»Ling Ong und Swanson fanden heraus, daß organische Säuren Goldsole stabilisieren, indem sie die kolloidalen Goldpartikel mit Schutzhüllen umgeben, die ihr weiteres Wachstum und ihre Ausfällung verhindern (nach Ling Ong und Swanson 1974). Gold kann also als organisches, geschütztes Goldkolloid transportiert werden, das über längere Zeitperioden stabil ist. Ähnliche organische Säuren müssen von den vorher besprochenen präkambrischen Pflanzen produziert worden sein, um es ihnen zu ermöglichen, Gold und Uran zu lösen und wieder abzulagern, was jetzt als Zell- und Faserrepliken beobachtet werden kann. Es besteht daher die Möglichkeit, daß große Goldmengen während der Witwatersrandzeiten als organisch unterstützte Kolloide transportiert worden sind. Diese Kolloide werden instabil, wenn sie in unterschiedliche Umgebungen, z. B. Seewasser oder Brackwasser, kommen. Dieser Transportmechanismus würde viele Widersprüchlichkeiten, die von Wirtschaftsgeologen auf dem Witwatersrand bemerkt wurden, erklären und die Rolle, die von primitiven Pflanzen bei der Goldkonzentration der Witwatersrand-Goldfelder gespielt wurde, verständlich machen.« (D. K. Hallbauer, The plant origin of the Witwatersrand »Carbon«, Johannesburg 1975.)

Anhang Nr. 30, zu Seite 58

»Jerusalem (hebr. j.ruschalem, MT j.ruschalaim, gr. Jerousalem, lat. Hierosolyma), die geschichtliche Hauptstadt Palästinas.
I. Namen. – 1. Die Etymologie des Namens J. läßt sich nicht einwandfrei feststellen. – a) Zum ersten Male wird er, wie man vielfach annimmt, in äg. Ächtungstexten des 19. oder 18. Jh.s v. Chr. erwähnt: (K. Sethe, ABA, '26, Nr. 5) = Auschamem (J. A. Wilson in ANET, 329) oder Ruschalimum statt Uruschalimum (B. Mazar, SY I, 99 und EBB III, 791). In den Amarna-Briefen, ca. 1400 v. Chr., erscheint der Name als Uru-salim (Taf. 3 d; Knudtzon, El-Amarna-Tafeln, 285–90; RA 19, '22, 106; ANET, 487–9). Der erste Teil des Namens wird nach dem akk. und

sumer. uru als ›Stadt‹ gedeutet, also ›Stadt Salim‹, während salim entweder als ›Friede‹ oder als Name der Gottheit Salimum, Salman o. ä. verstanden wird. Ebenso hat man auch den in Tafel 290 erwähnten Ortsnamen ›Bit Ninib im Lande J.‹ auf J. selbst bezogen (zuerst P. Haupt, Jos, SBOT, 54; dann J. Levy, JBL '40, 519–22; Mazar, SY I, 100f und EBB III, 792), Albright dagegen identifiziert diesen Ort mit Bethlehem (ANET 489). Ferner findet sich der Name U-sa-li-immu auf assyr. Denkmälern des 7. Jh. v. Chr. (ANET, 288).
b) Die akk. Form hat sich im nabatäischen ›Urischlem‹ (CIS II, 1, 294), im vorislamisch-arabischen ›Urischallum‹ o. ä., auch ›Schallam‹ (Jaqut, Ausg. Wüstenfeld, I, 402 III, 315 IV, 590; Le Strange 83), und im syr. ›Urischlem‹ erhalten. ––
c) Im MT kommt der Name J. etwa 600mal vor, jedoch nicht im Pentateuch (über Hinweise auf J. im Pentateuch s. M. D. U. Cassuto, in: Eretz Israel III, '54, 15–7, hebr.). Die Konsonantenform ist jrwschlm, die ursprüngliche Aussprache höchstwahrscheinlich J.ruschalem (vgl. biblisch-aramäisch J.ruschlem bzw. J.ruslem), aber die Masoreten vokalisierten durchweg J.ruschalaim, an einigen Stellen mit Pleneschreibung jwrsljm (BH: $Jr26_{18}$ $Est2_{6}$ $1CH3_{5}$ $2Ch25_{11}$ 32_{9}). Auf den jüd. Münzen der ersten Revolte (66–70 n. Chr.) ist der Name im 1. Jahr defektiv, im 2. und 3. Jahr plene geschrieben, auf denen der zweiten Revolte (132 bis 135) ausschließlich defektiv (A. Reifenberg, Ancient Jewish coins, '47[2], 57–9 und 60–6). Die heutige israelische Schreibweise ist jrwschljm. –
d) Was die zweite Hälfte des Namens betrifft, so ist die akk. mit der hebr. Überlieferung offenbar identisch. Dies gilt jedoch nicht für die erste Hälfte. Es ist anzunehmen, daß der Name einer Stadt im Lande der Kanaanäer kanaanäischen und nicht akk. Ursprungs ist, so daß uru eine Akkadisierung einer kanaanäischen Wurzel sein könnte. In der keilschriftlichen Transliteration werden schwache Vokale in der Regel an den folgenden starken Vokal angeglichen (z. B. 'edom = udumu, p. qod = puqudu), so daß j.ru oder iru zu uru werden konnte, aber beweisen läßt sich dies nicht. Man hat auch den ersten Teil des kanaan. Namens auf die Wurzel jrw-jrh zurückführen wollen und ihn entweder als Verb gedeutet, z. B. ›er (der Gott) wirft das vollkommene Los‹ oder ›(der Gott) Salman wirft (das Los)‹, oder man hat darin ein Nomen gesehen und übersetzt ›Los bzw. Gründung, Besitz der Sicherheit bzw. des Gottes Salman‹. Andere wieder haben den Namen in j.rusch schalem aufteilen wollen, was ›Erbsitz der Sicherheit‹ bedeuten würde, oder in ji'u schalem, ›sie

werden salem sehen bzw. fürchten‹ (Reland, Palaestina 1714, 1716[2], 833f; s.a. die Namenserklärung der alten Onomastica unter I. 2a). Auch mit der Wurzel 'ur oder 'ir, ›Feuer‹ bzw. ›Herd‹, ist jrw zusammengebracht und mit der Bezeichnung J.s als ›Ariel‹ (= Uriel? vgl. Js29$_{1\ 2\ 7}$ mit Ez 43$_{15}$f; s. Ges-B 65f) verglichen worden, somit ›Herd Gottes‹ oder ›Herd des Friedens (Heils, der Sicherheit)‹ (Smith, J. II, 258f). Albright leitet Ariel = har'el, 'ar'el (Berg Gottes) vom akk. arallu ab, was sowohl ›Unterwelt‹ wie ›Götterberg‹ bedeutet (JBL, '20, 139; Archaeology and the religion of Israel, '53[3], 151 und 218 Anm. 85–8; vgl. Vincent-Stève, 611ff). –

e) Die LXX transkribiert den Namen mit Jerousalem, und Klearchos von Soloi fügt eine gr. Endung an: Jerousaleme (Josephus, C. Ap. I, 179). Die Aussprache war ursprünglich wohl ungehaucht, wie Iouda, Iordanes usw., daher spiritus lenis bei Swete (LXX-Ausgabe und Introduction to the OT in Greek, '14[2]), Hatch-Redpath und Reinach (Textes d'auteurs Grecs et Romains relatifs au Judaisme, '95, 11). Andere setzen den spiritus asper (a. Niese in seiner Josephus-Ausgabe), wohl mit Rücksicht auf die offenbar schon in vorchristl. Zeit eingetretene Aspirierung des Namens. Eine dritte Gruppe (Rahlfs LXX; die Göttinger LXX) läßt die Frage offen. Seit dem 2. vorchristl. Jh. tritt der Name auch in der Form Hierosolyma auf (Plur., mit und ohne Artikel), die schließlich sowohl im Griechischen als auch im Lateinischen allgemein üblich wird (Arist., 1–4 Mkk, Strabo, Josephus; Cicero, Plinius, Tacitus, Sueton). Diese Form geht wahrscheinlich auf eine ältere gr. Tradition zurück. Choirilos (Ende des 5. Jh.s v. Chr., zitiert von Jos. Ap. I, 172 f) spricht von dem Gebirge Juda als von den ›solymischen Bergen‹, und Manetho (3. Jh. v. Chr.) nennt die Hebräer ›Solymiten‹ (Ap. I, 248). Josephus, der auch die Kurzform Solyma (Fem. Sing. indeklinabel; ebenso Martial und Pausanias, jedoch Neutr. Plur.) benützt, leitet sie von dem Salem Melchisedeqs ab (Ant. I, 10, 2, § 180f; Bell. VI, 10, 1, § 438), während Tacitus an die Solimi Homers denkt (Hist. V, 2; vgl. a. Jos. Ant. VII, 3, 2, § 67). Das N. T. hat sowohl Ierousalem als auch Ierosolyma (letzteres als Neutr. Plur., ausgenommen Mt2$_3$ und 3$_5$, wo der Name für die Einwohnerschaft gebraucht wird). Die Vulgata gibt die folgenden Formen: Hierusalem, Ierusalem, Hierosolyma und Ierosolyma (Fem. und Neutr.). –

f) Die Araber nennen J. Elquds (auch el-muqaddas, el-muqaddis, Bet el-Maqdis), ›die Heilige‹, wegen der religiösen Bedeutung für den Islam. Aber schon das A. T. nennt den Ort als Wohnsitz Gottes bzw. seines

Namens, ›'ir haqqodesch (Js48_2 52_1 Neh11_1 Dn9_{24}0). Die Münzen der ersten jüd. Revolte haben jrwl(j)m (h)qdsh, und Mt hat zweimal (4_5 und 27_{53}) he hagia polis. Philo nennt die Stadt einmal Hieropolis (Flaccus 46). Es ist nicht ausgeschlossen, daß die Aspirierung von Hierosolyma in der Aufteilung und Deutung des Namens als Hiero-solyma ihren Ursprung hat und daß sie dann auch auf die ältere Form des Namens Hierousalem übertragen worden ist. Der alexandrinische Schriftsteller Lysimachos leitete den Namen Hierosolyma, um die Juden zu verunglimpfen, von Hierosyla (Tempelraub) ab (Jos., C. Ap. I, 311).« – (Biblisch-historisches Handwörterbuch, B. Reicke und L. Rost, Bd. II, Göttingen 1962, S. 820–822.)

Anhang Nr. 31 zu den Seiten 31 und 136

Zur Frage der Technologie

Indem heute technisches Tun und technisches Wissen und Können zusammengedacht wird, spricht man von Technologie. Ein Überblick über die dem heutigen Bewußtsein zugängliche Geschichte der Menschheit ergibt eine Reihe von charakteristischen Arten von Technologie.

1. Die naturhafte Technologie der Urzeit.

Die Urmenschheit entnimmt dem Überfluß der Natur Nahrung, Rohstoffe und Energie, ohne die Natur in ihrem gesamten Haushalt zu stören. Der Urmensch sammelt, bearbeitet und gebraucht sie, selber ein Glied der Natur. Er ist Sammler, Jäger, Fischer und anfänglicher Handwerker in Holz, Knochen und Stein.

2. Die naturpflegerische Technologie.

Die Menschheit der Jungsteinzeit entnimmt der Natur Pflanzen und Tiere, bezieht sie in ihren Lebensbereich ein, entwickelt Kulturpflanzen und Haustiere und schneidet aus der Natur Landschaftsteile heraus, die sie hegt und pflegt. Der Mensch wird Hirte und Pflanzer, schließlich Ackerbauer. Er wird seßhaft. Dabei bleiben seine Siedlungen auch als Kulturland immer noch in die Natur eingebettet. Zum Feuer als Energiequelle kommen strömende Naturprozesse in Wind und Wasser hinzu. Die handwerkliche Technologie löst sich allmählich aus dem Bauern- und Hirtentum los und wird selbständig. Die Rohstoffe kommen aber immer noch aus dem Überschuß der Natur. Alle Abfälle werden vom Kreislauf der Natur voll »verdaut«.

3. Die kultische Technologie.

Hand in Hand mit der naturpflegerischen Technologie geht die Entwicklung der Kulte. Es ist das für das heutige Bewußtsein schwer verständlich, weil man nicht mehr weiß, wie sehr der Mensch der Steinzeit noch übersinnlich mit der Natur gelebt hat. Götter und Elementarwesen waren ihm wahrgenommene Wirklichkeit. Die Mysterienpriester und Eingeweihten der Mysterienstätten wußten, daß der Mensch auf der Stufe der pflegerischen Technologie der Natur besondere übersinnliche Lebenskräfte entzieht, die, wenn Land, Nahrung und Rohstoffe vom Menschen verbraucht werden, der Natur nicht mehr zur Verfügung stehen. So entwickelten mit dem Ackerbau die Mysterienstätten Fruchtbarkeitskulte. Diese dienten einerseits dazu, Wirtschaft und Technik in die Rhythmen der Natur einzuordnen. Andererseits werden durch diese alten Kulte verbrauchte kosmische Kräfte des Lebens und der Fruchtbarkeit auf dem Wege kultischer Magie der Natur wieder zugeführt. Zu den ältesten Ahnen- und Totenkulten treten jetzt die Fruchtbarkeits- und Lebenskulte im Zusammenhang mit dem Jahreslauf hinzu. (Die Kulte, die sich auf Erziehung und Umbildung der seelisch-geistigen, aber auch der leiblichen Entwicklung des Menschen selbst beziehen, gehören dann nicht mehr dem eigentlichen technologischen Bereich an.)

4. Die ausbeuterische Technologie.

Der Übergang von der naturpflegerischen zur ausbeuterischen Technologie ist fließend. Die Zerstörung der Wälder rings um das Mittelmeer für den Schiffbau der Phönizier, Griechen und Römer im Altertum bewirkt die erste größere Veränderung der Natur durch Ausbeutung. Dasselbe gilt für die Kohlegewinnung aus den europäischen Wäldern im Zusammenhang mit dem Hüttenwesen im Mittelalter. Das hat sich dann in der Neuzeit ausgebreitet. Mehr und mehr Rohstoffe auf der ganzen Erde werden davon erfaßt, besonders seit die Handwerkstätten durch Fabriken und die Werkzeuge und Geräte durch Maschinen abgelöst wurden. Durch die Entwicklung der Kunststoffe kommt dann noch das Problem der von der Natur nicht mehr zu verarbeitenden Abfälle der technologischen Prozesse hinzu, was sich besonders auch auf giftige Abfälle bezieht.

5. Die zerstörerische Technologie.

Auch der Übergang von der ausbeuterischen zur zerstörerischen Technologie ist fließend. Die Entdeckung der Elektrizität und von ihr aus der weiteren untersinnlichen Kräftewelt (Magnetismus, Kernkraft) greift nicht nur in die Biosphäre ein, sondern geht jetzt besonders in ihren letzten Stufen auch auf die die mineralische Welt über. Es ist hier nicht der Ort, gesellschaftliche oder politische Gesichtspunkte geltend zu machen. Es handelt sich zunächst rein um eine Beschreibung. Die zerstörerische Technologie ist da, sie hat bereits gewirkt und wird von ihren Verfechtern und Trägern weiterhin praktiziert. In dieser Technologie wird die Natur auf den Weg der Vergiftung, Zerstörung, ja Vernichtung gebracht. Im Verein mit der ausbeuterischen Technologie erhebt sich hier ein Problem von geologischem, ja astronomischem Ausmaß.

An dieser Stelle sei auch auf die Identifikation von natürlicher und künstlicher Radioaktivität hingewiesen. Der radioaktive Zerfall der schwersten Elemente in der Natur (Uran, Thorium, Radium) ist ja zunächst, bezogen auf das Ganze der irdischen Natur, ein mit längeren Halbwerten ausgestatteter homöopathischer Prozeß: Er ist für das Mineralreich eine Art Erlösungsmittel. Er vollzieht sich in einer Rhythmik, einer Größenordnung und einer Intensität, die den ruhigen, natürlichen Anfang jenes Zersprühens der mineralischen Welt bedeutet, der sie aus dem ponderablen Bereich der Bindung an die untersinnlichen Kräfte lockert und das Wesenhafte dieses Bereiches für dessen Vergeistigung aufschließt. Dadurch kann das Mineralreich auf natürliche Weise wieder in die Verwaltung der Mächte des Guten übergehen. Die in den natürlichen radioaktiven Zerfall einmündende mineralische Welt wird auferstehungsfähig. Die natürliche Radioaktivität hat fermentativen Charakter.

Die künstliche Kernzerstörung greift hier von allen Technologien am tiefsten in die Natur ein. Das gilt aber auch für die heute intensiv angestrebte Kernverschmelzung, die Fusion. Die Produkte der Spaltung (Plutonium usw.) und das Abfallprodukt der Fusion (Tritium) sind nicht nur für das Leben, sondern auch für die mineralische Welt selbst zerstörerische Gifte. Diese Technologie erzeugt Stoffe und Kräfte, die alles Leben schon im Keimzustand vernichten und das leblose Mineralreich daran hindern, seinen Weg in die Vergeistigung des Zukunftszustandes des Kosmos durch den Menschen hindurch und durch die weltverwandelnde Wirkung des Mysteriums von Golgatha hindurch zu finden. Diese Technologie produziert Prozesse, die irreversibel und unbeeinflußbar sind in der Richtung auf Vergiftung und Zerstörung. Sie fallen aus dem Kreislauf der Natur völlig heraus und dadurch in den Herrschaftsbereich der Widersachermächte im Sinne der Apokalypse des Johannes. Sie bilden kosmologisch gesehen für alle Zukunft ein Reich für sich, apokalyptisch gesprochen das höllische Babylon. So sind sie für den Rest des Erdendaseins ein Einschlag unverdauter Stoffe und Kräfte und für den zukünftigen Jupiterzustand die Belastung durch einen kosmischen Trabanten im Sinne eines bösen Mondes. Was in der natürlichen Radioaktivität fermentativ und homöopathisch wirkt (oft sogar in radioaktiven Wassern Heilkräfte hat), wird in der technologischen Überdosis zu fressendem Gift.

6. Alternative Technologie.

Das eben beschriebene Problem wird heute von vielen Menschen gesehen und gefühlt. Das Energieproblem steht dabei scheinbar im Vordergrund. Es ist aber auch nur ein Teilproblem in der gesamten Problematik. Aus alledem erheben sich die Fragen nach Alternativen. Die Versuche, sie mit denjenigen Denkmöglichkeiten zu beantworten, die aus der Erforschung, Kenntnis und Handhabung der untersinnlichen Kräfte entstehen, ist heute die allein bekannte.
Und innerhalb dieses Bereiches werden die Alternativen gesucht. In Wahrheit stellt sich die Frage noch anders: Gibt es nur die bisher bekannten Kräfte der Natur und der Unternatur und muß nur innerhalb derselben nach Alternativen gesucht werden, oder gibt es im Kosmos auch Kräfte, die neu zu entdecken und zu erforschen sind, und denen gegenüber auch völlig neue Technologien entgegengesetzter Art entwickelt werden müssen?

7. Die therapeutische Technologie der Gegenwart.

Der Ausblick auf die Frage nach Stoffen und Kräften, die nicht der Unternatur angehören, hat – von der Öffentlichkeit immer noch nicht beachtet – ihre erste anfängliche Beantwortung gefunden. Es gibt diese Technologien heute auf zwei Gebieten der praktischen Lebens:

1. Für die mit der Medizin zusammenhängende Pharmazie und
2. für die Landwirtschaft.

Es handelt sich um die Kenntnis und Anwendung der ätherischen und astralischen Substanzen und Kräfte der Erde und des Kosmos im Sinne der anthroposophischen Terminologie. Seit dem Beginn der zwanziger Jahre wird mit ihnen in pharmazeutischen Betrieben (Weleda, Wala) gearbeitet. Ebenso wird diese Technologie angewendet in vielen über die Erde verteilten Betrieben der biologisch-dynamischen Wirtschaftsweise in der Landwirtschaft. Sie werden weiterhin erforscht durch die von der Hochschule für Geisteswissenschaft am Goetheanum in Dornach ausgehenden Impulse in vielen Forschungsinstituten. Diese Technologien bewirken nicht nur »Umweltschutz«, sondern »Umweltheilung«. Es soll hier lediglich auf die Tatsache der Existenz dieser Technologie hingewiesen werden. (Näheres darüber kann man in der einschlägigen Literatur finden, z. B. Rudolf Steiner »Geisteswissenschaftliche Grundlagen zum Gedeihen der Landwirtschaft«, oder Rudolf Steiner »Geisteswissenschaft und Medizin«, um nur zwei grundlegende Vortragszyklen auf diesem Gebiet zu nennen.)

8. Die alternative Technologie der Zukunft.

Die therapeutische Technologie der Gegenwart ist erst ein Anfang. In dem Maße, in dem die übersinnlichen ätherischen und astralischen Kräfte der Erde und des Kosmos erforscht sein werden, wird eine technische Anwendung über das Therapeutische hinausgehen können. Es kann ins Auge gefaßt werden, daß Möglichkeiten bestehen, auch solche Maschinen zu entwickeln, die aus diesen Kräften heraus auch mechanische Wirkungen hervorrufen können. Solche Vorgänge finden ja in der Natur überall dort statt, wo in den Organismen Strömungen physischer Materie durch ätherische Lebenskräfte bewirkt werden (der Respirationsstrom der Pflanzen, der Blutsstrom der Tiere und des Menschen und die Plasmaströmungen in jeder lebendigen Zelle). Durch mechanische Kräfte in bestimmter Weise zum Strömen gebrachtes Wasser kann, von solchen Kräften ergriffen, weiter strömen und Energie liefern aus dem kosmischen Kräftebereich, der der heutigen materialistisch orientierten Naturwissenschaft noch unbekannt geblieben ist. Aber auch darauf soll hier nur kurz hingewiesen werden.

Angesichts solcher vielleicht zunächst nur theoretisch anmutenden Möglichkeiten kann sogar die Frage entstehen, ob nicht in einer noch ferneren Zukunft auch die durch die zerstörerische Technologie bewirkten Prozesse durch besondere übersinnliche Gewalten wieder in den Vergeistigungsprozeß des Mineralreiches zurückgeführt werden können. Es sei dies zunächst an dieser Stelle lediglich als ein möglicher Zukunftsgedanke ausgesprochen.

ANMERKUNGEN

1 Auf diesen Zusammenhang hat Emil Bock in der »Apokalypse«, Stuttgart 1951, S. 123 f., hingewiesen.
2 a. a. O., S. 156–165.
3 a. a. O.
4 In der Lehrerzeitschrift »Mathematisch-naturwissenschaftlicher Unterricht«, Band 16, Heft 8, S. 369–370.
5 Stellvertretend für viele sei hier genannt: Günther Wachsmuth, Erde und Mensch – ihre Bildekräfte, Rhythmen und Lebensprozesse, Dornach 1965.
6 Es ist heute möglich, zwischen der auf das Mathematisch-Strukturelle zielenden Naturforschung und der auf das Wesenhafte zielenden und die Natur einbeziehenden Geistesforschung Brücken zu schlagen. Dies trifft auch für die Mineralogie zu. Der beste bisher erschienene Versuch dieser Art, im Bereich der Mineralogie den Weg goetheanistisch-geisteswissenschaftlicher Gesichtspunkte und Methoden zu gehen, sind die beiden Bücher von Walther Cloos, »Kleine Edelsteinkunde«, Freiburg 1956 und »Lebensstufen der Erde«, Freiburg 1958. Hinter diesen Versuchen stehen die geisteswissenschaftlichen Forschungsergebnisse Rudolf Steiners, die in die Fülle der Tradition ordnendes, korrigierendes und vertiefendes Licht gebracht haben.
7 Vgl. Rudolf Steiner, »Die Geheimwissenschaft im Umriß«, GA 13.
8 In der Geisteswissenschaft Rudolf Steiners erscheinen sie, die alte Astrologie bestätigend oder korrigierend, als die zwölf »Weltinitiatoren« (»Der Mensch im Lichte von Okkultismus, Theosophie und Philosopie«, Dornach 1956, GA 137). Sie sind die eigentliche Wirklichkeit des Tierkreises. Für das übersinnliche Schauen des Geistesforschers erscheinen in diesem kosmischen Gebiet die Imaginationen der ersten Hierarchie, der Seraphim, Cherubim und Throne. Vor allem die Hierarchie der Cherubim (Geister der Harmonie) zeigen sich dem übersinnlichen Schauen in tierähnlichen Bildgestalten. Das gegenwärtige Schauen des Geistesforschers bestätigt die dogmatisch gefaßten

Traditionen der christlichen Weltanschauung sowohl des Alten wie des Neuen Testaments, aber auch der Schriften des Dionysius und der mittelalterlichen Scholastiker.

9 Sie sind ausführlich in jedem Mineralienbuch zu finden, z. B. Machatschki, Felix, »Spezielle Mineralogie«, Wien 1953 oder Klockmann-Ramdohr-Struntz, »Lehrbuch der Mineralogie«, Stuttgart 1978. Die Vertiefung der Naturwissenschaft im goetheanistisch-geisteswissenschaftlichen Sinn findet sich bei Walther Cloos a. a. O.

10 »Wahrspruchworte«, Dornach 1961, GA 40.
»Eurythmie als sichtbarer Gesang«, Dornach 1956, GA 278.
»Eurythmie als sichtbare Sprache«, Dornach 1955, GA 279.
»Anweisungen für eine esoterische Schulung«, Dornach 1968, GA 42/245.

11 In einem seiner Vortragszyklen (»Die Welt der Sinne und die Welt des Geistes«, Dornach 1956, GA 134) hat Rudolf Steiner auf das Wesen der Sinnesqualitäten hingewiesen. In dem Zyklus »Allgemeine Menschenkunde als Grundlage der Pädagogik«, Dornach 1960, GA 293, hat er die Sinneslehre vervollständigt. Darauf ist in den folgenden Betrachtungen Bezug genommen.

12 s. Anm. 6.

13 s. Rudolf Steiner »Die Geheimwissenschaft im Umriß«, Stuttgart 1955, GA 13.

14 In dem Vortragszyklus »Der Jahreskreislauf als Atmungsvorgang der Erde und die vier großen Festeszeiten«, Dornach 1957, GA 223, beschreibt Rudolf Steiner diesen Tatbestand.

15 Rudolf Steiner in einem Vortrag vom 30. 3. 1905 in Berlin (»Grundbegriffe der Theosophie«, GA 53) mit dem Thema »Die Zukunft des Menschen«.

16 s. Anhang Nr. 4.

17 »Alte Geistesströmungen in geisteswissenschaftlicher Beleuchtung«, GA 93, S. 118.

18 GA 93, S. 119.

19 GA 207.

20 »Die Gestaltung des Menschen als Ergebnis kosmischer Wirkungen«, Dornach 1956, GA 208, S. 24.

21 »Theosophie, Einführung in übersinnliche Welterkenntnis und Menschenbestimmung«, Dornach 1961, GA 8.
»Die Geheimwissenschaft im Umriß«, Stuttgart 1955, GA 13.

22 Rudolf Steiner, »Die Welt der Sinne und die Welt des Geistes«, Dornach 1959, GA 134.

23 s. Anmerkung 22.

24 GA 207.

25 »Vor dem Tore der Theosophie«, in einem Vortrag vom 4. 9. 1906, GA 95.

26 Ernst Lehrs, »Mensch und Materie«, Frankfurt 1966.
27 »Alte Geistesströmungen in geisteswissenschaftlicher Beleuchtung«, GA 93.
28 In seiner »Edelsteinkunde« hat Walther Cloos das in umfassender Weise dargestellt.
29 Datiert vom Januar 1925 in dem Buch »Anthroposophische Leitsätze«, GA 26, S. 197.
30 Vgl. »Die Geheimwissenschaft im Umriß«, GA 13.
31 S. 31.
32 Bock, S. 82–84.
33 s. dazu auch Alfred Schütze, »Das Rätsel des Bösen«, Stuttgart 1969.
34 H. Pleiss, »Der Kreislauf des Wassers in der Natur«, Jena 1947 und E. Schenk, »Wasser und das Gesicht der Erde«, in dem Sammelband: Schröder, »Wasser«, Frankfurt 1977.
35 s. F. Rosenkrans, »Das Meer in seiner Nutzung«, Studienbücher Geographie für Lehrer, Bd. 14, 1977. Dort heißt es S. 42:
»Neben den bisher erwähnten Stoffen sind im Meerwasser wahrscheinlich auch alle übrigen Elemente enthalten.« (So z. B. – in Gramm pro Tonne: P 0,02, J 0,05, Zn 0,01, Cu 0,01, Mn 0,005, Ag 0,0002, Au [Gold] 0,00001.)
36 Sternkalender 1951, Dornach, S. 65 ff.
37 Theodor Schwenk, »Das sensible Chaos«, Stuttgart 1962.
»Bewegungsformen des Wassers«, Stuttgart 1967.
38 Das Problem des Ätherischen und der vier Ätherarten ist durch die geisteswissenschaftliche Forschung Rudolf Steiners in den Rang einer »Wissenschaft vom Ätherischen« erhoben worden. Was aus seinen Anregungen hervorgegangen ist, wurde von vielen seiner Schüler aufgegriffen und weitergeführt. Die Forschungsergebnisse zeigen, daß die ätherischen Lebens- und Bildekräfte in vier verschiedenen elementarisch wirkenden Kraftformen in Erscheinung treten. Es sind das 1. der alles durchdringende Wärmeäther, 2. der alles Lebendige formgestaltende Lichtäther, 3. der alle chemischen Prozesse zu lebendiger Organchemie verwandelnde chemische oder Klangäther und 4. der alles Leben impulsierende, die Inkarnation und Exkarnation des Lebens in den Stoff bewirkende Lebensäther.
Näheres siehe in der diesbezüglichen Literatur.
39 Cloos, S. 17.
40 »Geisteswissenschaftliche Grundlagen zum Gedeihen der Landwirtschaft«, Ga 327.
41 Dornach 1958, GA 232.
42 »Die Geheimwissenschaft im Umriß«, Stuttgart 1955, GA 13.
43 Rudolf Steiner, »Allgemeine Menschenkunde als Grundlage der Pädagogik«, Dornach 1960, GA 293.

44 Cloos, »Kleine Edelsteinkunde«, S. 42.
45 Basel 1952, S. 634.
46 Nach Hadorn, »Die Offenbarung des Johannes«, Leipzig 1928.
47 Cloos, S. 117.
48 Cloos, S. 119.
49 Cloos, S. 122.
50 Cloos, »Kleine Edelsteinkunde«.
51 »Das Miterleben des Jahreslaufes in vier kosmischen Imaginationen«, Wien 1923, GA 229.
52 »Edelsteinkunde«, S. 48 ff.
53 Killian, J., »Der Kristall«, S. 62.
54 a.. a. O.
55 s. Klockmann, S. 526.
56 Cloos, S. 42.
57 Cloos, S. 108.
58 Cloos, S. 36.
59 Cloos, S. 97.
60 Cloos, S. 35–41.
61 Cloos, S. 35.
62 Cloos, S. 126.
63 Cloos, S. 95.
64 Cloos, S. 89.
65 Cloos, S. 38.
66 Cloos, S. 115.
67 Cloos, S. 29.
68 Ernst Lehrs, »Mensch und Materie«, Frankfurt 1966.
69 Rudolf Steiner, »Mysteriengestaltungen«, Dornach 1958, GA 232.
70 Der Beginn solcher Forschungen findet sich aufgrund von Angaben Rudolf Steiners bei Lili Kolisko, »Sternenwirken in Erdenstoffen, Saturn und Blei. Ein Versuch, die Phänomene der Chemie, Astronomie und Physiologie zusammen zu schauen«. Selbstverlag 1952.
71 Fritz Julius, »Chemieunterricht in Schulen«.
72 Fritz Julius, »Stoffliche Welt und Menschenbildung«, Stuttgart 1965.
73 Vgl. dazu Friedrich Rittelmeyer, »Ich-Bin«, Stuttgart 1951 und Friedrich Benesch, »Ostern«, Stuttgart 1978.
74 Schiffers, »Afrika«, München 1967.
75 Vgl. hierzu Gérard Klockenbring, »Geld – Gold – Gewissen«, Stuttgart 1974.
76 »Mysteriengestaltungen«, Dornach 1958, GA 232.
Vgl. auch GA 136, »Die geistigen Wesenheiten in den Himmelskörpern und Naturreichen«, 10. Vortrag, Dornach 1960.
77 Cloos, S. 141.

LITERATURVERZEICHNIS

Adams, Frank Dawson, The Birth and Development of the Geological Sciences, Baltimore 1938

Adams, George, Grundfragen der Naturwissenschaft, Stuttgart 1979

Agrikola's, Georg, aus Glauchau, Mineralogische Schriften. Hg. und übersetzt v. Ernst Lehmann, Freyberg 1806, 1810

Albertus Magnus, Book of Minerals. Hg. und übersetzt v. Dorothy Wyckoff, Oxford 1967

Albertus Magnus, Wunderbare natürliche Wirkungen, Eigenschaften und Naturen. II. Buch: Edelsteine. o. Jg., Frankfurt

Apocalyptic Lapidary, Anglo-Norman Lapidaries, hg. von P. Studer – Joan Evans, Paris 1924

Ps.-Aristoteles, Das Steinbuch, hg. und übersetzt von Julius Ruska, Heidelberg 1912

Arnoldus Saxo, De lapidibus, De virtutibus lapidum, hg. von Valentin Rose, in: Zeitschrift für deutsches Altertum 18, 1875

Aschenbrenner, Michael, Der Tierkreis, Dornach 1970

– Tierkreis und Menschenwesen, Dornach 1972

Baccius, Andreas, De gemmis et lapidibus pretiosis, in lat. Übersetzung hg. von Wolfgang Gabelchover, Frankfurt 1603

Bank, Hermann, Aus der Welt der Edelsteine, Frankfurt 1973

Bauer, Max, Edelsteinkunde, Leipzig 1909

Bauer, Max; Schlossmacher, Karl, Edelsteinkunde, Leipzig 1932

Baumer, Joh. Wilh., Naturgeschichte aller Edelsteine, Wien 1774

Beckmann, Johann, Vorrat kleiner Anmerkungen über mancherleij gelehrte Gegenstände, 2. Stück, Göttingen 1803

Blickle, Arnold und Bindel, Ernst, Das periodische System der Elemente als Schöpfungsurkunde, Die Drei, Nr. 2/3, 1948

Bock, Emil, Apokalypse. Betrachtungen über die Offenbarung des Johannes, Stuttgart 1951

Bohm, Werner, Von den Wesenheiten der Laute und dem Sinn der Alphabete, Freiburg 1978

Bolman, J., De Edelsteenen uit den Bijbel, Amsterdam 1938

de Boodt, Anselmus Boetius, Gemmarum et Lapidum historia, Hanau 1609

Börnsen, Hans, Die Atomfrage und das Rätsel der Freiheit, in: Die Drei, Nr. 12, Dezember 1978

Boyle, Robert, An Essay about the Origin and Virtues of Gems, in: The Works, Vol. III, London 1772, Reprint Hildesheim 1966

Brinkmann, Roland, Abriß der Geologie, Stuttgart 1975

Brückmann, Urban Friederich Benedict, Abhandlung von Edelsteinen, Braunschweig 1773

– Beiträge zu einer Abhandlung von Edelsteinen, Braunschweig 1778, zweite Fortsetzung, Braunschweig 1783

– Über den Sarder, Onyx und Sardonyx, Braunschweig 1801

Bühler, Walther, Die Sternenschrift unseres Jahrhunderts. Anregungen zur anthroposophischen Arbeit, Nr. 1, Stuttgart 1962

–, Der Mensch zwischen Übernatur und Unternatur, Nürnberg 1966

Büsching, J. G., Joseph's Gedicht »Von der krafft und eigenschafften des Edelgesteines«, in: Museum für Altdeutsche Literatur und Kunst, 2. Bd., Berlin 1811

Burke, John G., Origins of the Science of Crystals. Los Angeles 1966

Caesius, Bernardus, Mineralogia, Löwen 1536

Calwer Bibellexikon, Biblisches Handwörterbuch, illustriert, Stichw. Edelstein v. C. v. Orelli, S. 154, Calw und Stuttgart 1885

Cardilucio, Jo. Hiskia, Magnalia medico-chymica, Nürnberg 1676

Charon, Jean, Der Geist der Materie, Wien 1979

Chroley, R. J., The Role of Water in Rock Desintegration, Cambridge 1969

Chudoba-Gübelin, Edelsteinkundliches Handbuch, Bonn 1974

Cloos, Walther, Kleine Edelsteinkunde, Freiburg 1956

– Lebensstufen der Erde, Freiburg 1958

Cooper, Charles W., The Precious Stones of the Bible. With an Account of the Breastplate of the High Priest, the Ephod and the Urim and Thummim, London 1924

Coulson, C. A., Die chemische Bindung, Stuttgart 1969

Dahl, Jürgen, Auf Gedeih und Verderb. Zur Metaphysik der Atomenergie-Erzeugung, in: Die Drei, Nr. 4, 1978

Damigeron, De lapidibus, 1. Teil: Orphei Lithica, Ed. Eugenius Abel, Berlin 1881

– De Lapidibus, Ed. Eugenius Abel, Berlin 1881

Debus, Michael, Materie und Licht. Der Schwellenübergang eines modernen Bewußtseins, Stuttgart 1977

Deer, W. A., R. A. Howie u. J. Zussmann, Rock-Forming Minerals, Vol. I, London 1962
Deggeller, Lore, Naturwissenschaft und Medizin im Zeichen einer Zeitenwende, Stuttgart 1977
Dumke, Klaus, Die offenbare Naturwelt ohne Atom, in: Die Drei, Nr. 6, 1978
– Das Atom – Herausforderung zur Geistesforschung, in: Die Drei, 7/8, 1978
Dunn, Pete J. et al., Uvite, a new (old) common member of the tourmaline group and its implications for collectors, in: Mineralogical Record 8, 1977, 100–108
Dunn, Pete J. et al., Liddicoatite, a new calcium end-member of the tourmaline group, in: American Mineralogist 62, 1977, 1121–1124
Duquesne, Maurice, Materie und Antimaterie, Stuttgart 1958
Eglestone, T., Catalogue of Minerals and Synonyms, Washington 1887
Elken, Robert, Konsequenzen der Naturwissenschaft, Kassel 1963/64
Emanuel, Harry, Diamonds and precious Stones, London 1865
Engelen, Ulrich, Die Edelsteine in der deutschen Dichtung des 12. und 13. Jahrhunderts, München 1978
Epiphanius von Salamis, De gemmis, hg. und ins Engl. übersetzt von R. P. Blake u. H. de Vis, London 1934
Erscheinungsformen des Ätherischen, Hg. J. Bockemühl, in: Beiträge zur Anthroposophie, Stuttgart 1977
Evans, Joan, Magical Jewels of the Middle Ages and the Renaissance, particulary in England, Oxford 1922
Fillitz, Hermann, Die Insignien und Kleinodien der heiligen römischen Kirche, Wien, München 1954
Fischer, Heinrich, Nephrit und Jadeit, Stuttgart 1875
Fischer, Walter, Kaiser Rudolf II., Mineraliensammler und Mäzen der Edelsteinbearbeitung, Der Aufschluß, Jahrg. 22, 1971
St. Florianer Steinbuch, hg. von Hans Lambel in: Volmar, Das Steinbuch, Heilbronn 1877
Friess, Gerda, Edelsteine im Mittelalter. Wandel und Kontinuität in ihrer Bedeutung durch zwölf Jahrhunderte. Hildesheim 1980
Fühner, Hermann, Lithotherapie. Studien über die medizinische Verwendung der Edelsteine, Berlin 1902, Reprint Ulm 1906
– Beiträge zur Edelsteinmedizien, Deutsche pharmazeutische Gesellschaft 1901
Garbe, Richard, Hrg., Die indischen Mineralien, ihre Namen und die ihnen zugeschriebenen Kräfte, Leipzig 1882
Garret, Robert Max, Precious Stones in old english Literature, in: Münchner Beiträge zur romanischen und englischen Philologie, XLVII, Leipzig 1909
Gerlach, Walter, Weltanschauliche Konsequenzen der Physik, in: Acta Albertina, Regensburger Naturwissenschaften, Bd. 20, Heft 1, 1951/52
Géro, Jean, Les pierres précieuses en therapeutique, Paris (Thèse) 1936

Gesner, Conrad, De rerum fossilium, lapidum et gemmarum maxime, figuris et similitudinis liber, Tiguri 1545
Gimma, Giacinto, Della storia naturale, delle gemme, delle pietre, et di tutti minerali, Teil I, Neapel 1730
v. Gliszcynski, Siegfried, Versuch einer Identifizierung der Edelsteine im Amtsschild des jüdischen Hohepriesters aufgrund kritischer und ästhetischer Vergleichsmomente, in: Fortsetzung und Fortschritte, Berlin 1947
Goethe, J. W. v., Farbenlehre
Goltz, Dietlinde, Studien zur Geschichte der Mineralnamen in Pharmacie, Chemie und Medizin, von den Anfängen bis Paracelsus, Wiesbaden 1972
Hale, M. E., The biology of Lichenes, London 1967
Hallbauer, D. K., The plant origin of the Witwatersrand »Carbon«, in: Minerals Science and Engineering, vol. 7, no. 2, April 1975
– Fossilized plants in Thucholiths from precambrian rocks of the Witwatersrand, South Africa, Precambrien. Res. vol. 1, Nr. 3, 1974
Hamprecht, Bodo, Unsichtbare Gewalten im Inneren der Stoffeswelt, in: Die Drei, 9/10, 1978
Harden, Arthur Robert, The Carbuncle in Medieval Literature, in: Romance Notes 2, 1960
Harder, Hermann, Lexikon für Mineralien- und Gesteinsfreunde, Luzern/Frankfurt 1977
Hauck, C., Realenzyklopädie für protestantische Theologie und Kirche, Leipzig 1898, Bd. V
Heisenberg, Werner, Der Teil und das Ganze, Gespräche im Umkreis der Atomphysik, DTV Nr. 903, 1973
Heitler, Walter, Naturwissenschaft ist Geisteswissenschaft, Zürich 1972
– Der Mensch und die naturwissenschaftliche Erkenntnis, Braunschweig 1962
Das Buch Henoch, in: Die griechischen und christlichen Schriftstücke der ersten drei Jahrhunderte, Kirchenväter-Kommission, Leipzig 1901
Herkommer, Hubert, Der Waise, »aller fürsten leitesterne«, in: Deutsche Vierteljahresschrift für Literaturwissenschaft und Geistesgeschichte 50, 1976
Hermann, A., Edelsteine, in: Klauser, Theodor, Reallexikon für Antike und Christentum, Bd. IV, Stuttgart 1959
Herrmann, R., Einführung in die Hydrologie, Stuttgart 1977
Hildegard von Bingen, Naturkunde, Ed. Peter Riethe, Salzburg 1959
– Das Buch von dem inneren Wesen der verschiedenen Naturen in der Schöpfung, Ed. Peter Riethe, Salzburg
Hiller, Joh., Die Mineralogie Anselmus Boetius de Boodt's, in: Quellen und Studien zur Geschichte der Naturwissenschaft und Medizin, Bd. 8, Berlin 1942
– Die Minerale der Antike. Ein Beitrag zur Geschichte der Mineralogie im klassi-

schen Altertum, in: Archiv für Geschichte der Mathematik, der Naturwissenschaften und der Technik, 13, 1931, S. 358–402
– Die Beschreibung des Himmlischen Jerusalem. Kleinere deutsche Gedichte des 11. und 12. Jahrhunderts, neu hg. von Werner Schröder, Tübingen 1972
Holmes, Urban T., Mediaeval Gem Stones, in: Speculum 9, 1934, S. 95–204
Holstein, O. und Koch, W., Die Seele der Edelsteine. Ästhetische und psychologische Edelsteinkunde auf astrologischer Grundlage, Leipzig 1934
Isidor von Sevilla, Etymologiarum sive originum libri XX, 2 Bde., hg. von Wallace Martin Lindsay, Oxford 1911
Jahja Ibn Serafim (Serapion der Ältere), Pandectae Venedig, 1550, in: Schwalm, Der Aufschluß, Nr. 9, 1975
Joachim, H., Papyros Ebers. Das älteste Buch über Heilkunde, Berlin 1890, Nachdruck 1973
Josephus, Flavius, De Bello Judaico. Edit. Otto Michel und Otto Bauernfeind, München 1962–69
Joseph von Erfurt, Gedicht über Sterne, Anschluß an Albertum Magnum
Julius, Fritz, Tierkreis, tierische Triebgebundenheit und menschliche Freiheit, Freiburg 1964
Jurriaanse, Tom, Das Atommodell: Elektrizität – Magnetismus – Kernenergie. Qualitätsüberblick und Sozialverhalten. Die Drei, Nr. 3, 1978
Kautzsch, E., Die heilige Schrift des Alten Testamentes, Tübingen 1909, übers. u. hg.
v. Kayserlinck, Adalbert, Koberwitz 1924, Stuttgart 1974
Keller, Liane, Mythos der Sterne, Stuttgart 1979
Nr. 115, 1976
Killian, J., Der Kristall, Das Geheimnis des Anorganischen, Wien 1943
– Das Du im Stein. Die Sprache des Anorganischen, Berlin-Wien-Leipzig 1948
King, Charles William, Antique Gems: Their Origin, Uses, and Value. As Interpreters of Ancient History, and as Illustrative of Ancient Art: With Hints to Gem Collections, London 1860
– The Natural History of Precious Stones and of the Precious Metals, London 1867
Kipfer, Alex, Mineralindex, Stuttgart 1974
Kiresch, Reinhold, Vom Wirken der Hierarchien im Elementarischen, in: Mitteilungen aus der Anthrop. Arbeit, 30, 1976
Klockmann – Ramdohr – Strunz, Lehrbuch der Mineralogie, Stuttgart 1978
Knauer, Helmut, Gespräche über Probleme in der Atomphysik, in: Das Goetheanum, Jahrg. 49, Nr. 27
Kobell, Franz von, Geschichte der Mineralogie von 1650 bis 1860, München 1864
Koch, Walter, Sprachliche Erklärung der Edelsteinnamen. Zeitschrift für angewandte Mineralogie, Bd. 2, Berlin 1940

Kolisko, L., Physiologischer und physikalischer Nachweis der Wirksamkeit kleinster Entitäten, Stuttgart o.J. [1959]

v. Kügelgen, Gisela, Das offene Ende undurchschauter Techniken. Zu den Kontroversen in der Energiediskussion, in: Die Drei, Nr. 10, 1979

Kunitz, Wilhelm, Die Mischungsreihen in der Turmalingruppe und die genetischen Beziehungen zwischen Turmalinen und Glimmern, in: Chemie der Erde, Bd. 4, 1929/30, 208–251

Kunz, George Frederik, The Curious Lore of Precious Stones, Philadelphia und London, 1913

– The Magic of Jewels and Charms, Philadelphia–London 1915

Laarss, R. H., Das Buch der Amulette und Talismane, Leipzig 1932

de Laet, Johannes, Antwerpianus, De gemmis et Lapidibus Libri duo, Leyden 1647

Lassen, Christian, Indische Altertumskunde, Bd. III, Leipzig 1858

Legrand, Jacques (Hrg.), Der Diamant. Mythos, Magie und Wirklichkeit. Freiburg 1981

Lehrs, Ernst, Mensch und Materie. Ein Beitrag zur Erweiterung der Naturerkenntnis nach der Methode Goethes, Frankfurt 1966

Lémery, Nicolas, Pharmacopée universelle, Paris 1647

Lesser, Friedrich Christian, Lithotheologie, Hamburg 1735

Lieber, Werner, Mineralogie in Stichworten, Kiel 1969

– Kristalle, wie sie wirklich sind. Form – Farbe – Feinbau, Lapis-Monographie, München 1977

Lievegoed, Bernhard, Mysterienströmungen in Europa und die neuen Mysterien, Anreg. zur anthroposophischen Arbeit, Heft 8, Stuttgart 1979

Lindenberg, Christoph, Die Konsequenzen der Atomenergie, in: Die Drei, Nr. 7/8, 1978

Ling Ong und Swanson, V. E., Natural organic acids in the transportation, deposition and accumulation of gold Colorado, SCH. Mines, vol. 69, 1974

Lorenz, Marie, Die okkulte Bedeutung der Edelsteine, Leipzig 1922

Lüschen, Hans, Die Namen der Steine. Das Mineralreich im Spiegel der Sprache, München 1968

Machatschki, Felix, Spezielle Mineralogie auf geochemischer Grundlage, Wien 1953

Maier, Georg, Gesten radioaktiver Prozesse zur Entwicklung der Reaktortechnik, in: Die Drei, Nr. 11, 1978

– Die Elemente als Stufen der Naturbetrachtung, Elemente der Naturwissenschaft, Nr. 13, 1970

Marbod von Rennes, De Lapidibus. Übersetzung ins Englische, hg. von John M. Riddle, in: Sudhoffs Archiv, Beiheft 20, Wiesbaden 1977

Marti, Ernst, Über die notwendige Unterscheidung der ätherischen Bildekräf-

te von den Ätherarten. Beitr. zu einer Erweiterung d. Heilkunst, Heft 1, 1960
– Die vier Äther. Zu Rudolf Steiners Ätherlehre. Elemente – Äther – Bildekräfte. Studien und Versuche, Stuttgart 1977
Martin, Elena, Im Stein ist Heil. Medizin und Magie in mittelalterlichen Steinbüchern, in: Die Grünenthal Waage 6, 1967, S. 136–140
Medenbach, Olaf; Wilk, Harry, Zauberwelt der Mineralien, Künzelsau – Thalwil – Salzburg 1977
v. Megenberg, Konrad, Das Buch der Natur, hochdeutsch hg. von Franz Pfeiffer, Stuttgart 1861
Meier, Christel, Gemma Spiritalis, Methode und Gebrauch der Edelsteinallegorese vom frühen Christentum bis ins 18. Jahrh., Teil I, München 1977
de Mély, F., Les Lapidaires de l'antiquité et du moyen âge, Tome II, Les lapidaires Grecs, par Ch.-Em. Ruelle, Paris 1898
Meyer-Jakobs, Berta, Zwölf Edelsteine, in: Das Goetheanum, Jahrg. 6, Nr. 7, 1927
Michael, Wilhelm, Gott gab mir ein Geheimnis preis, Aktuelle Probleme 210, Hannover 1955
Mieleitner, Karl, Geschichte der Mineralogie im Altertum und im Mittelalter, in: Fortschritte der Mineralogie, Kristallographie und Petrographie, Bd. VII, Jena 1922
Morellus, Carolus, Oekumenii Commentariorum, in: Novum Testamentum, Lüttich 1631
Muwaffak, Abdul-Chalig Achundow aus Baku, Die pharmakologischen Grundsätze des Abu Mansur Muwaffak bin Ali Harawi, in: Historische Studien aus dem pharmakologischen Institut der kaiserlichen Universität Dorpat, Halle 1893
Peters, Hermann, Aus pharmazeutischer Vorzeit in Bild und Wort, Berlin 1899
Pfitzmaier, August, Beiträge zur Geschichte der Edelsteine und des Goldes in China, in: Sitzungsberichte der philosophisch-historischen Klasse der kaiserl. Akademie der Wissenschaften, Bd. 58, Jahrg. 1868, Heft I–III, Wien 1868
Pharmacopoea Wirtembergia, Stuttgart 1741 und 1798
Pleiss, H., Der Kreislauf des Wassers in der Natur, Jena 1947
Plinius, Cajus Secundus, Naturgeschichte, übers. u. hg. von Ph. H. Külb, Bd. 35 in: Römische Prosaiker, Bd. 215, Stuttgart 1856
Das Prüler Steinbuch, Denkmäler deutscher Prosa des 11. und 12. Jahrhunderts, München 1914
Psellus, Michael, Peri lithon, hg. von F. de Mély – Ch.-Em. Ruelle, Les lapidaires Grecs, Paris 1898
Quiring, Heinrich, Die Edelsteine im Amtsschild des Hohepriesters, in Sudhoffs

Archiv für Geschichte der Medizin und Naturwissenschaften, Bd. 38, Wiesbaden 1954

Rapp, Dietrich, Das Atom-Modell einer vorausgesetzten Welt. Die naturphilosophische Vorgeschichte des Atomismus, in: Die Drei, Nr. 2 und Nr. 5, 1978

Rasche, Günther, Werner Heisenberg und die moderne Physik, in: Naturwissenschaftliche Rundschau, Jahrg. 30, Heft 1, 1977

Rebmann, H. und Wolf, W., Untersuchungen an Wärmeerscheinungen, in: Mathematisch-physikalische Korrespondenz, Dornach 1980

Riddle, John M., Lithotherapy in the Middle Ages: Lapidaries Considered as Medical Texts, in: Pharmacy in History 12, 1970, S. 39–50

Rosenkranz, Fr., Das Meer und seine Nutzung. Salzgehalt des Meerwassers. Studienbücherei Geographie für Lehrer, Bd. 14, 1977

Rueus, Franciscus, De gemmis aliquot, iis praesertim quarum divus Joannes apostolus in sua apocalypsi meminit, Zürich 1565

Rülein von Calw, Ulrich, gen. Kalbe, Bergbüchlein, ca. 1500. Ins Hochdeutsche übers. u. hg. v. Wilh. Pieper, In: Freiberger Forschungshefte, Reihe Kultur u. Technik, Berlin 1955

Sachsse, Hans, Was ist naturwissenschaftliche Bildung? In: Mathematisch-naturwissenschaftlicher Unterricht, 29. Jahrg., Heft 5, 1976

Schade, Oskar, Altdeutsches Wörterbuch, Halle 1872–1882, Nachträge, Bd. II

Schiffers, Heinrich, Afrika, in: Harms Erdkunde, Bd. 5, München 1967

Schmidt, Philipp, Edelsteine. Ihr Wesen und ihr Wert bei den Kulturvölkern, Bonn 1948

Schopper, Jacob, Biblisch Edelgesteinbüchlein, Das ist: Abcontrofähung/ Beschreibung und Geistliche Bedeutung der zwölff Edelgestein/Welche der Hohepriester im Alten Testament an dem Amptschiltlein seines Hohenpriesterlichen Kleides getragen, o. O. 1604

Schroeder, Barbara, Wasser, Frankfurt 1970

Schwalm, Jürgen, Von der Heilkraft der Edelsteine. Die Lithotherapie an der Wende zum 17. Jhdt. in Zitaten von Bacci und Gabelchover, in: Der Aufschluß, Nr. 9, 1975

Schwenk, Theodor, Das sensible Chaos, Stuttgart 1962

– Bewegungsformen des Wassers, Stuttgart 1967

Solinus, C. Julius, Collectanea rerum memorabilium, hg. von Theodor Mommsen, Berlin 1895

Steiner, Rudolf, Die Aufgaben der Geheimgesellschaften in der Welt. Das Verständnis des Atoms als geronnene Elektrizität, Berlin 23. 12. 1904

– Die Zusammenhänge der Welten und Wesen, 29. 4. 1908

– Über das Mineralreich, Berlin 2. 5. 1904

– Die Höherentwicklung des Menschen, Berlin 31. 10. 1904

– Goethes Geistesart in ihrer Offenbarung durch seinen Faust und das Märchen »Von der Schlange und der Lilie«, Dornach 1956, GA 22
– Imaginative Erkenntnis und künstlerische Imagination, Berlin 21.12.1906
– Geisteswissenschaft, Naturwissenschaft, Technik, Stuttgart 17.6.1920
– Edelsteine und Metalle in ihrem Zusammenhang mit der Erden- und Menschheitsevolution, Leipzig, 13.10.1906
– Die Beziehung der menschlichen Sinnesorgane zur Umwelt (Edelsteine), Berlin 19.10.1906
– Zwölf Stimmungen, Dornach 1959, GA 40
– Kategorienlehre, Beitr. 7, Rudolf-Steiner-Gesamtausgabe, Heft 29, Dornach 1970
– Zur Sinneslehre, Beitr. 7, Rudolf-Steiner-Gesamtausgabe, Heft 34, 1971, Heft 58/59, 1977
– Parzifal, München, 27.8.1909
– Boas und Jachin, Wien, 5. und 7.11.1907
– Die königliche Kunst und der heilige Gral, Berlin 1905
– Der Logos und die Atome in der Vergangenheit, Gegenwart und Zukunft, Berlin, 21.10.1905
– Über die Manichäer, Berlin, 11.11.1904
– Das Mysterium der Rosenkreuzer, Berlin, 4.11.1904
– Sinneswahrnehmung, Vorstellung und Gefühl des Menschen in Beziehung zum Erdinneren und zum Kosmos, Dornach, 7.1.1923
– Die Apokalypse des Johannes, Dornach 1954, GA 104
– Weltgeschichte in anthroposophischer Bedeutung, Dornach 1929, GA 32
– Wahrspruchworte, Dornach 1961, GA 40
– Grundbegriffe der Theosophie, Dornach 1957, GA 53
– Vor dem Tore der Theosophie, Berlin 1910, GA 95
– Die Welt als Ergebnis von Gleichgewichtswirkungen, Dornach 1932, GA 158
– Erdensterben und Weltenleben, Berlin 1922, GA 181
– Der menschliche und der kosmische Gedanke, Dornach 1962, GA 151
– Die Welt der Sinne und die Welt des Geistes, Dornach 1959, GA 134
– Der Zusammenhang des Menschen mit der ätherischen Welt, Dornach 1958, GA 58 und 59
– Das Wesen nationaler Epen, Helsingforos 1912, GA 158
– Die geistige Vereinigung der Menschheit durch den Christus-Impuls, Dornach 1915, GA 165
– Die Zusammenhänge der Welten und Wesen, München 1908, in: Goetheanum Nr. 13, 1936
– Das Johannesevangelium, GA 103, 2. Vortrag
– Die Geheimwissenschaft im Umriß, Stuttgart 1955, GA 13
– Gegenwärtiges und Vergangenes im Menschengeiste, GA 167, 7. Vortrag

– Die geistigen Wesenheiten in den Himmelskörpern und Naturreichen, GA 136
– Bausteine zu einer Erkenntnis des Mysteriums von Golgatha, Dornach 1961, GA 175
– Das Verhältnis der Sternenwelt zum Menschen und des Menschen zur Sternenwelt, Dornach 1955, GA 219
– Zusammenhänge der Welten und Wesen, aus: Was in der anthroposophischen Gesellschaft vorgeht, 13. Jahrg., Nr. 11, 1936
– Menschenwerden, Weltenseele und Weltengeist, Dornach 1921, GA 205
– Geisteswissenschaftliche Gesichtspunkte zur Therapie, Dornach 1921, GA 313
– Menschenfragen und Weltenantworten, Dornach 1922, GA 213
Steinschneider, Moritz, Lapidarien, in: Semitic Studies, Berlin 1897
– Arabische Lapidarien, in: Zeitschrift der Deutschen Morgenländischen Gesellschaft, Bd. 49, Leipzig 1895
Stibbe, Max, Mensch und Edelstein, in: Die Kommenden, Nr. 17 u. 22, Freiburg 1966
Stotz, J., Kristalle, Edelsteine, Metalle, Heilbronn 1951
Strunz, Hugo und Wachsen, Gerhard, Perlen aus dem Fichtelgebirge, in: Der Aufschluß, Nr. 29, Heidelberg 1978
Strunz, Hugo, Die Mineralogie bei Albertus Magnus, in: Acta Albertina, Regensburger Naturwissenschaften, Bd. 20, Heft 1, 1951/52
Tabula Smaragdina, mitget. von Julius Ruska, Arbeiten aus dem Institut für Geschichte der Naturwissenschaft IV, Heidelberg 1926
Theophrastus, De lapidibus, hg. u. übers. v. D. E. Eichholz, Oxford 1965
Thorndike, Lynn, De lapidibus, in: Ambix 8, 1960, S. 6–23
Truswell, J. F., An introduction to the historical geology of South Africa, Johannesburg 1970
Unger, Georg, Kernenergie und Geisteswissenschaft, Dornach 1979
– Neue Naturkräfte. Das Problem ihrer Beherrschung, in: Die Drei, Nr. 11, 1978
– Der Raum. Mathematisch-physikalische Korrespondenz, Ostern 1979
– Atomvorstellung und Kernenergie, in: Goetheanum 1977
– Rudolf Steiner und der Atomismus, in: Mathematisch-physikalische Korrespondenz, Johanni 1978
– Formales und inhaltliches Denken, in: Das Goetheanum, Jahrg. 49, Nr. 26
Vollmöller, Karl, Hrg., Ein spanisches Steinbuch, Heilbronn 1880
Volmar, Das Steinbuch. Ein altdeutsches Gedicht, hg. von Hans Lambel Heilbronn 1877
Walenta, Kurt, Dunn, Pete J., Ferridravite, a new mineral of the tourmaline group from Bolivia, in: American Minerologist, 64, 1979, 945–948
Wallerius, Joh. Gottschalk, Mineralogie oder Mineralreich, Berlin 1763
Webster, Robert, Gems. Their Sources, Descriptions and Identification, London 1970

Wellmann, Max, Die Stein- und Gemmenbücher der Antike. Quellen und Studien zur Geschichte der Naturwissenschaften und der Medizin, Bd. 4, Berlin 1935

Weninger, J., Zur Einführung der Atomhypothese und ihrer Verifikation. Mathematisch-naturwissenschaftlicher Unterricht, Bd. 17, Heft 8, 1964/65

Werner, Abraham Gottlob, Von den äußerlichen Kennzeichen der Fossilien (d. i. Mineralien), Leipzig 1774

Wirbelauer, K. W., Antike Lapidarien, (Diss.), Berlin 1937

Ziolkowski, Theodore, Der Karfunkelstein, in: Euphorion 55, S. 298–326, Heidelberg 1961

BILDQUELLEN

Archiv des Autors 6, 47; Giraudon 10; Naturbildverlag Gooss 45, 46; D. K. Hallbauer, Johannesburg 38, 39, 40, 41; Studio Karl Hartmann, Sobernheim 7, 8, 9, 13, 14, 15, 17, 19, 20, 21, 22, 23, 25, 26, 27, 28, 29, 30, 32, 35, 42; Manfred Kage, Weißenstein 16; Kunsthistorisches Museum, Wien 11; Werner Lieber, Heidelberg 18, 24, 33, 34, 37; Bildagentur Mauritius 2; Olaf Medenbach, Witten 12, 36; Norbert Rassenberg, München 31; Bildarchiv Schuster / Moeller 1, 43, 44; Klaus Werder, Bauck KG, Rosche 4, 5; Haro Schumacher-Zefa 3.